21世纪应用型本科金融系列规划教材

金融学实验教程

An Experiment Instrution to Finance

南江霞 李向荣 张茂军　编著

东北财经大学出版社

Dongbei University of Finance & Economics Press

·大连·

图书在版编目（CIP）数据

金融学实验教程 / 南江霞，李向荣，张茂军编著. —大连：东北财经大学出版社，2018.9

（21世纪应用型本科金融系列规划教材）

ISBN 978-7-5654-3219-4

Ⅰ．金…　Ⅱ．①南…②李…③张…　Ⅲ．金融学–高等学校–教材　Ⅳ．F830

中国版本图书馆CIP数据核字（2018）第139059号

东北财经大学出版社出版

（大连市黑石礁尖山街217号　邮政编码　116025）

网　　址：http：//www.dufep.cn

读者信箱：dufep@dufe.edu.cn

大连雪莲彩印有限公司印刷　东北财经大学出版社发行

幅面尺寸：185mm×260mm　字数：510千字　印张：21.5

2018年9月第1版　　　　　2018年9月第1次印刷

责任编辑：田玉海　　　　　　　　责任校对：惠恩乐

封面设计：姜　宇　　　　　　　　版式设计：钟福建

定价：43.00元

前言

金融学是经济学的一个主要学科分支。随着理论和实践的发展，大量金融数据需要通过数学模型和统计分析工具进行深入分析，为此，掌握一定的数据处理软件和程序成为研究金融学的必要条件。Excel是目前广泛使用的数据处理软件之一，能够分析统计模型、经济模型、金融模型以及其他商业模型，这为研究人员和从业者提供了非常重要的方法和基本技能。

对于金融学等相关专业的本科生而言，实验课可以使其更加深入地理解和掌握基本理论和原理，本书面向本科生讲授了相关知识体系。然而，学生如何正确地通过实验学习这些知识成为教学过程中的突出问题。为此，我们从实验操作角度，编写了使用Excel分析金融学基本原理的实验指导书，目的是为学生和相关研究人员提供快速掌握金融原理的有效途径。

本实验教程已经在本科生授课中使用了两轮，基本反馈信息是学生可以独立按照书中的实验步骤完成相关内容，教师负责讲授和分析Excel的数据处理结果，起到了事半功倍的作用。同时，学生也容易在微软办公系统工具中形成实验报告，这些技能成为学生在实际工作环境中必备的基本能力。其实，Excel是各类数据最常用的存储和分析工具，其可视化的交互式功能使其使用起来更加方便、灵活。另外，本书借助实际案例演示了Excel处理相关金融知识的过程，这也是本书的特点之一。

围绕Excel的基本功能和金融学基本原理，本书分为17章。

第1章介绍了Excel的基本操作，大部分学生可以自学这些内容；第2章到第7章是初级金融学知识，几乎没有涉及高深的金融学原理，其含义浅显易懂；第2章和第3章介绍了货币的时间价值，通过Excel和实际案例终值、现值、净现值和内部收益来体现；第4章和第5章分析了企业和个人进行投资决策的资本预算问题，通过Excel资本预算的常用方法，为项目评估提供了非常简单的操作流程；第6章分析了使用净现值或内部收益率做投资决策时，如何选择一个贴现率；第7章介绍了利用Excel分析预测公司未来业绩的金融规划模型。

金融市场的微观结构是现代金融学的主要研究内容，为了分析这些问题，本书第8章到第11章分析了金融市场中收益和风险的关系，重点阐述了资本资产定价模型的相关理论及其在投资中的应用；第8章利用Excel中的函数分析了股票波动模型，这是投资者必须了解的内容之一；第9章分析了资本市场线和证券市场线，即资本资产定价模型，调用Excel中的函数成功分析了资本市场中单个资产收益和市场系统风险的关系；第10章和第11章是资本资产定价模型在共同基金业绩评估和成本预算中的应用。

股票和债券是资本市场的两个主要资产，如何衡量其价值成为投资者非常关切的问题之一。第12、13、14章分别用Excel资产评估模型的基本技能和方法处理了非常复杂的债券评估模型；发行股票和债券是企业的两大主要融资途径，金融学中的公司金融分支研究如何最优化资本结构，以期最大化公司价值，针对这些问题，第15章和第16章分别分析了公司资本结构的相关概念，并且实证分析了最优资本结构的选择模型；最后，第17章阐述了股利政策的计算方法。

通过上述内容的讲授，学生不仅可以掌握Excel的各类函数的使用流程，而且可以了解和学习金融学的基本概念和重要原理。在编写中，我的学生曾会丹和邓瑛为各章节的实验过程付出了辛勤的劳动，在此表示感谢。由于水平有限，书中难免有不妥之处，敬请读者谅解和提出修改意见。

本书得到了国家自然科学基金项目"违约传染视角下的公司债定价研究"（项目编号71461005）和桂林电子科技大学统计学专业硕士学位建设经费的资助。

编著者

2018年夏

目录

Excel软件简介

1.1 实验概述

本章主要介绍 Excel 软件的基础知识，如简单的图表绘制、金融函数的运用，包括净现值函数（NPV）、利率函数（RATE）和现值函数（PV）等。这些内容是后续章节的基础知识。

1.2 实验目的

（1）了解 Excel 软件的基础知识。

（2）学会在 Excel 软件中运用函数解决金融问题。

1.3 实验软件

微软 Excel 软件。

1.4 实验内容

1.4.1 Excel图表的绘制

对 Excel 存储数据进行图和表的绘制是常用的表示数据统计特征的有效方法，可以根据不同的需求绘制相应的图表格式。下面以 MERCK & CO. 公司股利、库存股的购买量、股票期权行权收益的时间序列为例，其数据见表 1-1，画出其股利的时间序列散点图。

要画出每年支付股利的图，我们首先要标出相应的数据，然后单击"插入"，选择"图表"，然后选择"散点图"，如图 1-1 所示。

单击"确定"就可以得到我们想要的结果，如图 1-2 所示。

表1-1　　　　　　　　　　　MERCK & CO.公司2001—2010年的数据　　　　　　　　金额单位：美元

年份	股利	库存股的购买量（百股）	股票期权行权收益
2001	893	184	48
2002	1 064	863	52
2003	1 174	371	83
2004	1 434	705	139
2005	1 540	1 571	264
2006	1 729	2 493	442
2007	2 040	2 573	413
2008	2 253	3 626	490
2009	2 590	3 582	323
2010	2 798	3 545	641

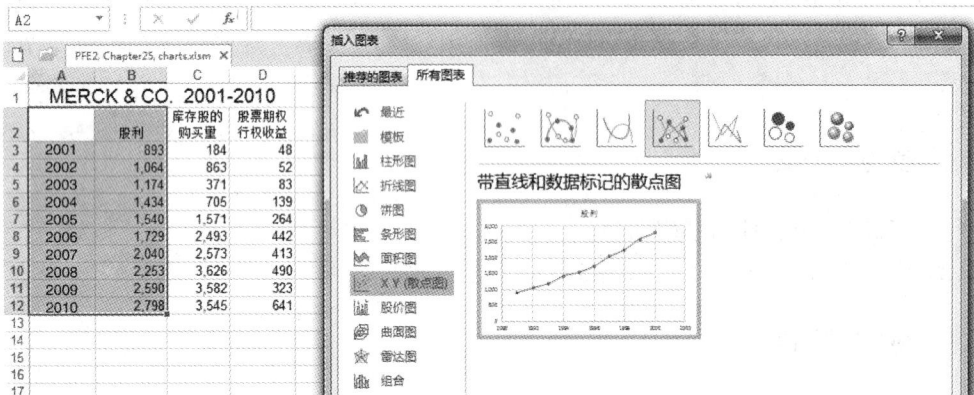

图1-1　绘制过程

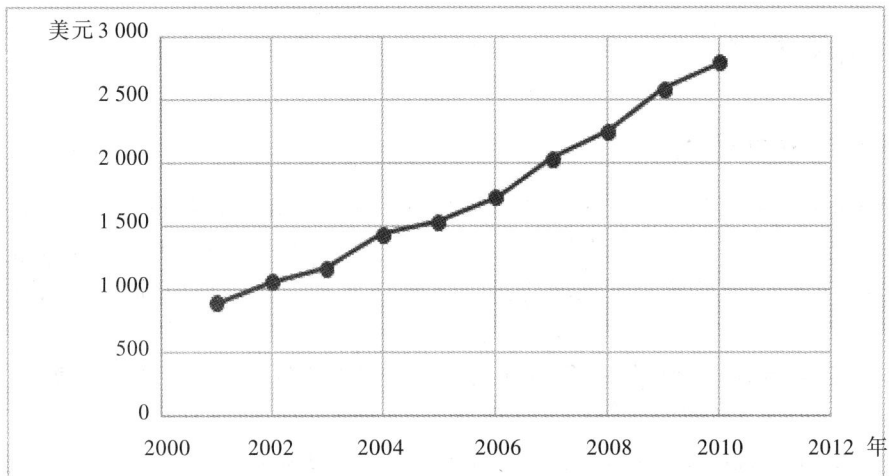

图1-2　股利散点图

1.4.2 金融函数在Excel中的运用

1.净现值函数（NPV）

将一系列现金流C_0、$C_1 \cdots C_n$以贴现率r贴现到在0时刻的净现值定义为$\sum_{t=0}^{n} \frac{C_t}{(1+r)^t}$，其中，$C_0$表示购买资产的成本。Excel对净现值的定义不同，通常假定第一次现金流发生于第一期末，定义为NPV$(r,\{C_1,\cdots,C_n\}) + C_0$。如表1-2所示例子，第一次现金流为35元，贴现率为0.1，n＝5，$C_0 = -100$，求NPV。

表1-2 　　　　　　　　　　　　NPV函数（贴现率10%）　　　　　　　　　　金额单位：元

年份	0	1	2	3	4	5
现金流	-100	35	33	34	25	16

选中单元格，输入"=B4+NPV（B2，C4：G4）"，如图1-3所示。

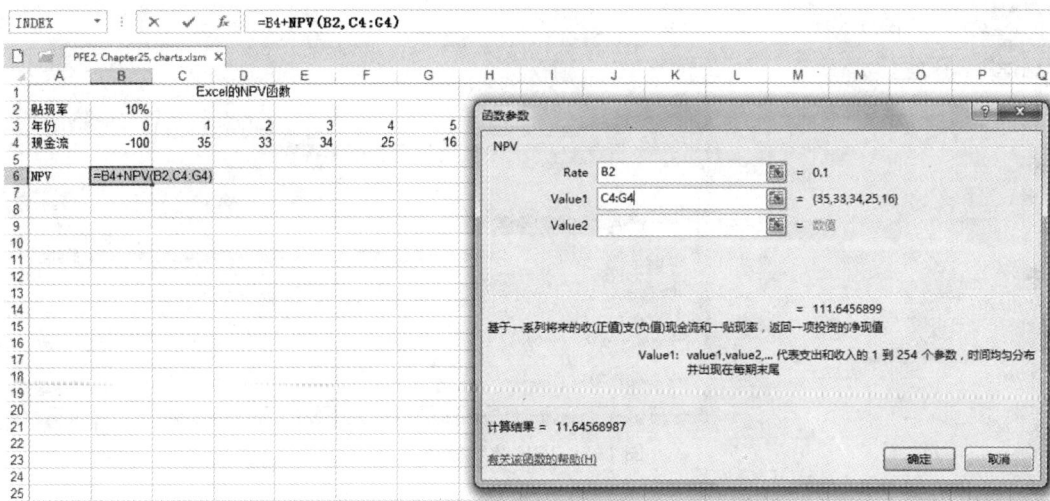

图1-3　NPV参数输入

输出结果如图1-4所示。

图1-4　NPV的输出结果

2.内部收益率（IRR）

一系列现金流 C_0、$C_1 \cdots C_n$ 的内部收益率就是现金流的净现值为 0 的利率

R：$\sum_{t=0}^{n}\dfrac{C_t}{(1+R)^t}=0$。

在 Excel 中，内部收益率的表达式是 IRR，其中的现金流是整个现金流序列，包含初始现金流 C_0，并且"Guess"是求内部收益率算法的起始点。

下面是一个简单例子，如表 1-3 所示，求 IRR。

表 1-3　　　　　　　　　　　计算内部收益率 IRR　　　　　　　　　　单位：元

年份	0	1	2	3	4	5
现金流	-100	35	33	34	25	16

选中单元格，输入"=IRR（B3：G3）"，如图 1-5 所示。

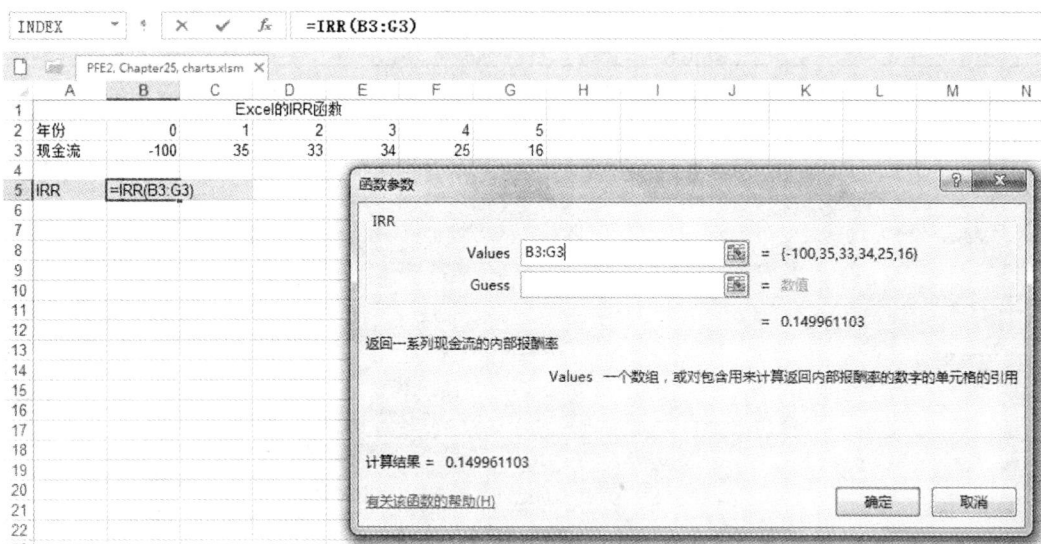

图 1-5　IRR 参数输入

输出结果如图 1-6 所示。

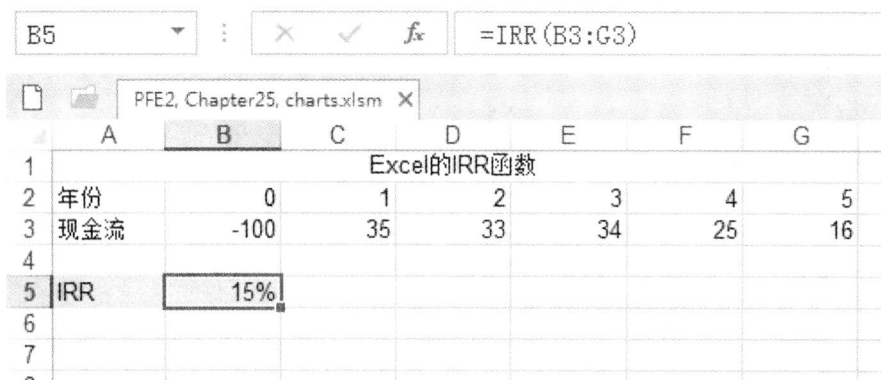

图 1-6　IRR 的输出结果

3.现值函数（PV）

Excel 里的现值函数 PV 可计算一系列定期付款年金的现值。下面的例子如表 1-4 所示，求现值。

表 1-4   PV 函数

利率	10%
期数	10
付款额（元）	100

选中单元格，输入"=PV（B2，B3，B4）"，如图 1-7 所示。

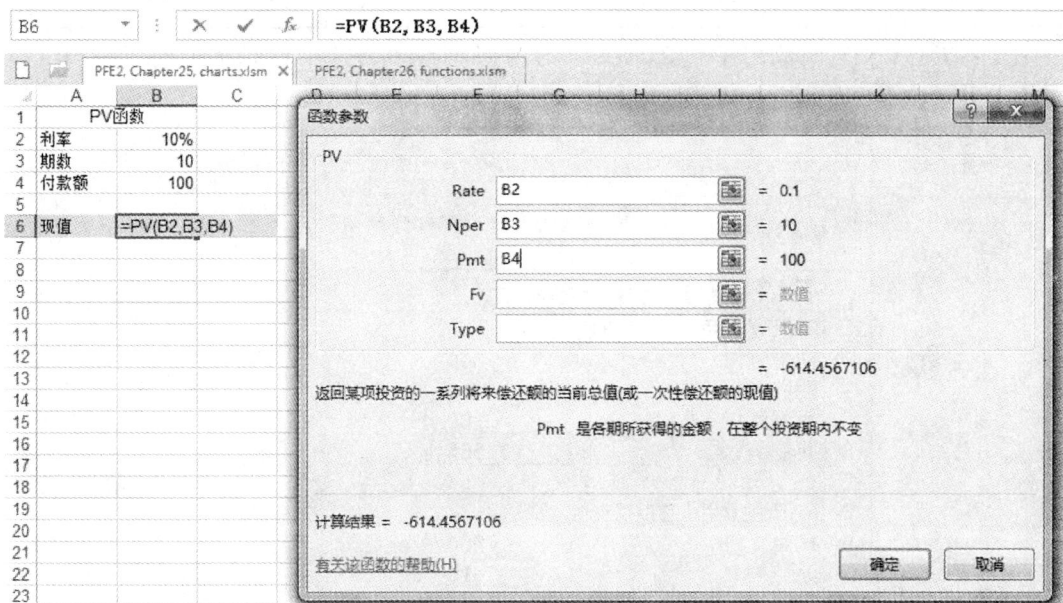

图 1-7 PV 参数输入

输出结果如图 1-8 所示。

图 1-8 PV 的输出结果

4.利率函数（RATE）

RATE 函数可计算一系列固定支付款项的内部收益率。下面是一个简单例子，如表 1-5 所示。

表1-5   RATE 函数   金额单位：元

RATE 函数用于在期末的支付	数值
初始支付	600
期数	10
年度支付	100

第一步：RATE 函数用于在期末支付的内部收益率。选中单元格，输入"=RATE（B4，B5，-B3）"，如图1-9所示。

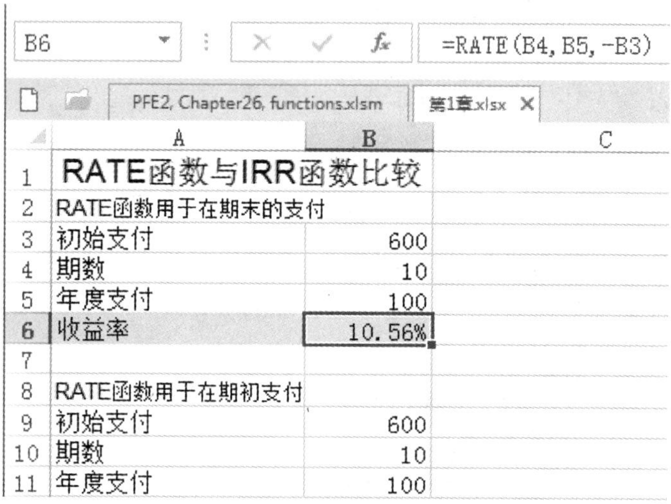

图1-9 RATE 函数用于在期末支付的内部收益率

第二步：RATE 函数用于在期初支付的收益率。选中单元格，输入"=RATE（B10，B11，-B9，1，20%）"，如图1-10所示。

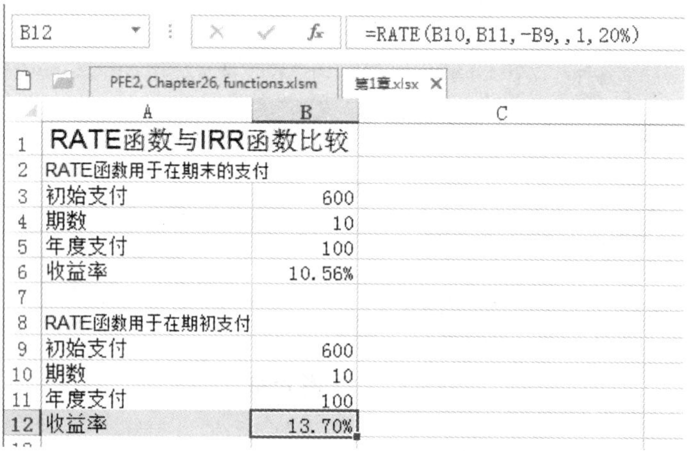

图1-10 RATE 函数用于在期初支付的内部收益率

第三步：比较 RATE 函数和 IRR 函数。

（1）计算期末支付时的内部收益率。选中单元格，输入"=IRR（B16：B26）"，如图1-11所示。

INDEX ▾ : × ✓ *fx* =IRR(B16:B26)

PFE2, Chapter26, functions.xlsm | 第1章.xlsx ×

	A	B	C	D	E	F	G	H	I	J	K
1	RATE函数与IRR函数比较										
2	RATE函数用于在期末的支付										
3	初始支付	600									
4	期数	10									
5	年度支付	100									
6	收益率	10.56%									
7											
8	RATE函数用于在期初支付										
9	初始支付	600									
10	期数	10									
11	年度支付	100									
12	收益率	13.70%									
13											
14	RATE函数有什么功能？计算IRR										
15	年份	期末支付	期初支付								
16	0	−600	−500								
17	1	100	100								
18	2	100	100								
19	3	100	100								
20	4	100	100								
21	5	100	100								
22	6	100	100								
23	7	100	100								
24	8	100	100								
25	9	100	100								
26	10	100									
27											
28	IRR	=IRR(B16:B26)									
29											

函数参数

IRR

Values B16:B26 = {-600;100;100;100;100;100;1...

Guess = 数值

= 0.105579816

返回一系列现金流的内部报酬率

Values 一个数组，或对包含用来计算返回内部报酬率的数字的单元格的引用

计算结果 = 10.56%

有关该函数的帮助(H)   确定   取消

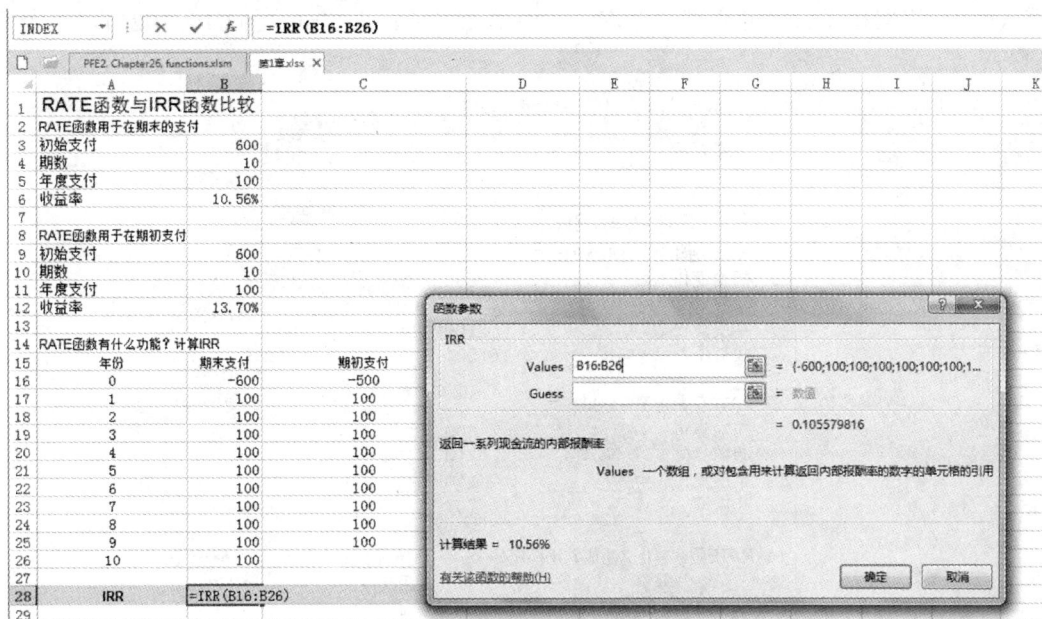

图 1-11   参数输入

输出结果如图1-12所示。

B28 ▾ : × ✓ *fx* =IRR(B16:B26)

PFE2, Chapter26, functions.xlsm | 第1章.xlsx ×

	A	B	C	D
1	RATE函数与IRR函数比较			
2	RATE函数用于在期末的支付			
3	初始支付	600		
4	期数	10		
5	年度支付	100		
6	收益率	10.56%		
7				
8	RATE函数用于在期初支付			
9	初始支付	600		
10	期数	10		
11	年度支付	100		
12	收益率	13.70%		
13				
14	RATE函数有什么功能？计算IRR			
15	年份	期末支付	期初支付	
16	0	−600	−500	
17	1	100	100	
18	2	100	100	
19	3	100	100	
20	4	100	100	
21	5	100	100	
22	6	100	100	
23	7	100	100	
24	8	100	100	
25	9	100	100	
26	10	100		
27				
28	IRR	10.56%		
29				

图 1-12   IRR函数计算期末支付时的内部收益率

（2）计算期初支付时的内部收益率。选中单元格，输入"=IRR（C16，C26）"，如图1-13所示。

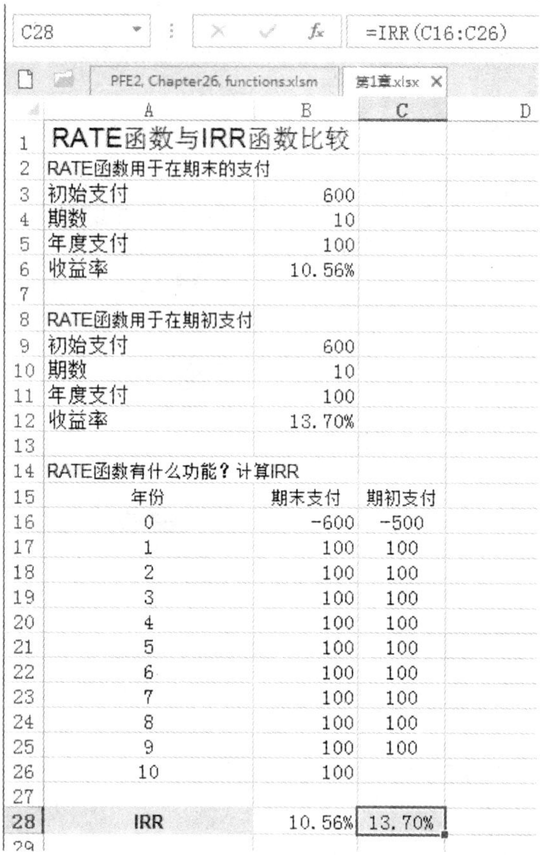

图 1-13 IRR 函数计算期初支付时的内部收益率

可以看出，RATE 函数和 IRR 函数都是计算固定付款项的内部收益率的函数，二者可以随意切换使用。

第 2 章

货币的时间价值

2.1 实验概述

由于物价上涨的原因，今年银行卡中的钱比明年同样数额的钱的价值大，这体现了货币的时间价值。这种价值通常通过终值、现值、净现值和内部收益率等金融学基本概念体现。今天把钱存入银行，一段时间后得到的钱被称为终值；一笔承诺将来收到的钱在今天的价值被称为现值；一项投资的价值被称为净现值；从投资中获得的回报率被称为内部收益率。本实验主要讨论了上述问题和其他一些相似的问题，所有这些问题都属于货币的时间价值范畴。

2.2 实验目的

(1) 学习复利如何使投资收益增长（终值）。

(2) 学习如何把将来收到的钱换算成手中的现金（现值）。

(3) 学习如何计算一项投资的复合收益率（内部收益率）。

2.3 实验工具

微软 Excel 软件。

2.4 理论要点

2.4.1 终值

终值（FV）是现在一定量的资金在未来某一时点的价值，包括这笔资金的利息。假设你今年把 100 元存到银行账户中，银行在每年末支付 6% 的利息。如果存一年，你将在一年后有 106 元，即 100 元的原始存款余额加 6 元的利息。现在假设你把钱又存了一年：在这年年末，你将会有利息，余额和账户总额如表 2-1 所示。

表2-1	终值的计算	单位：元

106	第一年末的存款账户余额
＋	
106×6%=6.36	此余额再存一年后的利息
=112.36	两年后的账户总额

　　这112.36元是初始资金100元在6%的年利率下两年后的终值。终值计算用到了复利的概念：第一年的利息本身在第二年产生了利息。总之，将 X 存款存入一个年利率为 r 的账户中，n 年后的终值为 "$FV = X(1+r)^n$"。终值在 Excel 中很容易完成，如图2-1所示。

	A	B	C
1	**在Excel中计算终值**		
2	初始存款	100	
3	利率	6%	
4	年数，n	2	
5			
6	n年后账户余额	112.36	<---=B2*(1+B3)^B4

图2-1　用 Excel 计算终值

可以用 Excel 制作关于终值随着年份而增长的表格并绘出增长趋势图，如图2-2所示。

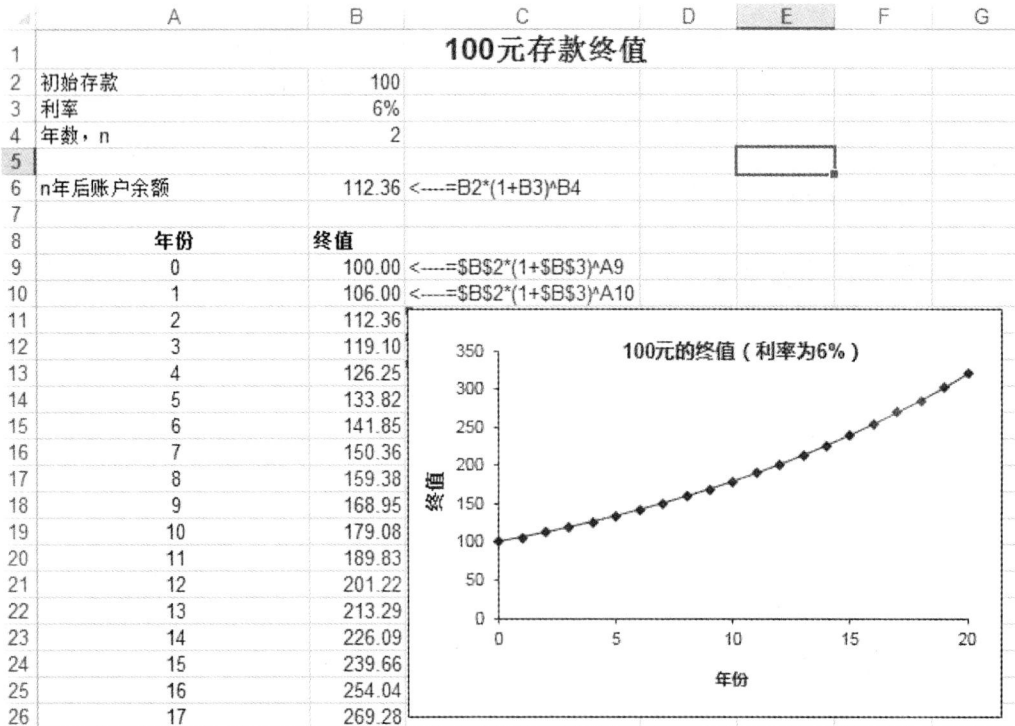

图2-2　终值的年度增长趋势图

2.4.2　现值

　　现值是指将来收到的一笔或多笔钱在今天的价值。假如预期在3年后会收到100元，银行存款利率为6%。这笔预期的支付款在今天价值多少？答案是83.96元（100×1.06^{-3}）。这意味着按照6%的年利率将83.96元存入银行，3年后将有100元。而这83.96元即为6%年利率下3年后100元的贴现或现值，如表2-2所示。

表2-2　　价值计算　　金额单位：元

项目	数值
X，未来支付	100
n，未来时间	3
r，利率	6%
现值，X/（1+r)^n	
证明	
现在支付	83.96
n年后的终值	

用Excel计算可得结果，如图2-3所示。

	A	B	C
1	**价值计算举例**		
2	X，未来支付	100	
3	n，未来时间	3	
4	r，利率	6%	
6	现值，X/（1+r）^n	83.96	<---=B2/(1+B4)^B3
6			
7	**证明**		
8	现在支付	83.96	
9	n年后的终值	100	<---=B8*(1+B4)^B3

图2-3　价值计算结果

现值的数学表示为：在利率为r条件下的n年后将要收到的X现值为$X(1+r)^{-n}$，其中利率r通常被称为贴现率。

2.4.3　内部收益率

内部收益率（IRR）是各年现金流量净现值为零时的贴现率。下面用一个例子讲述如何计算IRR。如果你今天支付800元给当铺，当铺老板答应1年后付给你100元，两年后付给你150元，3年后给你200元，4年后付给你250元，5年后付给你300元，以贴现率r进行贴现，各年现金的净现值可以写成如下计算：

$$NPV=-800+\frac{100}{(1+r)}+\frac{150}{(1+r)^2}+\frac{200}{(1+r)^3}+\frac{250}{(1+r)^4}+\frac{300}{(1+r)^5}$$

在图2-4的单元格B16：B32，我们计算了在不同贴现率下的净现值，可以看到，在r=6%与r=7%之间，净现值已经开始为负，如图2-4所示。

	A	B	C	D
1			用Excel计算IRR	
2	r，利率	6.6965%		
3				
4	**年份**	**支付**		
5	0	-800		
6	1	100		
7	2	150		
8	3	200		
9	4	250		
10	5	300		
11				
12	NPV	0.00	<----=NPV(B2,B6:B10)+B5	
13	IRR	6.6965%	<----=IRR(B5:B10)	
14				
15	**贴现率**	**NPV**		
16	0%	200.00	<----=NPV(A16,$B$6:$B$10)+$B$5	
17	1%	165.86	<----=NPV(A17,$B$6:$B$10)+$B$5	
18	2%	133.36	<----=NPV(A18,$B$6:$B$10)+$B$5	
19	3%	102.41		
20	4%	72.92		
21	5%	44.79		
22	6%	17.96		
23	7%	-7.65		
24	8%	-32.11		
25	9%	-55.48		
26	10%	-77.83		
27	11%	-99.21		
28	12%	-119.67		
29	13%	-139.26		
30	14%	-158.04		
31	15%	-176.03		
32	16%	-193.28		
33				
34				
35				

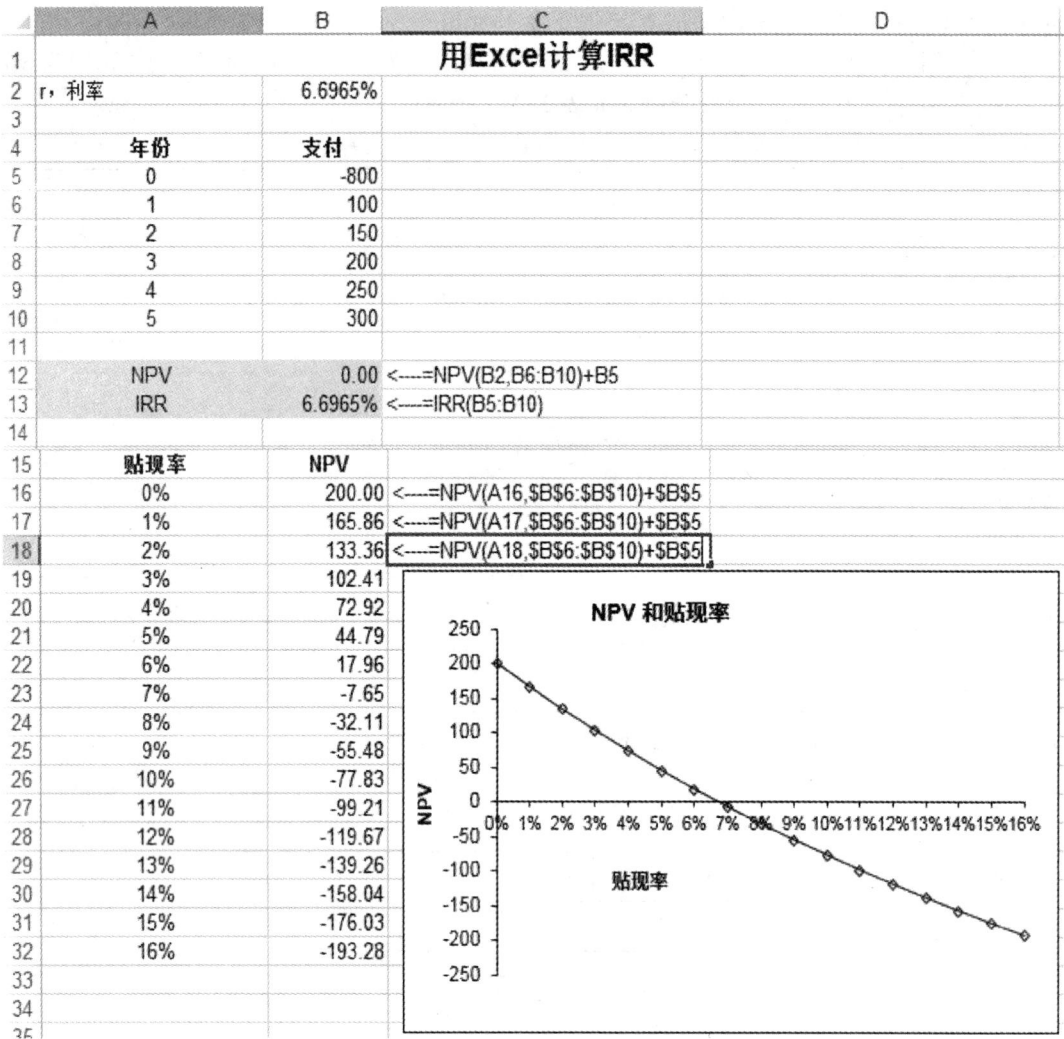

图2-4　计算IRR图

在单元格B13中，我们用Excel的IRR功能函数计算出NPV为零时的确切贴现率，结果是6.965%。在这一利率下，现金流的净现值为零（单元格B12）。

2.5 实验举例

2.5.1 终值

你将100元存入银行，以后每年都存100元，连续存10年，第一次存款时间为第0年（今天），随后的存款依次在第1、2、3…9年年末。所有这些存款在第10年末的终值是多少。在Excel中设置这一问题并通过计算每一年年末的余额来解决，基本情况如表2-3所示。

表2-3		年度存款终值表（年利率6%）		单位：元
年份	年初账户余额	年初存款	一年的利息	年末账户总额
1	0.00	100.00	6.00	
2		100.00		
3		100.00		
4		100.00		
5		100.00		
6		100.00		
7		100.00		
8		100.00		
9		100.00		
10		100.00		

方法一：在 Excel 中运用终值的定义求解。

第一步：求第 1 年年末账户总额，选中 E5 单元格，输入"=B5+C5+C6"可得结果，如图 2-5 所示。

	A	B	C	D	E
1	**年度存款终值**				
2	Interest	6%			
3					
4	年份	年初账户余额	年初存款	一年的利息	年末账户总额
5	1	0.00	100.00	6.00	106.00
6	2		100.00		
7	3		100.00		
8	4		100.00		
9	5		100.00		
10	6		100.00		
11	7		100.00		
12	8		100.00		
13	9		100.00		
14	10		100.00		

图2-5　第一年年末账户总额

第二步："第 2 年年初账户余额=第 1 年年末账户总额"，所以 B6=E5，再计算第 2 年一年的利息：选中 D6 单元格，输入"=（C6+B6）*$B$2"；进而计算出第 2 年年末账户总额；选中 E6 单元格，输入"=B6+C6+D6"，可得结果，如图 2-6 所示。

图 2-6　第 2 年账户利息及年末总额

第三步：以此类推，直到计算出第 10 年年末账户总额，如图 2-7 所示。

图 2-7　年度存款终值

由图 2-7 可知，第 10 年末账户总额为 1 397.16 元。

方法二：利用 Excel 的 FV 函数计算终值。

第一步：把表格导入 Excel 软件，如图 2-8 所示。

第二步：将光标点到 C16 单元格，移动鼠标到工具栏的 "fx" 图标并点击，出现如图 2-9 所示的对话框。选择财务函数这一类别，在对话框的下一部分滚动鼠标，将箭头移动到 FV 函数上，并确定。

	A	B	C	D	E
1			年度存款终值		
2	利率	6%			
3					
4	年份	年初账户余额	年初存款	一年的利息	年末账户总额
5	1	0.00	100.00	6.00	
6	2		100.00		
7	3		100.00		
8	4		100.00		
9	5		100.00		
10	6		100.00		
11	7		100.00		
12	8		100.00		
13	9		100.00		
14	10		100.00		
15					
16		利用excel的FV函数计算的终值			

图2-8 FV函数的导入数据

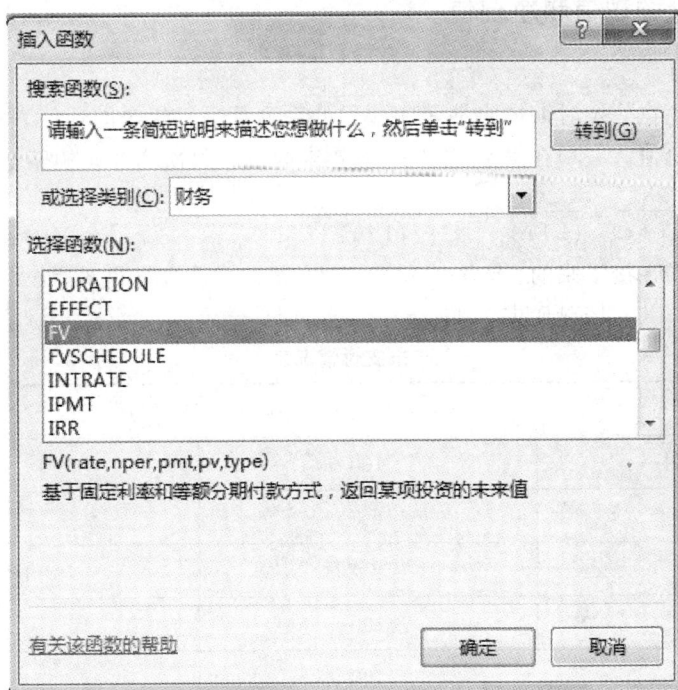

图2-9 FV函数的插入参数

第三步：填入相应参数，点击"确定"即可得到结果，如图2-10所示。

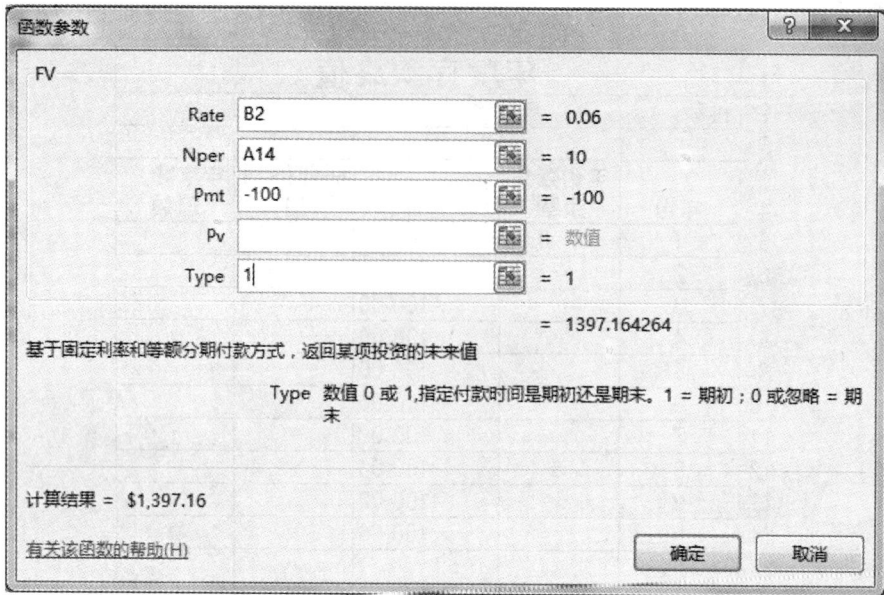

图2-10 FV函数参数输入

说明：FV函数要求输入利率（Rate）、周期数量（Nper）、每年支付（Pmt），设定类型（Type，1表示付款发生在年初，0表示付款发生在年末）。

2.5.2 年金的现值和净现值

1.年金的现值

年金是指发生在一定时期内定期等额收付的系列款项。年金的现值表示年金的所有将来款项在今天的价值。一项在第1、2、3…N年末收到，每次为X元的年金，在利率为r的条件下的现值为$\dfrac{X}{(1+r)}+\dfrac{X}{(1+r)^2}+\cdots+\dfrac{X}{(1+r)^N}$。

假如有人承诺在接下来的5年每年末给你100元，假设银行利率为6%，这一承诺在今天的价值是多少？基本情况如表2-4所示。

表2-4　　　　　　　　　　　　　　年末支付情况表　　　　　　　　　　　金额单位：元

年金：每年支付，共计5年		
每年支付	100	
利率	6%	
年份	年末支付	支付的现值
1	100	
2	100	
3	100	
4	100	
5	100	

方法一：现值相加法。

利用定义计算各笔现金的总和。

第一步：第1年支付的现值：选中C6单元格，输入"=B6/（1+$B$3）^A6"，如图2-11所示。

图2-11 第1年支付的现值

第二步：将C6的公式往下复制，可求得第2年到第5年支付的现值，如图2-12所示。

图2-12 第2到5年支付的现值详请

第三步：利用Sum函数将5年支付的现值加总：选中单元格，输入SUM（C6：C10），如图2-13所示。

所以，这一承诺今天的价值是421.24元。

方法二：使用Excel的PV函数计算年金现值。

第一步：把数据导入Excel软件，调出PV函数对话框，并填入相应参数，步骤如图2-14所示。

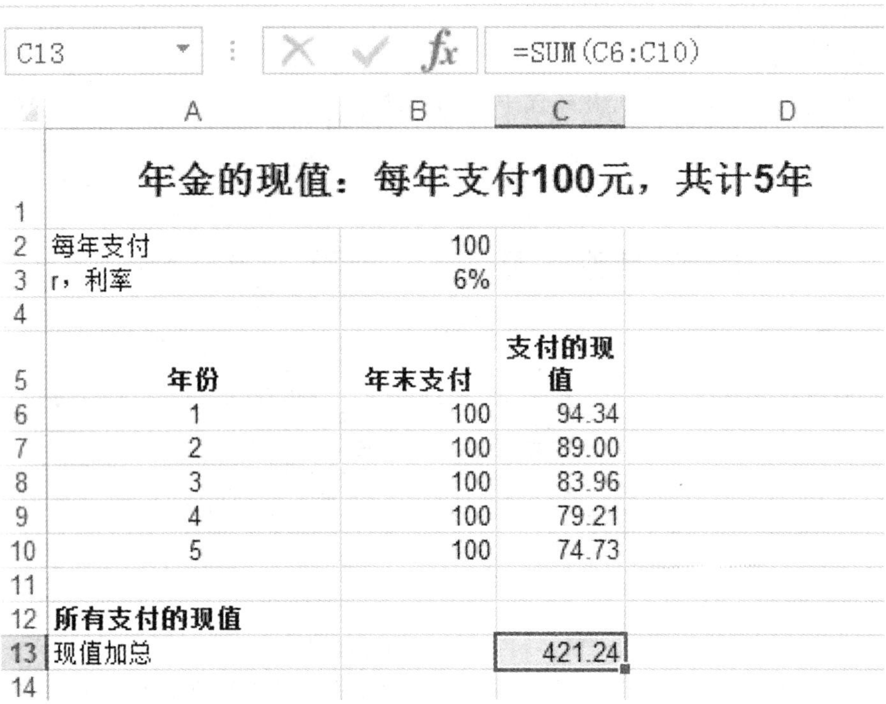

图 2-13　现值加总

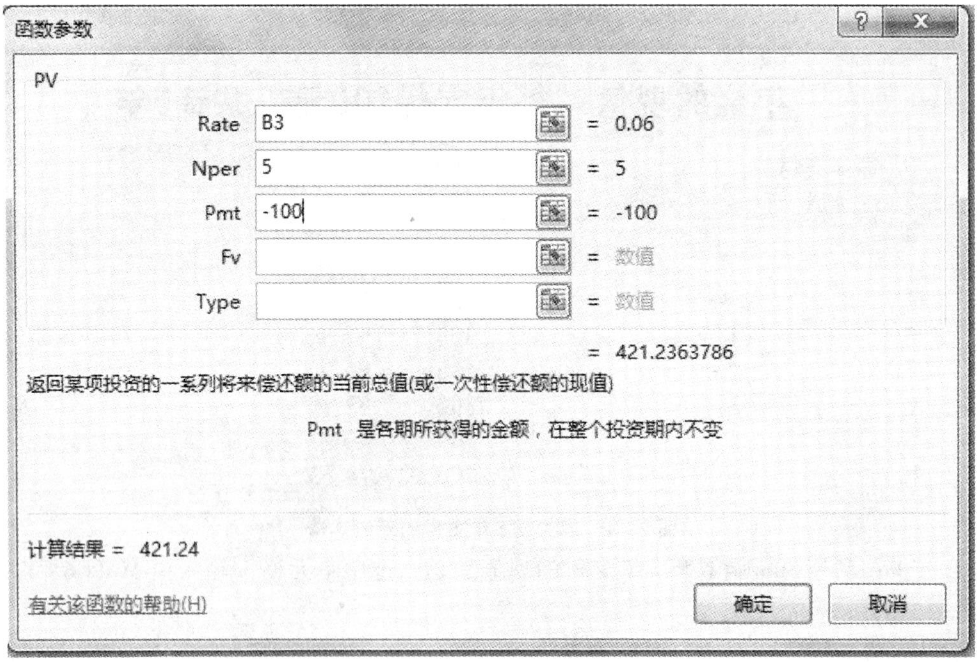

图 2-14　PV 参数输入

第二步：单击"确定"可得结果，如图 2-15 所示。

	A	B	C	D
1	年金的现值：每年支付100元，共计5年			
2	每年支付	100		
3	r，利率	6%		
4				
5	年份	年末支付	支付的现值	
6	1	100		
7	2	100		
8	3	100		
9	4	100		
10	5	100		
11				
12	所有支付的现值			
13	利用Excel的PV函数		421.24 <-=PV(B3,5,-100)	

图2-15　利用PV计算过程图

方法三：利用Excel的NPV函数计算。

第一步：把数据导入Excel软件，调出NPV函数对话框，并填入相应参数，如图2-16所示。

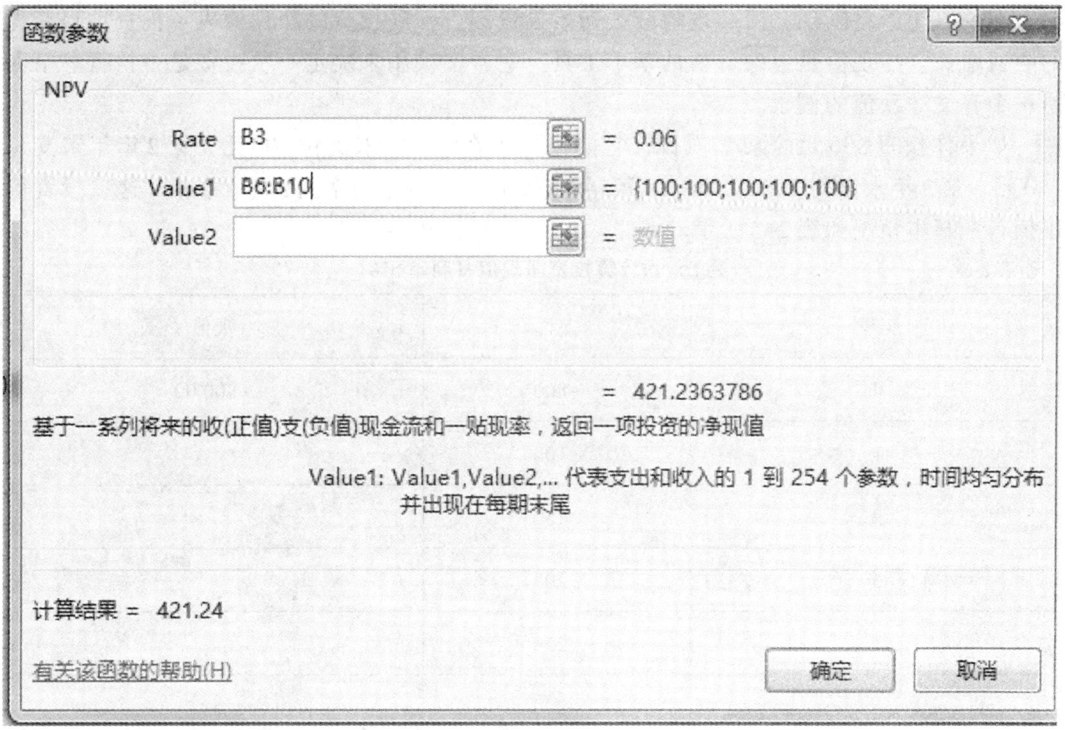

图2-16　NPV参数输入

第二步：单击"确定"可得结果，如图2-17所示。

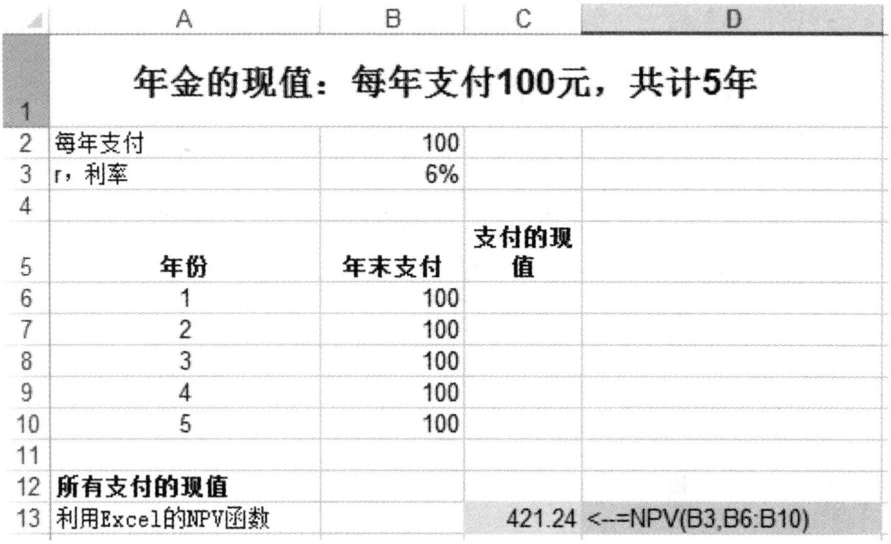

图2-17　利用NPV计算过程图

注意，PV与NPV函数区别是，PV函数用于计算年金支付金额相等的情况，而NPV函数可以计算任何系列定期支付（无论是年金中的等额支付，还是不等额支付）。

2.净现值

净现值等于将来现金流的现值减去初始投资额。一项投资的净现值表示投资项目获得的财富增长。净现值是金融分析的基本工具。它常常被用来决定一项投资是否执行。下面是一个有关净现值的例子。

如果你投资800元给某个项目，它的回报为在第1年末支付100元，第2年年末支付150元，第3年末支付200元，…，第5年末支付300元，利率为5%，那么，这项投资值不值得？基本情况如表2-5所示。

表2-5　　　　　　　　　用Excel计算投资净现值（利率5%）　　　　　　　　　单位：元

年份	支付	现值
0	−800	−800.00
1	100	
2	150	
3	200	
4	250	
5	300	

方法一：现值加总法。

第一步：根据定义计算第1年的现值：选中C6单元格，输入"=B6/（1+$B$2）^A6"，单击回车键可得结果，如图2-18所示。

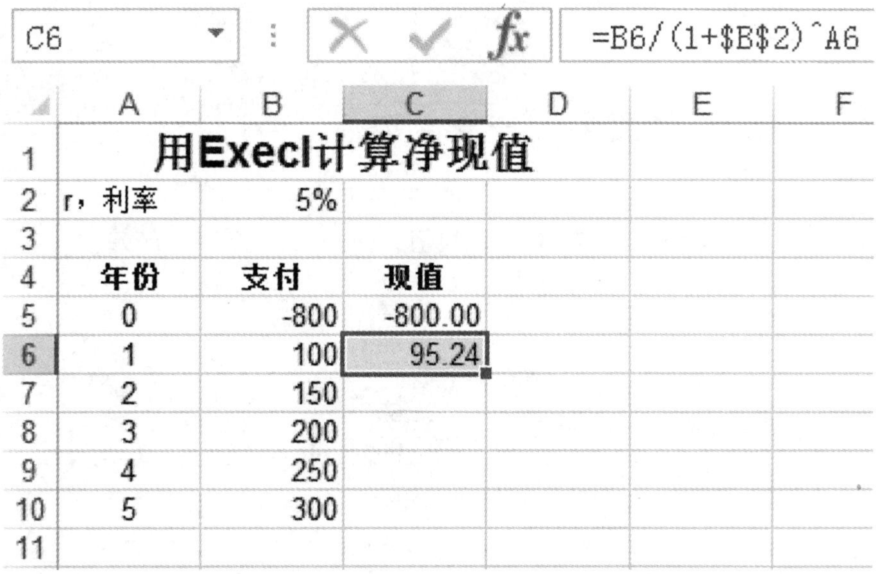

| C6 | ▼ | ⋮ | ✕ | ✓ | fx | =B6/(1+$B$2)^A6 |

图2-18　第1年现值

第二步：以此类推，在C7单元格输入"=B7/（1+$B$2）^A7"，单击回车键可得结果，如图2-19所示。

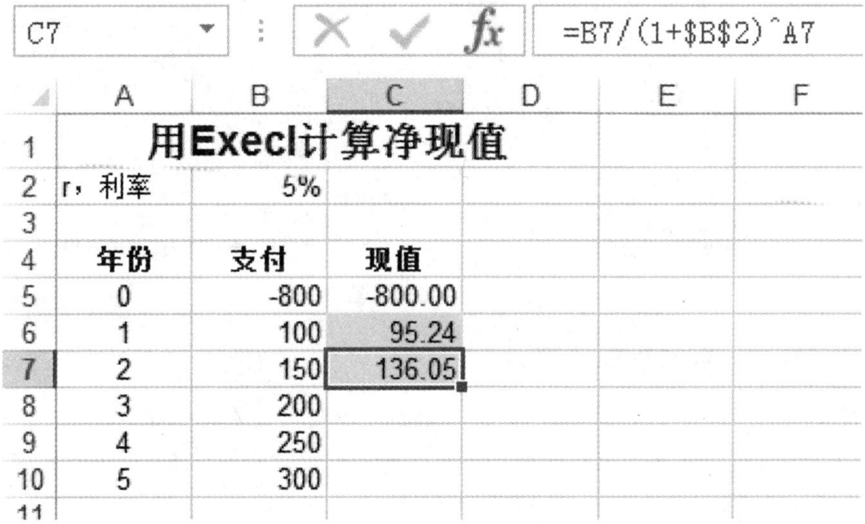

| C7 | ▼ | ⋮ | ✕ | ✓ | fx | =B7/(1+$B$2)^A7 |

图2-19　第2年现值

第三步：同样计算第3、4、5年的现值，并将第0到第5年的现值求和，即为净现值，输出结果如图2-20所示。

所以，这项投资的价值，即这些支付的净现值（包括初始支付800元）是44.79元。

方法二：利用Excel的NPV函数计算，如图2-21所示。

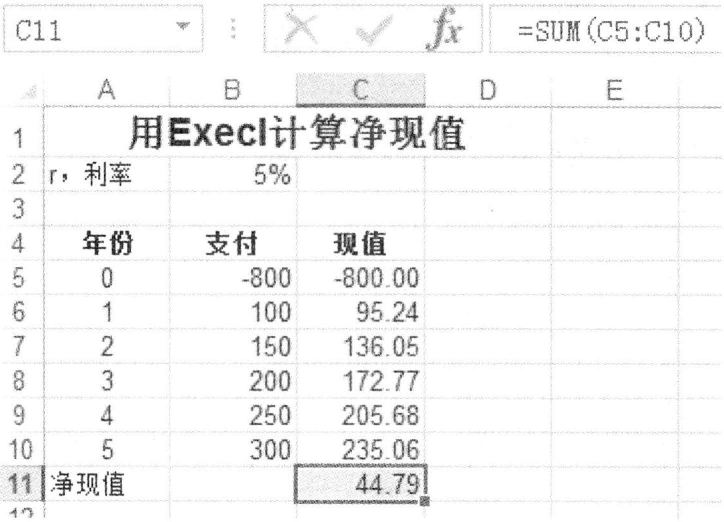

C11 =SUM(C5:C10)

	A	B	C	D	E
1	用Execl计算净现值				
2	r，利率	5%			
3					
4	年份	支付	现值		
5	0	-800	-800.00		
6	1	100	95.24		
7	2	150	136.05		
8	3	200	172.77		
9	4	250	205.68		
10	5	300	235.06		
11	净现值		44.79		

图2-20　净现值

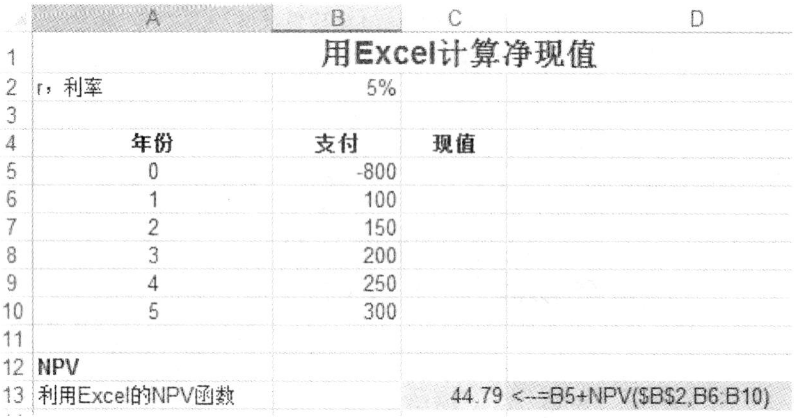

	A	B	C	D
1	用Excel计算净现值			
2	r，利率	5%		
3				
4	年份	支付	现值	
5	0	-800		
6	1	100		
7	2	150		
8	3	200		
9	4	250		
10	5	300		
11				
12	NPV			
13	利用Excel的NPV函数		44.79	<--=B5+NPV($B$2,B6:B10)

图2-21　NPV函数计算净现值

2.5.3　用IRR来进行投资决策

IRR经常被用来进行投资决策。假如你做如下投资：现在支付1 000元，一个声誉好的公司会在未来4年的每年末支付300元。银行同期的存款利率为5%。你是否应该把钱从银行取出进行这项投资？基本情况如表2-6所示。

表2-6　投资情况

年份	现金流
0	-1 000
1	300
2	300
3	300
4	300

用 Excel 中 IRR 函数计算可得。

第一步：将表格导入 Excel 中，选中单元格，点击"fx"按钮调出函数面板，如图 2-22 所示。

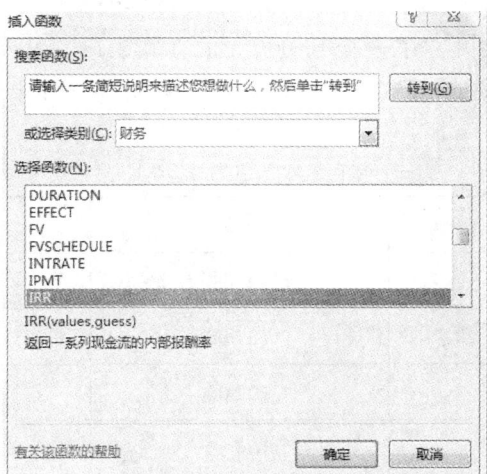

图 2-22　调出函数面板

第二步：输入相应参数，单击"确定"，过程如图 2-23 所示。

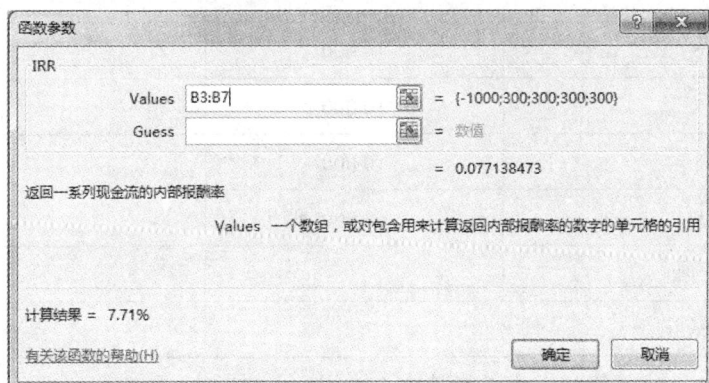

图 2-23　输入相应参数

第三步：输出结果如图 2-24 所示。

图 2-24　用 IRR 函数计算内部收益率

这项投资的内部收益率为 7.71%，比 5% 大，这说明进行这项投资比将钱存入银行会赚更多的钱，因此，应该进行这项投资。

|2.6| 练习题

1.你慷慨的祖母为你开立了一个 10 000 元的存款账户。另外，她准备分别在今年年末、明年年末……再存 9 笔同等数额的钱，如果利率为 8%，在第 10 年末账户会有多少钱？基本情况如表 2-7 所示。

表 2-7 年存款收入（利率 8%） 单位：元

年份	存款	在第 10 年的终值
0	10 000	
1	10 000	
2	10 000	
3	10 000	
4	10 000	
5	10 000	
6	10 000	
7	10 000	
8	10 000	
9	10 000	
总额		
使用 FV 函数		

2.在第 1、2、3、4 年末，每次支付 1 000 元，假如利率为 14%，现值如表 2-8 所示，连续 4 次支付的现值是多少？

表 2-8 年支付情况（利率 14%） 单位：元

年份	支付	PV
1	1 000	
2	1 000	
3	1 000	
4	1 000	
总和		
使用 NPV 函数		

3.某公司宣布一项投资计划：如果你现在支付给公司 1 000 元，你将在接下来的 15 年

每年末得到150元，这项投资的内部收益率为多少？支出与收益情况如表2-9所示。

表2-9　　　　　　　　　　　　投资计划　　　　　　　　　　单位：元

年份	支付
0	−1 000
1	150
2	150
3	150
4	150
5	150
6	150
7	150
8	150
9	150
10	150
11	150
12	150
13	150
14	150
15	150
用 IRR 函数	
用 RATE 函数	

第 3 章

内部收益率和货币时间价值

|3.1| 实验概述

现值和现净值是评估一项资产价值的有效方法，如评估股票、债券、房地产、一台计算机或者一辆汽车。利用现值和现净值来进行评估的基本原理是这项资产的价值是未来现金流的现值。比较现值和资产的价格可以知道是否应该购买。

通常知道股票、债券、房地产或者汽车的价格，但是融资方案的许多问题在于每种方式的利息成本。比如，你应该付现金还是贷款来购买一辆汽车？你应该租用你需要的笔记本电脑还是直接购买？从经济角度看，你应该租房还是买房？这些都是关于成本的问题——你应该选择成本最小的方式。

|3.2| 实验目的

（1）理解实际年利率、内部收益率、名义年收益率等金融概念。

（2）学习 IRR、PMT、IPMT 等 Excel 函数的使用。

|3.3| 实验工具

微软 Excel 软件。

|3.4| 理论要点

本实验讨论的大部分内容都与实际年利率（EAIR）和 IRR 有关系。我们将会说明 EAIR 能比名义年利率（APR）更好地用于融资成本的评估，年利率是许多放款人，比如银行和信用卡公司，通常用来核算融资成本和进行报价的工具。

|3.5| 实验举例

3.5.1 报价利率

实际年利率（EAIR）是一特定信贷安排或者证券所产生现金流的年化内部收益率。

在金融中"成本"通常考量是利率。例如，西汉普顿银行的利率是8%，而东汉普顿银行的利率是9%，8%的利息比9%的利息少，成本就低。

但是现在考虑下列方案。你想要借100美元，1年后偿还，研究以上两家银行。

西汉普顿银行的借贷利率为8%，如果你借款100美元，那么1年后要归还108美元；东汉普顿银行的借贷利率为6%。但是，东汉普顿银行有4%的贷款初始收费。这就意味着每借100美元，你只能得到96美元，但是你要对100美元付出利息，基本情况如表3-1所示。

表3-1　　　　　　　　　　　　贷款比较

廉价贷款：西汉普顿银行还是东汉普顿银行？

	西汉普顿银行	东汉普顿银行
名义利率	8%	6%
初始费用	0	4%
为了现在得到100美元而借的总额	100.00	
日期	现金流	现金流
日期1，得到贷款	100.00	100.00
日期2，偿还贷款	-108.00	
实际年利率（EAIR）	8.00%	

很明显，西汉普顿银行借款成本是8%，但是它比东汉普顿银行的贷款便宜还是贵呢？可以做如下思考：为了从东汉普顿银行借到100美元，你需要借104.17美元，它扣除了4%的收费后，你刚好获得100美元（96%×104.17），刚好是你需要的。年利率（EAIR）是10.42%。用Excel求解步骤如下。

第一步：计算为了现在得到100美元而在东汉普顿银行借的总额。选中C5单元格，输入"=100/（1-C4）"，可得结果，如图3-1所示。

第二步：计算一年后需要偿还东汉普顿银行的贷款。选中C9单元格，输入"=-C5*（1+C3）"，可得结果，如图3-2所示。

第三步：求东汉普顿银行实际年利率EAIR。选中C10单元格，输入"=IRR（C8：C9）"，可得结果，如图3-3所示。

| C5 | ▼ | ⋮ | ✕ ✓ | f_x | =100/(1-C4) |

▲	A	B	C	D	E
1	廉价贷款：西汉普顿银行还是东汉普顿银行				
2		西汉普顿银行	东汉普顿银行		
3	名义利率	8%	6%		
4	初始费用	0%	4%		
5	为了现在得到100美元而借的总额	100.00	104.17		
6					
7	日期	现金流	现金流		
8	日期1，得到贷款	100.00	100.00		
9	日期2，偿还贷款	-108.00			
10	实际年利率EAIR	8.00%			

图 3-1　为得到东汉普顿银行 100 美元而需借的款项数

| C9 | ▼ | ⋮ | ✕ ✓ | f_x | =-C5*(1+C3) |

▲	A	B	C	D	E
1	廉价贷款：西汉普顿银行还是东汉普顿银行				
2		西汉普顿银行	东汉普顿银行		
3	名义利率	8%	6%		
4	初始费用	0%	4%		
5	为了现在得到100美元而借的总额	100.00	104.17		
6					
7	日期	现金流	现金流		
8	日期1，得到贷款	100.00	100.00		
9	日期2，偿还贷款	-108.00	-110.42		
10	实际年利率EAIR	8.00%			

图 3-2　一年后需偿还东汉普顿银行贷款

| C10 | ▼ | ⋮ | ✕ ✓ | f_x | =IRR(C8:C9) |

▲	A	B	C	D	E
1	廉价贷款：西汉普顿银行还是东汉普顿银行				
2		西汉普顿银行	东汉普顿银行		
3	名义利率	8%	6%		
4	初始费用	0%	4%		
5	为了现在得到100美元而借的总额	100.00	104.17		
6					
7	日期	现金流	现金流		
8	日期1，得到贷款	100.00	100.00		
9	日期2，偿还贷款	-108.00	-110.42		
10	实际年利率EAIR	8.00%	10.42%		

图 3-3　东汉普顿银行实际年利率

由图 3-3 可以看出，西汉普顿银行 8% 的贷款（EAIR=8%）比东汉普顿银行 6% 的贷款（EAIR=10.42%）便宜。

再考虑如下的例子。你正准备买一辆二手汽车，它的标价为 2 000 元，你有两种融资选择：第一种选择，如果你付现金，会得到 15% 的折扣。在这种情况下，你在今天只需付 1 700 元。因为你现在没有现金，所以你需要借钱，支付 10% 的利息。第二种选择，店家给你无息贷款，今天不需要花费一分钱，但是需要在年底支付 2 000 元的全额车款。这两种选择哪个更便宜？融资基本情况如表 3-2 所示。

表 3-2　　　　　　　　　　　　　　为二手汽车融资

年份	支付现金	销售商的"零"利率融资	差量现金流
0	−1 700	0	
1		−2 000	
销售商规定的实际年利率			

先考虑先期支付现金 1 700 元的情况。

第一步：求现在的现金流量差。选中 D3 单元格，输入"=C3-B3"，可得结果，如图 3-4 所示。

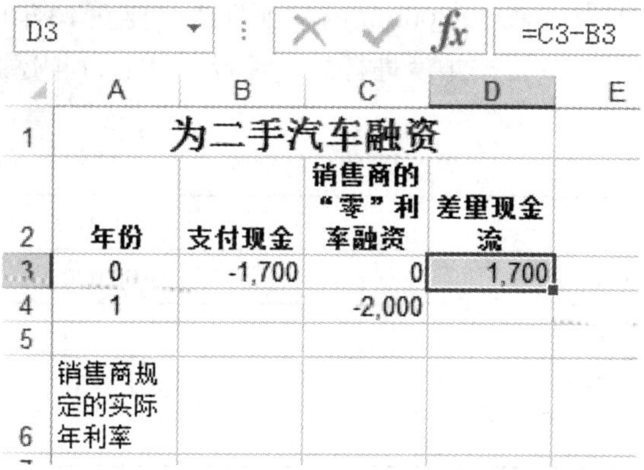

图 3-4　第 0 年差量现金流

第二步：计算第 2 年差量现金流。选中 D4 单元格，输入"=C4-B4"，可得结果，如图 3-5 所示。

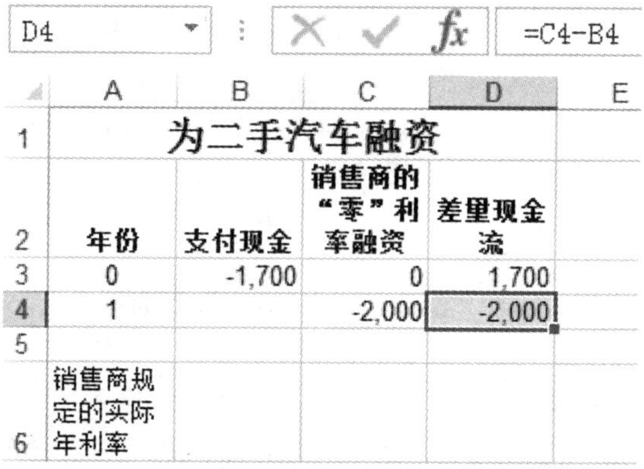

图 3-5　第一年差量现金流

第三步：求销售商的实际年利率。选中单元格，输入"=IRR（D3：D4）"，可得结果，如图3-6所示。

图3-6　销售商的实际年利率

由图3-6可知，贷款的实际年利率是17.65%；无息贷款实际上相当于借1 700元给你但是年底要你偿还2 000元。第一种选择贷款的EAIR是10%，你将借1 700元，只需偿还1 870元。所以你最好选择第一个方案。

3.5.2　计算抵押贷款的成本

你的银行答应提供给你一项100 000元的抵押贷款，要在10年内还清，年利率为8%。为了简化问题，我们假设还款是按年度进行的。银行计算的每年还款额为多少？基本情况如表3-3所示。

表3-3　　　　　　　　　　　　一项简单的贷款

项目	数值	
抵押本金	100 000	
利率	8%	
抵押期限	10	
年度支付		

利用Excel中的PMT函数求解（PMT函数用于计算还清一项贷款的年金支付（等额定期付款））。选中单元格，输入"=PMT（　　）"，调出函数面板，并输入参数，过程如图3-7所示。

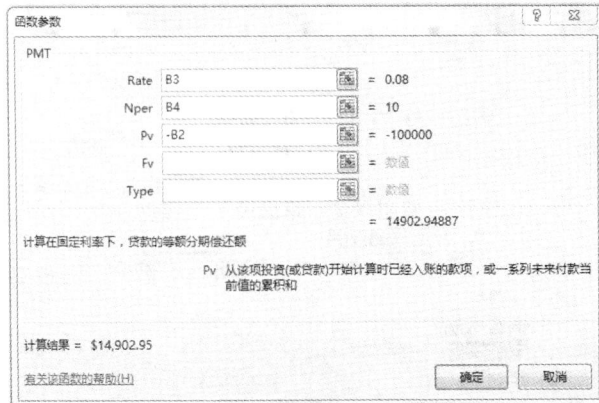

图3-7　PMT参数输入（1）

单击“确定”可得结果，如图3-8所示。

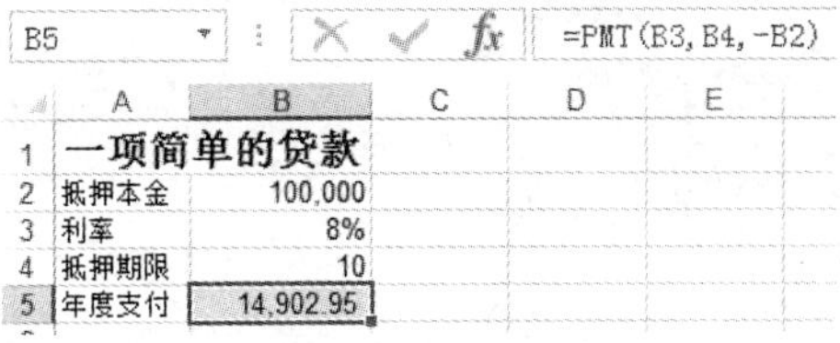
B5 =PMT(B3,B4,-B2)

	A	B	C	D	E
1	一项简单的贷款				
2	抵押本金	100,000			
3	利率	8%			
4	抵押期限	10			
5	年度支付	14,902.95			

图3-8　年度支付

所以，银行计算的每年还款额为14 902.95元。

3.5.3　抵押贷款

假如你获得10 000元的贷款，年利率为8%，每月还款，并且需要在1年（12个月）内还清贷款。请计算每个月的还款额和IRR以及EAIR，基本情况如表3-4所示。

表3-4　每月支付的抵押贷款　金额单位：元

贷款本金	100 000
贷款年限	1
名义利率	8%
月份	现金流
0	100 000.00
1	
2	
3	
4	
5	
6	
7	
8	
9	
10	
11	
12	
每月的IRR	
实际年利率，EAIR	

第一步：运用PMT函数计算第1个月的抵押贷款。选中B8单元格，输入“=PMT（$B$4/12，$B$3*12，$B$2）”输入过程如图3-9所示。

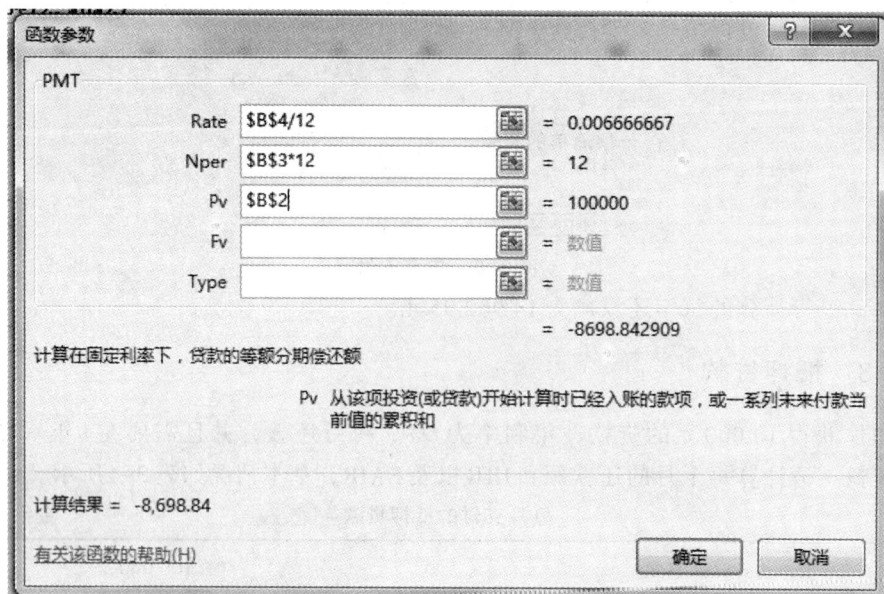

图3-9　PMT参数输入（2）

单击"确定"可得结果，如图3-10所示。

图3-10　第1个月抵押贷款现金流

第二步：复制第一步的操作，计算第2到第12个月的抵押贷款，输出结果如图3-11所示。

	B9		▼	⋮	✕ ✓	fx	=PMT($B$4/12, $B$3*12, $B$2)	

⊿	A	B	C	D	E	F	G
1	**月支付的抵押贷**						
2	贷款本金	100,000					
3	贷款年限	1					
4	名义利率	8%					
5							
6	月份	现金流					
7	0	100,000.00					
8	1	-8,698.84					
9	2	-8,698.84					
10	3	-8,698.84					
11	4	-8,698.84					
12	5	-8,698.84					
13	6	-8,698.84					
14	7	-8,698.84					
15	8	-8,698.84					
16	9	-8,698.84					
17	10	-8,698.84					
18	11	-8,698.84					
19	12	-8,698.84					
20							
21	每月的IRR						
22	实际年利率，EAIR						

图3-11　第2到第12个月抵押贷款现金流

第三步：计算每月的IRR。选中B21单元格，输入"=IRR（B7：B19）"，过程如图3-12所示。

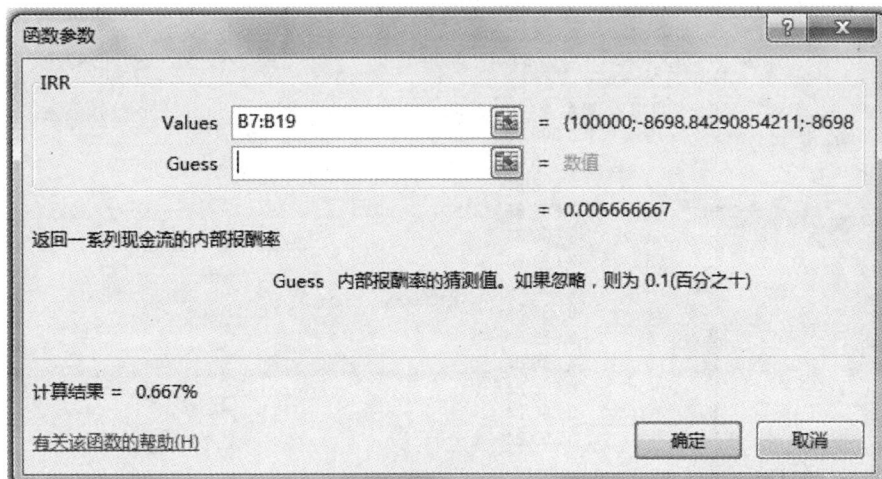

图3-12　IRR参数输入（1）

函数参数

IRR

Values　B7:B19　　= {100000;-8698.84290854211;-8698

Guess　　　　　= 数值

= 0.006666667

返回一系列现金流的内部报酬率

Guess　内部报酬率的猜测值。如果忽略，则为 0.1(百分之十)

计算结果 = 0.667%

有关该函数的帮助(H)　　　　确定　取消

单击"确定"可得结果，如图3-13所示。

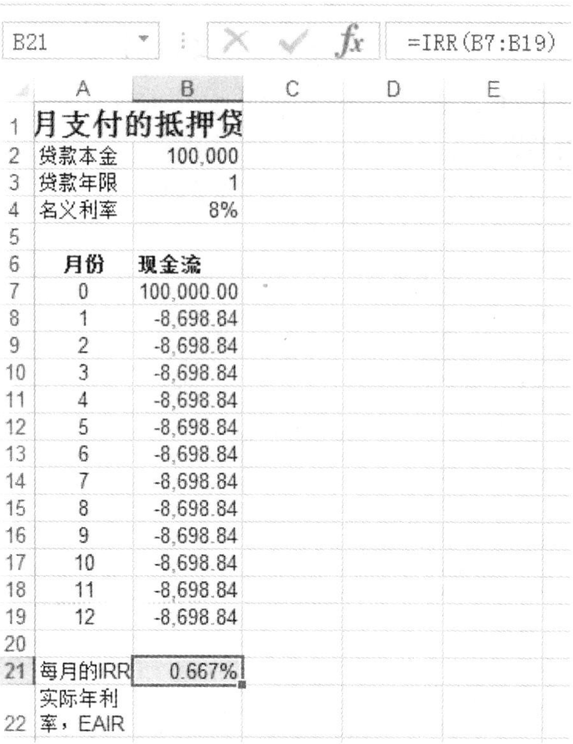

图 3-13　每月的 IRR

第四步：求实际年利率。选中 B22 单元格，输入"=（1+B21）^12-1"，可得结果，如图 3-14 所示。

图 3-14　实际年利率

3.5.4 租赁还是购买

你需要一台笔记本电脑，但是你无法决定到底是租赁还是购买。笔记本电脑价值4 000元。电脑出租公司以每年1 500元的价格租赁给你。出租条件是你必须支付4次1 500元；第一次付款是租赁开始（0时刻），剩下的付款分别在第1、2和3年末。基于过去的经验，新笔记本电脑的使用期限是3年。另外，你也可以以15%的利率向银行借款。表3-5是租赁和购买的现金流量表情况。

表3-5 　　　　　　　　　　　　租赁和购买的现金流量表 　　　　　　　　　　金额单位：元

租赁或购买的情况		
资产成本	4 000.00	
年度支付租赁	1 500.00	
银行利率	15%	
年份	购买现金流	租赁现金流
0	4 000.00	1 500.00
1		1 500.00
2		1 500.00
3		1 500.00
成本的PV		
租赁还是购买？		

方法一：通过计算二者成本的PV判断是租赁还是购买。

第一步：依题得，购买成本的PV即为4 000.00元，现计算租赁的成本的PV。选中单元格C12，输入"=C7+NPV（$B$4，C8：C10）"，可得结果，如图3-15所示。

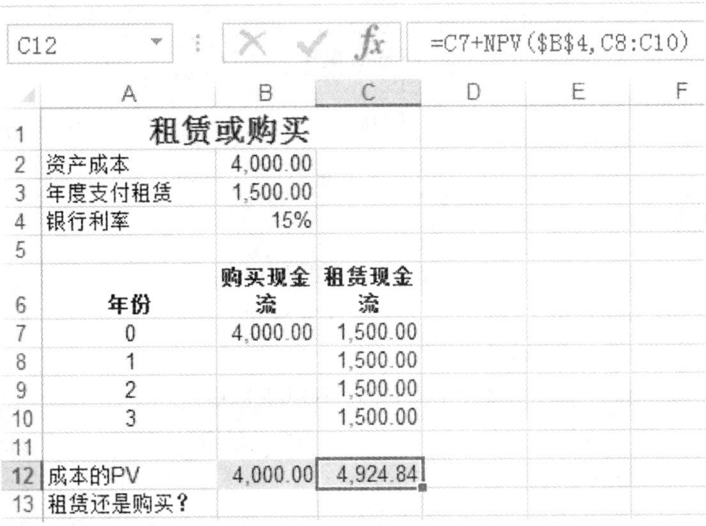

图 3-15　成本的 PV

第二步：利用 IF 函数判断是购买还是租赁。选中单元格，输入"=IF（B12<C12，"
"购买"，"租赁"，过程如图 3-16 所示。

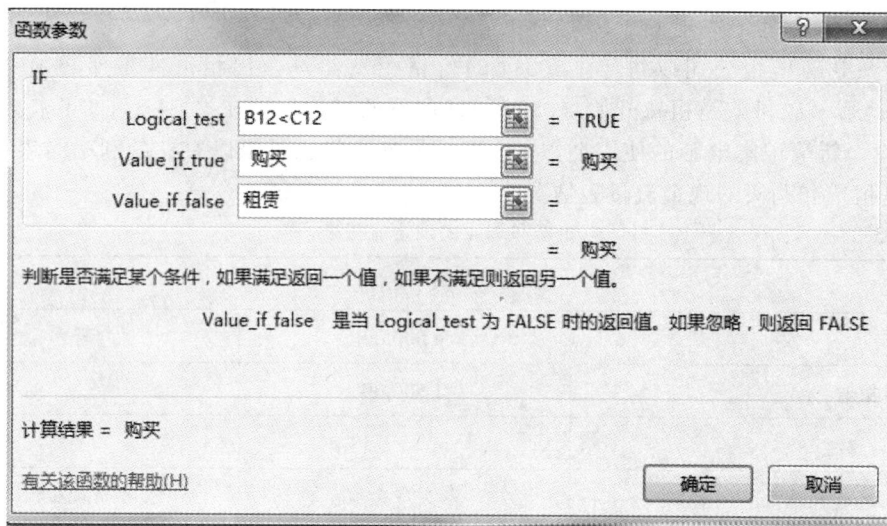

图 3-16　IF 参数输入（1）

单击"确定"可得结果，如图 3-17 所示。

图 3-17　判断租赁还是购买

由图 3-17 可看出，租赁的成本现值是 4 924.84 元，比购买的成本 4 000 元要高。这
样，你会更倾向于购买，因为成本低。

方法二：通过计算差量现金流的内部收益率判断是租赁还是购买。

第一步：分别计算现在（第 0 年）到第 3 年的差量现金流。"差量现金流=购买现金
流-租赁现金流"，输出结果如图 3-18 所示。

| D7 | ▼ | : | × | ✓ | fx | =B7-C7 |

▲	A	B	C	D	E
1	租赁或者购买的差量现金流				
2	资本成本	4,000			
3	年度租赁支	1,500			
4	银行利率	15%			
5					
6	年份	购买现金流	租赁现金流	差量现金流	
7	0	4,000	1,500	2,500	
8	1		1,500	-1,500	
9	2		1,500	-1,500	
10	3		1,500	-1,500	
11					
12	差量现金流的IRR				
13	租赁还是购买？				

图 3-18　现在到第 3 个月的差量现金流

第二步：利用 IRR 函数计算差量现金流的内部收益率：选中单元格，输入 "-IRR（D7：D10）"，如图 3-19 所示。

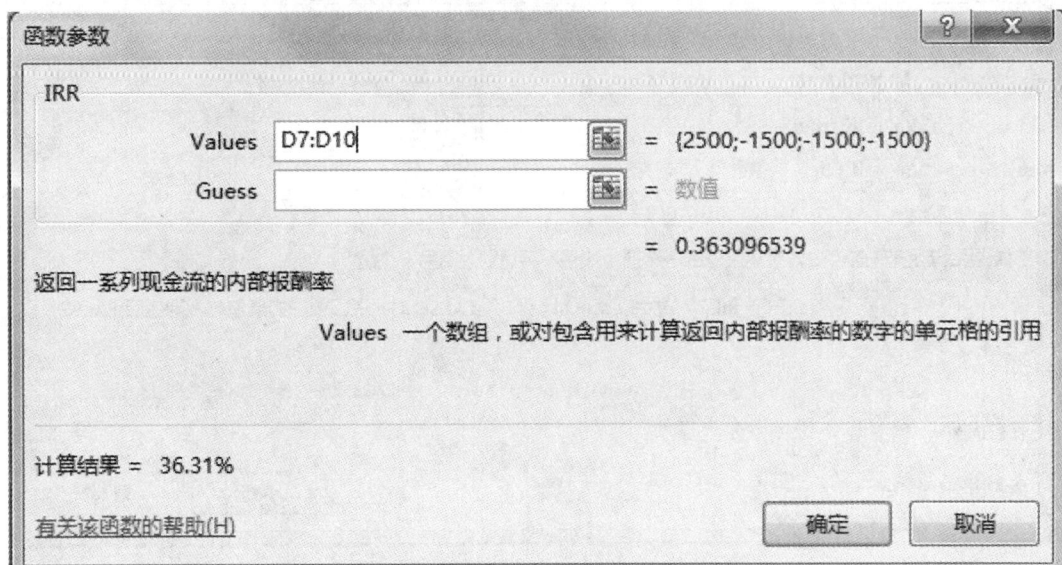

| 函数参数 | | ? | × |

IRR

| Values | D7:D10 | 📷 | = {2500;-1500;-1500;-1500} |
| Guess | | 📷 | = 数值 |

= 0.363096539

返回一系列现金流的内部报酬率

　　　　　Values　一个数组，或对包含用来计算返回内部报酬率的数字的单元格的引用

计算结果 ＝　36.31%

有关该函数的帮助(H)　　　　　　　　　　　　　　　确定　　取消

图 3-19　插入参数

单击 "确定" 可得结果，如图 3-20 所示。

图 3-20 差量现金流的 IRR

第三步：利用 IF 函数判断购买还是租赁，过程如图 3-21 所示。

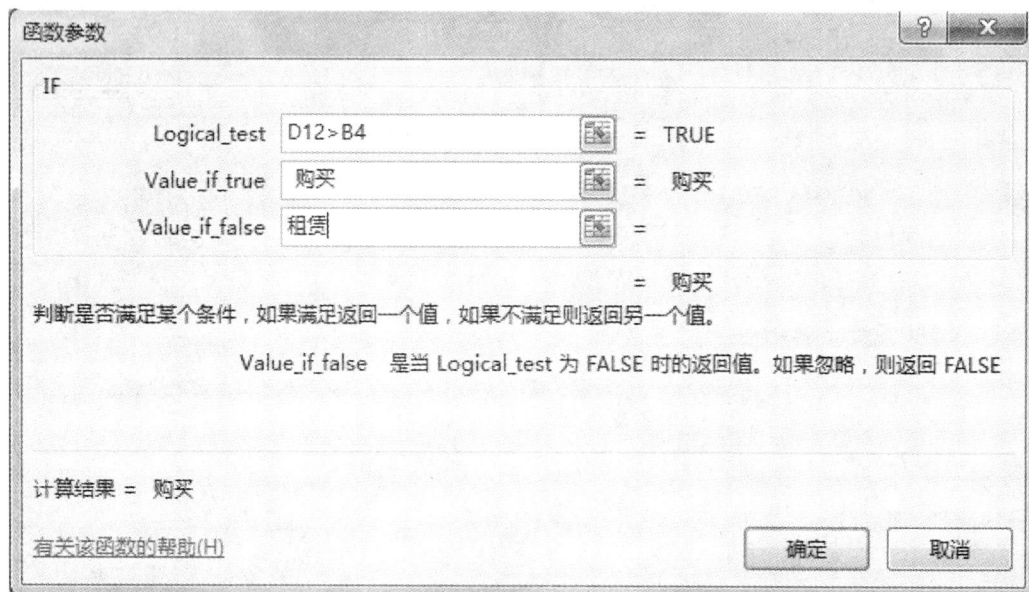

图 3-21 IF 参数输入（2）

单击"确定"可得结果，如图 3-22 所示。

D13 =IF(D12>B4,"购买","租赁")

	A	B	C	D	E	F	G
1	租赁或者购买的差量现金流						
2	资本成本	4,000					
3	年度租赁支	1,500					
4	银行利率	15%					
5							
6	年份	购买现金流	租赁现金流	差量现金流			
7	0	4,000	1,500	2,500			
8	1		1,500	-1,500			
9	2		1,500	-1,500			
10	3		1,500	-1,500			
11							
12	差量现金流的IRR			36.31%			
13	租赁还是购买？			购买			

图3-22 判断租赁还是购买

你在第0年节约2 500元，而在第1、2、3年每年支付1 500元。这笔“贷款”的IRR是36.31%。

3.5.5 汽车租赁的例子

美国的汽车金融非常发达，当人们决定拥有一辆新汽车时，可以选择购买或租赁，这里我们就以常见的汽车租赁为例进行阐述。如果你决定购买 辆新汽车，可以以3%的利率向银行贷款。这辆汽车的厂商建议零售价24 550美元，但是经过谈判你可以从经销商那里以22 490美元的价格购买。用汽车租赁行业术语来讲，这22 490美元相当于“资本化成本”。但是获得这个价格必须支付额外415美元的运输费用，相当于如果购买这辆车，你需要支付22 905美元。这个价格是你决定用购买来代替租赁的替代成本。

经销商同时提供给你如下租赁条款：（1）签署租赁协议时你需要支付1 315美元。经销商解释说这包括415美元的运输费、450美元的购买费用、450美元的保证金，保证金会在租赁结束时返还给你。（2）在接下来的24个月，你每月支付373.43美元，24个月后你可以收回450美元的保证金。（3）你要保证这辆汽车有13 994美元的残值。经销商按照厂商建议零售价的57%确定这个值。这意味着如果在24个月后这辆汽车不值13 994美元，承租人（你）需要补足差额。与残值差相关的最后租赁付款如下：

$$\text{租赁残值支付}=\begin{cases}13\,994-\text{市场价格},(\text{市场价格}<13\,994\text{美元})\\0,\text{否则}\end{cases}$$

假设你认为这辆汽车两年后价值15 000美元，基本情况如表3-6所示。

表 3-6   **汽车租赁或购买基本情况**   金额单位：美元

项目	数值		
制造商建议的零售价（MSRP）	24 550		
资本化的成本	22 490		
目标费用	415		
获得的成本	450		
保险存款	450		
签约的支付总额	1 315	<-sum（B4：B6）	
月度支付	373.43		
以MSRP的百分比表示的2年后的残值	57%		
两年后的租赁残值	13 994	<-B12*B2	
你估计的残值	15 000		
月份	支付	购买	差异
0			
1	373.43		
2	373.43		
3	373.43		
4	373.43		
5	373.43		
6	373.43		
7	373.43		
8	373.43		
9	373.43		
10	373.43		
11	373.43		
12	373.43		
13	373.43		
14	373.43		
15	373.43		
16	373.43		
17	373.43		
18	373.43		
19	373.43		
20	373.43		
21	373.43		
22	373.43		
23	373.43		
24			
月度IRR			
EAIR			
租赁或者购买			
替代融资方案	3%		
租赁或者购买			

第一步：计算第0个月租赁需要支付的钱。选中单元格，输入"=B7"；计算购买在第0个月需要支付的钱：选中单元格，输入"=B3+B4"；计算二者的差值，选中单元格，输入"=C13-B13"，可得结果，如图3-23所示。

| B13 | ▼ | : | ✕ | ✓ | fx | =B7 |

	A	B	C	D
1	汽车租赁或者购买			
2	制造商建议的零售价（MSRP）	24,550		
3	资本化的成本	22,490		
4	目标费用	415		
5	获得的成本	450		
6	保险存款	450		
7	签约的支付总额	1,315		
8	月度支付	373.43		
9	以MSRP的百分比表示的2年后的残值	57%		
10	两年后的租赁残值	13,994		
11	你估计的残值	15,000		
12	月份	支付	购买	差异
13	0	1,315.00	22,905.00	21,590.00

图3-23　第0个月租赁和购买分别需要支付的金额

第二步：按照规则，租赁从第1个月开始，需要支付373.43美元，而购买不用再付钱，所以二者差异均为-373.43美元，如图3 24所示。

	A	B	C	D
12	月份	支付	购买	差异
13	0	1,315.00	22,905.00	21,590.00
14	1	373.43		-373.43
15	2	373.43		-373.43
16	3	373.43		-373.43
17	4	373.43		-373.43
18	5	373.43		-373.43
19	6	373.43		-373.43
20	7	373.43		-373.43
21	8	373.43		-373.43
22	9	373.43		-373.43
23	10	373.43		-373.43
24	11	373.43		-373.43
25	12	373.43		-373.43
26	13	373.43		-373.43
27	14	373.43		-373.43
28	15	373.43		-373.43
29	16	373.43		-373.43
30	17	373.43		-373.43
31	18	373.43		-373.43
32	19	373.43		-373.43
33	20	373.43		-373.43
34	21	373.43		-373.43
35	22	373.43		-373.43
36	23	373.43		-373.43
37	24			

图3-24　第1个月到第23个月需要支付金额的差异

第三步：计算第24个月租赁需要支付的值：选中单元格，输入"=$B$8-B6+MAX（B10-B11，0）"，可得结果，如图3-25所示。

B37	fx	=$B$8-B6+MAX(B10,B11,0)		
	A	B	C	D
13	0	1,315.00	22,905.00	21,590.00
14	1	373.43		-373.43
15	2	373.43		-373.43
16	3	373.43		-373.43
17	4	373.43		-373.43
18	5	373.43		-373.43
19	6	373.43		-373.43
20	7	373.43		-373.43
21	8	373.43		-373.43
22	9	373.43		-373.43
23	10	373.43		-373.43
24	11	373.43		-373.43
25	12	373.43		-373.43
26	13	373.43		-373.43
27	14	373.43		-373.43
28	15	373.43		-373.43
29	16	373.43		-373.43
30	17	373.43		-373.43
31	18	373.43		-373.43
32	19	373.43		-373.43
33	20	373.43		-373.43
34	21	373.43		-373.43
35	22	373.43		-373.43
36	23	373.43		-373.43
37	24	-76.57	-14,133.67	-14,057.10

图3-25　第24个月需要支付的差异情况

第四步：求月度IRR，选中单元格，输入"=IRR（D13：D37）"，可得结果，如图3-26所示。

C38	fx	=IRR(D13:D37)		
	A	B	C	D
23	10	373.43		-373.43
24	11	373.43		-373.43
25	12	373.43		-373.43
26	13	373.43		-373.43
27	14	373.43		-373.43
28	15	373.43		-373.43
29	16	373.43		-373.43
30	17	373.43		-373.43
31	18	373.43		-373.43
32	19	373.43		-373.43
33	20	373.43		-373.43
34	21	373.43		-373.43
35	22	373.43		-373.43
36	23	373.43		-373.43
37	24	-76.57	-15,000.00	-14,923.43
38		月度IRR	0.44%	

图3-26　月度IRR

第五步：计算实际年利率（EAIR），选中单元格，输入"=（1+C38)^12-1"，可得结果，如图3-27所示。

	A	B	C	D
C39			=(1+C38)^12-1	
23	10	373.43		-373.43
24	11	373.43		-373.43
25	12	373.43		-373.43
26	13	373.43		-373.43
27	14	373.43		-373.43
28	15	373.43		-373.43
29	16	373.43		-373.43
30	17	373.43		-373.43
31	18	373.43		-373.43
32	19	373.43		-373.43
33	20	373.43		-373.43
34	21	373.43		-373.43
35	22	373.43		-373.43
36	23	373.43		-373.43
37	24	-76.57	-15,000.00	-14,923.43
38		月度IRR	0.44%	
39		EAIR	5.39%	

图3-27　EAIR

第六步：判断是租赁还是购买：选中单元格，输入"IF（D41>C39，"租赁"，"购买"）"，可得结果，如图3-28所示。

	A	D	C	D
D42			=IF(D41>C39,"租赁","购买")	
23	10	373.43		-373.43
24	11	373.43		-373.43
25	12	373.43		-373.43
26	13	373.43		-373.43
27	14	373.43		-373.43
28	15	373.43		-373.43
29	16	373.43		-373.43
30	17	373.43		-373.43
31	18	373.43		-373.43
32	19	373.43		-373.43
33	20	373.43		-373.43
34	21	373.43		-373.43
35	22	373.43		-373.43
36	23	373.43		-373.43
37	24	-76.57	-15,000.00	-14,923.43
38		月度IRR	0.44%	
39		EAIR	5.39%	
40		**租赁或者购买**		
41		替代融资方案		3%
42		租赁或者购买		购买

图3-28　判断是租赁或购买

所以应该向银行贷款购买这辆车，而不是租赁。

3.5.6 复利和实际年利率

根据月支付利息计算年利率。XYZ银行按18%的名义利率对你的信用卡账户余额收费，并且每月复利。假如银行的做法是每个月在月初对你的信用卡账户余额按1.5%的利率收取利息。为了确定这种收费的实际意义，如果有100元的未偿贷款，在12个月后欠银行多少钱？基本信息如表3-7所示。

表3-7 信用卡账户的月度复利 金额单位：元

月份	月初账户余额	月利息	月末余额
1	100.00		
2			
3			
4			
5			
6			
7			
8			
9			
10			
11			
12			
实际年利率（EAIR）			

第一步：计算月利率。选中单元格，输入"=B2/12"，可得结果，如图3-29所示。

图3-29 月利率

第二步：计算第1个月的月利率。选中单元格，输入"=B6*$B$3"，可得结果，如图3-30所示。

C6			f_x	=B6*$B$3	

	A	B	C	D	E
1	**信用卡账户的月度复利**				
2	"年"利率	18%			
3	月利率	1.5%			
4					
5	月份	月初账户余额	月利息	月末余额	
6	1	100.00	1.50		
7	2				
8	3				
9	4				
10	5				
11	6				
12	7				
13	8				
14	9				
15	10				
16	11				
17	12				
18					
19	实际年利率（EAIR）				

图3-30　第1个月的月利息

第三步：计算第1个月的月末余额。输入"=B6+C6"，可得结果，如图3-31所示。

D6			f_x	=B6+C6	

	A	B	C	D	E
1	**信用卡账户的月度复利**				
2	"年"利率	18%			
3	月利率	1.5%			
4					
5	月份	月初账户余额	月利息	月末余额	
6	1	100.00	1.50	101.50	
7	2				
8	3				
9	4				
10	5				
11	6				
12	7				
13	8				
14	9				
15	10				
16	11				
17	12				
18					
19	实际年利率（EAIR）				

图3-31　第1个月的月末余额

第四步：第2个月的月初余额等于第1个月的月末余额，重复第三步，计算出第2到第12个月的月利息和月末余额，输出结果如图3-32所示。

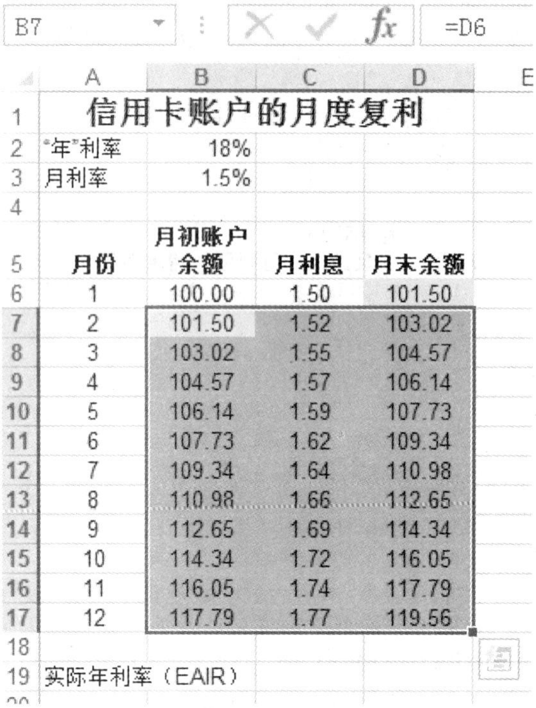

图3-32　第2到12个月的账户情况

第五步：根据实际年利率的定义，EAIR = (1 + 月利率)^{12} - 1，计算 EAIR。选中单元格，输入"= (1+B3) ^12-1"，可得结果，如图3-33所示。

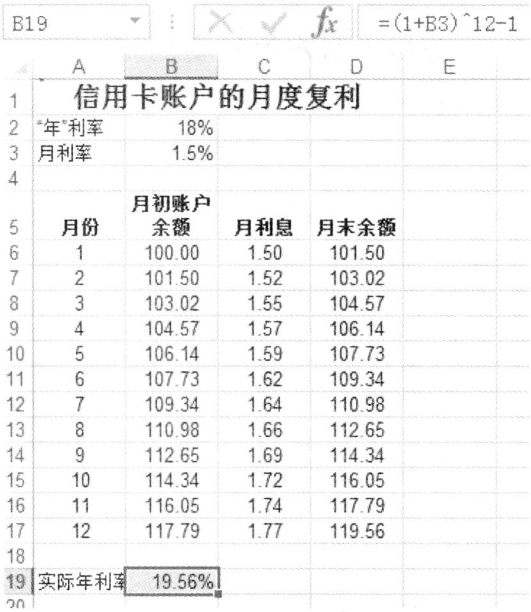

图3-33　实际年利率

3.5.7 连续复利的计算

连续复利是计息次数无限大时 EAIR 的极限值。对一年计息来说，$EAIR = (1+r/n)^n - 1$。当 n 变得很大时，EAIR 接近 $e^r - 1$（$e = 2.71828182845$，是自然对数的底），复利次数对应的 EAIR 值如图3-34所示。

	A	B	C	D	E
1	**EAIR和复利次数**				
2	"年"利率	18%			
3					
4	每年复利次数	每期利率	EAIR		
5	1	18.00%	18.000%	<-=(1+B5)^A5-1	
6	2	9.00%	18.810%	<-=(1+B6)^A6-1	
7	3	6.00%	19.102%	<-=(1+B7)^A7-1	
8	4	4.50%	19.252%		
9	6	3.00%	19.405%		
10	12	1.50%	19.562%		
11	24	0.75%	19.641%		
12	36	0.50%	19.668%		
13	52	0.35%	19.685%		
14	100	0.18%	19.702%		
15	150	0.12%	19.709%		
16	200	0.09%	19.712%		
17	250	0.07%	19.714%		
18	300	0.06%	19.715%		
19	365	0.05%	19.716%		
20	无限		19.722%	<-=EXP(B2)-1	
21					

图3-34 连续复利

连续复利连线散点图如图3-35所示。

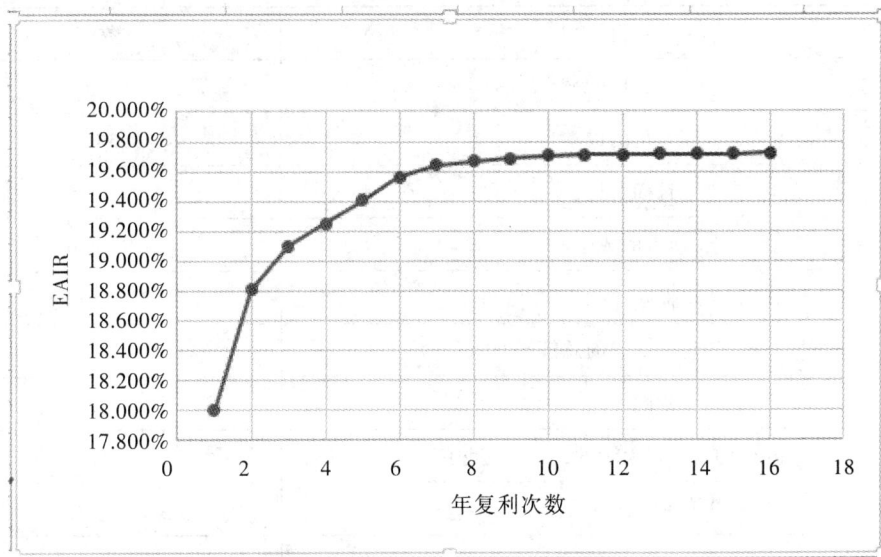

图3-35 连续复利连线散点图

在表3-8中可以看到离散复利终值和连续复利终值的区别。

表3-8   连续复利

项目	数值	公式
年利率	18%	—
每年的复利次数	250	—
年数，T	3	—
实际年利率，EAIR	19.71%	<-= （1+B2/B3）^B3-1
t年后的不连续复利终值=（1+EAIR）^T	1.7157	<-= （1+B2/B3）^（B3*B4）
连续复利终值=e^rT	1.7160	<-=EXP（B2*B4）

计息次数变得很大时，它们之间的差异会变得很小。

|3.6| 练习题

1.你正在考虑买一套新音响。经销商提供两种支付方式。一种方式是你可以现在付10 000元；另一种方式是"现在购买，1年后付款"，在这种方式下你需要在1年后付11 100元，计算这种方式的实际年利率。

2.某银行提供给你100 000元的贷款。没有点费，没有发行费，没有额外的成本（这意味着你会得到全额的100 000元）。该贷款要求10年还清，每年付款，银行的年利率为12%。试计算每年的还款额，这一贷款的实际年利率是多少？

3.你正在考虑租赁还是购买一辆汽车。表3-9是每种方式的融资基本情况，租赁期是24个月，你会选择哪种方式？

表3-9   汽车租赁或购买基本情况   金额单位：元

项目	数值
MSRP	50 000
资本化的成本	45 000
目标费用	415
获得的成本	450
保险存款	450
签约时支付的总额	
月度支付	400
以MSRP的百分比表示的2年后的残值	60%
3年后的租赁残值	30 000
你估计的残值	35 000
银行贷款成本	7%

第 4 章

资本预算

4.1 实验概述

融资方案依赖于对利息成本的考量。本章将介绍用收益率来计算融资成本。这一章的主要内容是用实际年利率和基于年度内部收益率来比较融资方案。

4.2 实验目的

（1）了解净现值与内部收益率在资本预算决定方面的不同。
（2）理解沉没成本、机会成本和残值在决定现金流中的重要性。

4.3 实验工具

微软 Excel 软件。

4.4 理论基础

净现值与内部收益率在资本预算决定方面不同。在许多案例中，这两个标准对资本预算问题的答案是一致的。但是，在有些案例中，使用净现值法和内部收益率法却会得到不同的答案，尤其是当我们进行项目排序时。当计算结果不同的时候，净现值法是更好的标准，因为净现值能衡量一个项目的财富增量。每个资本预算决定最终都包含了一套预期现金流，因此当你进行资本预算时，得出正确的现金流是很重要的。

在资本预算中，净现值法的另一替代方法是内部收益法。回顾第 2 章内容可知，内部收益率是当净现值等于 0 时的贴现率。它是从一系列现金流中得到的复合报酬率。下面是在资本预算中使用内部收益率的两个决定法则。

决定一项具体投资是否有价值的内部收益率法则：假设一个项目的现金流为 CF_0、CF_1、$CF_2 \cdots CF_N$。内部收益率（IRR）满足下面等式：

$$CF_0 + \frac{CF_1}{(1+IRR)} + \frac{CF_2}{(1+IRR)^2} + ... + \frac{CF_N}{(1+IRR)^N} = CF_0 + \sum_{t=1}^{N} \frac{CF_t}{(1+IRR)^t} = 0$$

如果一个项目的预期贴现率是 r，那么当 IRR>r 时，你应该接受此项目；当 IRR<r 时，你应当拒绝此项目。内部收益率是你从项目中获得的复合报酬率。因为 r 是项目的必要报

酬率，如果 IRR>r，你将得到比所要求的还要多。

假设在两个相斥的项目 A 和项目 B 中做选择，即两个项目都能达到相同的目标，但只能选择其中一个项目。假设项目 A 有现金流 CF_0^A、CF_1^A、$CF_2^A \cdots CF_N^A$，而项目 B 有现金流 CF_0^B、CF_1^B、$CF_2^B \cdots CF_N^B$。如果项目 A 内部收益率大于项目 B，那么项目 A 优于项目 B。

|4.5| 实验举例

4.5.1 投资评价中的净现值法

净现值法决定一个具体项目是否有价值。假设一个项目其现金流为 CF_0、CF_1、$CF_2 \cdots CF_N$，贴现率为 r，那么它的净现值为：

$$NPV = CF_0 + \frac{CF_1}{(1+r)} + \frac{CF_2}{(1+r)^2} + \cdots + \frac{CF_N}{(1+r)^N} = CF_0 + \sum_{t=1}^{N} \frac{CF_t}{(1+r)^t}$$

假设你正在项目 A 和项目 B 中选择，这两个项目都是可以达到相同的目标。例如，你的公司需要一台新的机器设备，在机器 A 或 B 中选择。假设项目 A 有现金流 CF_0^A、CF_1^A、$CF_2^A \cdots CF_N^A$，项目 B 有现金流 CF_0^B、CF_1^B、$CF_2^B \cdots CF_N^B$。如果 $NPV(A) = CF_0^A + \sum_{t=1}^{N} \frac{CF_t^A}{(1+r)^t} > CF_0^B + \sum_{t=1}^{N} \frac{CF_t^B}{(1+r)^t} = NPV(B)$，项目 A 是优于项目 B 的。

以上所举的两个例子的原理是项目现金流的现值，$PV = \sum_{t=1}^{N} \frac{CF_t}{(1+r)^t}$，即为项目现在的经济价值。如果选择合适项目的贴现率，现值等于在市场上销售该项目时的价格。净现值就是项目所带来的价值增量，因此净现值大于 0 时，此项目就增加了我们的财富。

假设你现在正在决定是否挑两个项目中的一个。项目 A 购买昂贵的机器，花费 1 000 元，此项目在未来的 5 年里每年将创造 500 元的现金流。项目 B 的机器比较便宜，花费 800 元，但在未来的 5 年里每年创造 420 元的现金流。我们假设当前的贴现率为 12%。下面的表格提供了项目 A 与项目 B 的净现值标准。两个项目的基本信息如表 4-1 所示。

表 4-1　　　　　　　　　　两个项目的基本信息（贴现率 12%）　　　　　　　　金额单位：元

年份	项目 A	项目 B
0	-1 000	-800
1	500	420
2	500	420
3	500	420
4	500	420
5	500	420

第一步：把数据输入 Excel 软件，输入后如图 4-1 所示。

图4-1 输入数据

第二步：计算项目A的NPV。选中单元格，输入"=B5+NPV（$B$2，B6：B10）"，输入过程如图4-2所示。

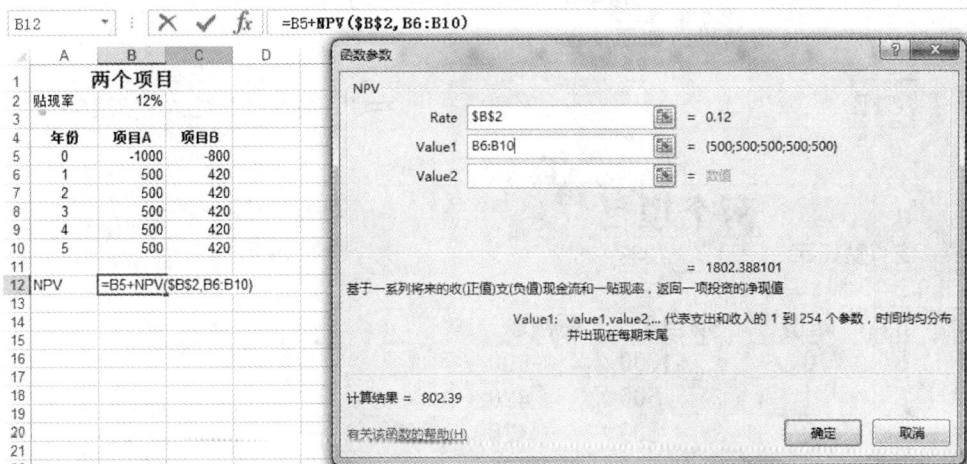

图4-2 NPV参数输入（1）

单击"确定"后可得结果，如图4-3所示。

图4-3 项目A的NPV

第三步：重复第二步的方法，计算项目B的NPV。选中单元格，输入"=C5+NPV（$B$2，C6：C10）"，输入过程如图4-4所示。

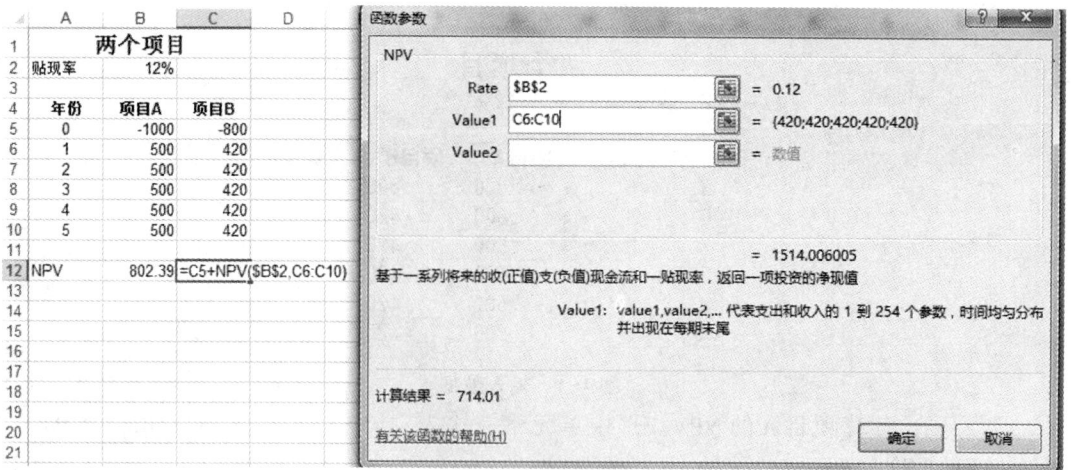

图4-4　NPV参数输入（2）

单击"确定"可得结果，如图4-5所示。

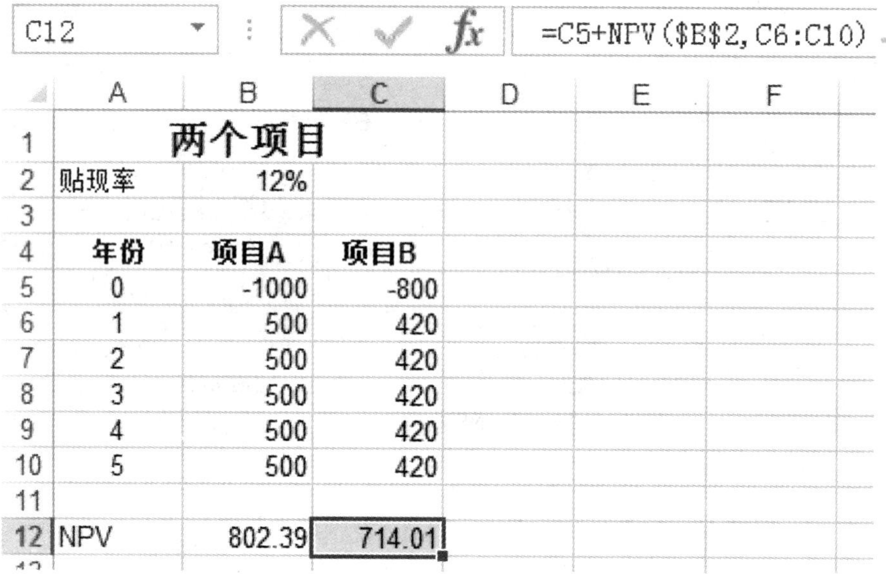

图4-5　项目B的NPV

两个项目都是有价值的，因为每个项目的净现值都为正。如果选择其中一个，那么项目A优于项目B，因为它的净现值比较高。Excel中表格里的净现值公式是计算未来现金流的现值，这并不符合净现值的金融概念，净现值的金融概念包含最初的现金流。为了在Excel中计算金融概念中的净现值，我们必须加上最初的现金流。因此，在单元格B12里，净现值=NPV（$B$2，B6：B10）+B5，在单元格C12里，净现值=NPV（$B$2，C6：C10）+C5。

4.5.2　投资评价中的内部收益率法

在项目A和B中运用内部收益率来考量，基本信息如表4-2所示。

表4-2	两个项目的基本信息贴（现率12%）	金额单位：元
年份	项目A	项目B
0	-1 000	-800
1	500	420
2	500	420
3	500	420
4	500	420
5	500	420

第一步：向Excel中输入数据，输入后如图4-6所示。

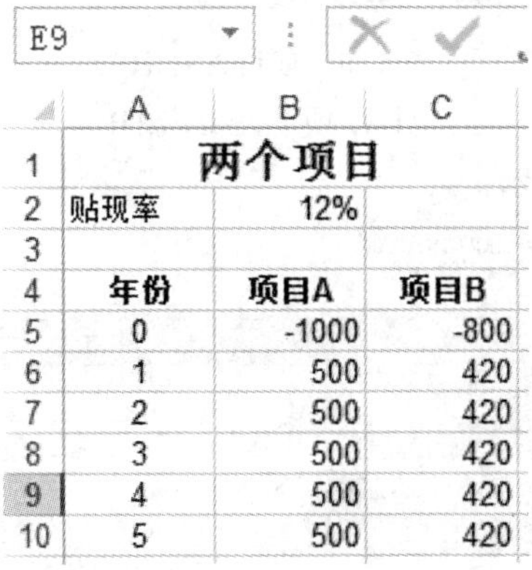

图4-6　导入数据

第二步：计算项目A的IRR。选中单元格，输入"=IRR（B5：B10）"，输入过程如图4-7所示。

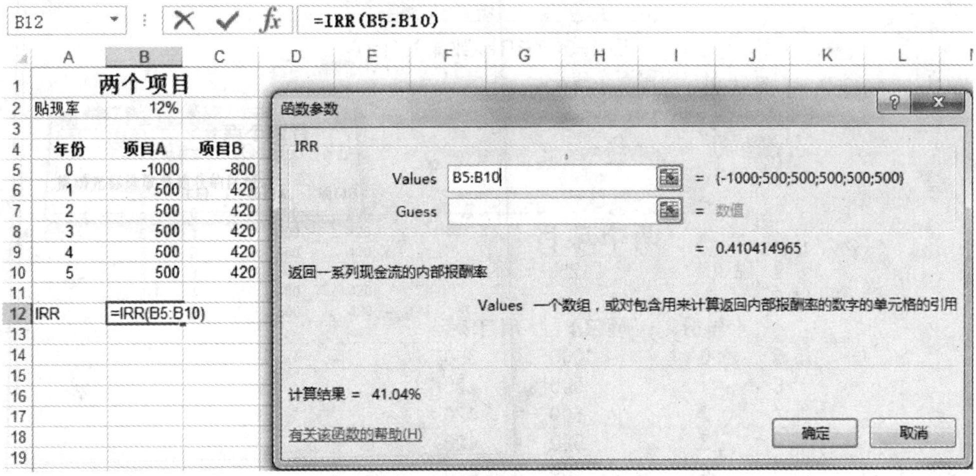

图4-7　IRR参数输入（1）

单击"确定"可得结果，如图4-8所示。

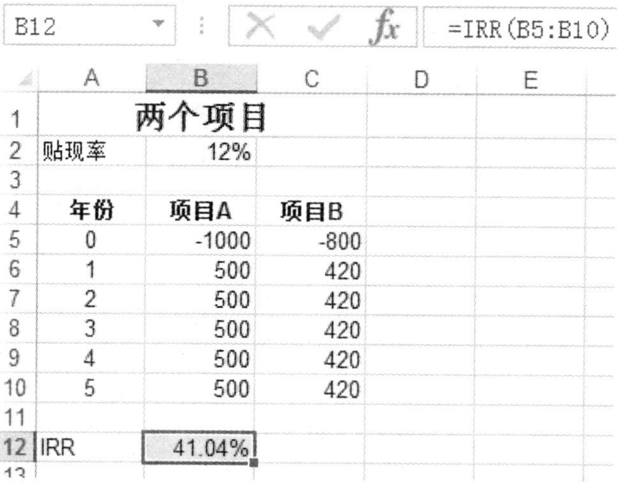

	A	B	C
1	两个项目		
2	贴现率	12%	
3			
4	年份	项目A	项目B
5	0	-1000	-800
6	1	500	420
7	2	500	420
8	3	500	420
9	4	500	420
10	5	500	420
11			
12	IRR	41.04%	

图 4-8　项目 A 的 IRR

第三步：重复第二步的方法，计算项目 B 的 IRR。选中单元格，输入 “=IRR（C5：C10）”，输入过程如图 4-9 所示。

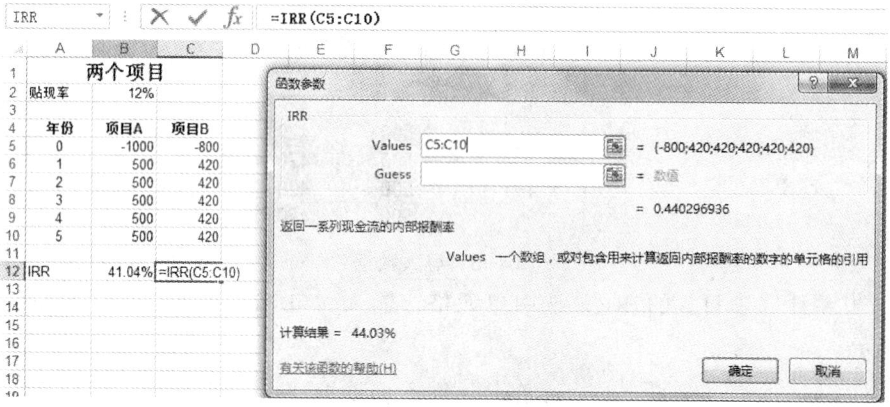

图 4-9　IRR 参数输入（2）

单击“确定”可得结果，如图 4-10 所示。

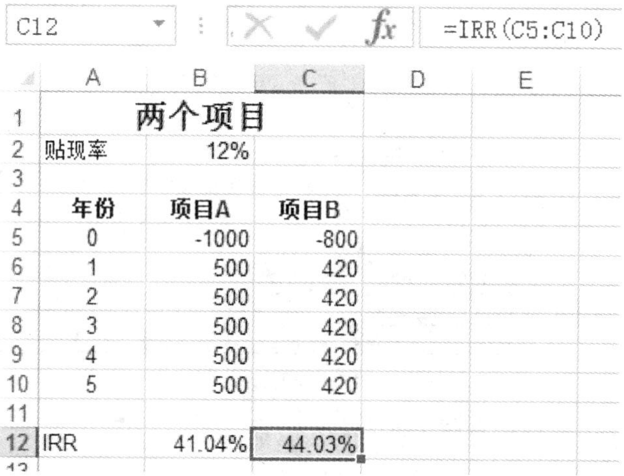

	A	B	C
1	两个项目		
2	贴现率	12%	
3			
4	年份	项目A	项目B
5	0	-1000	-800
6	1	500	420
7	2	500	420
8	3	500	420
9	4	500	420
10	5	500	420
11			
12	IRR	41.04%	44.03%

图 4-10　项目 B 的 IRR

项目 A 和项目 B 是有价值的，因为两个项目的内部收益率都大于我们相关的贴现率 12%。如果要运用内部收益率法在两个项目中进行选择，那么项目 B 是优于项目 A 的，因为它的内部收益率比较高。

4.5.3 净现值法与内部收益率法的比较

净现值法和内部收益率法的比较如表 4-3 所示。

表 4-3   两种方法的使用

	"是与否"： 是否接受一个单独的项目	"项目排序"： 比较两个互斥的项目
净现值标准	如果它的净现值大于 0， 那么应当接受此项目	如果 NPV（A）>NPV（B）， 那么项目 A 优于项目 B
内部收益率标准	r 是预期的贴现率，如果它的内部收益率大于 r，那么应该接受此项目	如果 IRR（A）>IRR（B）， 那么项目 A 优于项目 B

净现值法和内部收益率法两者都是合乎逻辑的。在很多投资决定的案例中，是否接受一个项目或在两个互斥的项目中进行选择，用净现值法和内部收益率法将得到相同的答案。然而有一些案例（比如上面说明的项目 A 和项目 B），净现值法和内部收益率法会得出不同的答案。在净现值法分析中，项目 A 获胜，因为它的净现值高于项目 B 的净现值，在同一项目的内部收益率分析中，由于项目 B 具有比较高的内部收益率而获选。在这些案例中，我们总是用净现值法在两个项目中进行选择决定。这其中的逻辑是：如果人们追求自身的财富最大化，那么他们应当使用净现值法，因为净现值法用于衡量一个项目所得到的增量财富。

考虑下面的项目：初始现金流为-1 000 元，代表在这个项目的成本，而余下第 1～6 年的现金流是预测的未来的现金流，贴现率为 15%，基本信息如表 4-4 所示。

表 4-4   简单资本预算基本信息   金额单位：元

年份	现金流
0	-1 000
1	100
2	200
3	300
4	400
5	500
6	600

第一步：求未来现金流的 PV。选中单元格，输入"=NPV（B2，B6：B11）"，输入过程如图 4-11 所示。

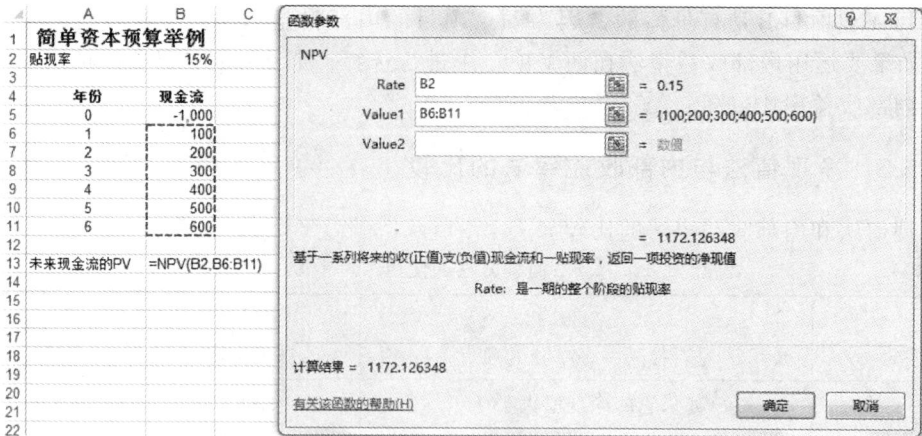

图 4-11 NPV 参数输入（3）

计算结果如图 4-12 所示。

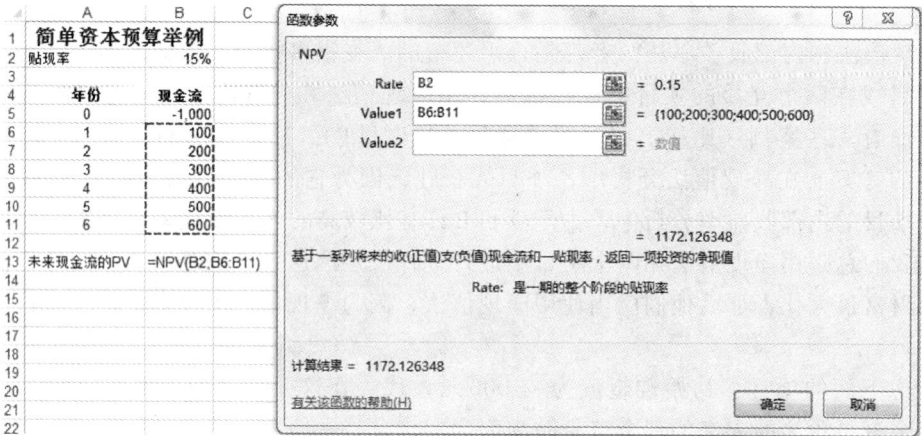

图 4-12 未来现金流的 PV

第二步：计算 NPV。选中单元格，输入"=B5+NPV（B2，B6：B11）"，输入过程如图 4-13 所示。

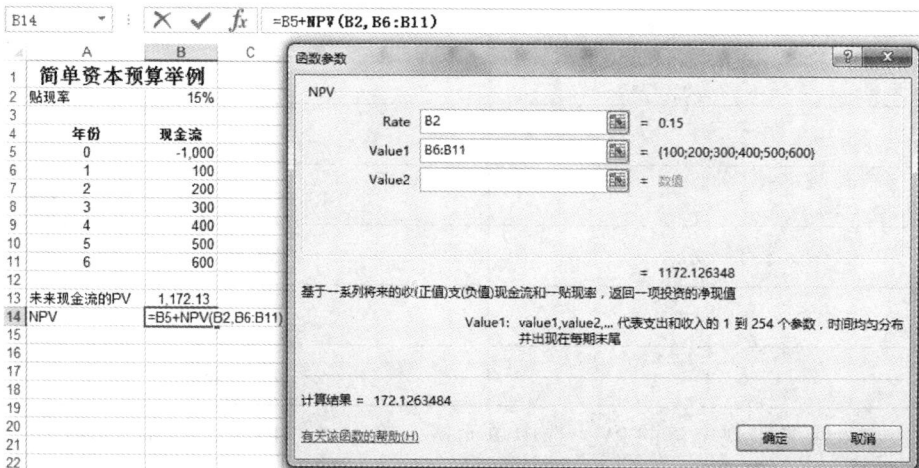

图 4-13 NPV 参数输入（4）

单击"确定"可得结果，如图4-14所示。

图4-14 NPV

第三步：求IRR。选中单元格，输入"=IRR（B5：B11）"，输入过程如图4-15所示。

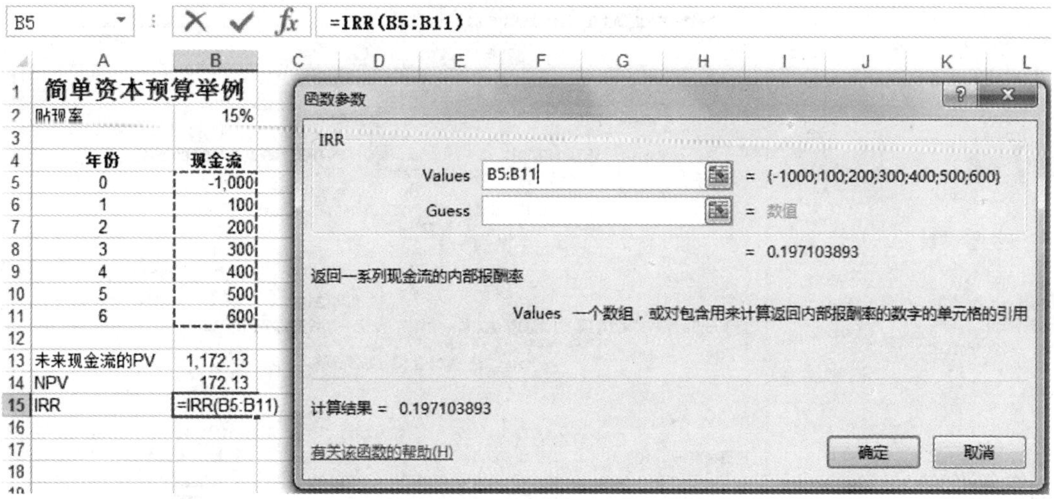

图4-15 输入数据

单击"确定"可得结果，如图4-16所示。

项目的净现值是172.13元，意味着项目未来现金流的现值（1 172.13元），比项目的成本（1 000元）大，那么这个项目是有价值的。

下面我们将项目的NPV值作图。首先算出不同贴现率下的NPV值。选中单元格，输入"=$B$5+NPV（A19，$B$6：$B$11）"，输入过程如图4-17所示。

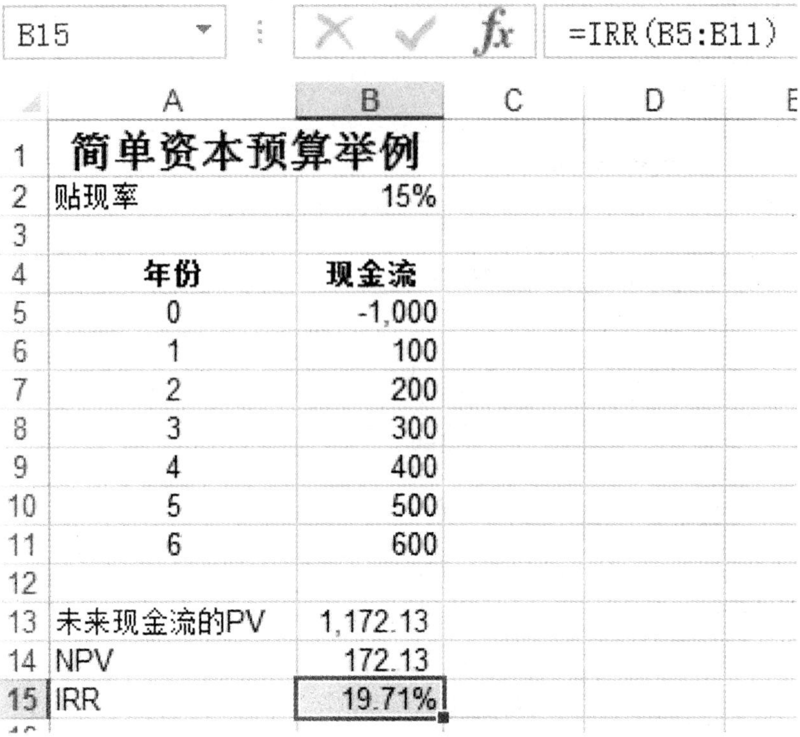

图 4-16 IRR

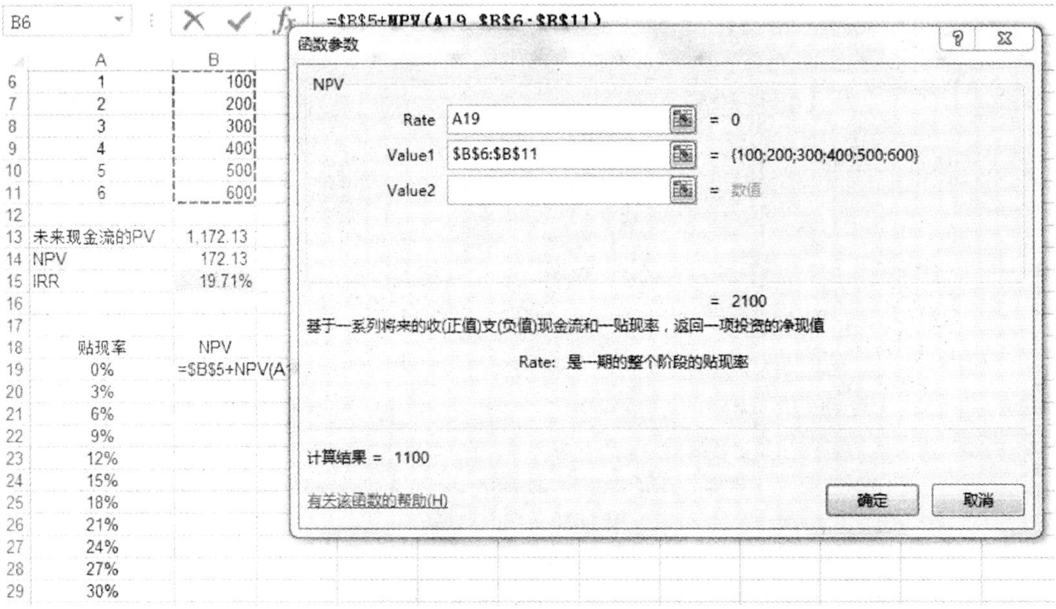

图 4-17 输入数据

单击“确定”可得结果，如图 4-18 所示。

	B19	▼	⋮	✕	✓	*fx*	=$B$5+NPV(A19,$B$6:$B$11)		

	A	B	C	D	E	F
6	1	100				
7	2	200				
8	3	300				
9	4	400				
10	5	500				
11	6	600				
12						
13	未来现金流的PV	1,172.13				
14	NPV	172.13				
15	IRR	19.71%				
16						
17						
18	贴现率	NPV				
19	0%	1,100.00				
20	3%					
21	6%					
22	9%					
23	12%					
24	15%					
25	18%					
26	21%					
27	24%					
28	27%					
29	30%					

图 4-18 贴现率为 0 时的 NPV

然后把公式向下复制，得到不同贴现率下的 NPV，如图 4-19 所示。

	B19	▼	⋮	✕	✓	*fx*	=$B$5+NPV(A19,$B$6:$B$11)		

	A	B	C	D	E	F
6	1	100				
7	2	200				
8	3	300				
9	4	400				
10	5	500				
11	6	600				
12						
13	未来现金流的PV	1,172.13				
14	NPV	172.13				
15	IRR	19.71%				
16						
17						
18	贴现率	NPV				
19	0%	1,100.00				
20	3%	849.34				
21	6%	637.67				
22	9%	457.83				
23	12%	304.16				
24	15%	172.13				
25	18%	58.10				
26	21%	-40.86				
27	24%	-127.14				
28	27%	-202.71				
29	30%	-269.16				

图 4-19 各个 NPV

选中贴现率和NPV两列的内容，插入带直线和数据标记的散点图，插入图表过程如图4-20所示。

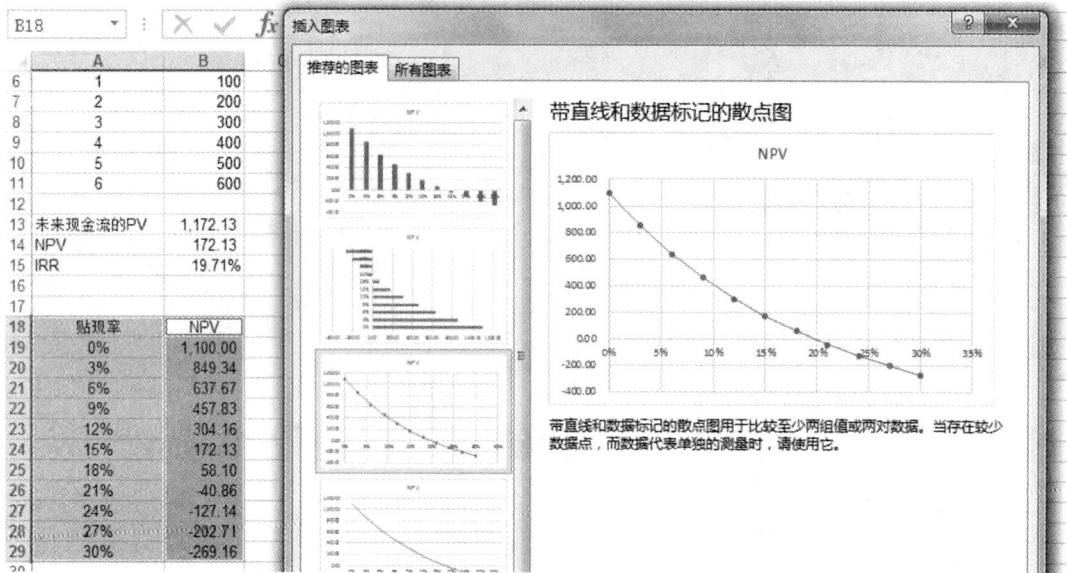

图4-20　插入图表

输出结果如图4-21所示。

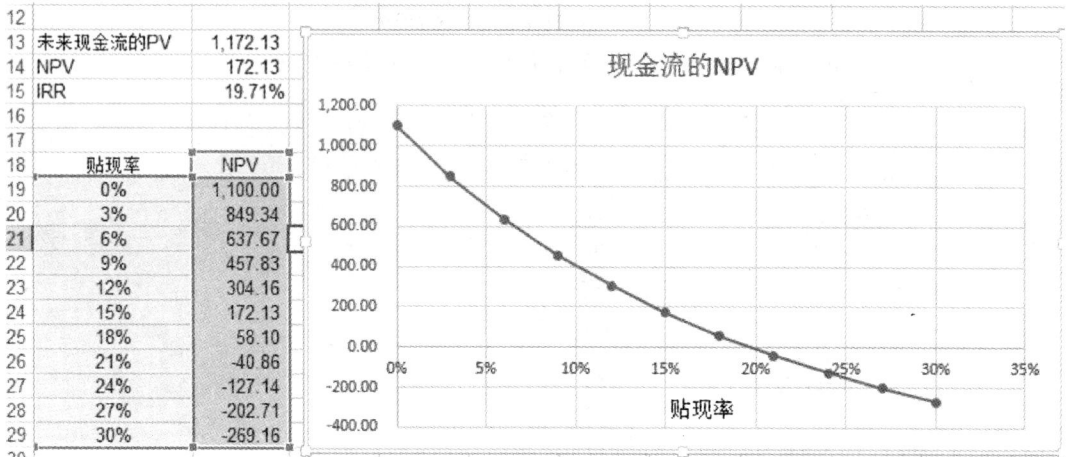

图4-21　NPV图

可以看到，内部收益率，即净现值曲线与x轴的交点，非常接近于20%。图4-21中，内部收益率是19.71%。很明显，上面的项目的NPV>0，因此通过净现值标准可知此项目应当被接受。它的内部收益率19.71%大于项目的贴现率15%，因此通过内部收益率标准可知此项目应当被接受。

因此，对于常规的项目，项目最初是一个负的现金流，接下来是非负的现金流，那么净现值和内部收益率标准得出相同的"是与否"决定：如果净现值标准提示着"是"的决定，那么内部收益率标准也是同样的（反之亦然）。

4.5.4 项目排序

在前面部分里我们看到了对于普遍的项目，净现值法和内部收益率法对于是否投资一个项目的答案是相同的。在这部分我们将看到净现值与内部收益率并不一定能得到相同的项目排序，即使这两个项目是普遍的。

假设有两个项目而我们只能选择投资其中的一个。这两个项目是互斥的，即它们都能得到相同的结果，因此我们只能选择其中的一个。在本节我们将讨论净现值和内部收益率在项目排序中的使用。用净现值法和内部收益率法来对项目进行排序可能得到相互矛盾的答案。使用净现值法可能引导我们偏爱一个项目，然而使用内部收益率法可能引导我们选择另一个项目。在净现值和内部收益率之间存在一个冲突，伴随比较大的净现值的项目是较优的。也就是说，净现值法是运用于资本预算的正确标准。然而，净现值法是优于内部收益率法的，因为它意味着项目产生的财富增量。

下面我们给出项目A和项目B的现金流。两个项目最初都有相同的500元成本。但是有不同的现金流，相关的贴现率是15%，基本信息如表4-5所示。

表4-5　两项目基本信息　金额单位：元

年份	现金流	
	项目A	项目B
0	−500	−500
1	100	250
2	100	250
3	150	200
4	200	100
5	400	50

第一步：求项目A的净现值。选中单元格，输入"=B5+NPV（B2，B6：B10）"，输入过程如图4-22所示。

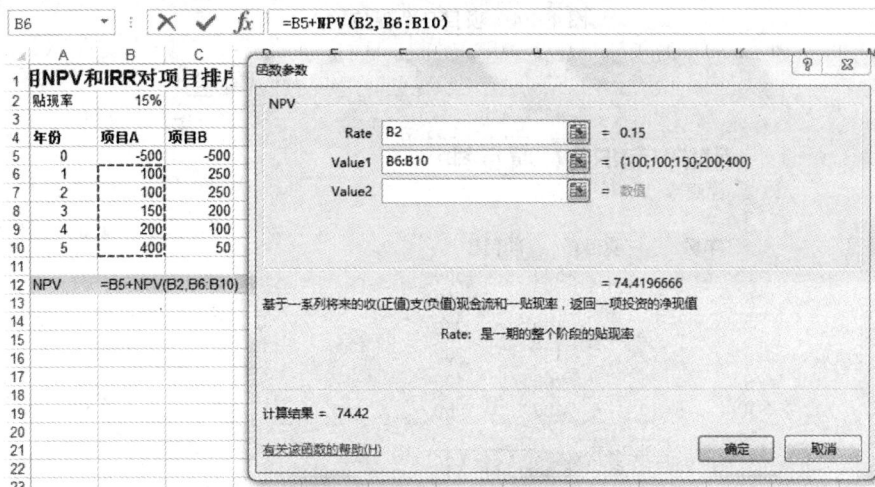

图4-22　项目A净现值参数输入

输出结果如图 4-23 所示。

B12	f_x	=B5+NPV(B2,B6:B10)

	A	B	C	D	E	F
1	用NPV和IRR对项目排月					
2	贴现率	15%				
3						
4	年份	项目A	项目B			
5	0	-500	-500			
6	1	100	250			
7	2	100	250			
8	3	150	200			
9	4	200	100			
10	5	400	50			
11						
12	NPV	74.42				
13						

图 4-23　项目A净现值

求项目 B 的净现值。选中单元格，输入"=C5+NPV（B2，C6：C10）"，输入过程如图 4-24 所示，输出结果如图 4-25 所示。

图 4-24　项目B净现值输入

C12	f_x	=C5+NPV(B2,C6:C10)

	A	B	C	D	E	F
1	用NPV和IRR对项目排月					
2	贴现率	15%				
3						
4	年份	项目A	项目B			
5	0	-500	-500			
6	1	100	250			
7	2	100	250			
8	3	150	200			
9	4	200	100			
10	5	400	50			
11						
12	NPV	74.42	119.96			
13						

图 4-25　项目B净现值

第二步：计算 A 项目的内部收益率。选中单元格，输入"=IRR（B5：B10）"，输入过程如图 4-26 所示，输出结果如图 4-27 所示。

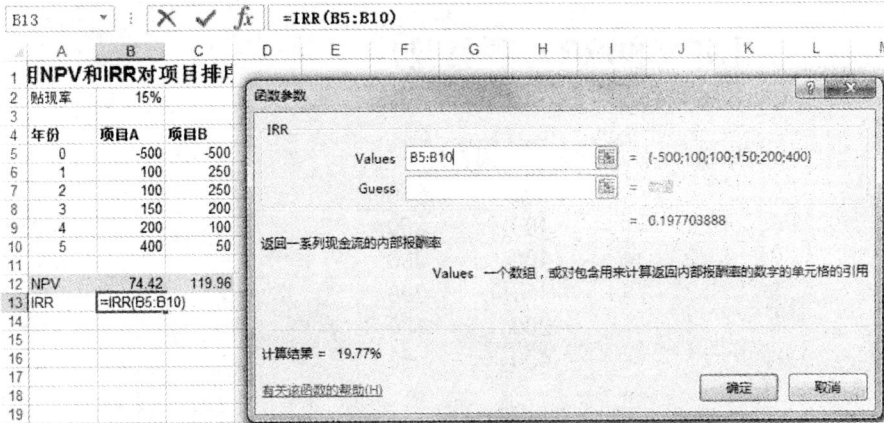

图 4-26　项目 A 内部收益率参数输入

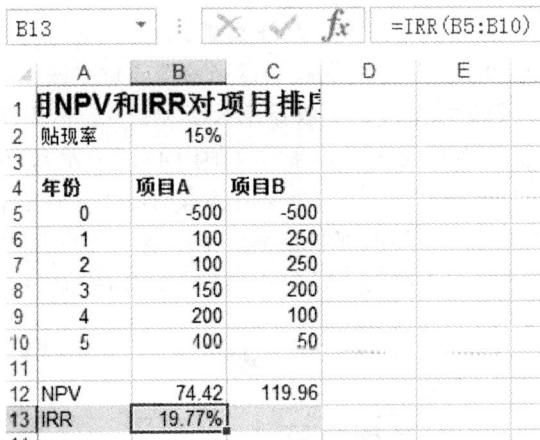

图 4-27　项目 A 内部收益率

计算 B 项目的内部收益率。选中单元格，输入"=IRR（C5：C10）"，输入过程如图 4-26 所示，输出结果如图 4-29 所示。

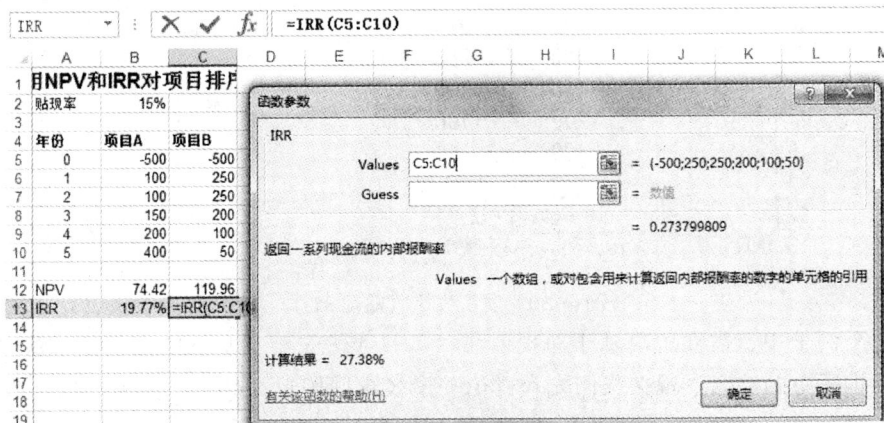

图 4-28　项目 B 内部收益率参数输入

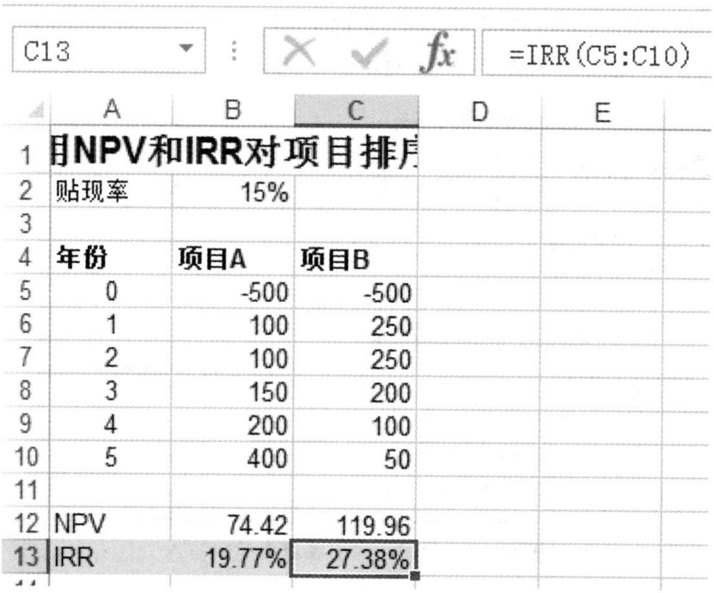

图4-29 项目B内部收益率

运用内部收益率比较两个项目：如果我们运用内部收益率法在项目间进行选择，那么项目B是优于项目A的，因为项目B内部收益率大于项目A。运用净现值法比较两个项目时，此处的情况更复杂了。当贴现率为15%时（如图4-29所示），项目B的净现值是高于项目A的。在这个例子中，内部收益率和净现值都说明应当选择项目B，现在我们假设贴现率为8%，在这个例子中净现值和内部收益率的排序结果就冲突了。

实验步骤与贴现为15%时完全一致，得到的结果如图4-30所示。

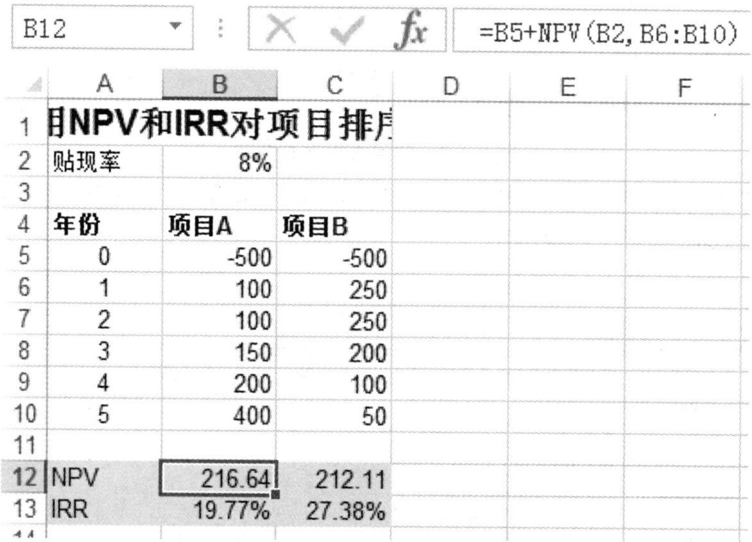

图4-30 项目排序（贴现8%）

在这个例子中，需要解决基于净现值法（项目A优先）和基于内部收益率法（项目B优先）在排序中的冲突。现在我们先来讨论一个技术问题。为什么净现值和内部收益率会得到不同的排序结果？基本情况如表4-6所示，散点图如图4-31所示。

表 4-6　　　　　　　　两项目净现值和贴现率的基本情况　　　　　　　金额单位：元

贴现率	项目 A 的 NPV	项目 B 的 NPV
0	450.00	350.00
2%	382.57	311.53
4%	321.69	275.90
6%	266.60	242.84
8%	216.64	212.11
10%	171.22	183.49
12%	129.85	156.79
14%	92.08	131.84
16%	57.53	108.47
18%	25.86	86.57
20%	−3.22	66.00
22%	−29.96	46.66
24%	−54.61	28.45
26%	−77.36	11.28
28%	−98.39	−4.93
30%	−117.87	−20.25

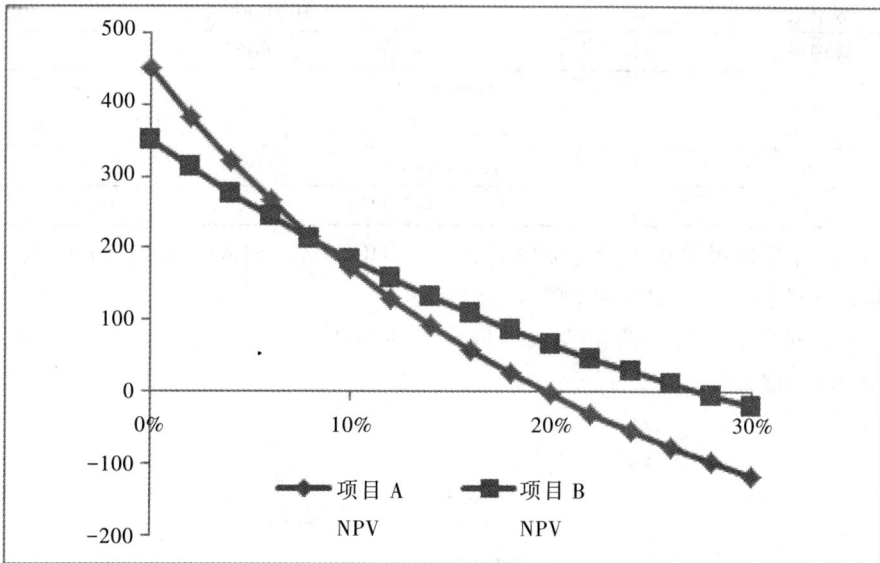

图 4-31　散点图

从表 4-7 和图 4-31 中，可以看到排序冲突发生的原因：第一，项目 B 的内部收益率（27.38%）高于项目 A 的内部收益率（19.77%）；第二，当贴现率比较低时，项目 A 的净现值比项目 B 高，但当贴现率比较高时，项目 B 的净现值比较高。有一个相交点（在下面的部分你将看到这个点是8.51%）区分着赞成与不赞成，详见表4-7。

表4-7 NPV标准和IRR标准

	贴现率<8.51%	贴现率=8.51%	贴现率>8.51%
NPV标准	项目A较优： NPV（A）>NPV（B）	两个项目无差别： NPV（A）=NPV（B）	项目B较优： NPV（A）<NPV（B）
IRR标准	项目B一直优于项目A，因为：IRR（B）>IRR（A）		

综上所述，净现值是所获得的增量财富，而内部收益率是回报的复合利率。经济学中的假设是消费者追求财富最大化而不是他们的收益率最大化。故使用净现值法较为普遍。

4.5.5 沉没成本

忽略你无法控制的现金流，只关注边际现金流，这是资本预算和项目评估的一个重要原则。忽略沉没成本是指已经发生的而且不受未来资本预算决策所影响的成本。

你最近买了一块地并且在上面建了一座房子。你现在打算卖掉房子，但这个房子建得太糟了而卖不掉。房子和土地花费了你10万元。当地一个友好的承包商可以提供必要的修缮，但这些将花费2万元。你的房地产经纪人认为这房子即使经过修缮售价也不会超过9万元，你怎么办？如果持有"别想补偿损失，否则反而损失更多"的观点，那么你进行修缮的话将损失25%的金钱。如果持有"关注边际现金流"的观点，那么付出的2万元将得到350%的回报。基本情况如表4-8所示。

表4-8 忽略沉没成本 金额单位：元

项目	数值	
房子成本	100 000	
修理成本	20 000	
年份	现金流 含沉没成本	现金流 不含沉没成本
0	−120 000	−20 000
1	90 000	90 000

第一步：计算含沉没成本现金流的IRR。选中单元格，输入"=IRR（B6：B7）"，输入过程如图4-32所示。输出结果如图4-33所示。

第二步：同理，计算不含沉没成本现金流的IRR。选中单元格，输入"=IRR（C6：C7）"，输入过程如图4-34所示。

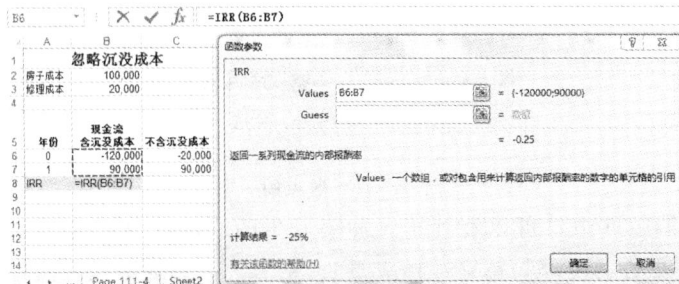

图4-32 IRR参数输入（3）

图 4-33　含沉没成本现金流的 IRR

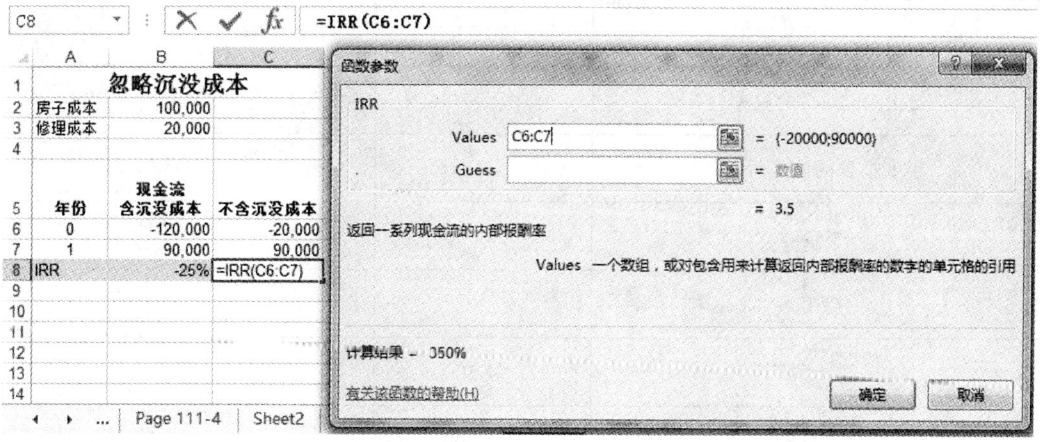

图 4-34　IRR 参数输入（4）

输出结果如图 4-35 所示。

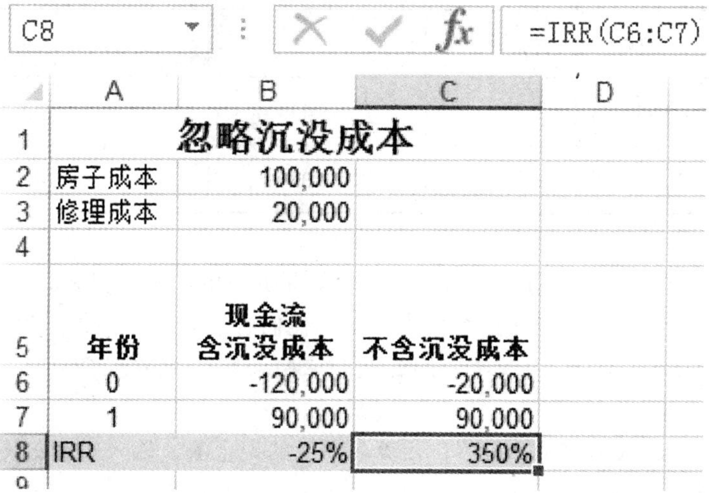

图 4-35　不含沉没成本现金流的 IRR

4.5.6　税收影响

Sally 和 Dave 刚从商学院毕业，有少许的可用资金，正考虑买一座漂亮的公寓作为出租财产。公寓将花费 10 万美元，他们计划用所有现金来买它，下面是一些附加因素：

（1）Sally 和 Dave 设想他们可以出租公寓，每年获得 2.4 万美元的租金收入。他们每年得付 1 500 美元的房产税，预计其他额外的费用每年需要 1 000 美元。

（2）来自公寓的所得每年都应该进行纳税申报，最近他们得知税率是 30%，认为这个税率在可预见的未来仍保持不变。

（3）会计师向他们解释公寓在未来 10 年每年的折旧为 1 万美元。这意味着如果他们买了公寓并将它出租，他们每年需要纳税 3 450 美元，从而获得 8 050 美元的净收入。基本情况如表 4-9 所示。

表 4-9　　　　　　　　　　　　　　Sally 和 Dave 的公寓　　　　　　　　　　金额单位：美元

公寓成本	100 000	
Sally 和 Dave 的税率	30%	
年度报告的收入计算		
租金	24 000	
费用		
财产税	-1 500	
杂项费用	-1 000	
折旧	-10 000	
应报告收入	11 500	<-=sum（B6：B10）
税收（税率30%）	-3 450	<-=B3*B11
净收入	8 050	<-=B11+B12

计算现金流的两种方法：

方法 1：在前面的表格中我们可以看到 Sally 和 Dave 的净收入是 8 050 美元。在本部分你将看到公寓所带来的现金流比这个数多得多。他们必须处理折旧，因为折旧是用于税收目的的一项费用，但不是一种现金费用，这与来自公寓出租的现金流是不一样的，如图 4-36 所示。

选中单元格，输入"=B16+B17"，计算 A 项目的现金流，输入过程如图 4-37 所示。

B18	▼	⋮	✕ ✓	f_x	

◢	A	B	C
1	**Sally和Dave的公寓**		
2	**公寓成本**	100,000	
3	**Sally和Dave的税率**	30%	
4			
5	**年度报告的收入计算**		
6	租金	24,000	
7	费用		
8	财产税	-1,500	
9	杂项费用	-1,000	
10	折旧	-10,000	
11	应报告收入	11,500	<-=sum(B6:B10)
12	税收（税率30%）	-3,450	<-=B3*B11
13	净收入	8,050	<-=B11+B12
14			
15	**现金流，方法1：加回折旧额**		
16	净收入	8,050	<-=B13
17	加回折旧额	10,000	<-=-B10
18	现金流		
19			

图4-36 现金流差异

B17	▼	⋮	✕ ✓	f_x	=B16+B17

◢	A	B	C
1	**Sally和Dave的公寓**		
2	**公寓成本**	100,000	
3	**Sally和Dave的税率**	30%	
4			
5	**年度报告的收入计算**		
6	租金	24,000	
7	费用		
8	财产税	-1,500	
9	杂项费用	-1,000	
10	折旧	-10,000	
11	应报告收入	11,500	<-=sum(B6:B10)
12	税收（税率30%）	-3,450	<-=B3*B11
13	净收入	8,050	<-=B11+B12
14			
15	**现金流，方法1：加回折旧额**		
16	净收入	8,050	<-=B13
17	加回折旧额	10,000	<-=-B10
18	现金流	=B16+B17	
19			

图4-37 计算现金流的公式输入

输出结果如图4-38所示。

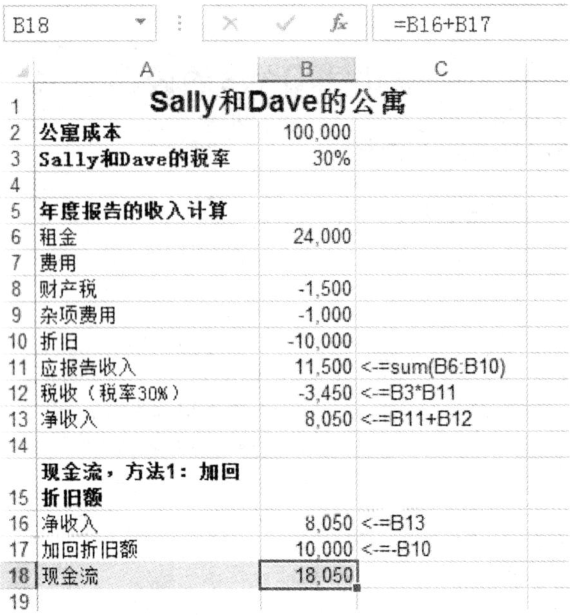

图4-38　现金流

因此，即使从公寓获得的净收入是8 050美元，但每年的现金流是18 050美元。因此不得不把折旧额加到净收入中，从而得出资产所产生的现金流。

方法2：另一种计算方法涉及税盾的考虑。税盾指出于税收目的而报告的费用形成税收节约。通常来说，税盾就是降低一项费用的现金成本，因为Sally和Dave的1 500美元房产税是税收项目的支出，因此房产税的税后成本是：

（1-30%）×1 500=1 500-30%×1 500=1 050（美元）

这450美元是税盾

450美元的税盾降低了房产税的成本。下面我们分两个阶段计算现金流。首先我们忽略折旧，计算Sally和Dave的净收入，然后加上折旧税盾。基本信息如表4-10所示。

表4-10　　　　　　　　　　　　　　　　　方法2　　　　　　　　　　　　　　　金额单位：美元

现金流，方法2： 计算未折旧的税后收入，然后加上折旧额	
租金	24 000
费用	
财产税	-1 500
杂项费用	-1 000
折旧额	0
应报告收入	
税收（税率30%）	
未折旧的净收入	
折旧的税盾	
现金流	

第一步：计算应报告收入。选中单元格，输入"=SUM（B22：B26）"，输入过程如图4-39所示。

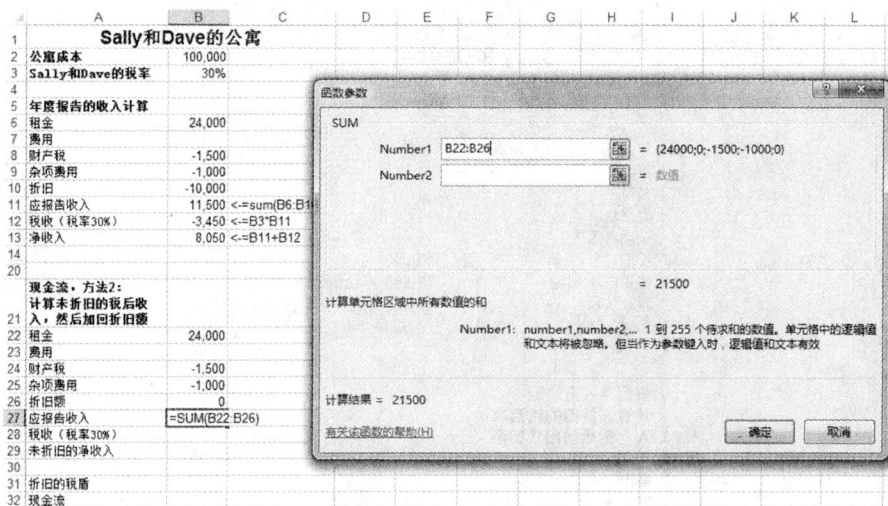

图4-39　SUM参数输入

输出结果如图4-40所示。

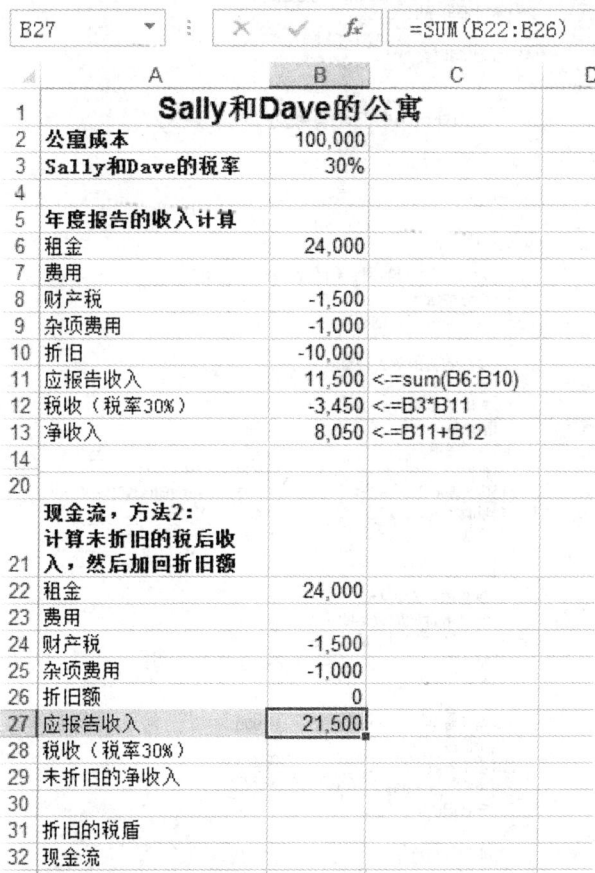

图4-40　应报告收入

第二步：计算税收。选中单元格，输入"=-B3*B27"，输入过程如图4-41所示。

图 4-41　计算税收的公式输入

输出结果如图4-42所示。

图 4-42　税 收

第三步：计算未折旧的净收入。选中单元格，输入"=B27+B28"，输入过程如图4-43所示。

图 4-43　计算未折旧净收入的公式输入

输出结果如图4-44所示。

图 4-44　未折旧的净收入

第四步：计算折旧税盾。选中单元格，输入"=B3*B2"，输入过程如图4-45所示。

| | IRR | ▼ | ⋮ | ✕ | ✓ | fx | =B3*B2 |

	A	B	C
1	**Sally和Dave的公寓**		
2	公寓成本	100,000	
3	Sally和Dave的税率	30%	
4			
5	**年度报告的收入计算**		
6	租金	24,000	
7	费用		
8	财产税	-1,500	
9	杂项费用	-1,000	
10	折旧	-10,000	
11	应报告收入	11,500	<-=sum(B6:B10)
12	税收（税率30%）	-3,450	<-=B3*B11
13	净收入	8,050	<-=B11+B12
14			
20			
21	**现金流，方法2：计算未折旧的税后收入，然后加回折旧额**		
22	租金	24,000	
23	费用		
24	财产税	-1,500	
25	杂项费用	-1,000	
26	折旧额	0	
27	应报告收入	21,500	
28	税收（税率30%）	-6450	
29	未折旧的净收入	15,050	
30			
31	折旧的税盾	=B3*10000	
32			

图4-45 计算折旧税盾的公式输入

输出结果如图4-46所示。

| | B31 | ▼ | ⋮ | ✕ | ✓ | fx | =B3*B2 |

	A	B	C
1	**Sally和Dave的公寓**		
2	公寓成本	100,000	
3	Sally和Dave的税率	30%	
4			
5	**年度报告的收入计算**		
6	租金	24,000	
7	费用		
8	财产税	-1,500	
9	杂项费用	-1,000	
10	折旧	-10,000	
11	应报告收入	11,500	<-=sum(B6:B10)
12	税收（税率30%）	-3,450	<-=B3*B11
13	净收入	8,050	<-=B11+B12
14			
20			
21	**现金流，方法2：计算未折旧的税后收入，然后加回折旧额**		
22	租金	24,000	
23	费用		
24	财产税	-1,500	
25	杂项费用	-1,000	
26	折旧额	0	
27	应报告收入	21,500	
28	税收（税率30%）	-6450	
29	未折旧的净收入	15,050	
30			
31	折旧的税盾	3,000	
32			

图4-46 折旧的税盾

　　第五步：最后计算现金流。选中单元格，输入"=B29+B31"，输入过程如图4-47所示。

IRR			=B29+B31	
	A	B	C	
1	**Sally和Dave的公寓**			
2	公寓成本	100,000		
3	*Sally和Dave的税率*	30%		
4				
5	**年度报告的收入计算**			
6	租金	24,000		
7	费用			
8	财产税	-1,500		
9	杂项费用	-1,000		
10	折旧	-10,000		
11	应报告收入	11,500	<=sum(B6:B10)	
12	税收（税率30%）	-3,450	<=B3*B11	
13	净收入	8,050	<=B11+B12	
14				
20				
21	**现金流，方法2：计算未折旧的税后收入，然后加回折旧额**			
22	租金	24,000		
23	费用			
24	财产税	-1,500		
25	杂项费用	-1,000		
26	折旧额	0		
27	应报告收入	21,500		
28	税收（税率30%）	-6450		
29	未折旧的净收入	15,050		
30				
31	折旧的税盾	3,000		
32	现金流	=B29+B31		
33				

图4-47　计算现金流的公式输入

输出结果如图4-48所示。

B32			=B29+B31	
	A	B	C	
1	**Sally和Dave的公寓**			
2	公寓成本	100,000		
3	*Sally和Dave的税率*	30%		
4				
5	**年度报告的收入计算**			
6	租金	24,000		
7	费用			
8	财产税	-1,500		
9	杂项费用	-1,000		
10	折旧	-10,000		
11	应报告收入	11,500	<=sum(B6:B10)	
12	税收（税率30%）	-3,450	<=B3*B11	
13	净收入	8,050	<=B11+B12	
14				
20				
21	**现金流，方法2：计算未折旧的税后收入，然后加回折旧额**			
22	租金	24,000		
23	费用			
24	财产税	-1,500		
25	杂项费用	-1,000		
26	折旧额	0		
27	应报告收入	21,500		
28	税收（税率30%）	-6450		
29	未折旧的净收入	15,050		
30				
31	折旧的税盾	3,000		
32	现金流	18,050		
33				

图4-48　现金流

现在Sally和Dave可以进行公寓投资的净现值和内部收益的初步计算。假设贴现率为12%，而且公寓年限只有10年，则基本情况如表4-11所示。

表4-11 预估值（贴现率12%） 金额单位：美元

年份	现金流
0	–100 000
1	18 050
2	18 050
3	18 050
4	18 050
5	18 050
6	18 050
7	18 050
8	18 050
9	18 050
10	18 050
净现值，NPV	
内部收益率，IRR	

首先，计算净现值。选中单元格，输入"=B37+NPV（B35，B38：B47）"，输入过程如图4-49所示。

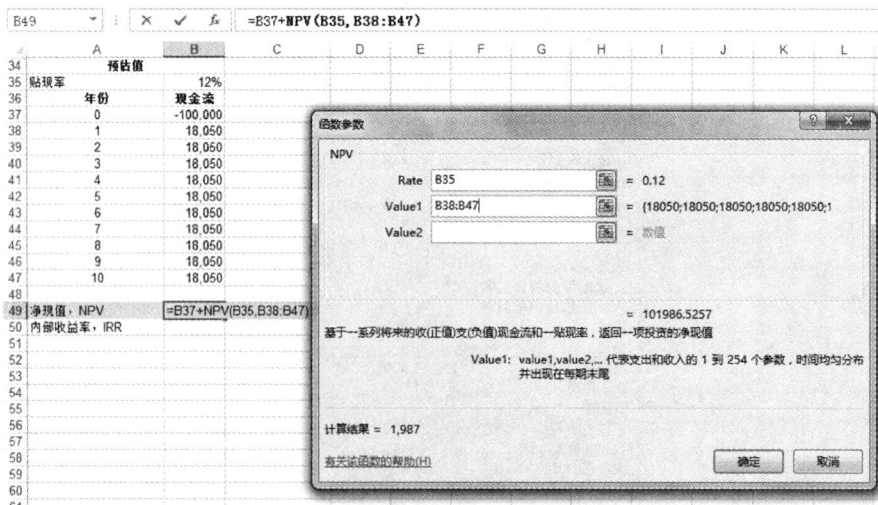

图4-49 NPV参数输入（5）

输出结果如图4-50所示。

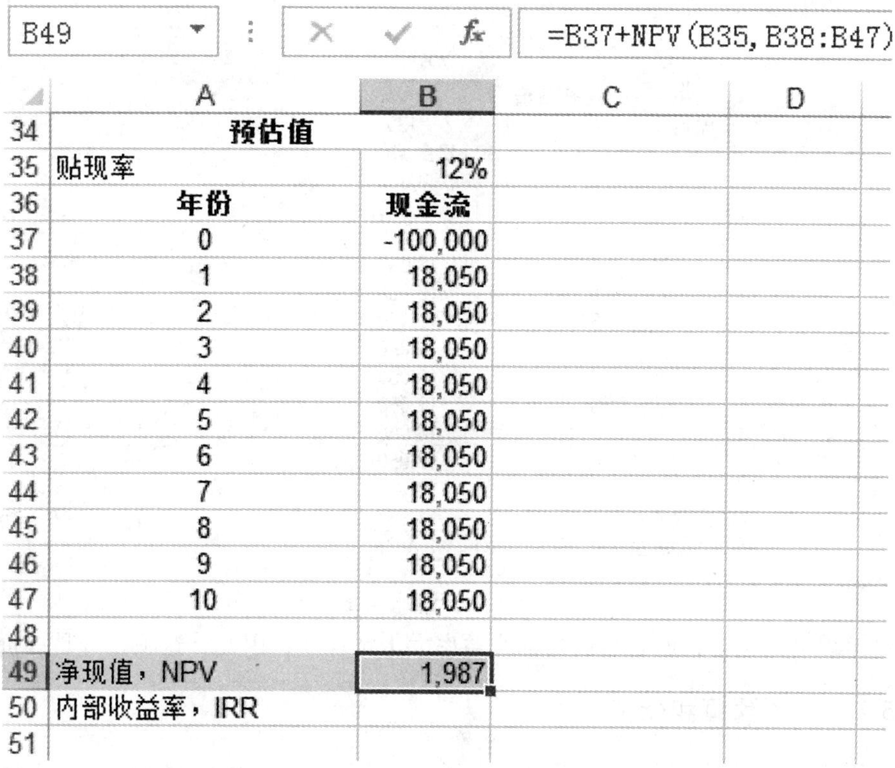

| B49 | ▼ | : | × | ✓ | fx | =B37+NPV(B35,B38:B47) |

	A	B	C	D
34	预估值			
35	贴现率	12%		
36	年份	现金流		
37	0	-100,000		
38	1	18,050		
39	2	18,050		
40	3	18,050		
41	4	18,050		
42	5	18,050		
43	6	18,050		
44	7	18,050		
45	8	18,050		
46	9	18,050		
47	10	18,050		
48				
49	净现值，NPV	1,987		
50	内部收益率，IRR			
51				

图 4-50 净现值

然后，计算内部收益率。选中单元格，输入"=IRR（B37：B47）"，输入过程如图 4-51 所示。

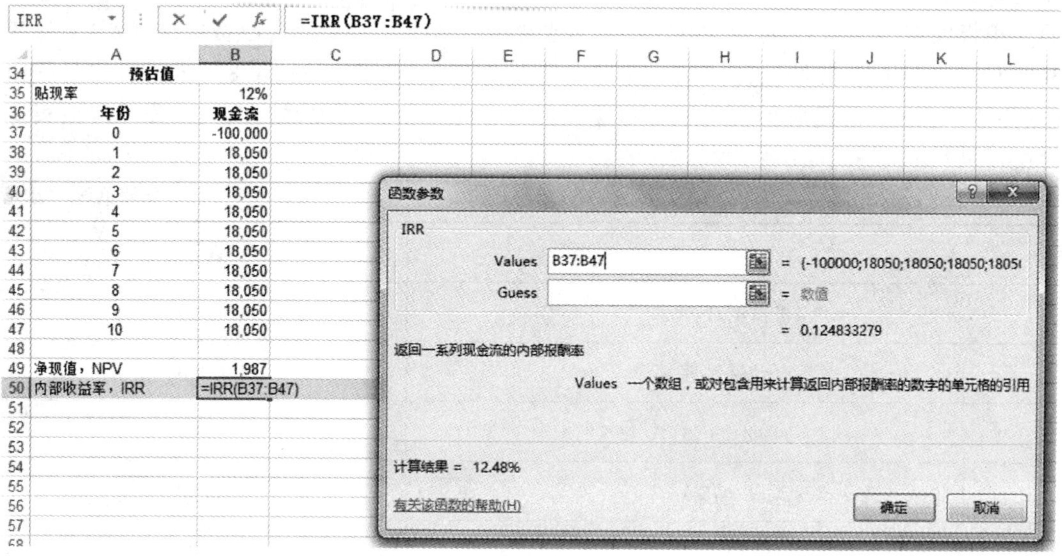

图 4-51 IRR参数输入（5）

输出结果如图4-52所示。

图4-52　内部收益率

这些净现值是正的，而且它的内部收益率大于贴现率，因此，这项投资是有价值的。

4.5.7　资本预算和残值

在Sally和Dave公寓的例子中我们关注非现金支出对现金流的影响，我们把这些非现金支出加回到会计所得中，这些非现金支出会产生税盾。

下面考虑这样一个例子。你的公司正考虑买一台新的机器，基本信息如表4-12所示：花费800万元；接下来的8年（机器寿命）中，这台机器将创造每年1 000万元的年销售额；销售成本（COGS）每年400万元，其他费用如销售、管理及行政费用（SG&A）每年300万元；采用直线折旧法，折旧年限为8年（即每年100万元）；第8年末，机器的残值（或终值）为0；公司所得税税率为40%；公司对此项目的贴现率为15%。公司应该买这台机器吗？

表4-12　　　　　　　　　　　　　　　　　NPV分析　　　　　　　　　　　　金额单位：万元

项目	数值
机器的成本	800
年度预期销售额	1 000
年度COGS	400
年度SG&A	300
年度折旧	100
税率	40%
贴现率	15%

第一步：对参数进行预处理，计算年度利率和损失。其中，税前利率（"=SUM（B12：B15）"）；税收（"=-B8*B16"）；税后盈利（"=B16+B17"）。输入过程如图4-53所示。

年度利润和损失（P&L）		
销售	1,000	
负COGS	-400	
负SG&A	-300	
负折旧	-100	
税前盈利	200	<-=SUM(B12:B15)
减去税收	-80	<-=-B8*B16
税后盈利	120	<-=B16+B17

图 4-53　参数预处理

第二步：计算年度现金流。现金流为税后盈利与折旧之和。选中单元格，输入"=B22+B21"，输出结果如图4-54所示，可知，年度现金流为220万元。

20	计算年度现金流	
21	税后盈利	120
22	加回折旧	100
23	现金流	220
24		

图 4-54　年度现金流

第三步：NPV分析。先弄清楚每年的现金流：第0年的现金流为机器的成本；第1年开始现金流即为第二步计算出来的年度现金流。然后再计算NPV：选中单元格，输入"=F7+NPV（B9，F8：F15）"，输入过程如图4-55所示。

F17　　=F7+NPV(B9,F8:F15)

	E	F
5	NPV分析	
6	年份	现金流
7	0	-800
8	1	220
9	2	220
10	3	220
11	4	220
12	5	220
13	6	220
14	7	220
15	8	220
16		
17	NPV	187

图 4-55　NPV分析

由图4-55可知，净现值（NPV）为187，是正的，理所当然应该买这台机器。

4.5.8　机会成本

机会成本是资本预算的另一个重要方面。例如，下面提供的项目是以300万元购买一个零部件加工机器来制造新的产品。现金流通过金融分析计算得出。涉及的公式为"=NPV（B2，B6：B10）+B5"；IRR："=IRR（B5：B10）"，如表4-13所示。

表4-13　　　　　　　　　　　　　　　**不要忘记机会成本**　　　　　　　　　　　金额单位：万元

项目	数值
贴现率	12%
年份	现金流
0	−300
1	185
2	249
3	155
4	135
5	420
NPV <-=NPV（B2，B6：B10）+B5	498.12
IRR <-=IRR（B5：B10）	62.67%

看起来似乎是一个不错的项目！但制造过程中使用了一些已经存在的但未充分利用的设备。这些设备的价值应当计算吗？假设你没买零部件加工机器，你以200万元将已有的未利用设备出售。这时，此项目的最初费用相当于500万元（300万元的部件加工机器，200万元的已有设备），会得到怎样的净现值呢？基本情况如表4-14所示。

表4-14　　　　　　　　　　　　　　　　**出售设备**　　　　　　　　　　　　　金额单位：万元

年份	现金流
0	−500 300万元直接成本+200万元现有机器的价值
1	185
2	249
3	155
4	135
5	420

计算出这种情况下的NPV（"=NPV（B16，B20：B24）+B19"）和IRR（"=IRR（B19：B24）"），输入过程如图4-56所示。

B27 =IRR(B19:B24)

	A	B	C	D
15				
16	贴现率	12%		
17				
18	**年份**	**现金流**		
19	0	-500	$300直接成本+$200现有机器的价值	
20	1	185		
21	2	249		
22	3	155		
23	4	135		
24	5	420		
25				
26	NPV	298.12	<-=NPV(B16,B20:B24)+B19	
27	IRR	31.97%	<-=IRR(B19:B24)	

图 4-56　NPV和IRR计算

由图4-56可知，这种情况下，计算得出比较低的净现值。所以，不要忘记了放弃机会的成本。

4.6　练习题

一家公司正考虑是将它的复印工作外包还是自己处理。现在的复印机已经不能使用了，要么卖掉要么彻底修理。下面是关于这两种途径的一些细节问题：公司税率为40%。如果自己复印的话需要投资17 000元修理现在的复印机。这17 000元会立即被会计师计入费用，因此它的税后成本为10 200元（（1−40%）× 17 000）。此项投资后，复印机在接下来的5年是可以正常使用的。每年的复印成本估算为税前25 000元，税后为15 000元（（1−40%）× 25 000）。复印机的价值在账本中为15 000元，但它的市场价值实际上比这少很多——现在可能只值5 000元。这意味着对于税收目的来说，复印机的出售将是亏损10 000元；用40%的税率计算，这项损失的税盾为4 000元。这样复印机出售将产生9 000元的现金流。如果决定自己复印，那么余下的账面价值将以每年3 000元折旧5年。由于公司的税率为40%，这将产生每年1 200元（40%×3 000）的税盾。将复印机外包每年将花费33 000元——比修理后自行复印要多出8 000元。当然这33 000元是一项税收目的的支出，因此与自行复印相比的净节约为：

（1−税率）× 外包成本=（1−40%）× 33 000=19 800（元）

第 5 章

资本预算的其他问题

|5.1| 实验概述

NPV 和 IRR 标准通常可以说明哪项投资对于个人或者公司来说是值得的。在现实生活中，在哪里花费以及如何花费投资款项并不总是那么明确。在本实验中，我们进一步讨论第 4 章实验提及的资本预算问题，并分析一些可能会引起混淆的问题。

|5.2| 实验目的

（1）了解将 IRR 作为决策标准产生的问题。

（2）从不同寿命的项目中进行选择。

（3）对不在年末发生的现金流进行贴现。

（4）将通货膨胀纳入资本预算中，对名义与实际现金流进行贴现。

|5.3| 实验工具

微软 Excel 软件。

|5.4| 理论基础

IRR 并不总是能给出明确的答案，有时存在多个内部收益率，复杂现金流的内部收益率可能会使是借出还是借入的决定变得很难。

|5.5| 实验举例

5.5.1 IRR 与项目评估

有时很难从 IRR 判断一个项目是好是坏。下面是一个简单的例子：你已经决定购买一辆车，标价是 11 000 元，经销商给你提供了两个购买选择： （1）你可以支付现金给经销商，并获得1 000元的折扣，因此只需支付10 000元。（2）你可以现在支付5 000元，并在未来3年每年支付2 000元。经销商将其称为“零利率汽车贷款”计划。银行提供的汽车贷款利率为9%，所以经销商声称，他的计划要便宜得多。哪种方案更好呢？基本情况如表5-1所示。

表5-1　　购买汽车的财务情况　　金额单位：元

概况			
汽车的目录价格	11 000.00		
折扣	5 000.00		
汽车的现金成本	10 000.00		
银行利率	9%		
年份	现金支付	信用支付	用信用计划所花费或节约的现金
0	-10 000.00	-5 000.00	
1		-2 000.00	
2		-2 000.00	
3		-2 000.00	
内部收益率			
现金节约的NPV			

第一步：计算各年的节约现金。选中单元格，输入“=C8-B8”，并向下复制公式。输出结果如图5-1所示。

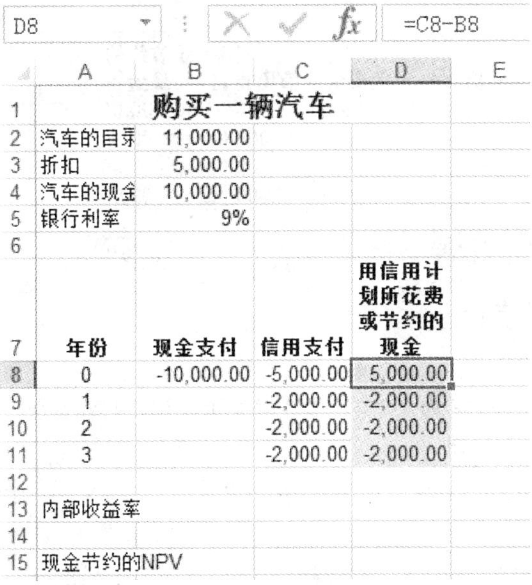
D8　=C8-B8

	A	B	C	D	E
1	购买一辆汽车				
2	汽车的目录	11,000.00			
3	折扣	5,000.00			
4	汽车的现金	10,000.00			
5	银行利率	9%			
6					
7	年份	现金支付	信用支付	用信用计划所花费或节约的现金	
8	0	-10,000.00	-5,000.00	5,000.00	
9	1		-2,000.00	-2,000.00	
10	2		-2,000.00	-2,000.00	
11	3		-2,000.00	-2,000.00	
12					
13	内部收益率				
14					
15	现金节约的NPV				

图5-1　各年节约现金

由图5-1可知，如果你选择信贷计划而不是现金支出，你在第0年将少支付5 000元。另一方面，你在第1、2和3年将多支付2 000元。

第二步：计算内部收益率。选中单元格，输入"=IRR（D8：D11）"，输入过程如图5-2所示。

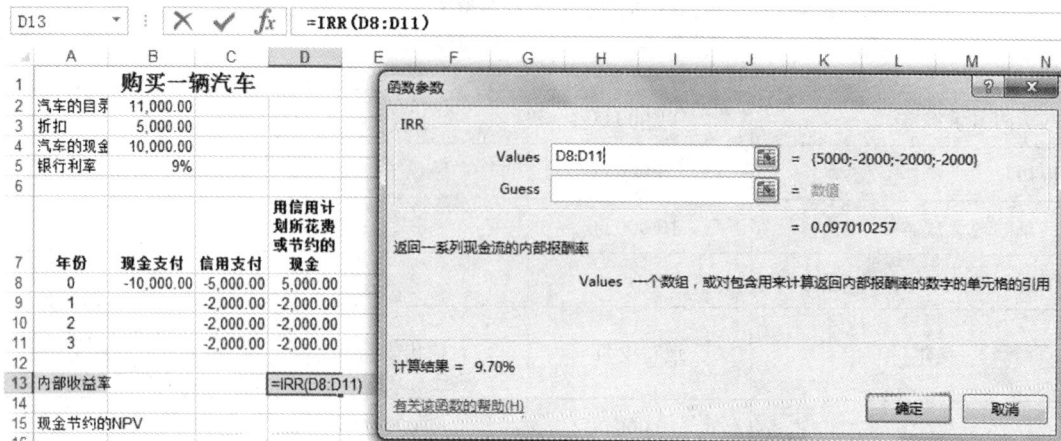

图5-2　IRR参数输入（1）

单击"确定"可得结果，如图5-3所示。

图5-3　内部收益率

由图5-3知，内部收益率为9.7%，由于银行的贷款利率为9%，所以你应该选择银行贷款而不是经销商的信贷计划。

第三步：计算节约的NPV。选中单元格，输入"=D8+NPV（B5，D9：D11）"，输入过程如图5-4所示。

图 5-4 中显示的是 Excel 函数参数对话框。

工具栏信息：=D8+NPV(B5,D9:D11)

	A	B	C	D
1		购买一辆汽车		
2	汽车的目录价格	11,000.00		
3	折扣	5,000.00		
4	汽车的现金成本	10,000.00		
5	银行利率	9%		
6				
7	年份	现金支付	信用支付	用信用计划所花费或节约的现金
8	0	-10,000.00	-5,000.00	5,000.00
9	1		-2,000.00	-2,000.00
10	2		-2,000.00	-2,000.00
11	3		-2,000.00	-2,000.00
12				
13	内部收益率			9.70%
14				
15	现金节约的NPV	=D8+NPV(B5,D9:D11)		

函数参数对话框：

NPV

Rate B5 = 0.09

Value1 D9:D11 = {-2000;-2000;-2000}

Value2 = 数值

= -5062.589332

基于一系列将来的收(正值)支(负值)现金流和一贴现率，返回一项投资的净现值

Value1: value1,value2,... 代表支出和收入的 1 到 254 个参数，时间均匀分布并出现在每期末尾

计算结果 = -62.59

有关该函数的帮助(H)   确定   取消

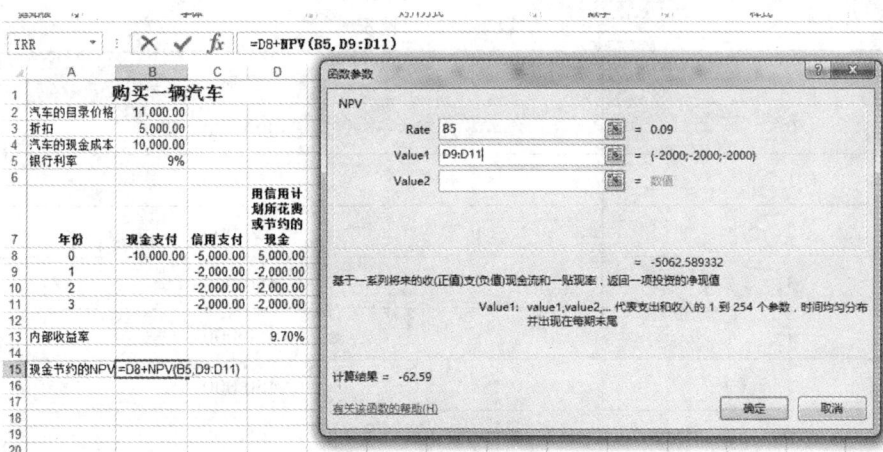

图 5-4 NPV 参数输入（1）

输出结果如图 5-5 所示。

工具栏：B15 =D8+NPV(B5,D9:D11)

	A	B	C	D	E	F
1		**购买一辆汽车**				
2	汽车的目录价格	11,000.00				
3	折扣	5,000.00				
4	汽车的现金成本	10,000.00				
5	银行利率	9%				
6						
7	年份	现金支付	信用支付	用信用计划所花费或节约的现金		
8	0	-10,000.00	-5,000.00	5,000.00		
9	1		-2,000.00	-2,000.00		
10	2		-2,000.00	-2,000.00		
11	3		-2,000.00	-2,000.00		
12						
13	内部收益率			9.70%		
14						
15	现金节约的NPV	-62.59				
16						

图 5-5 节约的 NPV

由图 5-5 知，按银行利率对现金流差进行贴现，结果显示，这一现金流有负的净现值，表明你不应该接受这一项目，这说明你应该选择现金支付计划。

5.5.2 多个内部收益率

下面是对公司的一个新垃圾填埋场的现金流的预测：

● 该垃圾填埋场的初始成本是 800 000 元：包括挖洞、建立防护栏和提供适当的卡车通道的费用。

● 该垃圾场每年的净现金流入为 450 000 元。这是公司从允许垃圾收集公司在这一垃圾填埋场倒垃圾中得到的回报。这些现金流入是垃圾填埋公司去除成本后得到的净值。

● 5 年后，这个垃圾填埋场将被填满。在第 6 年年底，关闭这一填埋场的费用为 1 500 000 元。这包括遵循各种生态法规的成本等。基本情况如表 5-2 所示。

表 5-2　　　　　　　　　　　　　　垃圾填埋公司情况　　　　　　　　　　金额单位：元

年份	现金流
0	−800 000
1	450 000
2	450 000
3	450 000
4	450 000
5	450 000
6	−1 500 000

第一步：给出在不同贴现率水平下这些现金流的现值。贴现率水平有表5-3所示的几种：

表 5-3　　　　　　　　　　　　　　贴现率水平　　　　　　　　　　金额单位：元

贴现率	NPV
0	
2%	
4%	
6%	
8%	
10%	
12%	
14%	
16%	
18%	
20%	
22%	
24%	
26%	
28%	
30%	
32%	
34%	
36%	

选中单元格，输入"=NPV（D3，$B$4：$B$9）+$B$3"，输入过程如图 5-6 所示。

E3	▼	⋮	✕ ✓ ƒx	=NPV(D3,$B$4:$B$9)+$B$3	

	A	B	C	D	E	F	G
1	**垃圾填埋公司**						
2	**年份**	**现金流**		**贴现率**	**NPV**		
3	0	-800,000		0%	-50,000		
4	1	450,000		2%			
5	2	450,000		4%			
6	3	450,000		6%			
7	4	450,000		8%			
8	5	450,000		10%			
9	6	-1,500,000		12%			
10				14%			
11				16%			

图 5-6　贴现率为 0 时现金流的现值

并向下复制公式，可得结果，如图 5-7 所示。

E4	▼	⋮	✕ ✓ ƒx	=NPV(D4,$B$4:$B$9)+$B$3	

	A	B	C	D	E	F
1	**垃圾填埋公司**					
2	**年份**	**现金流**		**贴现率**	**NPV**	
3	0	-800,000		0%	-50,000	
4	1	450,000		2%	-10,900	
5	2	450,000		4%	17,848	
6	3	450,000		6%	38,123	
7	4	450,000		8%	51,465	
8	5	450,000		10%	59,143	
9	6	-1,500,000		12%	62,203	
10				14%	61,507	
11				16%	57,769	
12				18%	51,580	
13				20%	43,428	
14				22%	33,721	
15				24%	22,793	
16				26%	10,923	
17				28%	-1,658	
18				30%	-14,758	
19				32%	-28,219	
20				34%	-41,912	
21				36%	-55,727	
22						

图 5-7　不同贴现率对应的现值

第二步：画出贴现率和 NPV 的曲线图。选中两列内容→单击菜单栏的插入→图表→带线的散点图→确定。

由图 5-8 知，曲线与 X 轴有两个交点，说明现金流有两个内部收益率。

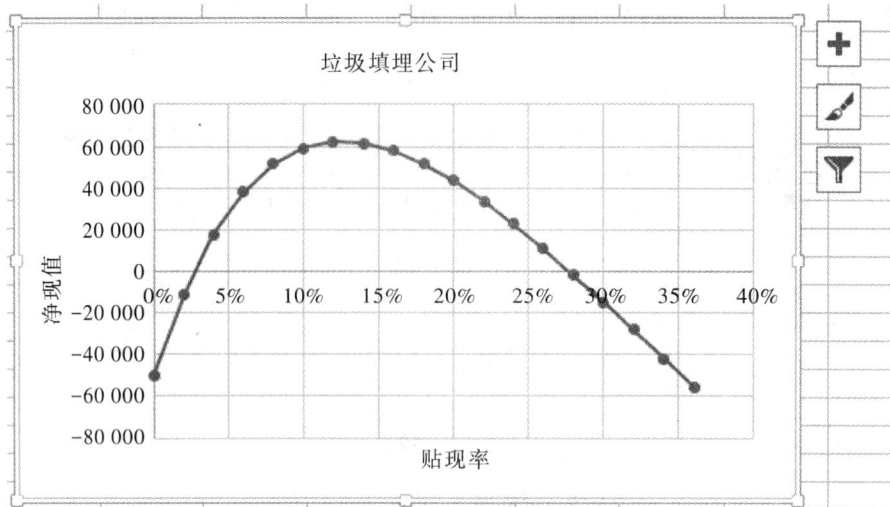

图5-8　净现值与贴现率折线图

第三步：确定这两个内部收益。选中单元格，第一个IRR，输入"=IRR（B3：B9）"，第二个IRR，输入"=IRR（B3：B9，52%）"，输入过程如图5-9所示。

图5-9　IRR参数输入（2）

输出结果如图5-10所示。

图5-10　第一个IRR

同理，可得第二个IRR，输入过程如图5-11所示。

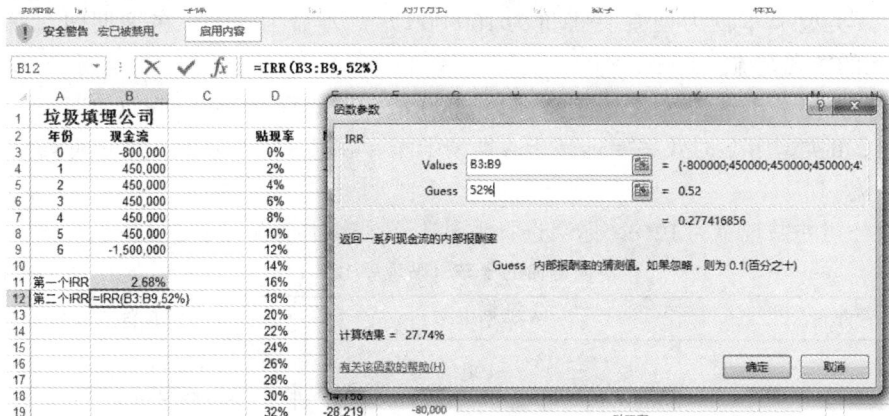

图 5-11　IRR 参数输入（3）

输出结果如图5-12所示。

图 5-12　第二个 IRR

我们使用了IRR函数的Guess选项。这一选项使你能够识别近似IRR（步骤二的连线散点图能够精确）；然后，Excel计算出接近这一近似值的实际内部收益率。我们使用的Guess值为25%。然后，Excel的IRR函数显示接近这一Guess值的实际IRR为27.74%。

有两个IRR意味着什么？两个IRR会引起混淆！假设我们正试图决定是否接受垃圾填埋场项目。在第4章中可以看到，有两个传统的规则可用于确定接受还是拒绝一个项目：

（1）NPV标准：如果NPV大于0，那么项目是可以接受的。在垃圾填埋场这一例子中，根据NPV标准，如果贴现率大于2.68%且小于27.74%，那么项目是可以接受的。

（2）IRR标准：如果IRR大于合理贴现率，那么项目是可以接受的。由于本例中有两个IRR，因此IRR标准不适用。在实际应用中，这意味着当某个项目有多于一个的IRR时，你只能通过NPV标准来确定项目的吸引力。

5.5.3　不同寿命下的项目选择

有时候我们的资本预算选择涉及不同寿命的项目。假设你的公司正在考虑购买两种油罐车中的一种，用来运输高科技液体材料。这些卡车非常昂贵，公司正试图在两个方案之间做出决定：

（1）A 类型卡车较为便宜。售价为 100 000 元，寿命为 6 年，在这期间，每年产生 150 000 元的净现金流。

（2）B 类型卡车较为昂贵。售价为 250 000 元，寿命只有 3 年，在这之后需要进行更换。然而，B 类型卡车的效率要远高于 A 类型卡车，在其 3 年寿命中，每年可产生 300 000 元的现金流。

如果公司的贴现率为 12%，你会选择哪种卡车？基本情况如表 5-4 所示。

表 5-4　　　　　　　　　不同寿命的卡车（贴现率 12%）　　　　　　　金额单位：千元

年份	A 类型卡车	B 类型卡车
0	−100	−250
1	150	300
2	150	300
3	150	300
4	150	
5	150	
6	150	

计算出两种类型卡车的 NPV。选中单元格，对于 A 类型卡车，输入"=B4+NPV（$B$2，B5：B10）"，输入过程如图 5-13 所示。

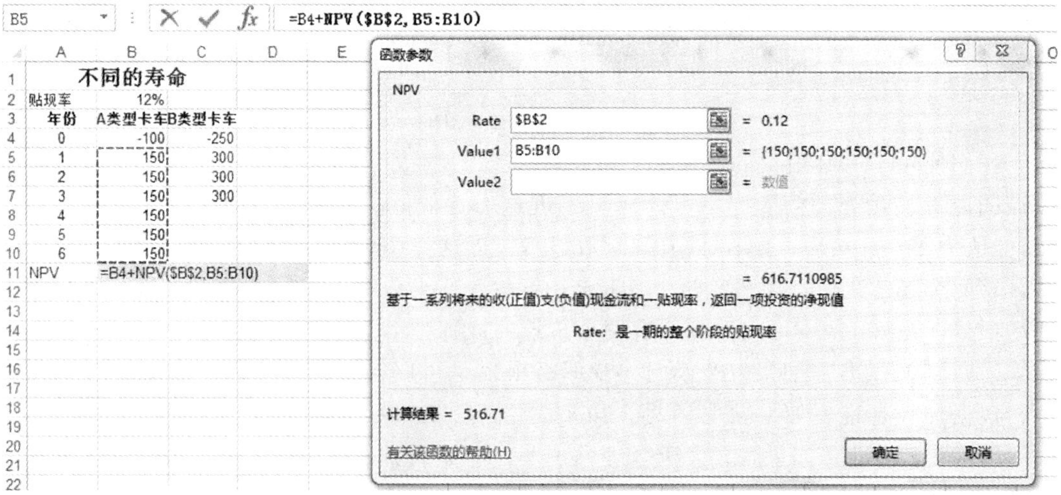

图 5-13　NPV 参数输入（2）

输出结果如图 5-14 所示。

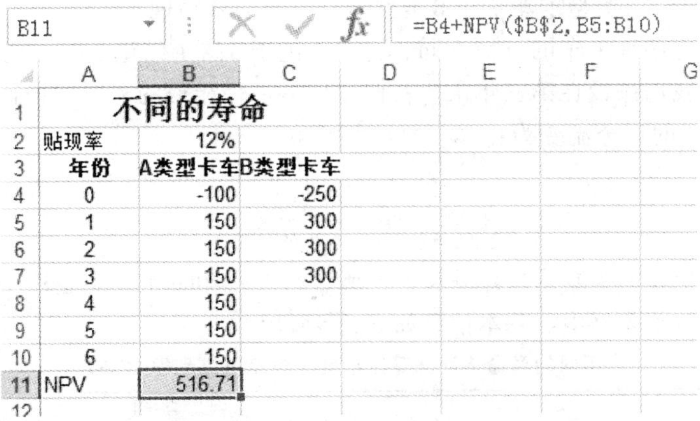

图5-14 A类型卡车的NPV

对于 B 类型卡车，输入 "=C4+NPV（B2，C5：C10）"，输入过程如图5-15所示。

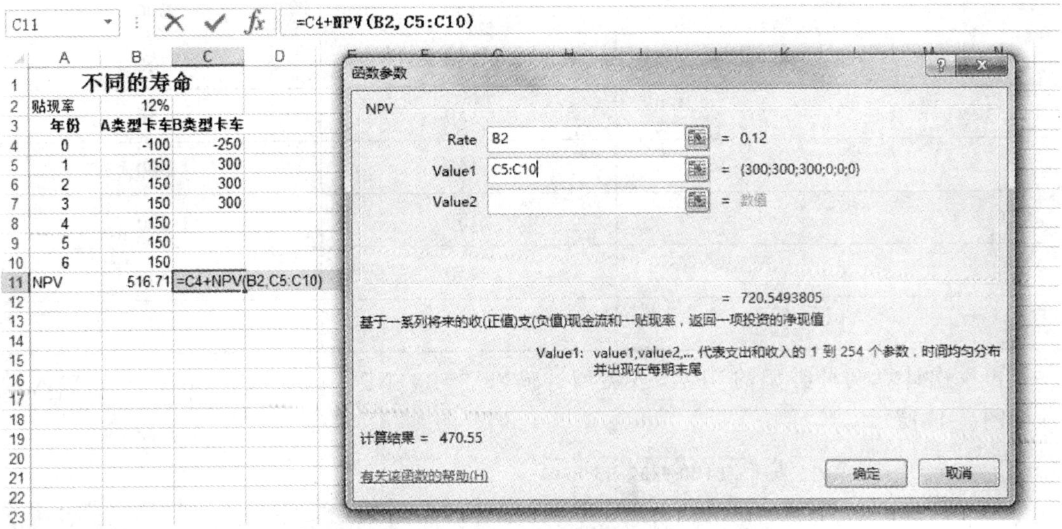

图5-15 NPV参数输入（3）

输出结果如图5-16所示。

图5-16 B类型卡车的NPV

可以得出结论：A类型卡车优于B类型卡车，因为其贴现率较高。

但是，由于这两种卡车的寿命不同，得出A优于B这个结论是存在问题的。为了使它们具有可比性，我们假设在第三年末，我们将用另一辆相似的卡车来代替B类型卡车。这样处理后，第3年的现金流变为：

$$
\underbrace{300}_{\substack{\text{第3年卡车}\\\text{带来的现金流}}} - \underbrace{250}_{\substack{\text{购买新}\\\text{卡车的价格}}} = 50（元／辆）
$$

一旦我们在第3年替换掉B类型卡车，那么第4、5和6年的现金流将是300元。我们将这些信息填入电子表格中。基本信息如表5-5所示。

表5-5　　　　　在不同的寿命下计算等值年度现金流（贴现率12%）　　　　金额单位：元

年份	现金流A	现金流B
0	-100	-250
1	150	300
2	150	300
3	150	50
4	150	300
5	150	300
6	150	300
NPV		

再一次计算两种类型的NPV。A类型，输入"=B4+NPV（B2，B5：B10）"，输入过程如图5-17所示。

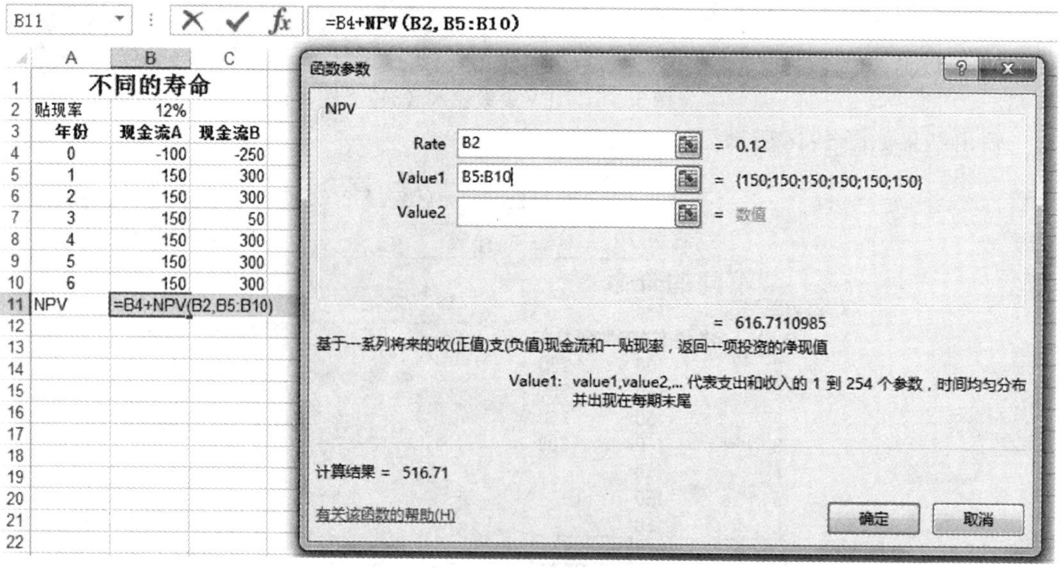

图5-17　NPV参数输入（4）

输出结果如图5-18所示。

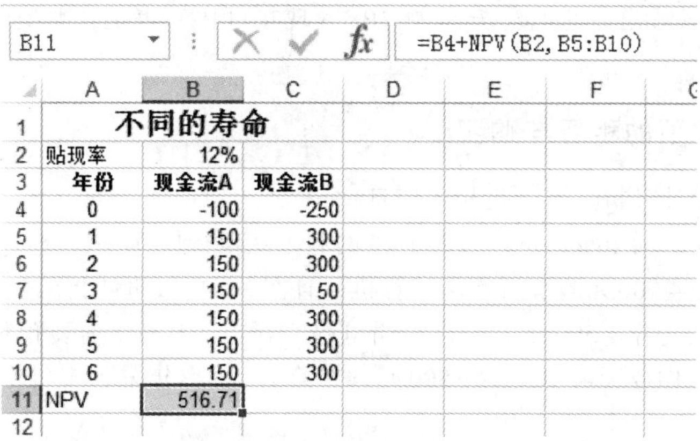

	A	B	C
1	不同的寿命		
2	贴现率	12%	
3	年份	现金流A	现金流B
4	0	-100	-250
5	1	150	300
6	2	150	300
7	3	150	50
8	4	150	300
9	5	150	300
10	6	150	300
11	NPV	516.71	

图5-18　A类型卡车NPV

B类型，输入“=C4+NPV（B2，C5：C10）”，输入过程如图5-19所示。

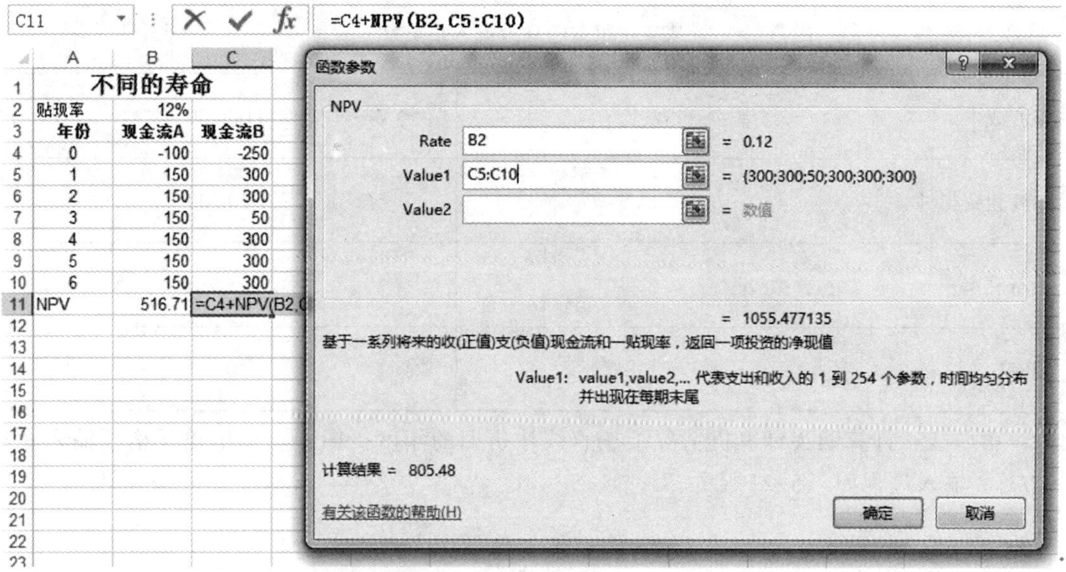

图5-19　NPV参数输入（5）

输出结果如图5-20所示。

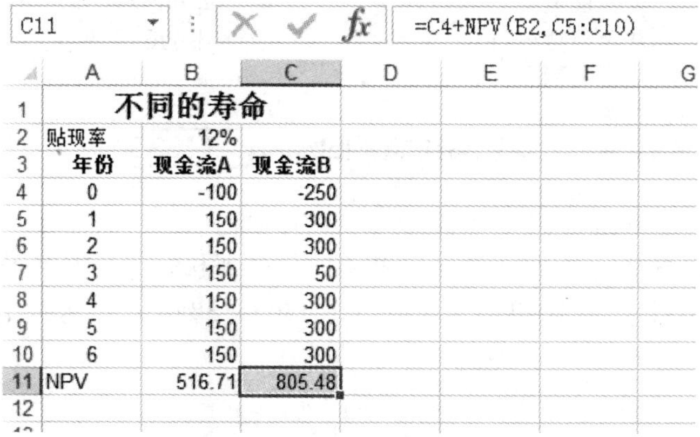

	A	B	C
1	不同的寿命		
2	贴现率	12%	
3	年份	现金流A	现金流B
4	0	-100	-250
5	1	150	300
6	2	150	300
7	3	150	50
8	4	150	300
9	5	150	300
10	6	150	300
11	NPV	516.71	805.48

图5-20　B类型卡车NPV

从图 5-20 可以看出，这两种方案的 NPV（现在可比）表明 B 类型卡车要优于 A 类型卡车。

5.5.4 税收下的租赁与购买

公司需要一台计算机，下面是相关信息：

（1）公司的税率为 40%，可以按照 15% 的利率从银行借款。

（2）你可以按 4 000 元的价格购买计算机，且在 3 年内按直线折旧法折旧。

（3）你可以按每年 1 500 元的价格租用电脑，在 4 年中每年需要预付款项。这意味着如果你租用电脑，你今天需要支出 1 500 元，在第 1、2、3 年末各支付 1 500 元。基本信息如表 5-6 所示。

表 5-6   租赁还是购买   金额单位：元

租赁还是购买？ 成本是负数，现金流入是正数	
资产成本	4 000.00
年度租赁支付	1 500.00
银行利率	15%
税率	40%

第一步：计算购买计算机情况下按直线法折旧的年度折旧额。选中单元格，输入 "=B2/3"，输入过程如图 5-21 所示。

	A	B	C
1	**租赁还是购买？**		
2	资产成本	4,000.00	
3	年度租赁支付	1,500.00	
4	银行利率	15%	
5	税率	40%	
6	购买资产情况下的年度折旧额	1,333.33	
7			

图 5-21   年度折旧额

第二步：计算税盾。由于公司按照 40% 的税率征税，折旧每年节约 533 元（40%× 1 333）的税款即为税盾。选中单元格，输入 "=$B$5*$B$6"，可求得第 1 年的折旧税盾，输出结果如图 5-22 所示。

图 5-22　第 1 年折旧税盾

同理，复制公式，可得第 2 年和第 3 年的折旧税盾，如图 5-23 所示。

图 5-23　第 2、3 年税盾

第三步：计算购买现金流总计，即机器成本和税盾的总和。选中单元格，输入"=B10+B11"，可得第 0 年的购买现金流总计。输出结果如图 5-24 所示。

图 5-24　第 0 年的购买现金流总计

同理，可求后面3年的购买现金流总计，如图5-25所示。

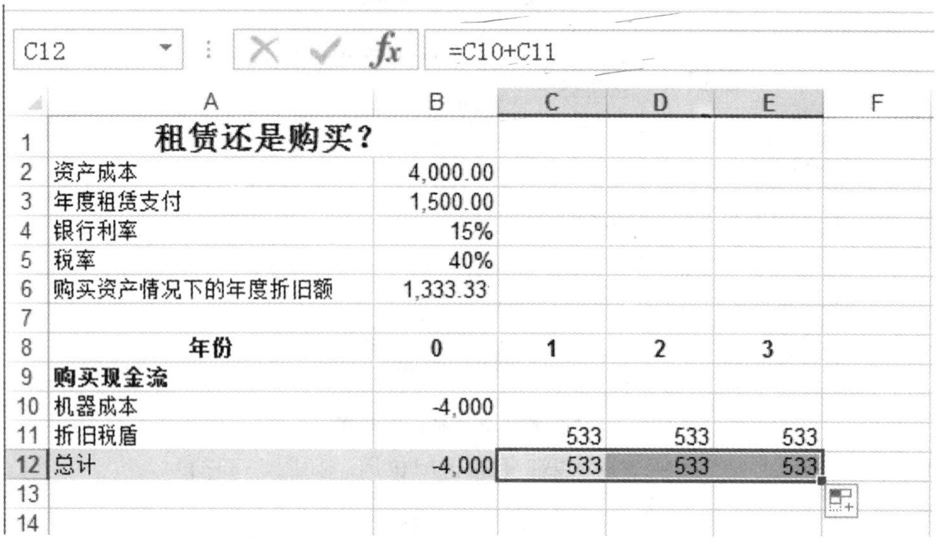

图5-25　第2、3年购买现金流总计

第四步：从税收角度考虑，租赁支出是成本，先计算税收的租赁支付900元（1 500×（1-40%））。选中单元格，输入"=-\$B\$3*（1-\$B\$5）"可得现在的税收租赁支付，输入过程如图5-26所示。

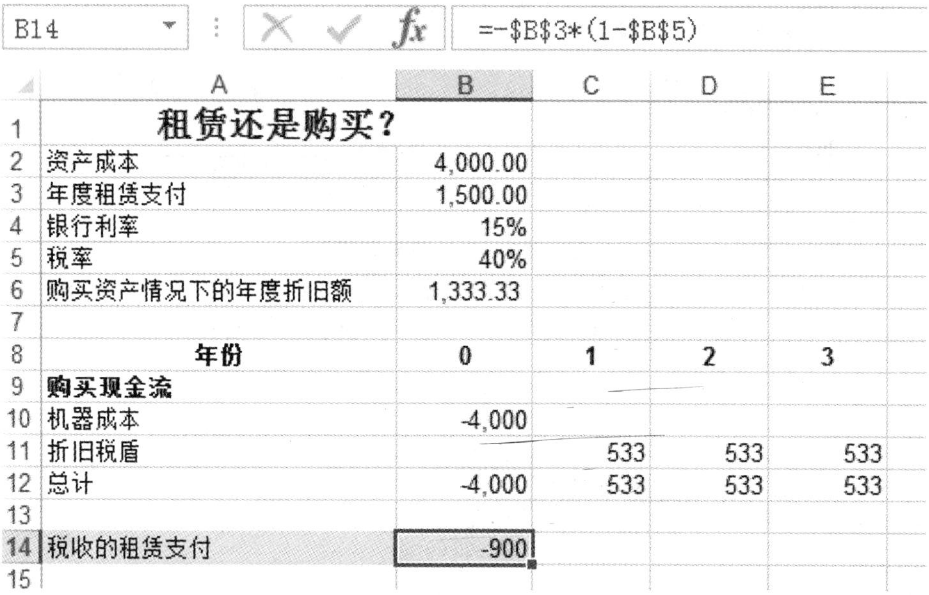

图5-26　第0年税收的租赁支付

同理，复制公式。可得第1、2和3年税收的租赁支付，如图5-27所示。

C14			✕ ✓ fx	=-$B$3*(1-$B$5)		

	A	B	C	D	E	F
1	租赁还是购买？					
2	资产成本	4,000.00				
3	年度租赁支付	1,500.00				
4	银行利率	15%				
5	税率	40%				
6	购买资产情况下的年度折旧额	1,333.33				
7						
8	年份	0	1	2	3	
9	购买现金流					
10	机器成本	-4,000				
11	折旧税盾		533	533	533	
12	总计	-4,000	533	533	533	
13						
14	税收的租赁支付	-900	-900	-900	-900	
15						
16						

图 5-27　第 1～3 年税收的租赁支付

第五步：比较两种方法的差异，做差。选中单元格，输入"=-B12+B14"可得第 0 年的租赁节约。输出结果如图 5-28 所示。

B16			✕ ✓ fx	=-B12+B14		

	A	B	C	D	E	F
1	租赁还是购买？					
2	资产成本	4,000.00				
3	年度租赁支付	1,500.00				
4	银行利率	15%				
5	税率	40%				
6	购买资产情况下的年度折旧额	1,333.33				
7						
8	年份	0	1	2	3	
9	购买现金流					
10	机器成本	-4,000				
11	折旧税盾		533	533	533	
12	总计	-4,000	533	533	533	
13						
14	税收的租赁支付	-900	-900	-900	-900	
15						
16	租赁节约	3,100				
17						
18						

图 5-28　第 0 年租赁节约

同理，复制公式，可得第 1、2 和 3 年的租赁节约值，如图 5-29 所示。

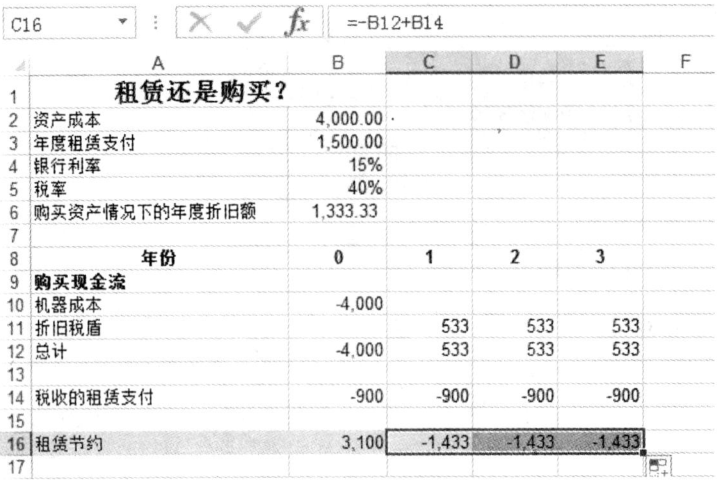

图 5-29 第 1~3 年租赁节约

第六步：求租赁节约的 IRR。选中单元格，输入"=IRR（B16：E16）"，输入过程如图 5-30 所示。

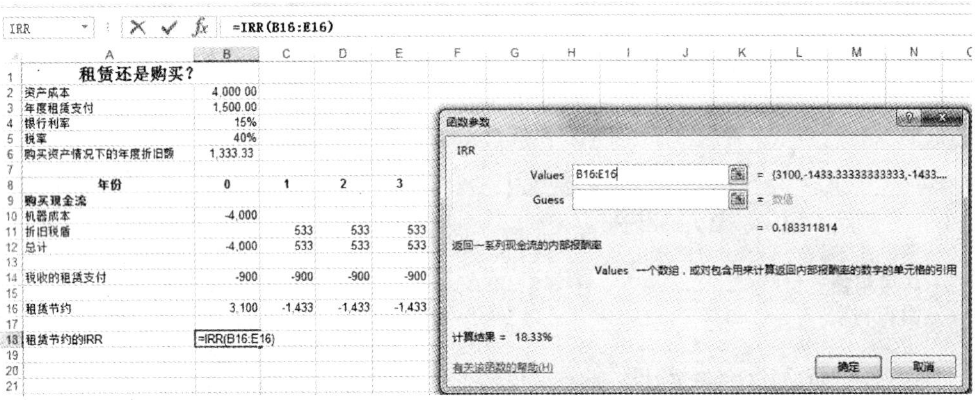

图 5-30 IRR 参数输入（4）

输出结果如图 5-31 所示。

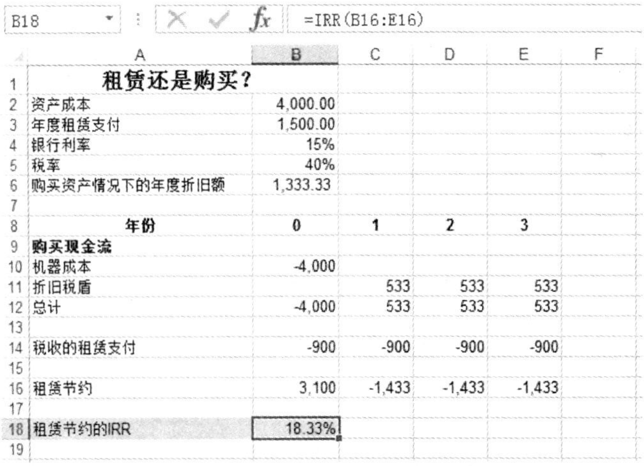

图 5-31 租赁节约的 IRR

第七步：计算替代方案成本（税后银行利息）。选中单元格，输入"=B4*（1-B5）"，输入过程如图5-32所示。

	A	B	C	D	E
B5		fx =B4*（1-B5）			
1	**租赁还是购买？**				
2	资产成本	4,000.00			
3	年度租赁支付	1,500.00			
4	银行利率	15%			
5	税率	40%			
6	购买资产情况下的年度折旧额	1,333.33			
7					
8	**年份**	0	1	2	3
9	**购买现金流**				
10	机器成本	-4,000			
11	折旧税盾		533	533	533
12	总计	-4,000	533	533	533
13					
14	税收的租赁支付	-900	-900	-900	-900
15					
16	租赁节约	3,100	-1,433	-1,433	-1,433
17					
18	租赁节约的IRR	18.33%			
19	替代方案成本（税后银行利息）	=B4*（1-B5）			
20					

图5-32　计算替代方案成本的公式输入

输出结果如图5-33所示。

	A	B	C	D	E
B19		fx =B4*(1-B5)			
1	**租赁还是购买？**				
2	资产成本	4,000.00			
3	年度租赁支付	1,500.00			
4	银行利率	15%			
5	税率	40%			
6	购买资产情况下的年度折旧额	1,333.33			
7					
8	**年份**	0	1	2	3
9	**购买现金流**				
10	机器成本	-4,000			
11	折旧税盾		533	533	533
12	总计	-4,000	533	533	533
13					
14	税收的租赁支付	-900	-900	-900	-900
15					
16	租赁节约	3,100	-1,433	-1,433	-1,433
17					
18	租赁节约的IRR	18.33%			
19	替代方案成本（税后银行利息）	9.00%			
20					

图5-33　替代方案成本

第八步：判断是租赁还是购买。选中单元格，输入"=IF（B18>B19），"购买"，"租赁"，输入过程如图5-34所示。

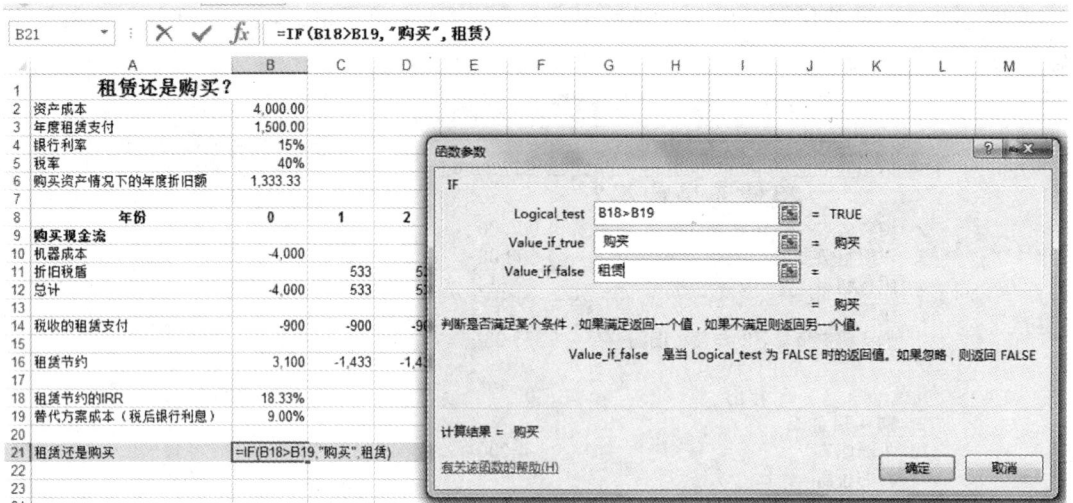

图 5-34　IF 参数输入

单击"确定"可得结果，如图 5-35 所示。

图 5-35　判断租赁还是购买

综上所述，如果银行愿意按照 15% 的利率借给你钱，且利息允许税前扣除，那么银行贷款的税后成本为 9%。这意味着银行融资比租赁公司便宜。结论是购买计算机。

5.5.5　年中贴现率下的资本预算

我们也可以称本节为"考虑现金流的时点"，但是"年中贴现"更加贴切。

一家公司打算花 10 万元来得到未来 5 年内每年 3 000 元的现金流。如果贴现率为 15%，那么该项目的净现值为多少？基本信息如表 5-7 所示。

表 5-7	现金流发生在年末的NPV
基本情况	
初始成本	10 000.00
年度现金流	3 000.00
贴现率	15%
年份	现金流
0	−10 000.00
1	3 000.00
2	3 000.00
3	3 000.00
4	3 000.00
5	3 000.00
年末现金流的 NPV	

选中单元格，输入"=B6+NPV（B4，B7：B11）"，输入过程如图5-36所示。

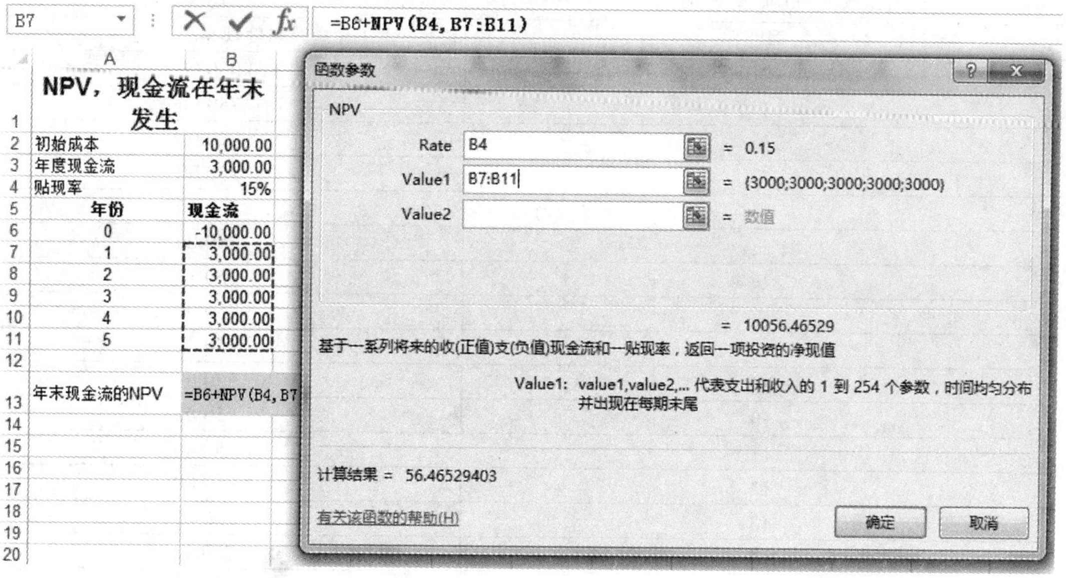

图 5-36　NPV 参数输入（6）

单击"确定"可得结果，如图5-37所示。

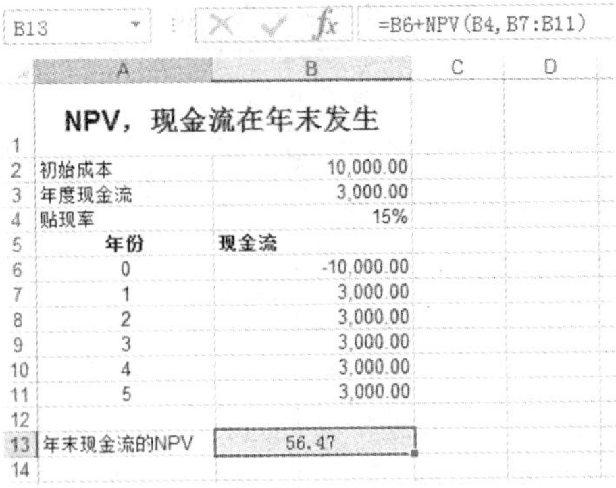

B13 =B6+NPV(B4,B7:B11)

	A	B	C	D
1	NPV，现金流在年末发生			
2	初始成本	10,000.00		
3	年度现金流	3,000.00		
4	贴现率	15%		
5	年份	现金流		
6	0	-10,000.00		
7	1	3,000.00		
8	2	3,000.00		
9	3	3,000.00		
10	4	3,000.00		
11	5	3,000.00		
12				
13	年末现金流的NPV	56.47		
14				

图 5-37　年末现金流的NPV

由上可得，该项目的净现值为56.47元，均发生在年底。在许多资本预算情况中，年末现金流假设是不现实的。试想，一家公司购买一台机器并通过销售产品得到现金流。在这种情况下，现金流的产生是贯穿全年而不是仅在年底产生。由于早点得到现金总是更好的，因此，项目的净现值将高于56.47元。

假设每年3 000元的现金流实际上是在每季度末收到750元。如表5-8所示，同样可计算出净现值。

表5-8　季度现金流的NPV

基本情况	
初始成本	10 000.00
年度现金流	3 000.00
贴现率	15%
季度	季度现金流
0	-10 000.00
1	750.00
2	750.00
3	750.00
4	750.00
5	750.00
6	750.00
7	750.00
8	750.00
9	750.00
10	750.00
11	750.00
12	750.00
13	750.00
14	750.00
15	750.00
16	750.00
17	750.00
18	750.00
19	750.00
20	750.00

第一步：根据计算方法：$(1+季度贴现率)=(1+年度贴现率)^{1/4}$，计算季度贴现率。选中单元格，输入"=（1+B4）^（1/4）-1"，输入过程如图5-38所示。

B5	▼ : × ✓ fx	=(1+B4)^(1/4)-1		
	A	B	C	D	E
1	**NPV，现金流发生在每**			
2	初始成本	10,000.00		
3	年度现金流	3,000.00		
4	贴现率	15%		
5	季度贴现率	=（1+B4）^(1/4)-1		
6				
7	季度	季度现金流		
8	0	-10,000.00		
9	1	750.00		
10	2	750.00		
11	3	750.00		
12	4	750.00		
13	5	750.00		
14	6	750.00		
15	7	750.00		
16	8	750.00		

图5-38　计算季度贴现率的公式输入

输出结果如图5-39所示。

B5	▼ : × ✓ fx	=(1+B4)^(1/4)-1		
	A	B	C	D	E
1	**NPV，现金流发生在每**			
2	初始成本	10,000.00		
3	年度现金流	3,000.00		
4	贴现率	15%		
5	季度贴现率	3.56%		
6				
7	季度	季度现金流		
8	0	-10,000.00		
9	1	750.00		
10	2	750.00		
11	3	750.00		
12	4	750.00		
13	5	750.00		
14	6	750.00		
15	7	750.00		
16	8	750.00		
17	9	750.00		
18	10	750.00		
19	11	750.00		
20	12	750.00		

图5-39　季度贴现率

第二步：计算季度现金流的NPV。选中单元格，输入"=B7+NPV（B5，B8：B27）"，输入过程如图5-40所示。

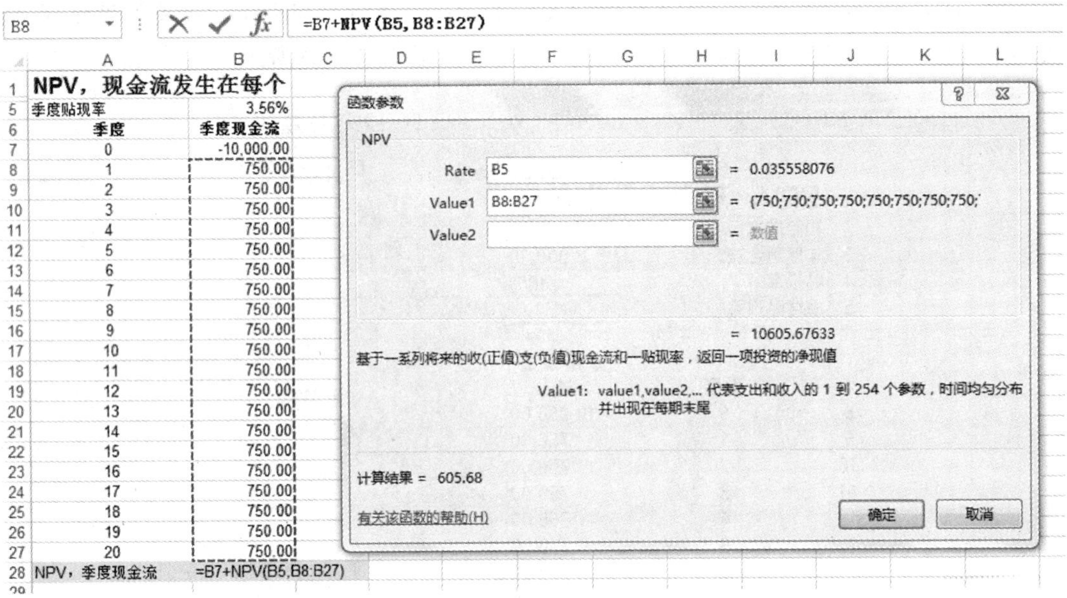

| B8 | | ▼ | : | × | ✓ | *fx* | =B7+NPV(B5,B8:B27) |

图中表格内容：

	A	B
1	**NPV，现金流发生在每个**	
5	季度贴现率	3.56%
6	**季度**	**季度现金流**
7	0	-10,000.00
8	1	750.00
9	2	750.00
10	3	750.00
11	4	750.00
12	5	750.00
13	6	750.00
14	7	750.00
15	8	750.00
16	9	750.00
17	10	750.00
18	11	750.00
19	12	750.00
20	13	750.00
21	14	750.00
22	15	750.00
23	16	750.00
24	17	750.00
25	18	750.00
26	19	750.00
27	20	750.00
28	NPV，季度现金流	=B7+NPV(B5,B8:B27)

函数参数对话框：

函数参数

NPV

Rate   B5   = 0.035558076

Value1   B8:B27   = {750;750;750;750;750;750;750;750;

Value2   = 数值

= 10605.67633

基于一系列将来的收(正值)支(负值)现金流和一贴现率，返回一项投资的净现值

Value1: value1,value2,... 代表支出和收入的 1 到 254 个参数，时间均匀分布
并出现在每期末尾

计算结果 = 605.68

有关该函数的帮助(H)   确定   取消

图5-40 NPV参数输入（7）

单击"确定"可得结果，如图5-41所示。

| B28 | | ▼ | : | × | ✓ | *fx* | =B7+NPV(B5,B8:B27) |

	A	B	C	D	E
1	**NPV，现金流发生在每个**				
5	季度贴现率	3.56%			
6	**季度**	**季度现金流**			
7	0	-10,000.00			
8	1	750.00			
9	2	750.00			
10	3	750.00			
11	4	750.00			
12	5	750.00			
13	6	750.00			
14	7	750.00			
15	8	750.00			
16	9	750.00			
17	10	750.00			
18	11	750.00			
19	12	750.00			
20	13	750.00			
21	14	750.00			
22	15	750.00			
23	16	750.00			
24	17	750.00			
25	18	750.00			
26	19	750.00			
27	20	750.00			
28	NPV，季度现金流	605.68			

图5-41 季度现金流的NPV

由图 5-41 可知，净现值显著增加。

5.5.6　通货膨胀率

表 5-9 列出了 1980—2009 年 1 美元的购买力。第二列中所有数字都以 2009 年美元购买力表示。

表 5-9　　　　　　　　　　　　　　　　1 美元的购买力

年份	1 美元以 2009 年为基准计算的购买力	年份	1 美元以 2009 年为基准计算的购买力
1980	2.6156	1995	1.4142
1981	2.3710	1996	1.3736
1982	2.2334	1997	1.3428
1983	2.1639	1998	1.3222
1984	2.0743	1999	1.2936
1985	2.0030	2000	1.2516
1986	1.9664	2001	1.2170
1987	1.8972	2002	1.1980
1988	1.8218	2003	1.1713
1989	1.7381	2004	1.1409
1990	1.6490	2005	1.1035
1991	1.5824	2006	1.0691
1992	1.5362	2007	1.0395
1993	1.4915	2008	1.0010
1994	1.4543	2009	1.0000

通货膨胀影响散点图如图 5-42 所示。

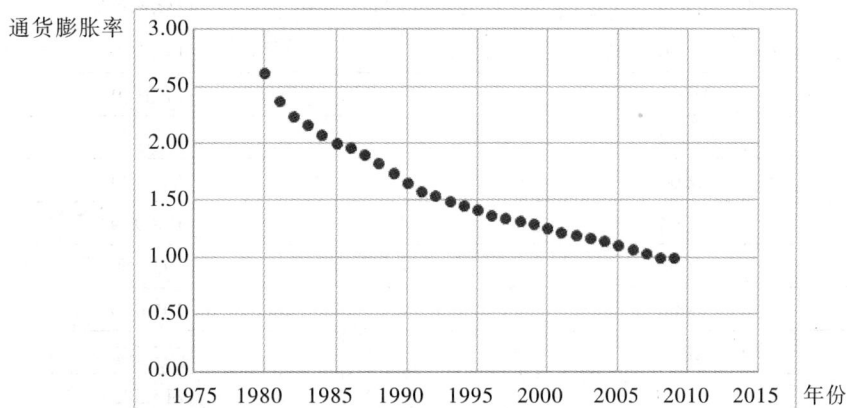

图 5-42　通货膨胀影响散点图

根据以上图表，在1980年可以用1美元购买得到的商品在2009年需要花2.62美元。经通货膨胀调整后，1990年的1美元在2009年值1.65美元。

还有另一种方式可以理解这一现象。表5-10列出了美国1980—2009年的消费者价格指数（CPI），该指数已标准化。第t年的通货膨胀率为$\frac{CPI_t}{CPI_{t-1}} - 1$，基本信息如表5-10所示。

表5-10 通过CPI计算通货膨胀率

年份	美国CPI
1980	82.400
1981	90.900
1982	96.500
1983	99.600
1984	103.900
1985	107.600
1986	109.600
1987	113.600
1988	118.300
1989	124.000
1990	130.700
1991	136.200
1992	140.300
1993	144.500
1994	148.200
1995	152.400
1996	156.900
1997	160.500
1998	163.000
1999	166.600
2000	172.200
2001	177.100
2002	179.900
2003	184.000
2004	188.900
2005	195.300
2006	201.600
2007	207.342
2008	215.303
2009	215.522

计算年度通货膨胀率，选中单元格输入"=B4/B3-1"，并向下复制公式可得结果，如图 5-43 所示。

C4			f_x	=B4/B3-1
	A	B	C	D	E
1	**通过CPI计算通货膨**				
2	**年份**	**美国CPI**	**年度通货膨胀率**		
3	1980	82.400			
4	1981	90.900	10.32%		
5	1982	96.500	6.16%		
6	1983	99.600	3.21%		
7	1984	103.900	4.32%		
8	1985	107.600	3.56%		
9	1986	109.600	1.86%		
10	1987	113.600	3.65%		
11	1988	118.300	4.14%		
12	1989	124.000	4.82%		
13	1990	130.700	5.40%		
14	1991	136.200	4.21%		
15	1992	140.300	3.01%		
16	1993	144.500	2.99%		
17	1994	148.200	2.56%		
18	1995	152.400	2.83%		
19	1996	156.900	2.95%		
20	1997	160.500	2.29%		
21	1998	163.000	1.56%		
22	1999	166.600	2.21%		
23	2000	172.200	3.36%		
24	2001	177.100	2.85%		
25	2002	179.900	1.58%		
26	2003	184.000	2.28%		
27	2004	188.900	2.66%		
28	2005	195.300	3.39%		
29	2006	201.600	3.23%		
30	2007	207.342	2.85%		
31	2008	215.303	3.84%		
32	2009	215.522	0.10%		
33					

图 5-43 年度通货膨胀率

计算平均通胀率，选中单元格，输入"=（B32/B3）^（1/29）-1"，输入过程如图 5-44 所示。

C33 | fx | =(B32/B3)^(1/29)-1

	A	B	C	D	E	F
2	年份	美国CPI	年度通货膨胀率			
3	1980	82.400				
4	1981	90.900	10.32%			
5	1982	96.500	6.16%			
6	1983	99.600	3.21%			
7	1984	103.900	4.32%			
8	1985	107.600	3.56%			
9	1986	109.600	1.86%			
10	1987	113.600	3.65%			
11	1988	118.300	4.14%			
12	1989	124.000	4.82%			
13	1990	130.700	5.40%			
14	1991	136.200	4.21%			
15	1992	140.300	3.01%			
16	1993	144.500	2.99%			
17	1994	148.200	2.56%			
18	1995	152.400	2.83%			
19	1996	156.900	2.95%			
20	1997	160.500	2.29%			
21	1998	163.000	1.56%			
22	1999	166.600	2.21%			
23	2000	172.200	3.36%			
24	2001	177.100	2.85%			
25	2002	179.900	1.58%			
26	2003	184.000	2.28%			
27	2004	188.900	2.66%			
28	2005	195.300	3.39%			
29	2006	201.600	3.23%			
30	2007	207.342	2.85%			
31	2008	215.303	3.84%			
32	2009	215.522	0.10%			
33	平均通胀率		3.37%			

图5-44　平均通胀率

年度通货膨胀率折线图如图5-45所示。

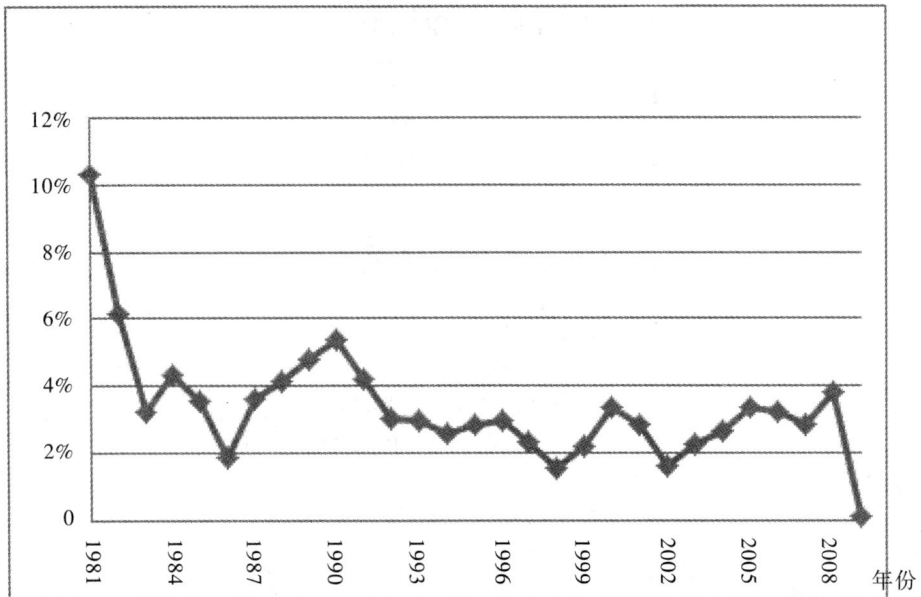

图5-45　年度通货膨胀率折线图

从以上图表中可以看出，在 20 世纪 80 年代初的通货膨胀率显著高于 20 世纪 90 年代。然而，即使在通货膨胀率相对较低的 20 世纪 90 年代的 10 年间，美国的通货膨胀率也在 2% 到 4% 之间。通过对所调查期间的分析，平均通货膨胀率为 3.37%。

5.5.7 通货膨胀与资本预算

考虑投资一种新的零部件加工机器。这种机器现在耗资 9 500 元。下面给出了生产的零部件在第 1～6 年的销售预期。这种零件现在售价为每个 15 元，由于通货膨胀，未来该零部件的价格预期将上涨 8％，名义贴现率为 12％。基本信息如表 5-13 所示。

表 5-11　　　　　　　　　　零部件加工机器的资本预算

零部件加工机器的资本预算——零部件价格增长率不同于通货膨胀	
通货膨胀率	4.00%
今天的零部件价格（元/个）	15.00
零部件价格的增长率	8.00%
名义贴现率	12.00%
年份	出售的零部件数量（个）
0	
1	100
2	125
3	150
4	160
5	170
6	200

第一步：根据公式"实际贴现率 $=\dfrac{1+名义贴现率}{1+通货膨胀率}-1$"计算等值实际贴现率。选中单元格，输入"=（1+B5）/（1+B2）-1"，输入过程如图 5-46 所示。

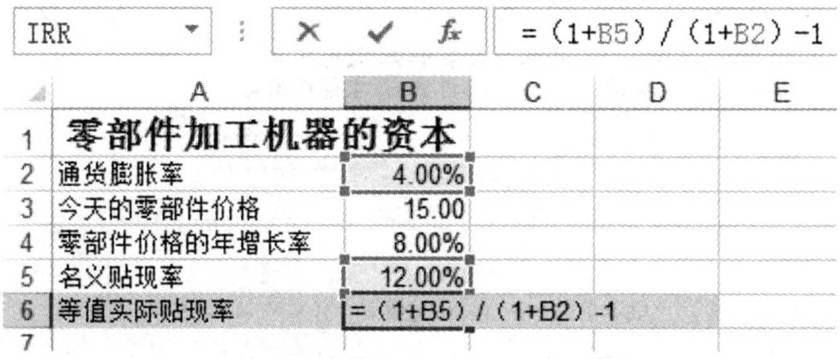

图 5-46　计算等值实际贴现率的公式输入

输出结果如图5-47所示。

图5-47 等值实际贴现率

第二步：通过公式"时间t的名义价格=当前价格*（1+通货膨胀率）'"，计算1~6年每年零部件的预期售价。选中单元格，输入"=\$B\$3*（1+\$B\$4）^A10"可得第1年的名义价格，如图5-48所示。

图5-48 计算零部件预期售价的公式输入

输出结果如图5-49所示。

图5-49 第1年预期名义价格

向下复制公式，可得第 2 ~ 6 年的名义价格，如图 5-50 所示。

| | C11 | ▼ | : | × | ✓ | fx | =$B$3*(1+$B$4)^A11 |

▲	A	B	C	D	E
1	**零部件加工机器的资本**				
2	通货膨胀率	4.00%			
3	今天的零部件价格	15.00			
4	零部件价格的年增长率	8.00%			
5	名义贴现率	12.00%			
6	等值实际贴现率	7.69%			
7					
8	年份	出售的零部件数量	预期名义零部件价格		
9	0				
10	1	100	16.20		
11	2	125	17.50		
12	3	150	18.90		
13	4	160	20.41		
14	5	170	22.04		
15	6	200	23.80		
16					

图 5-50　第 2 ~ 6 年预期名义价格

第三步：计算第 1 ~ 6 年的名义现金流。选中单元格，输入 "=B10*C10" 求得第 1 年的名义现金流。输入过程如图 5-51 所示。

| | C10 | ▼ | : | × | ✓ | fx | =B10*C10 |

▲	A	D	C	D
1	**零部件加工机器的资本**			
2	通货膨胀率	4.00%		
3	今天的零部件价格	15.00		
4	零部件价格的年增长率	8.00%		
5	名义贴现率	12.00%		
6	等值实际贴现率	7.69%		
7				
8	年份	出售的零部件数量	预期名义零部件价格	预期名义现金流
9	0			-9,500.00
10	1	100	16.20	=B10*C10
11	2	125	17.50	
12	3	150	18.90	
13	4	160	20.41	
14	5	170	22.04	
15	6	200	23.80	

图 5-51　计算名义现金流的公式输入

输出结果如图5-52所示。

图5-52　第1年的名义现金流

向下复制公式，可得第2～6年的名义现金流，如图5-53所示。

图5-53　第2～6年的名义现金流

第四步：假设零部件价格上涨幅度与一般价格上涨幅度相同。我们可以根据公式

"第t年实际现金流 $= \dfrac{\text{售出零部件的名义价值}}{(1+\text{通货膨胀率})^t}$" 计算实际现金流。选中单元格，输入

"=D10/（1+\$B\$2）^A10"可得第1年实际现金流，如图5-54所示。

IRR			×	✓	f_x	=D10/（1+$B$2）^A10	

▲	A	B	C	D	E
1	**零部件加工机器的资本**				
2	通货膨胀率	4.00%			
3	今天的零部件价格	15.00			
4	零部件价格的年增长率	8.00%			
5	名义贴现率	12.00%			
6	等值实际贴现率	7.69%			
7					
8	年份	出售的零部件数量	预期名义零部件价格	预期名义现金流	以第0年美元计算的预期实际现金流
9	0			-9,500.00	-9,500.00
10	1	100	16.20	1,620.00	=D10/（1+$B$2）^A10
11	2	125	17.50	2,187.00	
12	3	150	18.90	2,834.35	
13	4	160	20.41	3,265.17	
14	5	170	22.04	3,746.79	
15	6	200	23.80	4,760.62	

图5-54 计算实际现金流的公式输入

输出结果如图5-55所示。

E10			×	✓	f_x	=D10/(1+$B$2)^A10	

▲	A	B	C	D	E
1	**零部件加工机器的资本**				
2	通货膨胀率	4.00%			
3	今天的零部件价格	15.00			
4	零部件价格的年增长率	8.00%			
5	名义贴现率	12.00%			
6	等值实际贴现率	7.69%			
7					
8	年份	出售的零部件数量	预期名义零部件价格	预期名义现金流	以第0年美元计算的预期实际现金流
9	0			-9,500.00	-9,500.00
10	1	100	16.20	1,620.00	1,557.69
11	2	125	17.50	2,187.00	
12	3	150	18.90	2,834.35	
13	4	160	20.41	3,265.17	
14	5	170	22.04	3,746.79	
15	6	200	23.80	4,760.62	

图5-55 第1年的实际现金流

向下复制公式，可得第2~6年的实际现金流，如图5-56所示。

图5-56 第2~6年的实际现金流

第五步：计算NPV。名义现金流以名义贴现率贴现的净现值。选中单元格，输入
"=D9+NPV（B5，D10：D15）"，输入过程如图5-57所示。

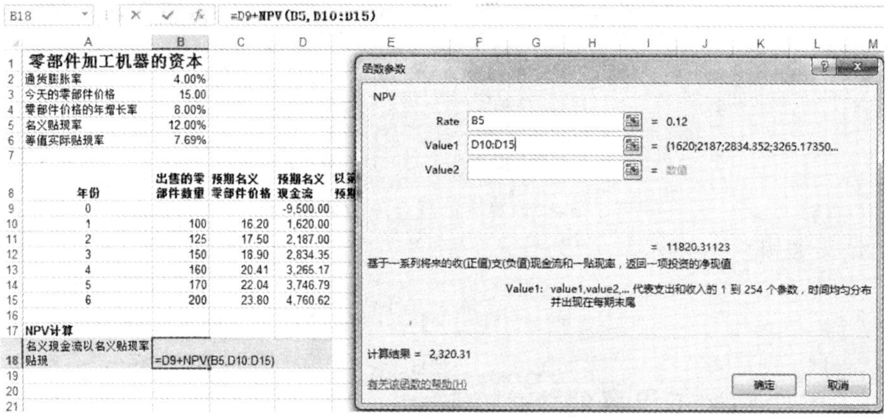

图5-57 NPV参数输入（8）

输出结果如图5-58所示。

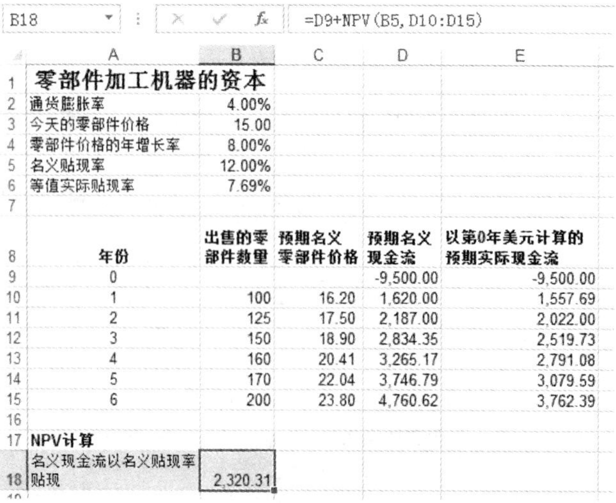

图5-58 名义现金流贴现的NPV

然后计算实际现金流以实际贴现率贴现的净现值。选中单元格，输入"=E9+NPV（B6，E10：E15）"，输入过程如图5-59所示。

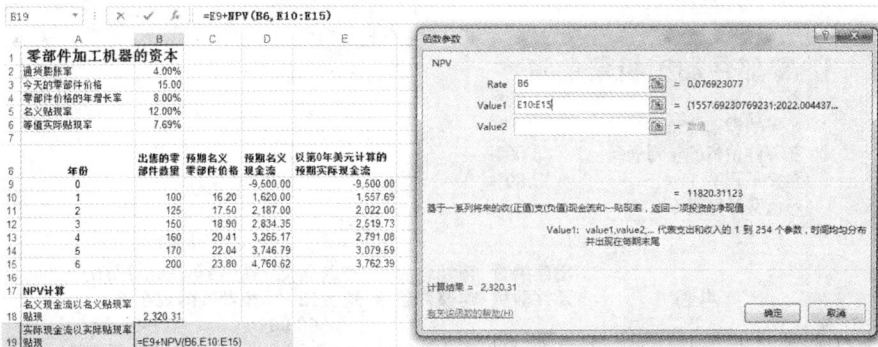

图5-59　NPV参数输入（9）

输出结果如图5-60所示。

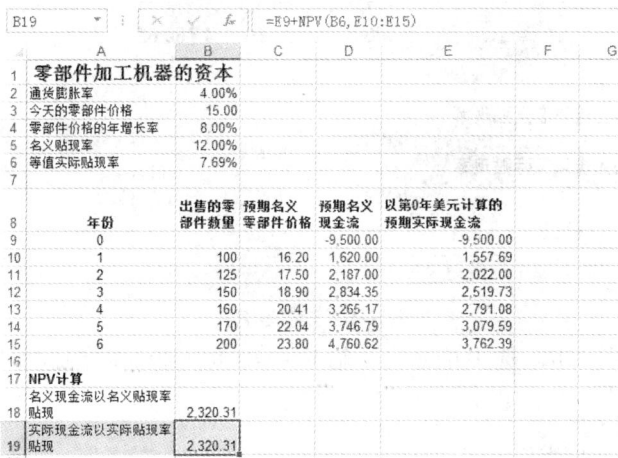

图5-60　实际现金流贴现的NPV

第六步：计算名义IRR。选中单元格，输入"=IRR（D9：D15）"，输入过程如图5-61所示。

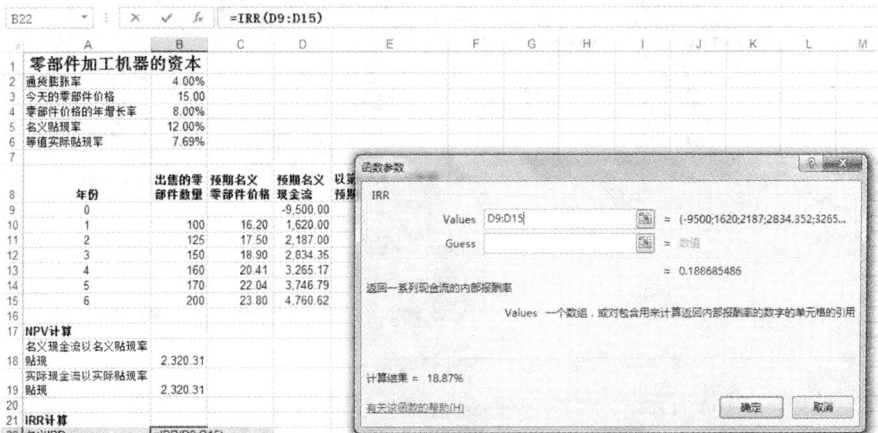

图5-61　IRR参数输入（5）

输出结果如图5-62所示。

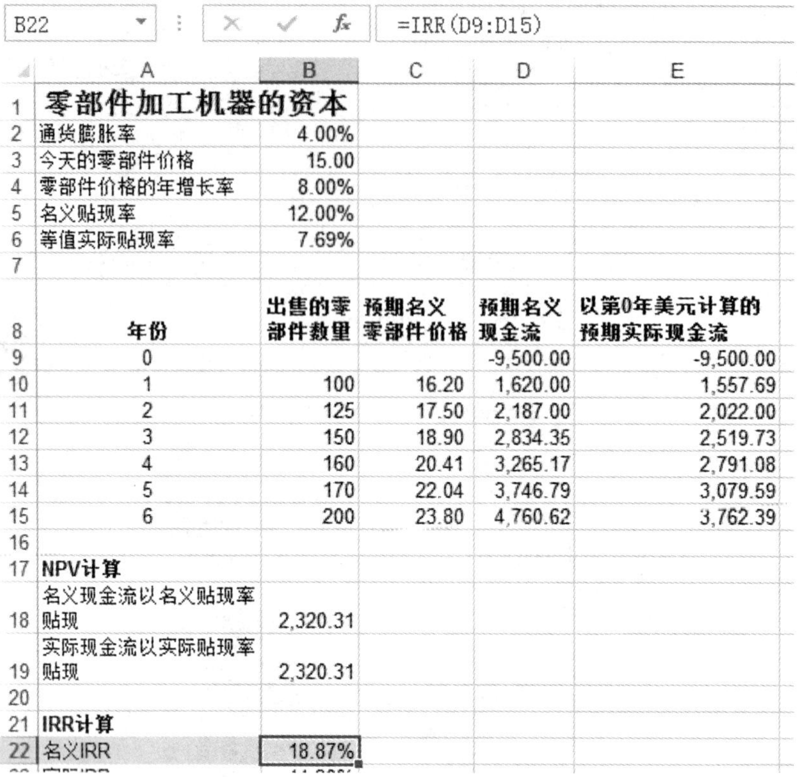

图5-62　名义IRR

接下来计算实际IRR。选中单元格，输入"=IRR（E9：E15）"，输入过程如图5-63所示。

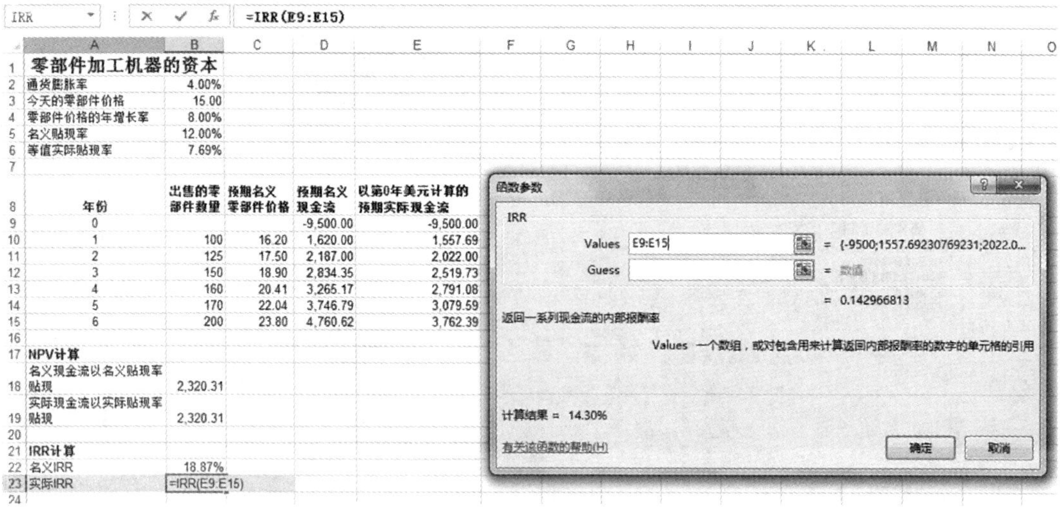

图5-63　IRR参数输入（6）

输出结果如图5-64所示。

| B23 | ▼ | : | × | ✓ | fx | =IRR(E9:E15) |

	A	B	C	D	E
1	**零部件加工机器的资本**				
2	通货膨胀率	4.00%			
3	今天的零部件价格	15.00			
4	零部件价格的年增长率	8.00%			
5	名义贴现率	12.00%			
6	等值实际贴现率	7.69%			
7					
8	年份	出售的零部件数量	预期名义零部件价格	预期名义现金流	以第0年美元计算的预期实际现金流
9	0			-9,500.00	-9,500.00
10	1	100	16.20	1,620.00	1,557.69
11	2	125	17.50	2,187.00	2,022.00
12	3	150	18.90	2,834.35	2,519.73
13	4	160	20.41	3,265.17	2,791.08
14	5	170	22.04	3,746.79	3,079.59
15	6	200	23.80	4,760.62	3,762.39
16					
17	**NPV计算**				
18	名义现金流以名义贴现率贴现	2,320.31			
19	实际现金流以实际贴现率贴现	2,320.31			
20					
21	**IRR计算**				
22	名义IRR	18.87%			
23	实际IRR	14.30%			
24					

图5-64　实际IRR

第七步：计算零部件加工机器成本。应用的公式为"（1+名义IRR）/（1+通货膨胀率）-1"。选中单元格，输入"=（1+B22）/（1+B2）-1"，输入过程如图5-65所示。

| IRR | ▼ | : | × | ✓ | fx | =(1+R22)/(1+B2)-1 |

	A	B	C	D	E
1	**零部件加工机器的资本**				
2	通货膨胀率	4.00%			
3	今天的零部件价格	15.00			
4	零部件价格的年增长率	8.00%			
5	名义贴现率	12.00%			
6	等值实际贴现率	7.69%			
7					
8	年份	出售的零部件数量	预期名义零部件价格	预期名义现金流	以第0年美元计算的预期实际现金流
9	0			-9,500.00	-9,500.00
10	1	100	16.20	1,620.00	1,557.69
11	2	125	17.50	2,187.00	2,022.00
12	3	150	18.90	2,834.35	2,519.73
13	4	160	20.41	3,265.17	2,791.08
14	5	170	22.04	3,746.79	3,079.59
15	6	200	23.80	4,760.62	3,762.39
16					
17	**NPV计算**				
18	名义现金流以名义贴现率贴现	2,320.31			
19	实际现金流以实际贴现率贴现	2,320.31			
20					
21	**IRR计算**				
22	名义IRR	18.87%			
23	实际IRR	14.30%			
24	（1+名义IRR）/（1+通货	=(1+B22)/(1+B2)-1			

图5-65　计算零部件加工机器成本的公式输入

输出结果如图5-66所示。

B24		⋮	×	✓	f_x	=(1+B22)/(1+B2)-1

	A	B	C	D	E
1	**零部件加工机器的资本**				
2	通货膨胀率	4.00%			
3	今天的零部件价格	15.00			
4	零部件价格的年增长率	8.00%			
5	名义贴现率	12.00%			
6	等值实际贴现率	7.69%			
7					
8	年份	出售的零部件数量	预期名义零部件价格	预期名义现金流	以第0年美元计算的预期实际现金流
9	0			-9,500.00	-9,500.00
10	1	100	16.20	1,620.00	1,557.69
11	2	125	17.50	2,187.00	2,022.00
12	3	150	18.90	2,834.35	2,519.73
13	4	160	20.41	3,265.17	2,791.08
14	5	170	22.04	3,746.79	3,079.59
15	6	200	23.80	4,760.62	3,762.39
16					
17	NPV计算				
18	名义现金流以名义贴现率贴现	2,320.31			
19	实际现金流以实际贴现率贴现	2,320.31			
20					
21	IRR计算				
22	名义IRR	18.87%			
23	实际IRR	14.30%			
24	（1+名义IRR）/（1+通货	14.30%			

图5-66　零部件加工机器的成本

由图5-66知，由于零部件的价格增长快于通货膨胀，每年的名义现金流和实际现金流都要大得多。因此，项目有利可图，不管是以实际或名义内部收益率进行衡量。

第 6 章

选择贴现率

6.1 实验概述

当运用净现值（NPV）或内部收益率（IRR）来做投资决策时，需要选择一个贴现率。本章主要讨论如何选择贴现率，原则如下：选择的贴现率应该考虑到现金流的风险。讨论的现金流的风险越高，NPV 和 IRR 计算中使用的贴现率就应该越高。在许多情况下，"资本成本"是贴现率很好的选择。资本成本是项目资金提供者要求的收益率。在大量涉及企业投资的案例中，合理的贴现率为加权平均资本成本（WACC）。WACC 是公司的平均资本成本。本章将定义 WACC 和展示如何用它来对公司进行估值。

未来现金流的承诺实际上意味着将会有两种可能，该现金流可能是无风险现金流或是具有不确定性的现金流。由于投资者是厌恶风险的，所以现金流的不确定性越大投资者要求的收益率就越高。涉及的金融概念有：资金成本、投资成本、权益成本、债务成本、自由现金流（FCF）、戈登股利模型、年中贴现。使用的 Excel 函数有：NPV、IRR、PMT。

6.2 实验目的

（1）掌握如何正确使用资金成本作为贴现率。
（2）了解加权平均资本成本的计算方法。
（3）学习计算公司股票价值的模型及用此模型计算权益成本。

6.3 实验工具

微软 Excel 软件。

|6.4| 实验原理

6.4.1 资金成本作为贴现率

当投资者选择收益较高的投资策略时应考虑到风险的增加，如存款分为定期存款和活期存款，比较之下，前者的利率往往高于后者。其实定期存款是有锁定风险、利率风险和违约风险的。而活期存款的收益率即作为合理贴现率。当融资风险与投资风险有本质差异时，资金成本不是很好的贴现率选择。假设你正在考虑购买一年期唇膏专营权。该专营权允许你一年内在大学里出售唇膏。专营权费用为 1 000 元，期限 1 年。在当年年底，你预期可以从专营中获益 1 500 元。如果你实施该投资，你需要从账户中取出 1 000 元，储蓄利率为 4%。那么 4% 是唇膏的资金成本。如果将 4% 作为贴现率，那么唇膏专营是很好的投资。它的 NPV 为 422 元，IRR 为 50%，如表 6-1 所示。

表 6-1　　　　　　　　　　　　销售唇膏的专营现金流　　　　　　　　　　金额单位：元

年份	现金流
0	-1 000
1	1 500
贴现率	4%
NPV	442
IRR	50%

然而，要确定 4% 的资金成本是不是合理的贴现率，需要考虑唇膏专营和银行存储账户的相关风险：如果确定可以从唇膏专营中收益 1 500 元，那么 4%（资金成本）就是合理的贴现率；若这 1 500 元是不确定的、有风险的，那么 4% 作为贴现率就太低了。在这种情况下，你需要确定 50% 的 IRR 是否足以补偿你在该项投资中承受的风险。当然，如果税收是一个因素，使用的应该是税后资金成本。

6.4.2 加权平均资本成本

公司的资金成本通常被称为公司的加权平均资本成本（WACC）。公司主要通过两种方式集资：向股东筹集资金或向外部借款。WACC 由上述两种方式的平均资金成本所决定。公司向股东筹集资金可以通过在股票市场上出售额外股份或者将收入用于投资新项目而不是向股东支付股利。公司向股东筹集资金的资金成本被称为权益成本。权益成本率表示公司股东要求的必要收益率。公司还可以通过借款或出售债券来筹集资金。借款的资金成本被称为负债成本或债务成本，是贷款人、银行或公司债券购买者要求的利率。公司借款利息可在税前作为费用扣除。WACC 是股东和债权人从公司收取的企业所得税税后平均收益率。

6.4.3 戈登股利模型

戈登股利模型是一个计算公司权益成本的公式。本节分为两个部分：基于预期未来股利，我们得出计算公司股票价值的模型；使用第一部分得到的股票估值模型来得出权益成本。考虑一家当前股价为25.00元的公司，该公司刚刚支付了每股股利为3.00元。该公司的股东认为股利将以每年8%的速度增长。在这种情况下，戈登股利模型得到的权益成本为20.96%。

第一步：在结果输出处输入“=B2*（1+B4）/B3+B4”，输入过程如图6-1所示。

SUM =B2*(1+B4)/B3+B4

	A	B	C
1	使用戈登股利模型计算权益成本		
2	当前股利，Div_0	3.00	
3	当前股价, P_0	25.00	
4	预计股利增长率, g	8%	
5	戈登股利模型的权益成本, r_E	=B2*(1+B4)/B3+B4	

图6-1　戈登股利模型权益成本计算过程图

结果输出如图6-2所示。

B5 =B2*(1+B4)/B3+B4

	A	B	C
1	使用戈登股利模型计算权益成本		
2	当前股利，Div_0	3.00	
3	当前股价, P_0	25.00	
4	预计股利增长率, g	8%	
5	戈登股利模型的权益成本, r_E	20.9600%	

图6-2　使用戈登股利模型权益成本计算结果图

戈登股利模型的权益成本对参数值非常敏感。例如，如果在上述例子中股利增长率为5%，那么计算结果则改变为17.60%。

第二步：数据更改后输入“=B2*（1+B4）/B3+B4”，输入过程如图6-3所示。

SUM =B2*(1+B4)/B3+B4

	A	B	C
1	使用戈登股利模型计算权益成本		
2	当前股利，Div_0	3.00	
3	当前股价, P_0	25.00	
4	预计股利增长率, g	5%	
5	戈登股利模型的权益成本, r_E	=B2*(1+B4)/B3+B4	

图6-3　数据更改后戈登股利模型权益成本计算过程图

结果输出如图6-4所示。

=B2*(1+B4)/B3+B4

	A	B	C
1	使用戈登股利模型计算权益成本		
2	当前股利，Div_0	3.00	
3	当前股价, P_0	25.00	
4	预计股利增长率, g	5%	
5	戈登股利模型的权益成本, r_E	17.60%	

图6-4　数据更改后戈登股利模型权益成本计算结果图

|6.5| 练习题

A公司当前的股票价格为每股22.00元。该公司刚刚支付了每股0.55元的股利，股东预期股利将以每年6%的速度增长。使用戈登模型来计算公司的权益成本。

第 7 章

运用金融规划模型进行估值

7.1 实验概述

本章介绍如何建立电子表格模型来预测公司未来业绩，这些模型被称为金融规划模型或预测模型。

7.2 实验目的

（1）构建金融规划模型，尤其是找到有关参数。

（2）了解模型，学会对模型敏感性进行分析。

（3）使用 DCF 模型对某个公司进行估值。

7.3 实验工具

微软 Excel 软件。

7.4 理论要点

金融规划模型具有多种用途：一是预测公司未来的融资需求，建立融资规划模型可以帮助预测公司未来是否需要融资，帮助建立公司融资需求与未来业绩之间的联系；二是构建业务计划，当作商业计划书时，往往需要建立公司的预测模型。该模型可以用来说明关于融资和公司未来运营的商业环境的假设；三是对公司进行估值，金融规划模型可用于预测未来现金流、股利和公司利润。

7.5 实验举例

为了帮助掌握如何建立模型以及模型的预测情况等，用 WHIMSICAL TOENAILS 公司的例子进行说明，该公司 2014 年的利润表如表 7-1 所示。

表7-1   **WHIMSICAL TOENAILS公司的利润表**   单位：美元

项目	数额
销售额	10 000 000
销售成本	−5 000 000
折旧	−1 000 000
债务利息支付	−320 000
现金利息收入	64 000
税前利润	3 744 000
所得税（税率为40%）	−1 497 600
税后利润	2 246 400
股利	−898 560
未分配利润	1 347 840

该公司2014年底的资产负债表如表7-2所示。

表7-2   **WHIMSICAL TOENAILS公司的资产负债表**   单位：美元

资产		负债及股东权益	
现金	800 000	流动负债	800 000
流动资产	1 500 000	债务	3 200 000
固定资产			
固定资产原值	10 700 000	股东权益	
累计折旧	−3 000 000	股本（实收资本）	4 500 000
固定资产净值	7 700 000	累计未分配利润	1 500 000
资产总计	10 000 000	负债及股东权益总计	10 000 000

  一个典型的金融规划模型主要由模型参数、融资政策假设和预测财务报表组成，而以上两个表中的各个参数将被作为出发点构建模型，最终实现预测公司未来业绩。

7.5.1 预测公司资产负债表和利润表

  基于以上WHIMSICAL TOENAILS公司2014年的财务报表，可以构建预测模型预测该公司2015年的财务报表，如表7-3所示。

  预测方法及结果如下所示。

  第一步：计算销售额。选中单元格，输入"=B15*（1+$B$2）"，输入过程及结果如图7-1所示。

表7-3	WHIMSICAL TOENAILS公司2014年的财务报表	金额单位：美元
销售增长率		10%
流动资产/销售额		15%
当前债务/销售额		8%
净固定资产/销售额		77%
出售的商品成本/销售额		50%
折旧率		10%
债务利率		10.00%
现金余额获得的利息		8.00%
税率		40%
股利支付率		40%
利润表		
销售额		10 000 000
销售成本		(5 000 000)
折旧		(1 000 000)
债务利息支付		(320 000)
现金和有价证券所获得的利息		64 000
税前利润		3 744 000
税收		(1 497 600)
税后利润		2 246 400
股利		(898 560)
留存收益		1 347 840
资产负债表		
现金		800 000
流动资产		1 500 000
固定资产		
成本		10 700 000
折旧		(3 000 000)
净固定资产		7 700 000
总资产		10 000 000
流动负债		800 000
债务		3 200 000
股本		4 500 000
留存收益		1 500 000
负债和股本权益总计		10 000 000

图7-1　销售额

第二步：计算销售成本。选中单元格，输入"=-C15*$B$6"，可得结果，如图7-2所示。

图7-2　销售成本

第三步：计算折旧。选中单元格，输入"=-C15*$B$6"，输入过程及结果如图7-3所示。

图7-3　折旧

第四步：计算债务利息支付。选中单元格，输入"=-$B$8*（B36+C36）/2"，输入过程及结果如图7-4所示。

第五步：计算现金和有价证券所获得的利息。选中单元格，输入"=$B$9*（B27+C27）/2"，输入过程及结果如图7-5所示。

第六步：计算税前利润。选中单元格，输入"=SUM（C15：C19）"，输入过程及结果如图7-6所示。

第七步：计算税收。选中单元格，输入"=-C20*$B$10"，输入过程及结果如图7-7所示。

	C18	▼	f_x	=-$B$8*(B36+C36)/2		

	A	B	C
	WHIMSICAL TOENAILS设定2015年的金融规划模型		
1			
2	销售增长率	10%	
3	流动资产/销售额	15%	
4	当前债务/销售额	8%	
5	净固定资产/销售额	77%	
6	出售的商品成本/销售额	50%	
7	折旧率	10%	
8	债务利率	10.00%	
9	现金余额获得的利息	8.00%	
10	税率	40%	
11	股利支付率	40%	
12			
13	年份	2014	2015
14	利润表		
15	销售额	10,000,000	11,000,000
16	销售成本	(5,000,000)	(5,500,000)
17	折旧	(1,000,000)	(1,166,842)
18	债务利息支付	(320,000)	(280,000)

图7-4 债务利息支付

	C19	▼	f_x	=$B$9*(B27+C27)/2		

	A	B	C
	WHIMSICAL TOENAILS设定2015年的金融规划模型		
1			
2	销售增长率	10%	
3	流动资产/销售额	15%	
4	当前债务/销售额	8%	
5	净固定资产/销售额	77%	
6	出售的商品成本/销售额	50%	
7	折旧率	10%	
8	债务利率	10.00%	
9	现金余额获得的利息	8.00%	
10	税率	40%	
11	股利支付率	40%	
12			
13	年份	2014	2015
14	利润表		
15	销售额	10,000,000	11,000,000
16	销售成本	(5,000,000)	(5,500,000)
17	折旧	(1,000,000) 5	(1,166,842)
18	债务利息支付	(320,000)	(280,000)
19	现金和有价证券所获得的利息	64,000	57,595

图7-5 现金和有价证券所获得的利息

	C21	▼	f_x	=-C20*$B$10		

	A	B	C
7	折旧率	10%	
8	债务利率	10.00%	
9	现金余额获得的利息	0.00%	
10	税率	40%	
11	股利支付率	40%	
12			
13	年份	2014	2015
14	利润表		
15	销售额	10,000,000	11,000,000
16	销售成本	(5,000,000)	(5,500,000)
17	折旧	(1,000,000)	(1,166,842)
18	债务利息支付	(320,000)	(280,000)
19	现金和有价证券所获得的利息	64,000 ¥	57,594.84
20	税前利润	3,744,000	4,110,753
21	税收	(1,497,600)	(1,644,301)

图7-6 税前利润

	C21	▼	f_x	=-C20*$B$10		

	A	B	C
7	折旧率	10%	
8	债务利率	10.00%	
9	现金余额获得的利息	8.00%	
10	税率	40%	
11	股利支付率	40%	
12			
13	年份	2014	2015
14	利润表		
15	销售额	10,000,000	11,000,000
16	销售成本	(5,000,000)	(5,500,000)
17	折旧	(1,000,000)	(1,166,842)
18	债务利息支付	(320,000)	(280,000)
19	现金和有价证券所获得的利息	64,000 ¥	57,594.84
20	税前利润	3,744,000	4,110,753

图7-7 税收

第八步：计算税后利润。选中单元格，输入"=C21+C20"，输入过程及结果如图7-8所示。

	C22	▼		f_x	=C21+C20	
		A			B	C
7	折旧率				10%	
8	债务利率				10.00%	
9	现金余额获得的利息				8.00%	
10	税率				40%	
11	股利支付率				40%	
12						
13	**年份**				2014	2015
14	**利润表**					
15	销售额				10,000,000	11,000,000
16	销售成本				(5,000,000)	(5,500,000)
17	折旧				(1,000,000)	(1,166,842)
18	债务利息支付				(320,000)	(280,000)
19	现金和有价证券所获得的利息				64,000 ¥	57,594.84
20	税前利润				3,744,000	4,110,753
21	税收				(1,497,600)	(1,644,301)
22	税后利润				2,246,400	2,466,452

图7-8 税后利润

第九步：计算股利。选中单元格，输入"=-$B$11*C22"，输入过程及结果如图7-9所示。

	C23	▼		f_x	=-$B$11*C22	
		A			B	C
7	折旧率				10%	
8	债务利率				10.00%	
9	现金余额获得的利息				8.00%	
10	税率				40%	
11	股利支付率				40%	
12						
13	**年份**				2014	2015
14	**利润表**					
15	销售额				10,000,000	11,000,000
16	销售成本				(5,000,000)	(5,500,000)
17	折旧				(1,000,000)	(1,166,842)
18	债务利息支付				(320,000)	(280,000)
19	现金和有价证券所获得的利息				64,000 ¥	57,594.84
20	税前利润				3,744,000	4,110,753
21	税收				(1,497,600)	(1,644,301)
22	税后利润				2,246,400	2,466,452
23	股利				(898,◇)) ¥	-986,580.66

图7-9 股利

第十步：计算留存收益。选中单元格，输入"=C23+C22"，输入过程及结果如图7-10所示。

	C24	▼		f_x	=C23+C22	
		A			B	C
7	折旧率				10%	
8	债务利率				10.00%	
9	现金余额获得的利息				8.00%	
10	税率				40%	
11	股利支付率				40%	
12						
13	**年份**				2014	2015
14	**利润表**					
15	销售额				10,000,000	11,000,000
16	销售成本				(5,000,000)	(5,500,000)
17	折旧				(1,000,000)	(1,166,842)
18	债务利息支付				(320,000)	(280,000)
19	现金和有价证券所获得的利息				64,000 ¥	57,594.84
20	税前利润				3,744,000	4,110,753
21	税收				(1,497,600)	(1,644,301)
22	税后利润				2,246,452	2,466,452
23	股利				(898,560) ¥	-986,580.66
24	留存收益				1,347,840	1,479,871

图7-10 留存收益

第十一步：计算现金。选中单元格，输入"=C39-C28-C32"，输入过程及结果如图7-11所示。

第十二步：计算流动资产。选中单元格，输入"=C15*$B$3"，输入过程及结果如图7-12所示。

第十三步：计算成本。选中单元格，输入"=C32-C31"，输入过程及结果如图7-13所示。

	C27	▼	f_x	=C39-C28-C32	
	A		B		C
7	折旧率		10%		
8	债务利率		10.00%		
9	现金余额获得的利息		8.00%		
10	税率		40%		
11	股利支付率		40%		
12					
13	年份		2014		2015
14	利润表				
15	销售额		10,000,000		11,000,000
16	销售成本		(5,000,000)		(5,500,000)
17	折旧		(1,000,000)		(1,166,842)
18	债务利息支付		(320,000)		(280,000)
19	现金和有价证券所获得的利息		64,000	¥	57,594.84
20	税前利润		3,744,000		4,110,753
21	税收		(1,497,600)		(1,644,301)
22	税后利润		2,246,400		2,466,452
23	股利		(898,560)	¥	-986,580.66
24	留存收益		1,347,840		1,479,871
25					
26	资产负债表				
27	现金		800,000		639,871

图 7-11 现金

	C28	▼	f_x	=C15*$B$3	
	A		B		C
7	折旧率		10%		
8	债务利率		10.00%		
9	现金余额获得的利息		8.00%		
10	税率		40%		
11	股利支付率		40%		
12					
13	年份		2014		2015
14	利润表				
15	销售额		10,000,000		11,000,000
16	销售成本		(5,000,000)		(5,500,000)
17	折旧		(1,000,000)		(1,166,842)
18	债务利息支付		(320,000)		(280,000)
19	现金和有价证券所获得的利息		64,000		#VALUE!
20	税前利润		3,744,000		#VALUE!
21	税收		(1,497,600)		#VALUE!
22	税后利润		2,246,400		#VALUE!
23	股利		(898,560)		#VALUE!
24	留存收益		1,347,840		#VALUE!
25					
26	资产负债表				
27	现金		800,000		#VALUE!
28	流动资产		1,500,000		1,650,000

图 7-12 流动资产

	C30	▼	f_x	=C32-C31	
	A		B		C
7	折旧率		10%		
8	债务利率		10.00%		
9	现金余额获得的利息		8.00%		
10	税率		40%		
11	股利支付率		40%		
12					
13	年份		2014		2015
14	利润表				
15	销售额		10,000,000		11,000,000
16	销售成本		(5,000,000)		(5,500,000)
17	折旧		(1,000,000)		(1,166,842)
18	债务利息支付		(320,000)		(280,000)
19	现金和有价证券所获得的利息		64,000		#VALUE!
20	税前利润		3,744,000		#VALUE!
21	税收		(1,497,600)		#VALUE!
22	税后利润		2,246,400		#VALUE!
23	股利		(898,560)		#VALUE!
24	留存收益		1,347,840		#VALUE!
25					
26	资产负债表				
27	现金		800,000		#VALUE!
28	流动资产		1,500,000		1,650,000
29	固定资产				
30	成本		10,700,000		12,636,842

图 7-13 成本

第十四步：计算折旧。选中单元格，输入"=B31-$B$7*（C30+B30）/2"，输入过程及结果如图7-14所示。

	C31	fx =B31-$B$7*(C30+B30)/2	
	A	B	C
7	折旧率	10%	
8	债务利率	10.00%	
9	现金余额获得的利息	8.00%	
10	税率	40%	
11	股利支付率	40%	
12			
13	年份	2014	2015
14	利润表		
15	销售额	10,000,000	11,000,000
16	销售成本	(5,000,000)	(5,500,000)
17	折旧	(1,000,000)	(1,166,842)
18	债务利息支付	(320,000)	(280,000)
19	现金和有价证券所获得的利息	64,000	#VALUE!
20	税前利润	3,744,000	#VALUE!
21	税收	(1,497,600)	#VALUE!
22	税后利润	2,246,400	#VALUE!
23	股利	(898,560)	#VALUE!
24	留存收益	1,347,840	#VALUE!
25			
26	资产负债表		
27	现金	800,000	#VALUE!
28	流动资产	1,500,000	1,650,000
29	固定资产		
30	成本	10,700,000	12,636,842
31	折旧	(3,000,000)	(4,166,842)

图7-14 折旧

第十五步：计算净固定资产。选中单元格，输入"=C15*$B$5"，输入过程及结果如图7-15所示。

	C32	fx =C15*$B$5	
	A	B	C
7	折旧率	10%	
8	债务利率	10.00%	
9	现金余额获得的利息	8.00%	
10	税率	40%	
11	股利支付率	40%	
12			
13	年份	2014	2015
14	利润表		
15	销售额	10,000,000	11,000,000
16	销售成本	(5,000,000)	(5,500,000)
17	折旧	(1,000,000)	(1,166,842)
18	债务利息支付	(320,000)	(280,000)
19	现金和有价证券所获得的利息	64,000	#VALUE!
20	税前利润	3,744,000	#VALUE!
21	税收	(1,497,600)	#VALUE!
22	税后利润	2,246,400	#VALUE!
23	股利	(898,560)	#VALUE!
24	留存收益	1,347,840	#VALUE!
25			
26	资产负债表		
27	现金	800,000	#VALUE!
28	流动资产	1,500,000	1,650,000
29	固定资产		
30	成本	10,700,000	12,636,842
31	折旧	(3,000,000)	(4,166,842)
32	净固定资产	7,700,000	8,470,000

图7-15 净固定资产

第十六步：计算总资产。选中单元格，输入"=C32+C28+C27"，输入过程及结果如图7-16所示。

第十七步：计算流动负债。选中单元格，输入"=C15*$B$4"，输入过程及结果如图7-17所示。

第十八步：计算债务。选中单元格，输入"=B36-800 000"，输入过程及结果如图7-18所示。

第十九步：计算股本。选中单元格，输入"=B37"，输入过程及结果如图7-19所示。

	C33	fx =C32+C28+C27	
	A	B	C
13	年份	2014	2015
14	利润表		
15	销售额	10,000,000	11,000,000
16	销售成本	(5,000,000)	(5,500,000)
17	折旧	(1,000,000)	(1,166,842)
18	债务利息支付	(320,000)	(280,000)
19	现金和有价证券所获得的利息	64,000 ¥	57,594.84
20	税前利润	3,744,000	4,110,753
21	税收	(1,497,600)	(1,644,301)
22	税后利润	2,246,400	2,466,452
23	股利	(898,560)	(986,581)
24	留存收益	1,347,840	1,479,871
25			
26	资产负债表		
27	现金	800,000	639,871
28	流动资产	1,500,000	1,650,000
29	固定资产		
30	成本	10,700,000	12,636,842
31	折旧	(3,000,000)	(4,166,842)
32	净固定资产	7,700,000	8,470,000
33	总资产	10,000,000	10,759,871

图7-16　总资产

	C35	fx =C15*$B$4	
	A	B	C
13	年份	2014	2015
14	利润表		
15	销售额	10,000,000	11,000,000
16	销售成本	(5,000,000)	(5,500,000)
17	折旧	(1,000,000)	(1,166,842)
18	债务利息支付	(320,000)	(280,000)
19	现金和有价证券所获得的利息	64,000 ¥	57,594.84
20	税前利润	3,744,000	4,110,753
21	税收	(1,497,600)	(1,644,301)
22	税后利润	2,246,400	2,466,452
23	股利	(898,560)	(986,581)
24	留存收益	1,347,840	1,479,871
25			
26	资产负债表		
27	现金	800,000	639,871
28	流动资产	1,500,000	1,650,000
29	固定资产		
30	成本	10,700,000	12,636,842
31	折旧	(3,000,000)	(4,166,842)
32	净固定资产	7,700,000	8,470,000
33	总资产	10,000,000	10,759,871
34			
35	流动负债	800,000	880,000

图7-17　流动负债

	C36	fx =B36-800000	
	A	B	C
13	年份	2014	2015
14	利润表		
15	销售额	10,000,000	11,000,000
16	销售成本	(5,000,000)	(5,500,000)
17	折旧	(1,000,000)	(1,166,842)
18	债务利息支付	(320,000)	(280,000)
19	现金和有价证券所获得的利息	64,000 ¥	57,594.84
20	税前利润	3,744,000	4,110,753
21	税收	(1,497,600)	(1,644,301)
22	税后利润	2,246,400	2,466,452
23	股利	(898,560)	(986,581)
24	留存收益	1,347,840	1,479,871
25			
26	资产负债表		
27	现金	800,000	639,871
28	流动资产	1,500,000	1,650,000
29	固定资产		
30	成本	10,700,000	12,636,842
31	折旧	(3,000,000)	(4,166,842)
32	净固定资产	7,700,000	8,470,000
33	总资产	10,000,000	10,759,871
34			
35	流动负债	800,000	880,000
36	债务	3,200,000	2,400,000

图7-18　债务

　　第二十步：计算留存收益。选中单元格，输入"=B38+C24"，输入过程及结果如图7-20所示。

C37	=B37		
	A	B	C
13	年份	2014	2015
14	利润表		
15	销售额	10,000,000	11,000,000
16	销售成本	(5,000,000)	(5,500,000)
17	折旧	(1,000,000)	(1,166,842)
18	债务利息支付	(320,000)	(280,000)
19	现金和有价证券所获得的利息	64,000 ¥	57,594.84
20	税前利润	3,744,000	4,110,753
21	税收	(1,497,600)	(1,644,301)
22	税后利润	2,246,400	2,466,452
23	股利	(898,560)	(986,581)
24	留存收益	1,347,840	1,479,871
25			
26	资产负债表		
27	现金	800,000	639,871
28	流动资产	1,500,000	1,650,000
29	固定资产		
30	成本	10,700,000	12,636,842
31	折旧	(3,000,000)	(4,166,842)
32	净固定资产	7,700,000	8,470,000
33	总资产	10,000,000	10,759,871
34			
35	流动负债	800,000	880,000
36	债务	3,200,000	2,400,000
37	股本	4,500,000	4,500,000

图7-19 股本

C38	=B38+C24		
	A	B	C
13	年份	2014	2015
14	利润表		
15	销售额	10,000,000	11,000,000
16	销售成本	(5,000,000)	(5,500,000)
17	折旧	(1,000,000)	(1,166,842)
18	债务利息支付	(320,000)	(280,000)
19	现金和有价证券所获得的利息	64,000 ¥	57,594.84
20	税前利润	3,744,000	4,110,753
21	税收	(1,497,600)	(1,644,301)
22	税后利润	2,246,400	2,466,452
23	股利	(898,560)	(986,581)
24	留存收益	1,347,840	1,479,871
25			
26	资产负债表		
27	现金	800,000	639,871
28	流动资产	1,500,000	1,650,000
29	固定资产		
30	成本	10,700,000	12,636,842
31	折旧	(3,000,000)	(4,166,842)
32	净固定资产	7,700,000	8,470,000
33	总资产	10,000,000	10,759,871
34			
35	流动负债	800,000	880,000
36	债务	3,200,000	2,400,000
37	股本	4,500,000	4,500,000
38	留存收益	1,500,000	2,979,871

图7-20 留存收益

第二十一步：计算负债和股本权益总计。选中单元格，输入"=SUM（C35：C38）"，输入过程及结果如图7-21所示。

通过以上步骤实现了对该公司2015年的资产情况的预测，同理，可用相同的方法预测该公司以后年度的资产情况。

7.5.2 模型的敏感性分析

上一节介绍的主要是利用模型预测公司下一年的资产状况，接下来将证明如果改变模型中某些数值，某些参数将会随之变动，模型的敏感性随之变动。改变如下：销售增长率由10%变为8%，销售成本是销售额的55%而不是50%，则各参数的数值将发生变化，见表7-4。

	C39	▾	f_x	=SUM(C35:C38)	

	A	B	C
13	年份	2014	2015
14	利润表		
15	销售额	10,000,000	11,000,000
16	销售成本	(5,000,000)	(5,500,000)
17	折旧	(1,000,000)	(1,166,842)
18	债务利息支付	(320,000)	(280,000)
19	现金和有价证券所获得的利息	64,000	¥ 57,594.84
20	税前利润	3,744,000	4,110,753
21	税收	(1,497,600)	(1,644,301)
22	税后利润	2,246,400	2,466,452
23	股利	(898,560)	(986,581)
24	留存收益	1,347,840	1,479,871
25			
26	资产负债表		
27	现金	800,000	639,871
28	流动资产	1,500,000	1,650,000
29	固定资产		
30	成本	10,700,000	12,636,842
31	折旧	(3,000,000)	(4,166,842)
32	净固定资产	7,700,000	8,470,000
33	总资产	10,000,000	10,759,871
34			
35	流动负债	800,000	880,000
36	债务	3,200,000	2,400,000
37	股本	4,500,000	4,500,000
38	留存收益	1,500,000	2,979,871
39	负债和股东权益总计	10,000,000	10,759,871

图7-21　负债和股东权益总计

表7-4　　　　　　变化后的 WHIMSICAL TOENAIL 公司财务报表

项目	数值
销售增长率	10%
流动资产/销售额	15%
当前债务/销售额	8%
净固定资产/销售额	77%
出售的商品成本/销售额	55%
折旧率	10%
债务利率	10.00%
现金余额获得的利息	8.00%
税率	40%
股利支付率	40%

参数的数值变化如图7-22所示。

如果将表7-4的模型与我们之前的模型比较，会发现该公司的销售增长率放慢了（从10%降到8%），且销售成本变得更高（销售成本变为销售额的55%而不是之前的50%），结果是税后利润较之前低，现金余额也相对较低。

7.5.3　使用DCF模型估值

金融专业人士往往交替使用公司价值或企业价值这两个术语。在金融中，公司价值的定义是：公司价值是公司权益的市值加上公司债务的市值。计算公司市值的方法主要有三种：(1) 使用公司股票在股市中的价格来对公司权益（股票）进行估值，并加上公司债务的价值；(2) 基于贴现现金流的DFC方法；(3) 使用公司资产的账面价值。

WHIMSICAL TOENAILS--金融模型

销售增长率	10%					
流动资产/销售额	15%					
当前债务/销售额	8%					
净固定资产/销售额	77%					
出售的商品成本/销售额	50%					
折旧率	10%					
债务利率	10.00%					
现金余额获得的利息	8.00%					
税率	40%					
股利支付率	40%					
年份	2004	2005	2006	2007	2008	2009
利润表						
销售额	10,000,000	11,000,000	12,100,000	13,310,000	14,641,000	16,105,100
销售成本	-5,000,000	-5,500,000	-6,050,000	-6,655,000	-7,320,500	-8,052,550
折旧	-1,000,000	-1,166,842	-1,374,773	-1,613,102	-1,885,879	-2,197,668
债务利息支付	-320,000	-280,000	-200,000	-120,000	-40,000	0
现金和有价证券所获得的利息	64,000	57,595	47,355	42,349	42,755	80,609
税前利润	3,744,000	4,110,753	4,522,582	4,964,248	5,437,376	5,935,491
税收	-1,497,600	-1,644,301	-1,809,033	-1,985,699	-2,174,950	-2,374,196
税后利润	2,246,400	2,466,452	2,713,549	2,978,549	3,262,426	3,561,295
股利	-898,560	-986,581	-1,085,420	-1,191,419	-1,304,970	-1,424,518
留存收益	1,347,840	1,479,871	1,628,130	1,787,129	1,957,455	2,136,777
资产负债表						
现金	800,000	639,871	544,001	514,730	554,145	1,461,078
流动资产	1,500,000	1,650,000	1,815,000	1,996,500	2,196,150	2,415,765
固定资产						
成本	10,700,000	12,636,842	14,858,615	17,403,417	20,314,166	23,639,190
折旧	-3,000,000	-4,166,842	-5,541,615	-7,154,717	-9,040,596	-11,238,263
净固定资产	7,700,000	8,470,000	9,317,000	10,248,700	11,273,570	12,400,927
总资产	10,000,000	10,759,871	11,676,001	12,759,930	14,023,865	16,277,770
流动负债	800,000	880,000	968,000	1,064,800	1,171,280	1,288,408
债务	3,200,000	2,400,000	1,600,000	800,000	0	
股票	4,500,000	4,500,000	4,500,000	4,500,000	4,500,000	4,500,000
留存收益	1,500,000	2,979,871	4,608,001	6,395,130	8,352,585	10,489,362
负债和股票权益总计	10,000,000	10,759,871	11,676,001	12,759,930	14,023,865	16,277,770

图7-22 参量的数值变化

1.价值估值法

用当前股价对 WHIMSICAL TOENAILS 进行估值，估值方法如下。

第一步：计算权益的市场价值。选中单元格，输入"=B2*B3"，输入过程及结果如图7-23所示。

B4	f_x =B2*B3	
	A	B
1	**WHIMSICAL TOENAILS用股票价格来估值**	
2	股票数量	1,000,000
3	当前股票价格	10.00
4	权益的市场价值	10,000,000

图7-23 权益的市场价值

第二步：计算公司价值：权益的市场价值+债务。选中单元格，输入"=B4+B6"，输入过程及结果如图7-24所示。

B8	f_x =B4+B6	
	A	B
1	**WHIMSICAL TOENAILS用股票价格来估值**	
2	股票数量	1,000,000
3	当前股票价格	10.00
4	权益的市场价值	10,000,000
5		
6	债务	3,200,000
7		
8	**公司价值：权益的市场价值+ 债务**	13,200,000

图7-24 公司价值

2.DFC估值法

通过将公司未来现金流贴现对 WHIMSICAL TOENAILS 进行估值。权益估值法的优点是非常简单：公司价值等于公司权益市值加上债务的账面价值，但是当 WHIMSICAL TOENAILS 出售达到控股权益的股数时，这种估值方法意义就不大了。在这种情况下，我们应当使用贴现现金流（DFC）估值法来对权益进行估值。DFC估值法是一种标准金融方法，它将公司价值定义为未来现金流的现值，贴现率为加权平均资本成本，加上公司初始现金流和有价证券，公式为：

DCF公司价值=公司债务的市值+公司权益的市值

=PV（所有未来自由现金流以加权平均资本成本贴现）+今天的现金流及有价证券

预测现金流如表7-5所示。

表7-5 预测现金流 金额单位：美元

年份	2005	2006	2007	2008	2009
WHIMSICAL TOENAILS以后几年现金流预测					
估计的自由现金流	1 759 895	1 881 136	2 008 739	2 142 733	2 283 085
终值					30 250 880
总计	1 759 895	1 881 136	2 008 739	2 142 733	32 533 966
加权平均资本成本，WACC	14.00%				

估值方法如下。

第一步：计算企业价值，为未来FCF的现值加终值。选中单元格，输入"=NPV（B7，B5：F5）"，输入过程及结果如图7-25所示。

	B10	fx	=NPV(B7,B5:F5)			
	A	B	C	D	E	F
1	WHIMSICAL TOENAILS--DCF估值					
2	年份	2005	2006	2007	2008	2009
3	估计的自由现金流	1,759,895	1,881,136	2,008,739	2,142,733	2,283,085
4	终值					30,250,880
5	总计	1,759,895	1,881,136	2,008,739	2,142,733	32,533,966
6						
7	加权平均资本成本，WACC	14.00%				
8	长期FCF增长率	6.00%				
9						
10	企业价值，未来FCF的现值+终值	22,512,874				

图7-25 企业价值（未来FCF的现值加终值）

第二步：计算企业价值。选中单元格，输入"=B11+B10"，输入过程及结果如图7-26所示。

	B12	fx	=B11+B10			
	A	B	C	D	E	F
1	WHIMSICAL TOENAILS--DCF估值					
2	年份	2005	2006	2007	2008	2009
3	估计的自由现金流	1,759,895	1,881,136	2,008,739	2,142,733	2,283,085
4	终值					30,250,880
5	总计	1,759,895	1,881,136	2,008,739	2,142,733	32,533,966
6						
7	加权平均资本成本，WACC	14.00%				
8	长期FCF增长率	6.00%				
9						
10	企业价值，未来FCF的现值+终值	22,512,874				
11	加上流动资金&有价证券	800,000				
12	企业价值	23,312,874				

图7-26 企业价值

第三步：计算估计的权益价值。选中单元格，输入"=B12+B14"，输入过程及结果如图7-27所示。

	B15		f_x	=B12+B14		
	A	B	C	D	E	F
1		WHIMSICAL TOENAILS--DCF估值				
2	年份	2005	2006	2007	2008	2009
3	估计的自由现金流	1,759,895	1,881,136	2,008,739	2,142,733	2,283,085
4	终值					30,250,880
5	总计	1,759,895	1,881,136	2,008,739	2,142,733	32,533,966
6						
7	加权平均资本成本, WACC	14.00%				
8	长期FCF增长率	6.00%				
9						
10	企业价值, 未来FCF的现值+终值	22,512,874				
11	加上流动资金&有价证券	800,000				
12	企业价值	23,312,874				
13						
14	减去债务	-3,200,000				
15	估计的权益价值	20,112,874				

图 7-27 估计的权益价值

第四步：计算每股估计价值。选中单元格，输入"=B15/B17"，输入结果如图 7-28 所示。

	B19		f_x			
	A	B	C	D	E	F
1		WHIMSICAL TOENAILS--DCF估值				
2	年份	2005	2006	2007	2008	2009
3	估计的自由现金流	1,759,895	1,881,136	2,008,739	2,142,733	2,283,085
4	终值					30,250,880
5	总计	1,759,895	1,881,136	2,008,739	2,142,733	32,533,966
6						
7	加权平均资本成本, WACC	14.00%				
8	长期FCF增长率	6.00%				
9						
10	企业价值, 未来FCF的现值+终值	22,512,874				
11	加上流动资金&有价证券	800,000				
12	企业价值	23,312,874				
13						
14	减去债务	-3,200,000				
15	估计的权益价值	20,112,874				
16						
17	股份数量	1,000,000				
18	每股估计价值	20.11				

图 7-28 每股估计价值

3.公司账面价值

还有另一种有时用来对公司进行估值的方法：使用资产负债表数据来得到公司价值。估值过程如下。

第一步：计算总资产。选中单元格，输入"=B3+B4+B7"，输入过程及结果如图 7-29 所示。

	B8		f_x	=B3+B4+B7	
	A		B	C	D
1		WHIMSICAL TOENAILS, 资产负债表，2004年12月31日			
2	资产			负债与股东权益	
3	现金与有价证券		800,000	流动负债	800,000
4	流动资产		1,500,000	债务	3,200,000
5	以成本计算的固定资产		10,700,000		
6	累计折旧		-3,000,000	普通股	4,500,000
7	净固定资产		7,700,000	留存收益	1,500,000
8	总资产		10,000,000	负债与股东权益总	10,000,000

图 7-29 总资产

第二步：计算负债与股东权益总计。选中单元格，输入"=SUM（D3：D7）"，输入过程及结果如图7-30所示。

	A	B	C	D
	D8		fx	=SUM(D3:D7)
1		**WHIMSICAL TOENAILS，资产负债表，2004年12月31日**		
2	资产		负债与股东权益	
3	现金与有价证券	800,000	流动负债	800,000
4	流动资产	1,500,000	债务	3,200,000
5	以成本计算的固定资产	10,700,000		
6	累计折旧	-3,000,000	普通股	4,500,000
7	净固定资产	7,700,000	留存收益	1,500,000
8	总资产	10,000,000	负债与股东权益总计	10,000,000

图 7-30　负债与股东权益总计

|7.6| 练习题

根据下面模板建立一个财务模型。假设WACC为20%，对在1、2、3、4、5年的公司股东权益进行估值，财务模板如表7-6所示。

表 7-6　　　　　　　　　　　　　　　财务模板　　　　　　　　　　　金额单位：美元

销售增长率	10%
流动资产/销售额	15%
流动负债/销售额	8%
固定资产净值/销售额	77%
销售成本/销售额	50%
折旧率	10%
负债利率	10.00%
现金余额利息收益率	8.00%
税率	40%
派息比率	40%
年份	0
利润表	
销售额	10 000 000
销售成本	(5 000 000)
折旧	(1 000 000)
负债利息	(320 000)
现金和有价证券利息收入	64 000
税前利润	3 744 000

税收	（1 497 600）
税后利润	2 246 400
股利	（898 560）
留存收益	1 347 840
资产负债表	
现金	800 000
流动资产	1 500 000
固定资产	
成本	10 700 000
折旧	（3 000 000）
固定资产净值	7 700 000
资产总计	10 000 000
流动负债	800 000
负债	3 200 000
股本	4 500 000
累计留存收益	1 500 000
负债和股东权益	10 000 000

第 8 章

什么是风险

8.1 实验概述

本实验我们通过一系列的例子给读者带来金融风险特征的一些直观感受。风险是指随着时间变化资产收益的波动。广义上讲，资产风险的特点包括期限、安全性以及流动性。

8.2 实验目的

（1）了解金融资产的风险特征。
（2）了解债券的风险。
（3）了解股票的风险。
（4）用连续复利收益率计算年化收益率。

8.3 实验工具

微软 Excel 软件。

8.4 理论要点

在金融学领域，通常会把金融风险和不确定性相联系。像存款账户这样的金融资产通常被认为是没有风险的，因为它将来的价值是确定的。而股票这样的金融资产是有风险的，因为我们不知道它将来的价值。不同种类的金融资产具有不同级别的风险。存款账户的风险要比股票的风险低，而刚创立的高科技企业的股票风险要比发展成熟的蓝筹企业股票的风险高。

|8.5| 实验举例

8.5.1 金融资产的风险特征

1.期限

有些资产是短期的，有些资产是长期的。存在支票账户里的钱就是一个短期金融资产的例子，因为钱可以在任何时候取出来。另一方面，许多储蓄账户要求客户在给定时期向里面存钱。图8-1表示的是某银行提供的存单利率。

DISCOVER®
BANK

CD Rates & Calculator

As of: April 28, 2009

Term	Interest Rate	APY
3 months	1.25%	1.25%
6 months	1.74%	1.75%
9 months	1.89%	1.90%
1 year	**2.33%**	**2.35%**
1½ years	2.47%	2.50%
2 years	2.72%	2.75%
2½ years	2.72%	2.75%
3 years	3.06%	3.10%
4 years	3.25%	3.30%
5 years	3.54%	3.60%
7 years	3.64%	3.70%
10 years	3.93%	4.00%

图8-1 银行存单利率

存单是定期存款，在给定期限里，不支付违约金是不能从该账户中取钱的。因为长期定期存的利率相应也比较高。

2.安全性

图8-2将发现银行（Discover Bank）提供的利率和由通用汽车金融服务公司（GMAC）发行的债券的利率作比较。

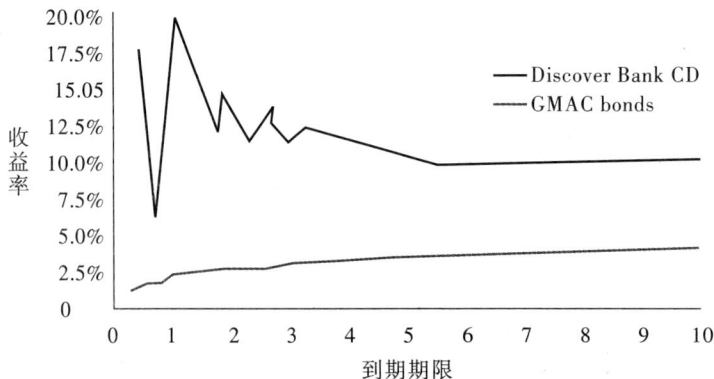

图8-2 银行利率和公司债券的利率比较

GMAC公司债券的市场利率比银行的利率要高得多。但是，在安全性方面，这两种证券有着本质的区别：2009年5月，正是GMAC的母公司通用汽车濒临倒闭之时，GMAC的行动带来的不确定性极大。最后，该公司破产。显然，投资于GMAC公司债券的安全性要比投资于发现银行的存单的安全性差得多。

3.流动性

所谓资产的流动性，就是资产得以买或卖的容易程度。普遍来说，资产的流动性越好，它越容易"被处理"，风险越低。

美国多数的上市公司股票流动性都很好。在1999—2008年这10年间，在纽约证券交易所，麦当劳股票的平均日交易量达到620万股，最高的日交易量几乎达到8700万股。若想买或卖一份这样的股票，不会有任何困难。可以说，麦当劳股票的流动性非常好。

流动性有另一层含义，金融经济学家称之为价格影响。假设你决定出售祖母给你的麦当劳的1 000股股票。出售股票你不会有任何的困难，但同时，你出售股票不会影响该股票的市场价格。

8.5.2 债券的有风险

假设你在2008年1月1日购买了一份为期1年的面值1 000美元的美国国库券，并打算持有至2009年1月1日。如前面所说的，国库券不支付利息；它是折价出售的，即低于它的面值出售。若是这情形，假设你以977.04美元购买了一份国库券，因为它1年后到期，期望收益如图8-3所示。

B4	▼	:	×	✓	f_x	=B3/B2-1

◢	A	B	C
1		**国库券的利率**	
2	购买价格	977.04	
3	到期支付的金额	1,000.00	<-这是国库券的面值
4	利率	2.35%	<-=B3/B2-1
5			

图 8-3 期望收益

如果你持有国库券从2008年1月1日到期，那么你绝对可以得到一个明确的2.35%的收益率。支付国库券是美国政府的义务，美国政府从来没有违约过。你跟踪每个月第一天国库券的市场价。假设情况如表8-1所示。

画出图像可更直观地观察，曲线图如图8-4所示。

如果在较早些时候就出售了国库券，能获得一个什么样的事后收益率？假设持有国库券3个月后，你在2008年9月1日以986.27美元的价格将其出售。你能赚多少？通过一个较为简单的计算就能得到答案。月度收益率（此为事后收益率）为：

$$1 + 事前月收益率 = (\frac{2008年9月1日的价格}{2008年6月1日的初始价格})^{1/3} = (\frac{986.27}{977.04}) = 1.0031$$

这里的1/3是针对6—9月3个月期限的。如果把期限延长到12个月，就能得到3.83%的年利率，如表8-2所示。

如果不是9月1日，而是早1个月，即你在8月1日出售国库券，那么你将获得3.56%的年化收益，如表8-3所示。

表 8-1　　　　　　　　　　　　　　　全年国库券价格　　　　　　　　　　金额单位：美元

日　期	价格
2008−06−01	977.04
2008−07−01	980.25
2008−08−01	982.75
2008−09−01	986.27
2008−10−01	990.90
2008−11−01	993.98
2008−12−01	997.66
2009−01−01	998.26
2009−02−01	998.01
2009−03−01	998.46
2009−04−01	999.14
2009−05−01	999.88
2009−06−01	1 000.00

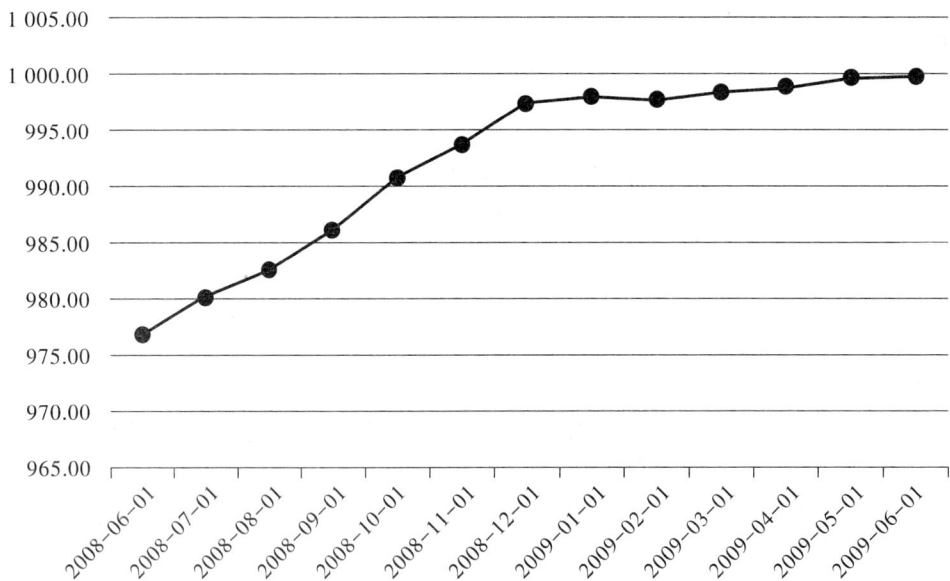

图 8-4　国库券价格曲线图

表 8-2　　　　　　　　　　　　　　事后年化收益率（6—9月）　　　　　　金额单位：美元

2009年6月1日购买	977.04	
2009年9月1日出售	986.27	
月度收益率	0.31%	<−=（B3/B2）＾（1/3）−1
年化收益率	3.83%	<−=（1+B4）＾12−1

表 8-3 事后年化利率（6—8月） 金额单位：美元

2009 年 6 月 1 日购买	977.04	
2009 年 8 月 1 日出售	982.75	
月度收益率	0.29%	<-=（B3/B2）^（1/2）-1
年化收益率	3.56%	<-=（1+B4）^12-1

可以以从 2008 年 7 月到 2009 年 3 月中的每个月份来计算。在下面的表格里，我们分别以 7 月、8 月…作为出售国库券的日期来计算事后的年化收益率，如表 8-4 所示。

表 8-4 事后年化收益率 金额单位：美元

日期	债券价格
2008-06	977.04
2008-07	980.25
2008-08	982.75
2008-09	986.27
2008-10	990.90
2008-11	993.98
2008-12	997.66
2009-01	998.26
2009-02	998.01
2009-03	998.46
2009-04	999.14
2009-05	999.88
2009-06	1 000.00

首先，计算卖出时的年化收益率。选中单元格，输入"=（B4/$B$3）^（12/COUNT（$A$4：A4））-1"，输入过程及结果如图 8-5 所示。

图 8-5　计算卖出时年化收益率的公式输入

结果输出如图8-6所示。

图8-6　2008年7月月初卖出时的年化收益率

同理，向下复制公式，可得结果，如图8-7所示。

图8-7　各月份月初卖出时的年化收益率

画出图像，选中日期和收益率两列数据，依次点击"插入"、"图表"、"带数据标记折线图"和"确定"。可得结果，如图8-8所示。

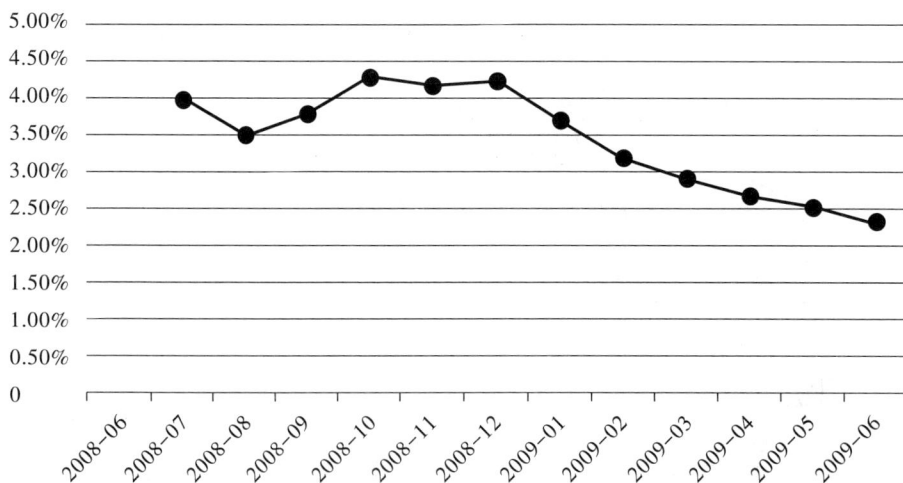

图8-8　事后年化利率曲线图

如果国库券在到期前就出售，风险会比较大，即事后收益率可能波动。国库券是绝对安全的证券，但是若在到期前出售，会有价格风险，并转化为风险收益。

8.5.3 麦当劳的股票

图 8-9 是 1998 年 12 月 31 日—2008 年 12 月 31 日期间麦当劳股票价格的变化图。

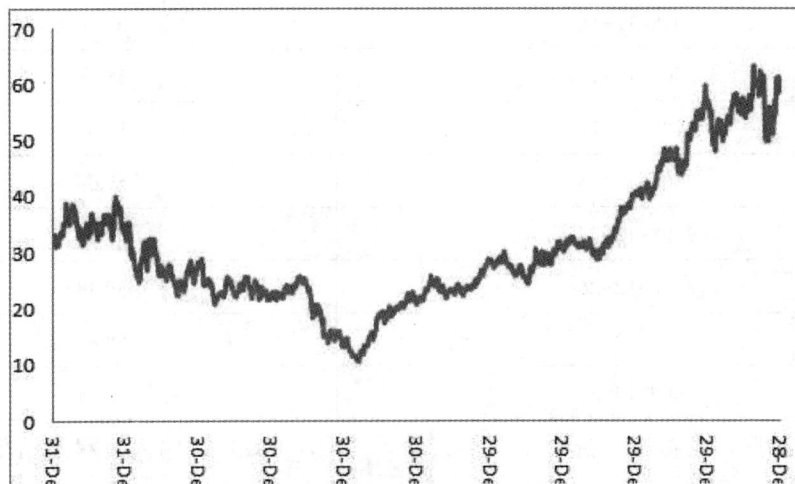

图 8-9 1998 年 12 月 31 日—2008 年 12 月 31 日期间麦当劳股票价格的变化图

在过去 10 年里麦当劳的股价从每股 31.69 美元上涨到每股 60.58 美元，但是波动幅度极大。股价的复合年均增长率是 6.32%（这种计算基于股利是再投资于股票的）。股价上涨及下跌意味着股价的风险。如果计算日收益率，能看到不一样的风险。下面是计算持有麦当劳股票日收益率的例子，该例给出了当你在 t 日以收盘价购买股票，在 t+1 日以收盘价出售股票时所能获得的收益率。2008 年 12 月麦当劳的每日股价如表 8-5 所示。

表 8-5 　　　　　　　　　　 2008 年 12 月麦当劳的每日股价 　　　　　　　　　　单位：美元/股

日期	股价
2008-12-01	54.71
2008-12-02	55.57
2008-12-03	58.01
2008-12-04	59.26
2008-12-05	61.09
2008-12-08	59.34
2008-12-09	58.13
2008-12-10	60.06
2008-12-11	59.29
2008-12-12	59.02
2008-12-15	59.12

续表

日期	股价
2008-12-16	61.29
2008-12-17	61.01
2008-12-18	59.70
2008-12-19	58.76
2008-12-22	59.81
2008-12-23	59.08
2008-12-24	59.69
2008-12-26	59.48
2008-12-29	58.81
2008-12-30	60.14

首先，计算日收益率。选中单元格，输入"=B4/B3-1"，输入过程及结果如图8-10所示。

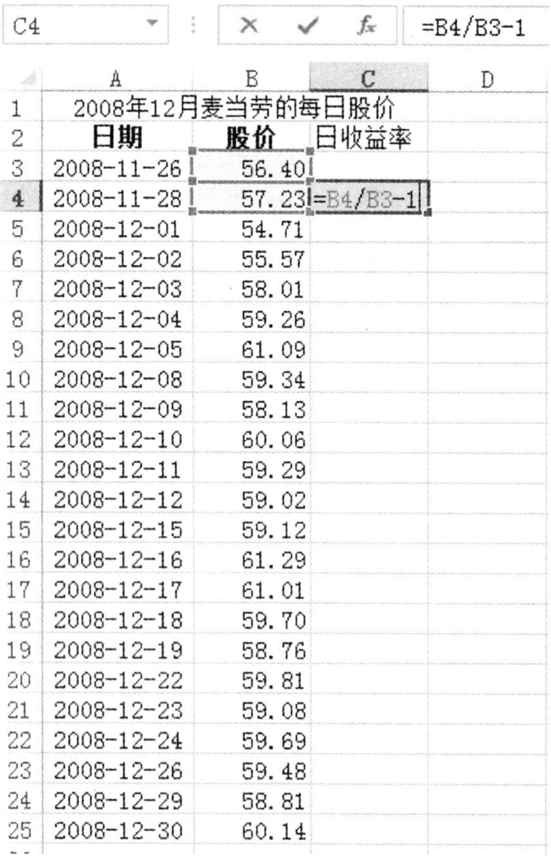

图8-10 计算日收益率的公式输入

输出结果如图8-11所示。

| C4 | : | × | ✓ | fx | =B4/B3-1 |

	A	B	C	D
1	2008年12月麦当劳的每日股价			
2	**日期**	**股价**	日收益率	
3	2008-11-26	56.40		
4	2008-11-28	57.23	1.47%	
5	2008-12-01	54.71		
6	2008-12-02	55.57		
7	2008-12-03	58.01		
8	2008-12-04	59.26		
9	2008-12-05	61.09		
10	2008-12-08	59.34		
11	2008-12-09	58.13		
12	2008-12-10	60.06		
13	2008-12-11	59.29		
14	2008-12-12	59.02		
15	2008-12-15	59.12		
16	2008-12-16	61.29		
17	2008-12-17	61.01		
18	2008-12-18	59.70		
19	2008-12-19	58.76		
20	2008-12-22	59.81		
21	2008-12-23	59.08		
22	2008-12-24	59.69		
23	2008-12-26	59.48		
24	2008-12-29	58.81		
25	2008-12-30	60.14		

图8-11　2008年11月28日日收益率

向下复制公式，可得结果，如图8-12所示。

| C5 | : | × | ✓ | fx | =B5/B4-1 |

	A	B	C	D
1	2008年12月麦当劳的每日股价			
2	**日期**	**股价**	日收益率	
3	2008-11-26	56.40		
4	2008-11-28	57.23	1.47%	
5	2008-12-01	54.71	-4.40%	
6	2008-12-02	55.57	1.57%	
7	2008-12-03	58.01	4.39%	
8	2008-12-04	59.26	2.15%	
9	2008-12-05	61.09	3.09%	
10	2008-12-08	59.34	-2.86%	
11	2008-12-09	58.13	-2.04%	
12	2008-12-10	60.06	3.32%	
13	2008-12-11	59.29	-1.28%	
14	2008-12-12	59.02	-0.46%	
15	2008-12-15	59.12	0.17%	
16	2008-12-16	61.29	3.67%	
17	2008-12-17	61.01	-0.46%	
18	2008-12-18	59.70	-2.15%	
19	2008-12-19	58.76	-1.57%	
20	2008-12-22	59.81	1.79%	
21	2008-12-23	59.08	-1.22%	
22	2008-12-24	59.69	1.03%	
23	2008-12-26	59.48	-0.35%	
24	2008-12-29	58.81	-1.13%	
25	2008-12-30	60.14	2.26%	
26				

图8-12　2008年12月每天的日收益率

画出日收益率曲线图，如图8-13所示。

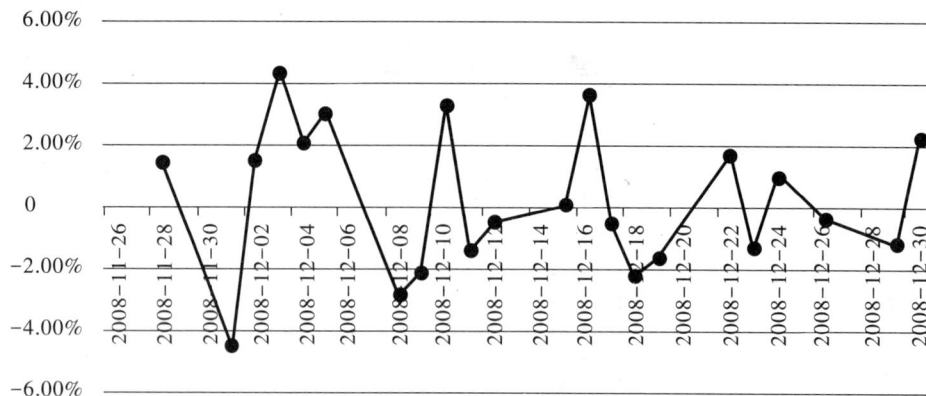

图8-13　2008年12月每日股价曲线图

由图8-13知，该日收益图呈峰形。考虑麦当劳股票风险的另一种方法是看日收益率的频数分布：在2 516个收益率中，有多少个是介于0.40%到1.09%之间的呢？

第一步：计算日收益率。选中单元格，输入"=B3/B2-1"并向下复制公式，可得结果，如图8-14所示。

	A	B	C
			C3 　 fx =B3/B2-1
1	日期	股价	日收益率
2	1998-12-31	31.69	
3	1999-01-04	31.75	0.19%
4	1999-01-05	31.61	-0.44%
5	1999-01-06	32.1	1.55%
6	1999-01-07	32.13	0.09%
7	1999-01-08	33.21	3.36%
8	1999-01-11	32.13	-3.25%
9	1999-01-12	31.07	-3.30%
10	1999-01-13	31.77	2.25%
11	1999-01-14	31.38	-1.23%
12	1999-01-15	31.98	1.91%
13	1999-01-19	32.67	2.16%
14	1999-01-20	32.08	-1.81%
15	1999-01-21	31.64	-1.37%
16	1999-01-22	31.36	-0.88%
17	1999-01-25	31.3	-0.19%
18	1999-01-26	32.57	4.06%
19	1999-01-27	32.39	-0.55%
20	1999-01-28	32.23	-0.49%
21	1999-01-29	32.52	0.90%
22	1999-02-01	32.75	0.71%
23	1999-02-02	32.62	-0.40%
24	1999-02-03	33.57	2.91%
25	1999-02-04	33.32	-0.74%
26	1999-02-05	33.14	-0.54%

图8-14　日收益率

第二步：计算麦当劳股票价格的一些统计数据。

（1）天数。选中单元格，输入"=COUNT（C3：A2517）"，输入过程如图8-15所示。

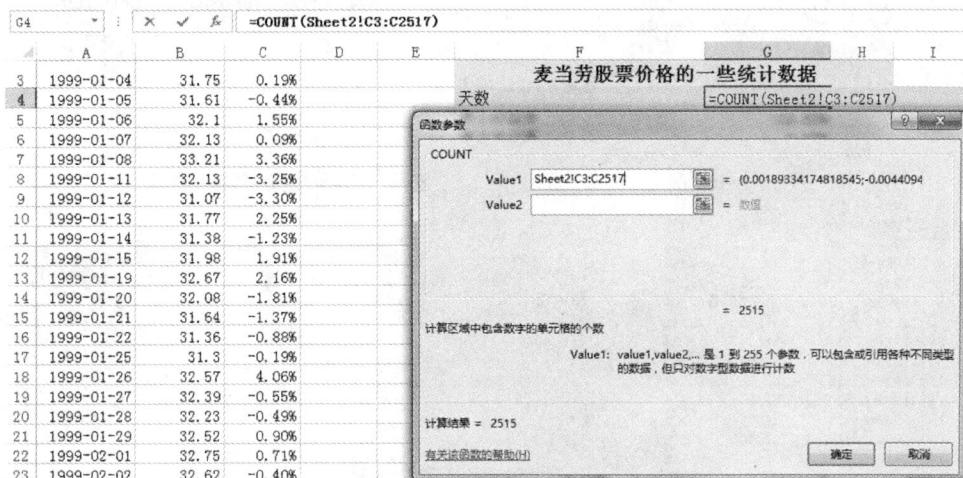

图8-15　COUNT参数输入

单击"确定"即可得结果，如图8-16所示。

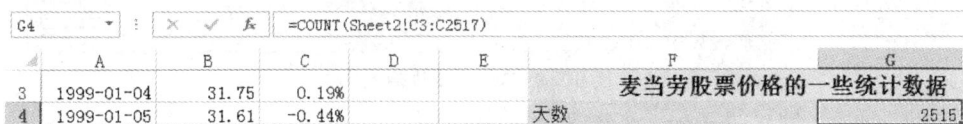

图8-16　天数

（2）最小收益率。选中单元格，输入"=MIN（C5：C2518）"，输入过程如图8-17所示。

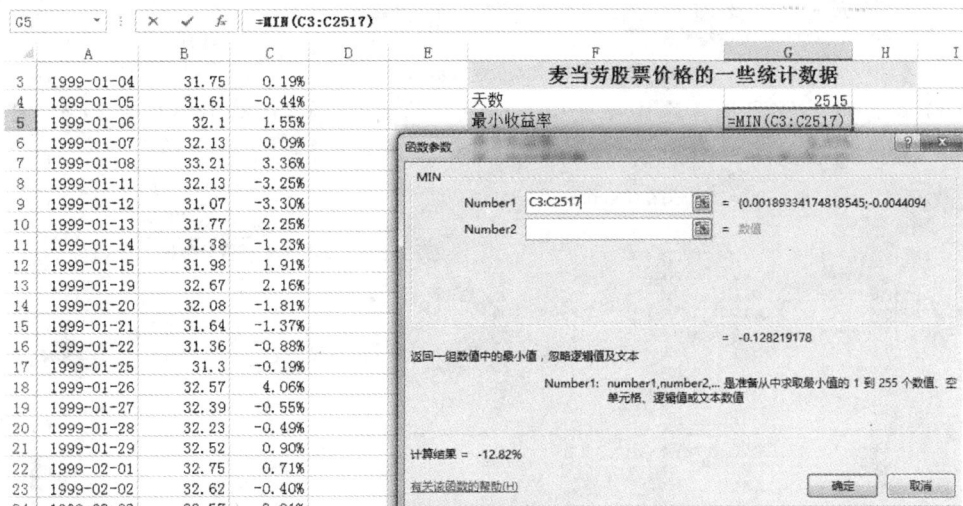

图8-17　MIN参数输入

单击"确定"即可得结果，如图8-18所示。

（3）最大收益率。选中单元格，输入"=MAX（C5：C2518）"，输入过程如图8-19所示。

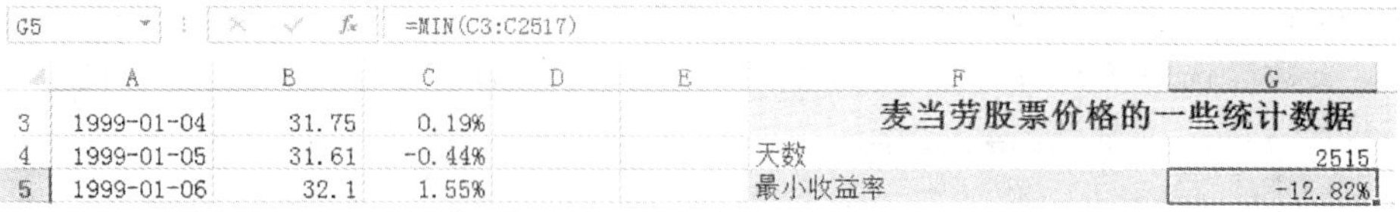

图 8-18　最小收益率

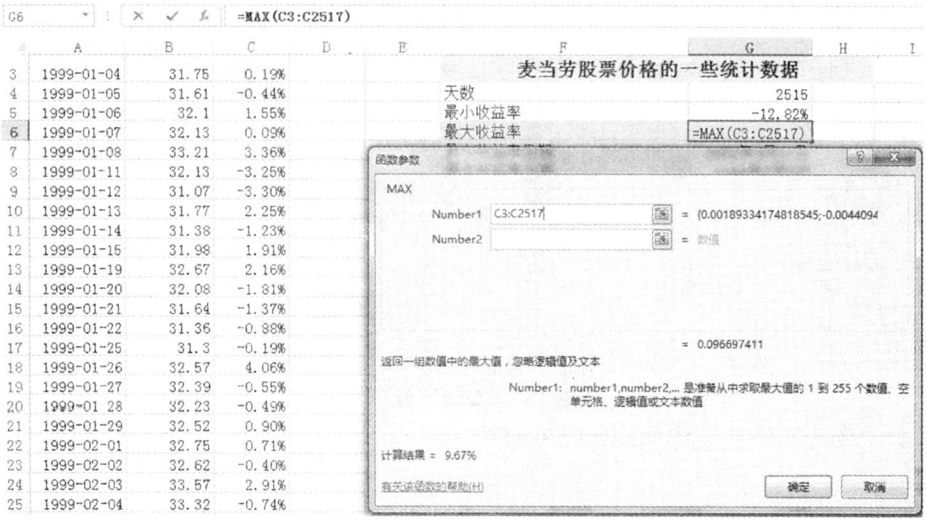

图 8-19　MAX 参数输入

单击"确定"即可得结果，如图 8-20 所示。

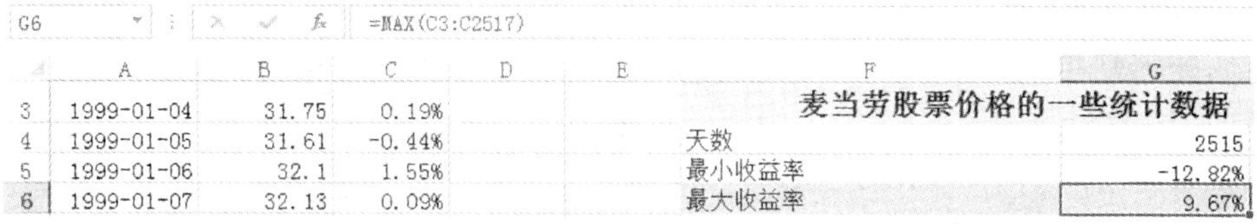

图 8-20　最大收益率

（4）最小收益率日期。选中单元格，输入"=INDEX（A：A，MATCH（G5，C：C，0））"，输入过程如图 8-21 所示。

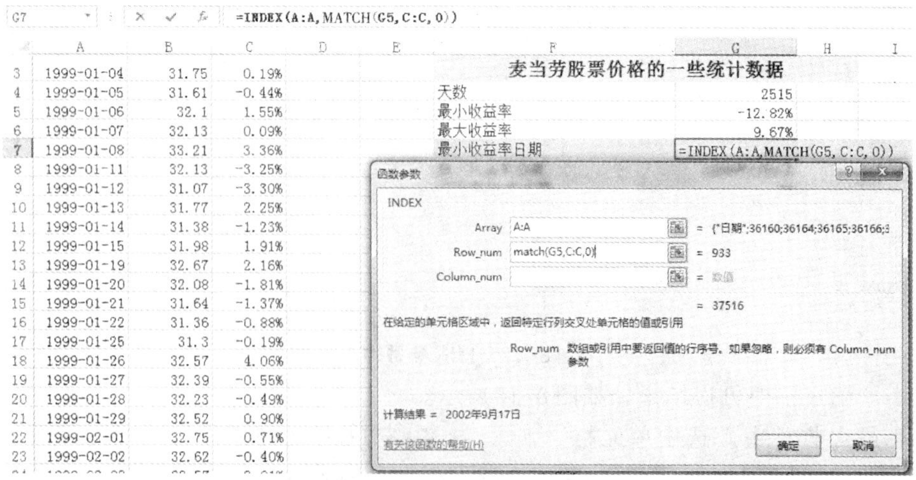

图 8-21　INDEX 参数输入（1）

单击"确定"即可得结果，如图8-22所示。

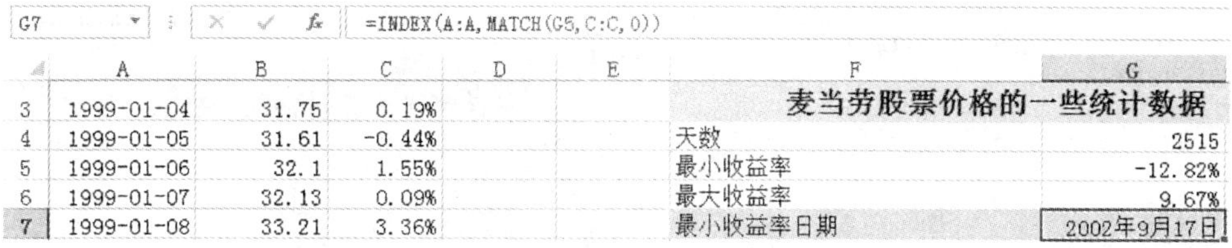

	A	B	C	D	E	F	G
						=INDEX(A:A,MATCH(G5,C:C,0))	
3	1999-01-04	31.75	0.19%			麦当劳股票价格的一些统计数据	
4	1999-01-05	31.61	-0.44%			天数	2515
5	1999-01-06	32.1	1.55%			最小收益率	-12.82%
6	1999-01-07	32.13	0.09%			最大收益率	9.67%
7	1999-01-08	33.21	3.36%			最小收益率日期	2002年9月17日

图8-22 最小收益率日期

（5）最大收益率日期。选中单元格，输入"=INDEX（A：A，MATCH（G6，C：C，0））"，输入过程如图8-23所示。

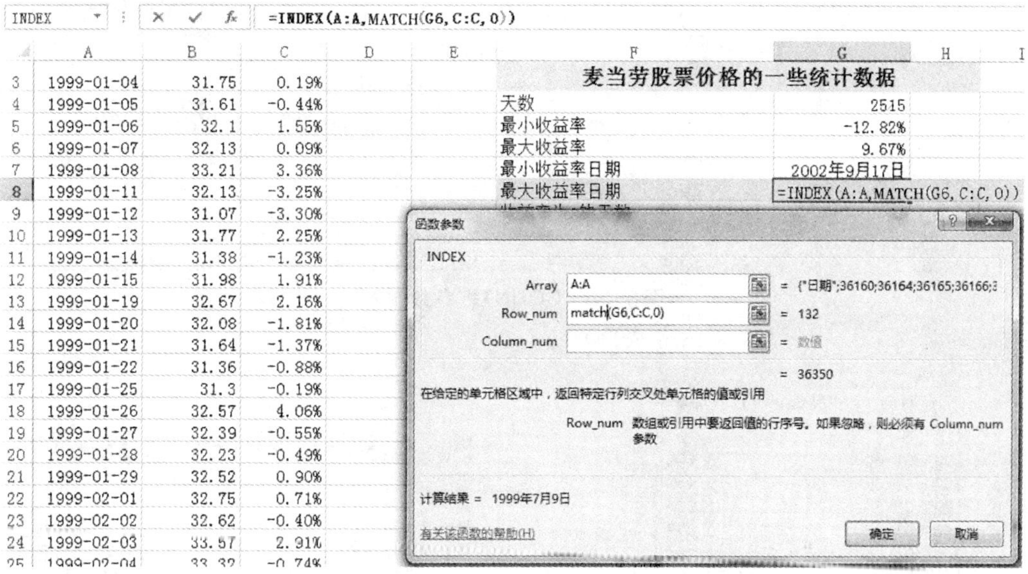

图8-23 INDEX参数输入（2）

单击"确定"可得结果，如图8-24所示。

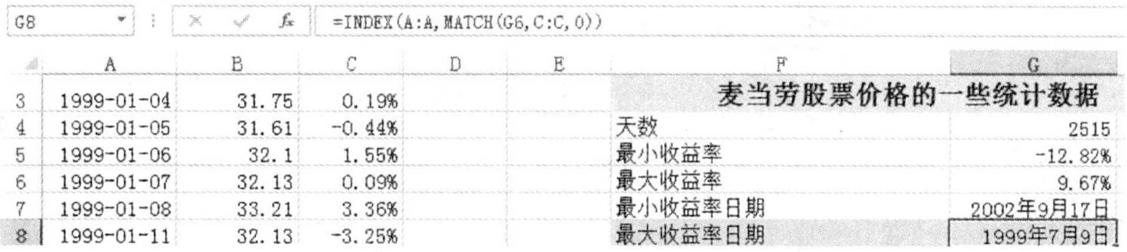

	A	B	C	D	E	F	G
						=INDEX(A:A,MATCH(G6,C:C,0))	
3	1999-01-04	31.75	0.19%			麦当劳股票价格的一些统计数据	
4	1999-01-05	31.61	-0.44%			天数	2515
5	1999-01-06	32.1	1.55%			最小收益率	-12.82%
6	1999-01-07	32.13	0.09%			最大收益率	9.67%
7	1999-01-08	33.21	3.36%			最小收益率日期	2002年9月17日
8	1999-01-11	32.13	-3.25%			最大收益率日期	1999年7月9日

图8-24 最大收益率日期

（6）收益率为0的天数。选中单元格，输入"=COUNTIF（C：C，"=0"）"，输入过程如图8-25所示。

单击"确定"可得结果，如图8-26所示。

（7）计算频率分布。选中G13到G44单元格，输入"=FREQUENCY（C4：C2517，F13：F44）"，按"Ctrl+Shift+Enter"键，可得如图8-27所示对话框。

单击"确定"可得结果，如图8-28所示。

（8）画出频率分布图。选中收益率和频数两列数据，依次点击"插入"、"图表"、"带数据标识的折线图"和"确定"，可得结果，如图8-29所示。

	G9	▼ : × ✓ fx	=COUNTIF(C:C,"=0")					

	A	B	C	D	E	F	G	H
1	日期	股价	日收益率					
2	1998-12-31	31.69						
3	1999-01-04	31.75	0.19%			麦当劳股票价格的一些统计数据		
4	1999-01-05	31.61	-0.44%			天数	2515	
5	1999-01-06	32.1	1.55%			最小收益率	-12.82%	
6	1999-01-07	32.13	0.09%			最大收益率	9.67%	
7	1999-01-08	33.21	3.36%			最小收益率日期	2002年9月17日	
8	1999-01-11	32.13	-3.25%			最大收益率日期	1999年7月9日	
9	1999-01-12	31.07	-3.30%			收益率为0的天数	=COUNTIF(C:C,"=0")	
10	1999-01-13	31.77	2.25%					
11	1999-01-14	31.38	-1.23%					
12	1999-01-15	31.98	1.91%					
13	1999-01-19	32.67	2.16%					
14	1999-01-20	32.08	-1.81%					
15	1999-01-21	31.64	-1.37%					
16	1999-01-22	31.36	-0.88%					
17	1999-01-25	31.3	-0.19%					
18	1999-01-26	32.57	4.06%					
19	1999-01-27	32.39	-0.55%					
20	1999-01-28	32.23	-0.49%					
21	1999-01-29	32.52	0.90%					
22	1999-02-01	32.75	0.71%					
23	1999-02-02	32.62	-0.40%					
24	1999-02-03	33.57	2.91%					

函数参数

COUNTIF

Range   C:C = {"日收益率";0;0.0018933417481...

Criteria "=0" = "=0"

= 43

计算某个区域中满足给定条件的单元格数目

Range 要计算其中非空单元格数目的区域

计算结果 = 43

有关该函数的帮助(H)   确定   取消

图 8-25 COUNTIF 参数输入

	G9	▼ : × ✓ fx	=COUNTIF(C:C,"=0")				

	A	B	C	D	E	F	G
1	日期	股价	日收益率				
2	1998-12-31	31.69					
3	1999-01-04	31.75	0.19%			麦当劳股票价格的一些统计数据	
4	1999-01-05	31.61	-0.44%			天数	2515
5	1999-01-06	32.1	1.55%			最小收益率	-12.82%
6	1999-01-07	32.13	0.09%			最大收益率	9.67%
7	1999-01-08	33.21	3.36%			最小收益率日期	2002年9月17日
8	1999-01-11	32.13	-3.25%			最大收益率日期	1999年7月9日
9	1999-01-12	31.07	-3.30%			收益率为0的天数	43

图 8-26 收益率为 0 的天数

	G13	▼ × ✓ fx	=FREQUENCY(C4:C2517,F13:F44)										

	A	B	C	D	E	F	G	H	I	J	K	L	M
7	1999-01-08	32.13	0.09%			最小收益率日期	2002年9月18日						
8	1999-01-11	33.21	3.36%			最大收益率日期	1999年7月12日						
9	1999-01-12	32.13	-3.25%			收益率为0的天数	43						
10	1999-01-13	31.07	-3.30%										
11	1999-01-14	31.77	2.25%			计算频率分布							
12	1999-01-15	31.38	-1.23%			收益率	个数						
13	1999-01-19	31.98	1.91%			-13.00%	=FREQUENCY(C4:C2517,F13:F44)						
14	1999-01-20	32.67	2.16%			-12.25%							
15	1999-01-21	32.08	-1.81%			-11.50%							
16	1999-01-22	31.64	-1.37%			-10.75%							
17	1999-01-25	31.36	-0.88%			-10.00%							
18	1999-01-26	31.3	-0.19%			-9.25%							
19	1999-01-27	32.57	4.06%			-8.50%							
20	1999-01-28	32.39	-0.55%			-7.75%							
21	1999-01-29	32.23	-0.49%			-7.00%							
22	1999-02-01	32.75	0.90%			-6.25%							
23	1999-02-02	32.62	0.71%			-5.50%							
24	1999-02-03	32.62	-0.40%			-4.75%							
25	1999-02-04	33.57	2.91%			-4.00%							
26	1999-02-05	33.32	-0.74%			-3.25%							
27	1999-02-08	33.14	-0.54%			-2.50%							
28	1999-02-09	33.37	0.69%			-1.75%							
29	1999-02-10	33.11	-0.90%			-1.00%							
30	1999-02-11	32.95	-0.48%			-0.25%							
31	1999-02-12	33.83	2.67%			0.50%							
32	1999-02-16	33.55	-0.83%			1.25%							
33	1999-02-17	33.75	0.60%			2.00%							
34	1999-02-18	33.21	-1.60%			2.75%							
35	1999-02-19	34.22	3.04%			3.50%							
36	1999-02-22	35.3	3.16%			4.25%							
37	1999-02-23	35.33	0.08%			5.00%							

函数参数

FREQUENCY

Data_array C4:C2517 = {0.0018933417481545;-0.0044094...

Bins_array F13:F44 = {-0.13;-0.1225;-0.115;-0.1075;-0.1;-

= {0;1;0;1;0;0;4;0;3;6;9;18;32;83;150;...

以一列垂直数组返回一组数据的频率分布

Bins_array 数据接收区间,为一数组或对数组区域的引用,设定对 data_array 进行频率计算的分段点

计算结果 = 0

有关该函数的帮助(H)   确定   取消

图 8-27 FREQUENCY 参数输入

G13	▼	:	× ✓	fx	{=FREQUENCY(C4:C2517,F13:F44)}	

▲	A	B	C	D	E	F	G
10	1999-01-13	31.07	-3.30%				
11	1999-01-14	31.77	2.25%			计算频率分布	
12	1999-01-15	31.38	-1.23%			收益率	个数
13	1999-01-19	31.98	1.91%			-13.00%	0
14	1999-01-20	32.67	2.16%			-12.25%	1
15	1999-01-21	32.08	-1.81%			-11.50%	0
16	1999-01-22	31.64	-1.37%			-10.75%	0
17	1999-01-25	31.36	-0.88%			-10.00%	1
18	1999-01-26	31.3	-0.19%			-9.25%	0
19	1999-01-27	32.57	4.06%			-8.50%	0
20	1999-01-28	32.39	-0.55%			-7.75%	4
21	1999-01-29	32.23	-0.49%			-7.00%	0
22	1999-02-01	32.52	0.90%			-6.25%	3
23	1999-02-02	32.75	0.71%			-5.50%	6
24	1999-02-03	32.62	-0.40%			-4.75%	9
25	1999-02-04	33.57	2.91%			-4.00%	18
26	1999-02-05	33.32	-0.74%			-3.25%	32
27	1999-02-08	33.14	-0.54%			-2.50%	83
28	1999-02-09	33.37	0.69%			-1.75%	150
29	1999-02-10	33.11	-0.78%			-1.00%	295
30	1999-02-11	32.95	-0.48%			-0.25%	455
31	1999-02-12	33.83	2.67%			0.50%	533
32	1999-02-16	33.55	-0.83%			1.25%	429
33	1999-02-17	33.75	0.60%			2.00%	232
34	1999-02-18	33.21	-1.60%			2.75%	120
35	1999-02-19	34.22	3.04%			3.50%	65
36	1999-02-22	35.3	3.16%			4.25%	30
37	1999-02-23	35.33	0.08%			5.00%	19
38	1999-02-24	35.36	0.08%			5.75%	11
39	1999-02-25	35.07	-0.82%			6.50%	6
40	1999-02-26	34.68	-1.11%			7.25%	2

图 8-28　频率分布

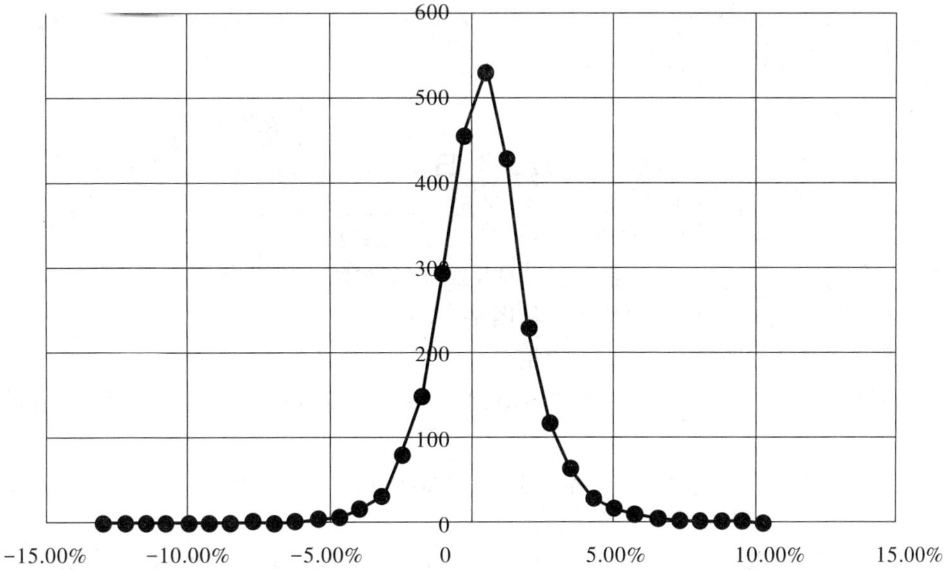

图 8-29　频率分布图

由图 8-29 可看出，麦当劳的收益率图看上去非常像在统计学课程里学过的正态分布（钟形曲线）。

8.5.4 用连续复利收益率计算年化收益率

连续复利以 Excel 的 LN 函数来计算。连续复利是一种更好的收益率。在这些统计数据后有一套理论，而且无论是以日数据、周数据还是月数据计算的年统计收益率，该理论都能得到相同的结果。下面我们计算麦当劳的连续复利收益率的统计数字。

第一步，用 ln 函数计算日收益率。选中单元格，输入"=LN（B4/B3）"得 1999 年 1月 4 日的日收益率。并向下复制公式，如图 8-30 所示。

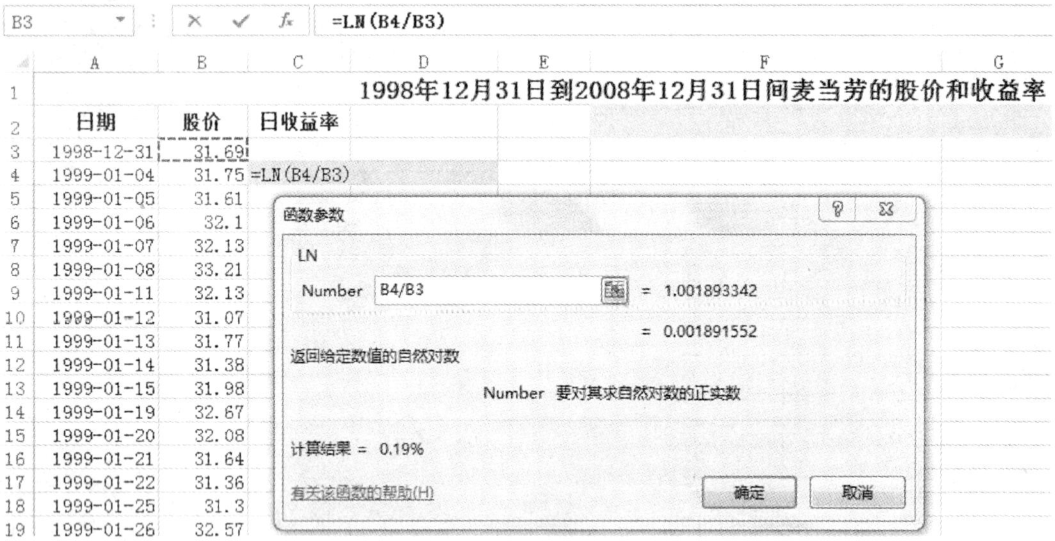

图 8-30 LN 参数输入

单击"确定"可得结果，如图 8-31 所示。

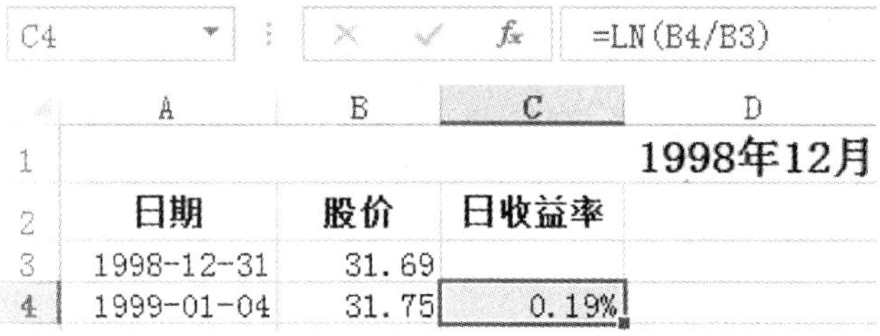

图 8-31 日收益率计算结果

向下复制公式可得全部日收益率，如图 8-32 所示。

第二步：计算基于连续复利的统计量。

（1）天数。选中单元格，输入"=COUNT（C4：C2518）"，输入过程及结果如图8-33 所示。

（2）最小日收益率。选中单元格，输入"=MIN（C4：C2518）"，输入过程及结果如图 8-34 所示。

（3）最大日收益率。选中单元格，输入"=MAX（C4：C2518）"，输入过程及结果如图 8-35 所示。

（4）日收益率平均值。选中单元格，输入"=AVERAGE（C4：C2518）"，输入过程如图 8-36 所示。

C5 | =LN(B5/B4)

	A	B	C	D	E
1				**1998年12月31日到2(**	
2	**日期**	**股价**	**日收益率**		
3	1998-12-31	31.69			
4	1999-01-04	31.75	0.19%		
5	1999-01-05	31.61	-0.44%		
6	1999-01-06	32.1	1.54%		
7	1999-01-07	32.13	0.09%		
8	1999-01-08	33.21	3.31%		
9	1999-01-11	32.13	-3.31%		
10	1999-01-12	31.07	-3.35%		
11	1999-01-13	31.77	2.23%		
12	1999-01-14	31.38	-1.24%		
13	1999-01-15	31.98	1.89%		
14	1999-01-19	32.67	2.13%		
15	1999-01-20	32.08	-1.82%		
16	1999-01-21	31.64	-1.38%		
17	1999-01-22	31.36	-0.89%		
18	1999-01-25	31.3	-0.19%		
19	1999-01-26	32.57	3.98%		
20	1999-01-27	32.39	-0.55%		
21	1999-01-28	32.23	-0.50%		
22	1999-01-29	32.52	0.90%		
23	1999-02-01	32.75	0.70%		
24	1999-02-02	32.62	-0.40%		
25	1999-02-03	33.57	2.87%		
26	1999-02-04	33.32	-0.75%		
27	1999-02-05	33.14	-0.54%		
28	1999-02-08	33.37	0.69%		
29	1999-02-09	33.11	-0.78%		
30	1999-02-10	32.95	-0.48%		
31	1999-02-11	33.83	2.64%		

图 8-32　全部日收益率

G3 | =COUNT(C4:C2518)

	A	B	C	D	E	F	G
1				**1998年12月31日到2008年12月31日间麦当劳的股价和收益率**			
2	**日期**	**股价**	**日收益率**			**基于连续复利的统计量**	
3	1998-12-31	31.69			天数		2515

图 8-33　天数

G4 | =MIN(C4:C2518)

	A	B	C	D	E	F	G
1				**1998年12月31日到2008年12月31日间麦当劳的股价和收益率**			
2	**日期**	**股价**	**日收益率**			**基于连续复利的统计量**	
3	1998-12-31	31.69			天数		2515
4	1999-01-04	31.75	0.19%		最小日收益率		-13.72%

图 8-34　最小日收益率

G5 | =MAX(C4:C2518)

	A	B	C	D	E	F	G
1				**1998年12月31日到2008年12月31日间麦当劳的股价和收益率**			
2	**日期**	**股价**	**日收益率**			**基于连续复利的统计量**	
3	1998-12-31	31.69			天数		2515
4	1999-01-04	31.75	0.19%		最小日收益率		-13.72%
5	1999-01-05	31.61	-0.44%		最大日收益率		9.23%

图 8-35　最大日收益率

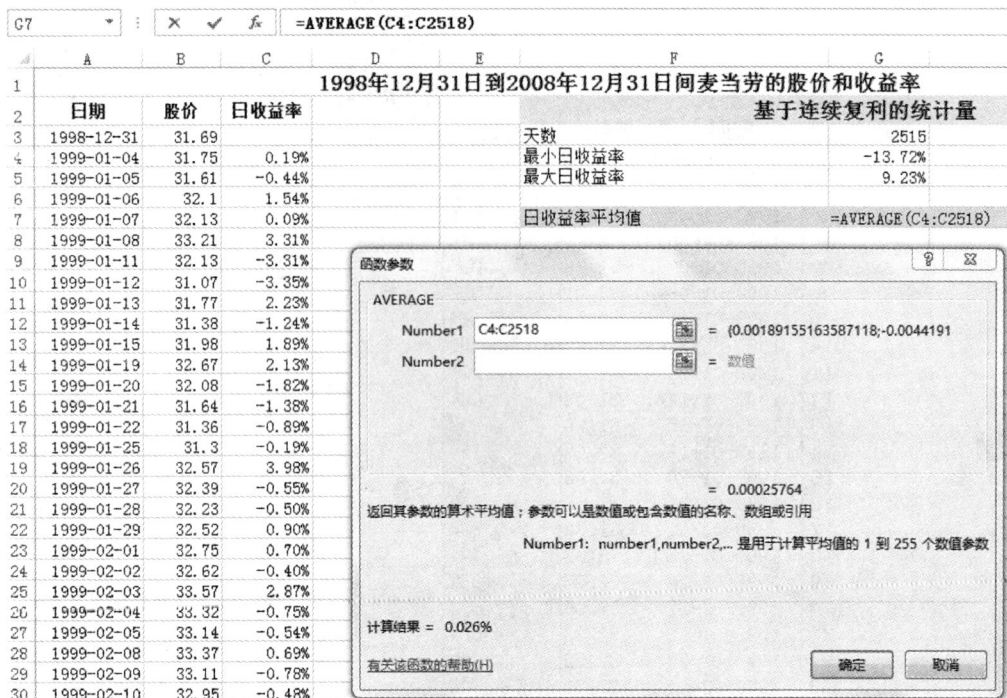

图8-36　AVERAGE参数输入

单击"确定"可得结果，如图8-37所示。

图8-37　日收益率平均值

（5）日收益率方差。选中单元格，输入"=VAR.P（C4：C2518）"，输入过程如图8-38所示。

单击"确定"可得结果，如图8-39所示。

（6）日收益率标准差。选中单元格，输入"=SQRT（G8）"，输入过程如图8-40所示。

单击"确定"可得结果，如图8-41所示。

（7）年收益平均值。选中单元格，输入"=252*G7"，输入过程如图8-42所示。

输出结果如图8-43所示。

（8）年收益率方差。选中单元格，输入"=G8*SQRT（252）"，输入过程如图8-44所示。

单击"确定"可得结果，如图8-45所示。

（9）年收益率标准差。选中单元格，输入"SQRT（G12）"，输入过程如图8-46所示。

G8   ✕ ✓ *fx* =VAR.P(C4:C2518)

	A	B	C	D	E	F	G
1				1998年12月31日到2008年12月31日间麦当劳的股价和收益率			
2	日期	股价	日收益率			基于连续复利的统计量	
3	1998-12-31	31.69				天数	2515
4	1999-01-04	31.75	0.19%			最小日收益率	-13.72%
5	1999-01-05	31.61	-0.44%			最大日收益率	9.23%
6	1999-01-06	32.1	1.54%				
7	1999-01-07	32.13	0.09%			日收益率平均值	0.026%
8	1999-01-08	33.21	3.31%			日收益率方差	=VAR.P(C4:C2518)
9	1999-01-11	32.13	-3.31%				
10	1999-01-12	31.07	-3.35%				
11	1999-01-13	31.77	2.23%				
12	1999-01-14	31.38	-1.24%				
13	1999-01-15	31.98	1.89%				
14	1999-01-19	32.67	2.13%				
15	1999-01-20	32.08	-1.82%				
16	1999-01-21	31.64	-1.38%				
17	1999-01-22	31.36	-0.89%				
18	1999-01-25	31.3	-0.19%				
19	1999-01-26	32.57	3.98%				
20	1999-01-27	32.39	-0.55%				
21	1999-01-28	32.23	-0.50%				
22	1999-01-29	32.52	0.90%				
23	1999-02-01	32.75	0.70%				
24	1999-02-02	32.62	-0.40%				
25	1999-02-03	33.57	2.87%				
26	1999-02-04	33.32	-0.75%				
27	1999-02-05	33.14	-0.54%				
28	1999-02-08	33.37	0.69%				
29	1999-02-09	33.11	-0.78%				
30	1999-02-10	32.95	-0.48%				

函数参数

VAR.P

Number1   C4:C2518   = {0.00189155163587118;-0.0044191

Number2   = 数值

= 0.000331766

计算基于给定的样本总体的方差（忽略样本中的逻辑值及文本）

Number1: number1,number2,... 是与总体抽样样本相应的 1 到 255 个数值参数

计算结果 = 0.0003

有关该函数的帮助(H)   确定   取消

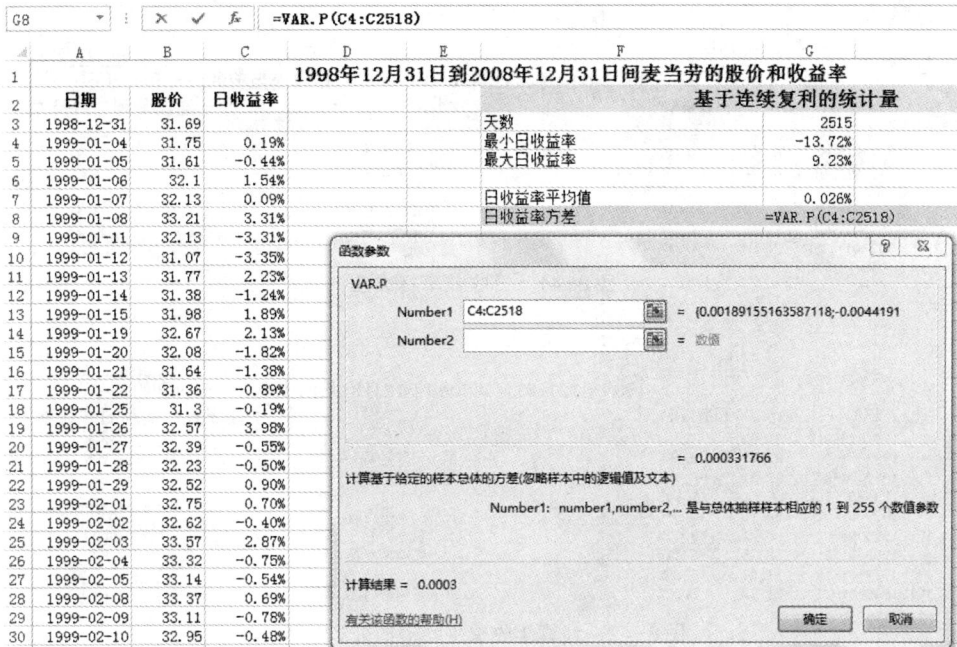

图 8-38   VAR.P 参数输入

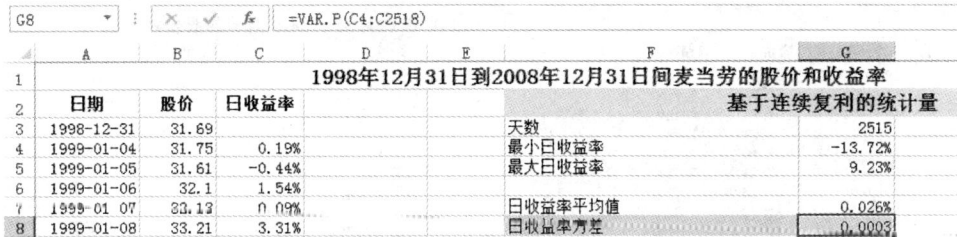

G8   ✕ ✓ *fx* =VAR.P(C4:C2518)

	A	B	C	D	E	F	G
1				1998年12月31日到2008年12月31日间麦当劳的股价和收益率			
2	日期	股价	日收益率			基于连续复利的统计量	
3	1998-12-31	31.69				天数	2515
4	1999-01-04	31.75	0.19%			最小日收益率	-13.72%
5	1999-01-05	31.61	-0.44%			最大日收益率	9.23%
6	1999-01-06	32.1	1.54%				
7	1999-01-07	32.13	0.09%			日收益率平均值	0.026%
8	1999-01-08	33.21	3.31%			日收益率方差	0.0003

图 8-39   日收益率方差

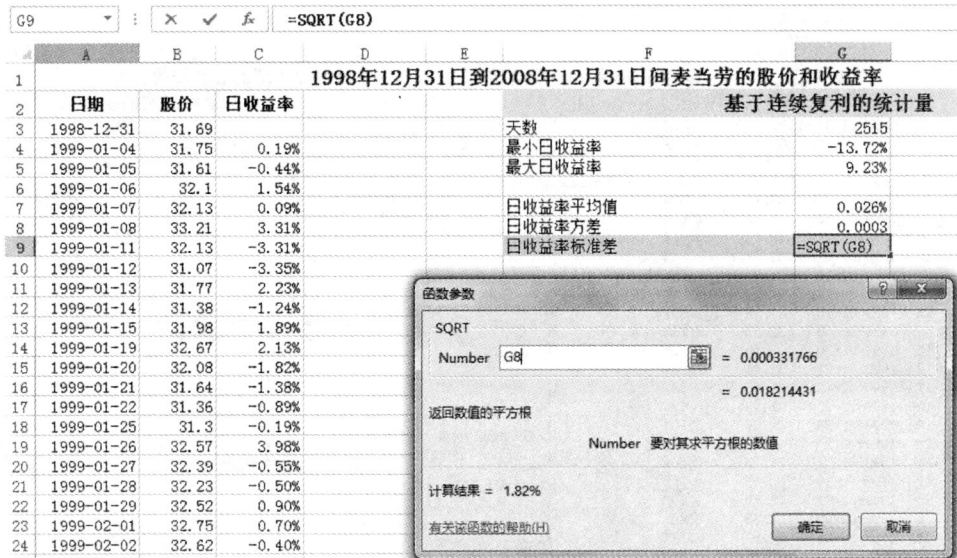

G9   ✕ ✓ *fx* =SQRT(G8)

	A	B	C	D	E	F	G
1				1998年12月31日到2008年12月31日间麦当劳的股价和收益率			
2	日期	股价	日收益率			基于连续复利的统计量	
3	1998-12-31	31.69				天数	2515
4	1999-01-04	31.75	0.19%			最小日收益率	-13.72%
5	1999-01-05	31.61	-0.44%			最大日收益率	9.23%
6	1999-01-06	32.1	1.54%				
7	1999-01-07	32.13	0.09%			日收益率平均值	0.026%
8	1999-01-08	33.21	3.31%			日收益率方差	0.0003
9	1999-01-11	32.13	-3.31%			日收益率标准差	=SQRT(G8)
10	1999-01-12	31.07	-3.35%				
11	1999-01-13	31.77	2.23%				
12	1999-01-14	31.38	-1.24%				
13	1999-01-15	31.98	1.89%				
14	1999-01-19	32.67	2.13%				
15	1999-01-20	32.08	-1.82%				
16	1999-01-21	31.64	-1.38%				
17	1999-01-22	31.36	-0.89%				
18	1999-01-25	31.3	-0.19%				
19	1999-01-26	32.57	3.98%				
20	1999-01-27	32.39	-0.55%				
21	1999-01-28	32.23	-0.50%				
22	1999-01-29	32.52	0.90%				
23	1999-02-01	32.75	0.70%				
24	1999-02-02	32.62	-0.40%				
25	1999-02-03	33.57	2.87%				

函数参数

SQRT

Number   G8   = 0.000331766

= 0.018214431

返回数值的平方根

Number 要对其求平方根的数值

计算结果 = 1.82%

有关该函数的帮助(H)   确定   取消

图 8-40   SQRT 参数输入（1）

G9   ▼ : × ✓ *fx* =SQRT(G8)

	A	B	C	D	E	F	G
1				1998年12月31日到2008年12月31日间麦当劳的股价和收益率			
2	日期	股价	日收益率				基于连续复利的统计量
3	1998-12-31	31.69		天数			2515
4	1999-01-04	31.75	0.19%	最小日收益率			-13.72%
5	1999-01-05	31.61	-0.44%	最大日收益率			9.23%
6	1999-01-06	32.1	1.54%				
7	1999-01-07	32.13	0.09%	日收益率平均值			0.026%
8	1999-01-08	33.21	3.31%	日收益率方差			0.0003
9	1999-01-11	32.13	-3.31%	日收益率标准差			1.82%

图 8-41   日收益率标准差

INDEX   ▼ : × ✓ *fx* =252*G7

	A	B	C	D	E	F	G
1				1998年12月31日到2008年12月31日间麦当劳的股价和收益率			
2	日期	股价	日收益率				基于连续复利的统计量
3	1998-12-31	31.69		天数			2515
4	1999-01-04	31.75	0.19%	最小日收益率			-13.72%
5	1999-01-05	31.61	-0.44%	最大日收益率			9.23%
6	1999-01-06	32.1	1.54%				
7	1999-01-07	32.13	0.09%	日收益率平均值			0.026%
8	1999-01-08	33.21	3.31%	日收益率方差			0.0003
9	1999-01-11	32.13	-3.31%	日收益率标准差			1.82%
10	1999-01-12	31.07	-3.35%				
11	1999-01-13	31.77	2.23%	年收益率平均值			=252*G7

图 8-42   计算年收益平均值的公式输入

G11   ▼ : × ✓ *fx* =252*G7

	A	B	C	D	E	F	G
1				1998年12月31日到2008年12月31日间麦当劳的股价和收益率			
2	日期	股价	日收益率				基于连续复利的统计量
3	1998-12-31	31.69		天数			2515
4	1999-01-04	31.75	0.19%	最小日收益率			-13.72%
5	1999-01-05	31.61	-0.44%	最大日收益率			9.23%
6	1999-01-06	32.1	1.54%				
7	1999-01-07	32.13	0.09%	日收益率平均值			0.026%
8	1999-01-08	33.21	3.31%	日收益率方差			0.0003
9	1999-01-11	32.13	-3.31%	日收益率标准差			1.82%
10	1999-01-12	31.07	-3.35%				
11	1999-01-13	31.77	2.23%	年收益率平均值			6.49%

图 8-43   年收益率平均值

INDEX   ▼ : × ✓ *fx* =G8*SQRT(252)

	A	B	C	D	E	F	G
1				1998年12月31日到2008年12月31日间麦当劳的股价和收益率			
2	日期	股价	日收益率				基于连续复利的统计量
3	1998-12-31	31.69		天数			2515
4	1999-01-04	31.75	0.19%	最小日收益率			-13.72%
5	1999-01-05	31.61	-0.44%	最大日收益率			9.23%
6	1999-01-06	32.1	1.54%				
7	1999-01-07	32.13	0.09%	日收益率平均值			0.026%
8	1999-01-08	33.21	3.31%	日收益率方差			0.0003
9	1999-01-11	32.13	-3.31%	日收益率标准差			1.82%
10	1999-01-12	31.07	-3.35%				
11	1999-01-13	31.77	2.23%	年收益率平均值			6.49%
12	1999-01-14	31.38	-1.24%	年收益率方差			=G8*SQRT(252)
13	1999-01-15	31.98	1.89%				
14	1999-01-19	32.67	2.13%				
15	1999-01-20	32.08	-1.82%				
16	1999-01-21	31.64	-1.38%				
17	1999-01-22	31.36	-0.89%				
18	1999-01-25	31.3	-0.19%				
19	1999-01-26	32.57	3.98%				
20	1999-01-27	32.39	-0.55%				
21	1999-01-28	32.23	-0.50%				
22	1999-01-29	32.52	0.90%				
23	1999-02-01	32.75	0.70%				
24	1999-02-02	32.62	-0.40%				
25	1999-02-03	33.57	2.87%				
26	1999-02-04	33.32	-0.75%				
27	1999-02-05	33.14	-0.54%				

函数参数

SQRT

Number   252   = 252

= 15.87450787

返回数值的平方根

Number 要对其求平方根的数值

计算结果 = 0.0053

有关该函数的帮助(H)   确定   取消

图 8-44   SQRT 参数输入（2）

G12 | =G8*SQRT(252)

	A	B	C	D	E	F	G
1				1998年12月31日到2008年12月31日间麦当劳的股价和收益率			
2	日期	股价	日收益率				基于连续复利的统计量
3	1998-12-31	31.69				天数	2515
4	1999-01-04	31.75	0.19%			最小日收益率	-13.72%
5	1999-01-05	31.61	-0.44%			最大日收益率	9.23%
6	1999-01-06	32.1	1.54%				
7	1999-01-07	32.13	0.09%			日收益率平均值	0.026%
8	1999-01-08	33.21	3.31%			日收益率方差	0.0003
9	1999-01-11	32.13	-3.31%			日收益率标准差	1.82%
10	1999-01-12	31.07	-3.35%				
11	1999-01-13	31.77	2.23%			年收益率平均值	6.49%
12	1999-01-14	31.38	-1.24%			年收益率方差	0.0053

图8-45　年收益率方差

G13 | =SQRT(G12)

	A	B	C	D	E	F	G
1				1998年12月31日到2008年12月31日间麦当劳的股价和收益率			
2	日期	股价	日收益率				基于连续复利的统计量
3	1998-12-31	31.69				天数	2515
4	1999-01-04	31.75	0.19%			最小日收益率	-13.72%
5	1999-01-05	31.61	-0.44%			最大日收益率	9.23%
6	1999-01-06	32.1	1.54%				
7	1999-01-07	32.13	0.09%			日收益率平均值	0.026%
8	1999-01-08	33.21	3.31%			日收益率方差	0.0003
9	1999-01-11	32.13	-3.31%			日收益率标准差	1.82%
10	1999-01-12	31.07	-3.35%				
11	1999-01-13	31.77	2.23%			年收益率平均值	6.49%
12	1999-01-14	31.38	-1.24%			年收益率方差	0.0053
13	1999-01-15	31.98	1.89%			年收益率标准差	=SQRT(G12)
14	1999-01-19	32.67	2.13%				
15	1999-01-20	32.08	-1.82%				
16	1999-01-21	31.64	-1.38%				
17	1999-01-22	31.36	-0.89%				
18	1999-01-25	31.3	-0.19%				
19	1999-01-26	32.57	3.98%				
20	1999-01-27	32.39	-0.55%				
21	1999-01-28	32.23	-0.50%				
22	1999-01-29	32.52	0.90%				
23	1999-02-01	32.75	0.70%				
24	1999-02-02	32.62	-0.40%				
25	1999-02-03	33.57	2.87%				
26	1999-02-04	33.32	-0.75%				
27	1999-02-05	33.14	-0.54%				
28	1999-02-08	33.37	0.69%				

函数参数

SQRT

Number　G12　= 0.005266614

= 0.072571442

返回数值的平方根

Number　要对其求平方根的数值

计算结果 = 7.26%

有关该函数的帮助(H)　　　确定　取消

图8-46　SQRT参数输入（3）

单击"确定"可得结果，如图8-47所示。

G13 | =SQRT(G12)

	A	B	C	D	E	F	G
1				1998年12月31日到2008年12月31日间麦当劳的股价和收益率			
2	日期	股价	日收益率				基于连续复利的统计量
3	1998-12-31	31.69				天数	2515
4	1999-01-04	31.75	0.19%			最小日收益率	-13.72%
5	1999-01-05	31.61	-0.44%			最大日收益率	9.23%
6	1999-01-06	32.1	1.54%				
7	1999-01-07	32.13	0.09%			日收益率平均值	0.026%
8	1999-01-08	33.21	3.31%			日收益率方差	0.0003
9	1999-01-11	32.13	-3.31%			日收益率标准差	1.82%
10	1999-01-12	31.07	-3.35%				
11	1999-01-13	31.77	2.23%			年收益率平均值	6.49%
12	1999-01-14	31.38	-1.24%			年收益率方差	0.0053
13	1999-01-15	31.98	1.89%			年收益率标准差	7.26%

图8-47　年收益率标准差

日平均连续复利收益率是0.026%。我们把它乘以252得到年化收益率，之所以乘以252，是因为这是平均交易天数。平均年化连续复利收益率是6.49%。相似的，年化收益率的方差是0.0053，年化收益率的标准差是7.26%。

第9章

资本资产定价模型和证券市场线

9.1 实验概述

资本市场中收益和风险有两个结果：一个结果称为资本市场线（CML），可以给投资者关于如何投资的建议；另一个结果称为证券市场线（SML），它能将任何资产的收益与市场风险（也被称为资产的系统性风险）联系起来。由风险资产和无风险资产构成的组合可以使投资者获得比只有风险资产的组合的收益更高的收益。

9.2 实验目的

（1）了解资本市场线和证券市场线的含义。
（2）如何利用资本市场线找出最优投资组合。
（3）如何利用证券市场线得出单个资产的风险–收益关系。

9.3 实验工具

微软 Excel 软件。

9.4 理论基础

资本市场线告诉投资者如何最优化分散投资风险资产和无风险资产。证券市场线告诉投资者任何资产的期望收益是如何与风险相联系起来的，以及应如何衡量风险。

9.4.1 资本市场线

资本市场线说明，投资者的最优投资策略是分散资金投资于两种资产：收益为 r_f 的无风险资产以及代表整个市场的风险资产。该投资者的期望收益，即 CML（最优组合的期望收益），可由下面的等式给出：

$$E(r_p) = r_f + (投资于市场组合的比例) \cdot [E(r_M) - r_f]$$

9.4.2 证券市场线

资本市场线只处理最优投资组合的构成。但是，市场中有许多资产，应如何组合？证券市场线表明，任何资产（股票或组合）的期望收益和几个因素有关：市场无风险利率 r_f、资产的市场风险、夏普比率及市场组合 M、市场的期望收益率 E（r_M）。证券市场线表明，任何资产的期望收益由下式决定：

任何资产的期望收益率 $=Er_{资产}=rf+\beta_{资产}\cdot[Er_M-r_f]$

其中：$\beta_{资产}$ 为资产的贝塔系数。

|9.5| 实验举例

9.5.1 最大风险资产组合的收益和标准差

假设风险资产中包含股票 A 与股票 B，基本信息如表 9-1 所示。

表 9-1 风险资产组合基本信息

项目	股票 A	股票 B	无风险利率
收益率	7.00%	15.00%	2%
方差	0.0064	0.0196	
标准差	8.00%	14.00%	
协方差	0.00		
相关系数	0.10		

图 9-1 中的曲线揭示了股票 A、B 组合的期望收益率和标准差之间的关系，直线说明了无风险资产和风险资产的特定组合构成的新资产组合的期望收益率和标准差的关系。

计算风险资产组合在圆点和方点处的期望收益率和收益标准差。圆点处的期望收益率计算如下。

在均值输出处输入 "=B28*\$B\$3+（1-B28）*\$C\$3"，输入过程如图 9-2 所示。

结果输出为 7.80%，说明圆点处风险投资组合的期望收益率为 7.80%，结果输出如图 9-3 所示。

圆点处的收益标准差计算如下：

在标准差输出处输入 "=SQRT（B28^2*\$B\$4+（1-B28）^2*\$C\$4+2*B28*（1-B28）*\$B\$6）"，输入过程如图 9-4 所示。

结果输出为 7.47%，说明圆点处风险投资组合的收益标准差为 7.47%，结果如图 9-5 所示。

最大收益投资组合（方点处）的期望收益率与收益方差计算过程如下。

在均值输出处输入 "B34*\$B\$3+（1-B34）*\$C\$3"，输入过程如图 9-6 所示。

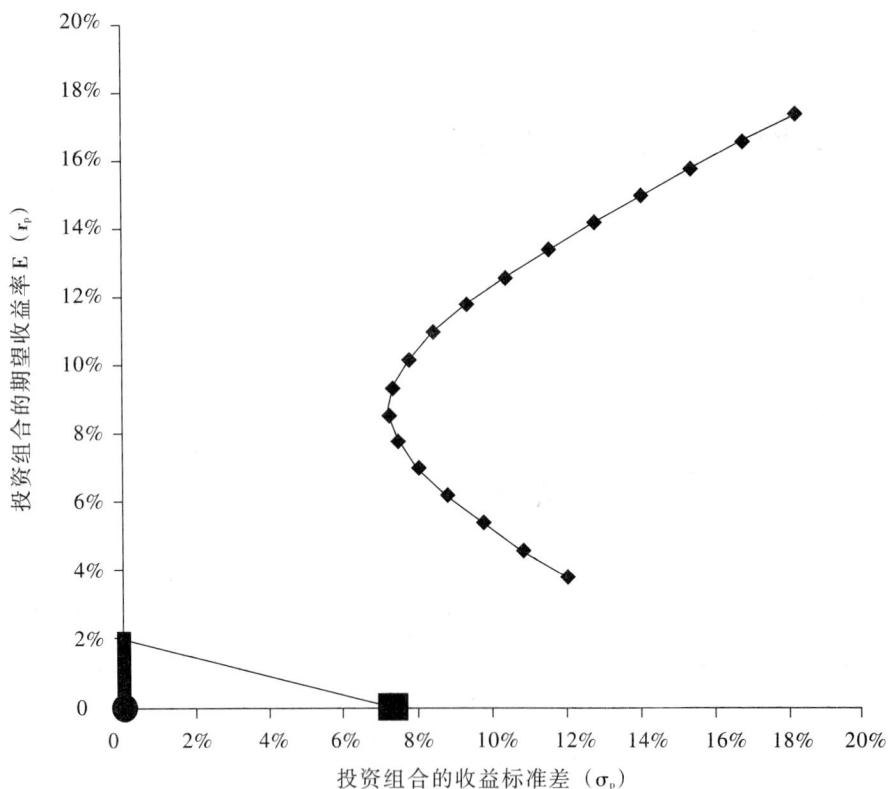

图9-1 投资组合的期望收益和收益标准差

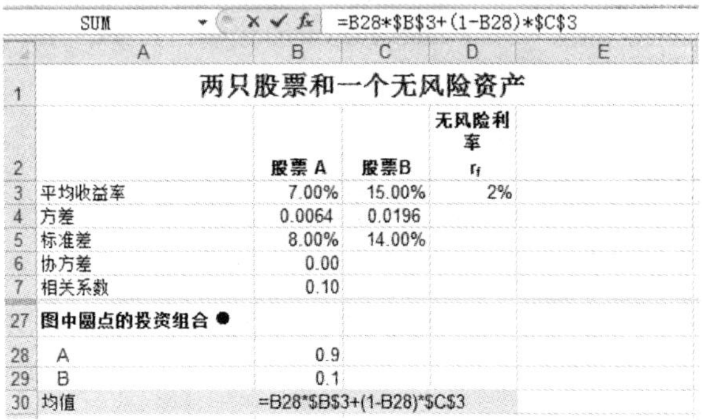

图9-2 圆点处投资组合期望收益率的计算过程

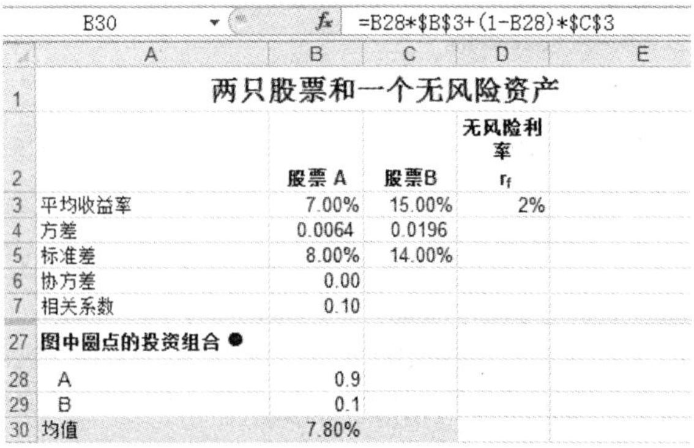

图9-3 圆点处投资组合的期望收益率

	SUM		▼	× ✓ ƒx	=SQRT(B28^2*$B$4+(1-B28)^2*$C$4+2*B28*(1-B28)*$B$6)		

	A	B	C	D	E	F	G
1	两只股票和一个无风险资产						
2		股票A	股票B	无风险利率 r_f			
3	平均收益率	7.00%	15.00%	2%			
4	方差	0.0064	0.0196				
5	标准差	8.00%	14.00%				
6	协方差	0.00					
7	相关系数	0.10					
27	图中圆点的投资组合 ●						
28	A	0.9					
29	B	0.1					
30	均值	7.80%					
31	标准差	=SQRT(B28^2*$B$4+(1-B28)^2*$C$4+2*B28*(1-B28)*$B$6)					

图9-4　圆点处投资组合收益标准差的计算过程

	B31		▼	(	ƒx	=SQRT(B28^2*$B$4+(1-B28)^2*$C$4+2*B28*(1-B28)*$B$6)		

	A	B	C	D	E	F	G
1	两只股票和一个无风险资产						
2		股票A	股票B	无风险利率 r_f			
3	平均收益率	7.00%	15.00%	2%			
4	方差	0.0064	0.0196				
5	标准差	8.00%	14.00%				
6	协方差	0.00					
7	相关系数	0.10					
27	图中圆点的投资组合 ●						
28	A	0.9					
29	B	0.1					
30	均值	7.80%					
31	标准差	7.47%					

图9-5　圆点处投资组合收益标准差

	SUM		▼	× ✓ ƒx	=B31*$B$3+(1-B34)*$C$3	

	A	B	C	D	E
1	两只股票和一个无风险资产				
2		股票A	股票B	无风险利率 r_f	
3	平均收益率	7.00%	15.00%	2%	
4	方差	0.0064	0.0196		
5	标准差	8.00%	14.00%		
6	协方差	0.00			
7	相关系数	0.10			
33	图中方点的投资组合■				
34	A		0.7		
35	B		0.3		
36	均值	=B34*$B$3+(1-B34)*$C$3			

图9-6　方点处投资组合均值的计算过程

结果输出为9.40%，说明方点处风险投资组合的期望收益率为9.40%，结果如图9-7所示。

最大收益投资组合（方点处）收益方差计算过程如下。

在标准差输出处输入"=SQRT（B34^2*$B$4+（1-B34）^2*$C$4+2*B34*（1-B34）*$B$6)"，输入过程如图9-8所示。

结果输出为7.33%，说明方点处风险投资组合的收益标准差为7.33%，如图9-○所示。

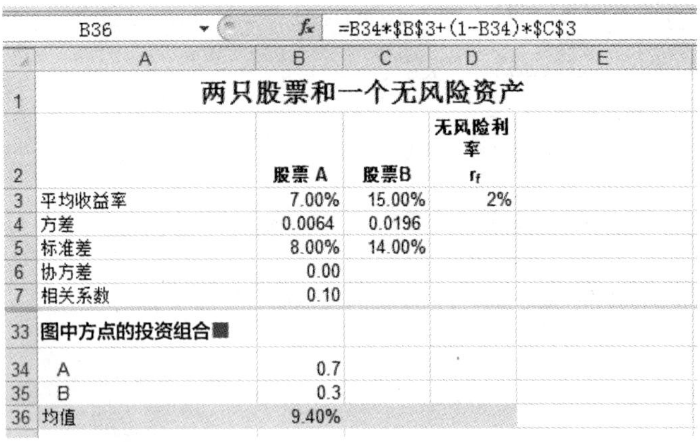

图9-7　方点处投资组合均值

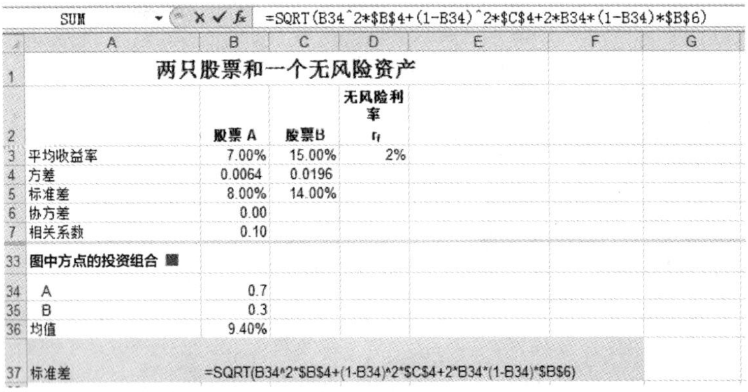

图9-8　方点处投资组合收益标准差计算过程

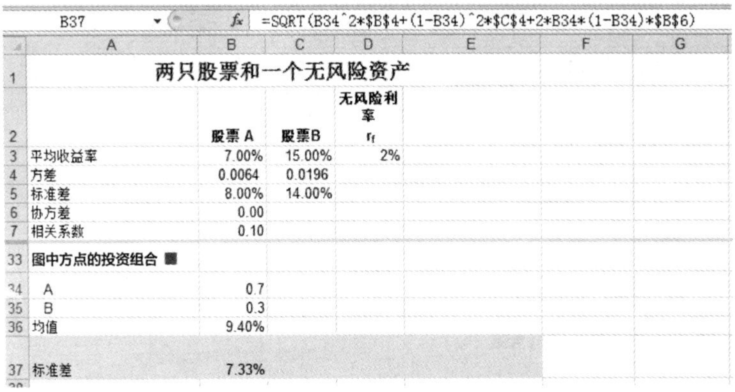

图9-9　方点处投资组合收益标准差

9.5.2　资本市场线

组合一：投资于市场组合M和无风险资产。

假设你有1 000元，可以选择下面三种资产任何组合：无风险资产、股票A以及股票B。本例中你会投资500元于无风险资产，另外500元投资于市场组合M，该市场组合由51.81%的股票A和48.19%的股票B构成。投资组合的期望收益率及组合的标准差计算步骤如下（用到的信息如图9-10所示）。

C25 f_x

	A	B	C	D
1	资本市场线上的投资组合 (CML)			
2	**市场组合 M**	**百分比**		
3	股票 A	51.81%		
4	股票 B	48.19%		
5	市场组合M的期望收益	10.85%		
6	市场组合M的标准差	8.26%		
7				
8	**投资者的组合**			
9	投资于无风险资产	50%		
10	投资于市场组合M	50%		
11				
12	**资本市场线上的点---投资组合的收益统计量**			
13	投资组合的期望收益率	6.43%		
14	组合的标准差	4.13%		
15				
16				
17				
18		**股票A**	**股票B**	**无风险利率 r_f**
19	平均收益	7.00%	15.00%	2.00%
20	收益方差	0.0064	0.0196	
21	收益标准差	8.00%	14.00%	
22	协方差	0.0011		

图 9-10　投资组合一的基本信息

第一步：在B13处输入“=B9*D19+B10*B5”，输入过程如图9-11所示。

SUM　× ✓ f_x　=B9*D19+B10*B5

	A	B	C
1	资本市场线上的投资组合 (CML)		
2	**市场组合 M**	**百分比**	
3	股票 A	51.81%	
4	股票 B	48.19%	
5	市场组合M的期望收益	10.85%	
6	市场组合M的标准差	8.26%	
7			
8	**投资者的组合**		
9	投资于无风险资产	50%	
10	投资于市场组合M	50%	
11			
12	**资本市场线上的点---投资组合的收益统计量**		
13	投资组合的期望收益率	=B9*D19+B10*B5	

图 9-11　投资组合一的期望收益率计算过程

结果输出为6.43%，说明投资组合的期望收益率为6.43%，如图9-12所示。

B13　f_x　=B9*D19+B10*B5

	A	B
1	资本市场线上的投资	
2	**市场组合 M**	**百分比**
3	股票 A	51.81%
4	股票 B	48.19%
5	市场组合M的期望收益	10.85%
6	市场组合M的标准差	8.26%
7		
8	**投资者的组合**	
9	投资于无风险资产	50%
10	投资于市场组合M	50%
11		
12	**资本市场线上的点---投资组合的收益统计量**	
13	投资组合的期望收益率	6.43%

图 9-12　投资组合一的期望收益率计算结果

第二步：在B14处输入“=B10*B6”，输入过程如图9-13所示。

SUM | =B10*B6

	A	B	C
1	资本市场线上的投资组合 (CML)		
2	**市场组合 M**	**百分比**	
3	股票 A	51.81%	
4	股票 B	48.19%	
5	市场组合M的期望收益	10.85%	
6	市场组合M的标准差	8.26%	
7			
8	**投资者的组合**		
9	投资于无风险资产	50%	
10	投资于市场组合M	50%	
11			
12	**资本市场线上的点---投资组合的收益统计量**		
13	投资组合的期望收益率	6.43%	
14	组合的标准差	=B10*B6	

图 9-13　投资组合一的标准差计算过程

结果输出为4.13%，说明组合的标准差为4.13%，如图9-14所示。

B14 | =B10*B6

	A	B	C
1	资本市场线上的投资组合 (CML)		
2	**市场组合 M**	**百分比**	
3	股票 A	51.81%	
4	股票 B	48.19%	
5	市场组合M的期望收益	10.85%	
6	市场组合M的标准差	8.26%	
7			
8	**投资者的组合**		
9	投资于无风险资产	50%	
10	投资于市场组合M	50%	
11			
12	**资本市场线上的点---投资组合的收益统计量**		
13	投资组合的期望收益率	6.43%	
14	组合的标准差	4.13%	
15			

图 9-14　投资组合一的标准差计算结果

组合二：以无风险利率 r_f 借入资金以购买更多的市场组合 M。

在组合二中，投资者以无风险利率借入500元，并投资1 500元于由股票A和股票B构成的组合。该投资组合的期望收益率及组合的标准差计算步骤如下（用到的信息如图9-15所示）。

E12 |

	A	B	C	D
1	资本市场线上的投资组合 (CML)			
2	**市场组合 M**	**百分比**		
3	股票 A	51.81%		
4	股票 B	48.19%		
5	市场组合M的期望收益	10.85%		
6	市场组合M的标准差	8.26%		
7				
8	**投资者的组合**			
9	投资于无风险资产	-50%		
10	投资于市场组合M	150%		
11				
12	**资本市场线上的点---投资组合的收益统计量**			
13	投资组合的期望收益率	15.282415130410100%		
14	组合的标准差	12.40%		
15				
16				
17				
18		**股票A**	**股票B**	**无风险利率 r_f**
19	平均收益	7.00%	15.00%	2.00%
20	收益方差	0.0064	0.0196	
21	收益标准差	8.00%	14.00%	
22	协方差	0.0011		

图 9-15　投资组合二的基本信息

第一步：在B13处输入“=B9*D19+B10*B5”，输入过程如图9-16所示。

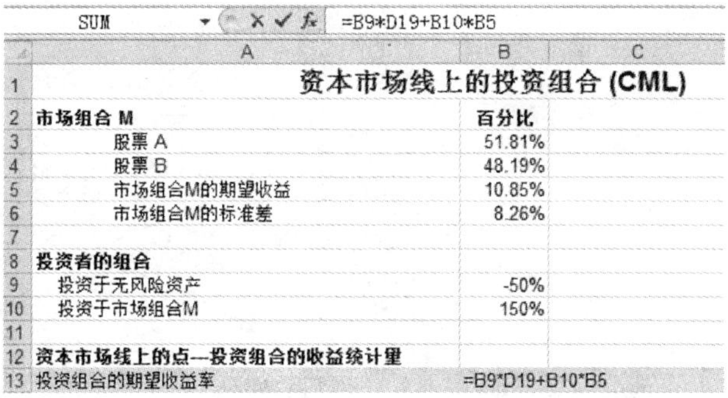

SUM =B9*D19+B10*B5

	A	B	C
1	资本市场线上的投资组合 (CML)		
2	市场组合 M	百分比	
3	股票 A	51.81%	
4	股票 B	48.19%	
5	市场组合M的期望收益	10.85%	
6	市场组合M的标准差	8.26%	
7			
8	投资者的组合		
9	投资于无风险资产	-50%	
10	投资于市场组合M	150%	
11			
12	资本市场线上的点—投资组合的收益统计量		
13	投资组合的期望收益率	=B9*D19+B10*B5	

图9-16　投资组合二的期望收益率计算过程

结果输出为15.28%，说明投资组合的期望收益率为15.28%，如图9-17所示。

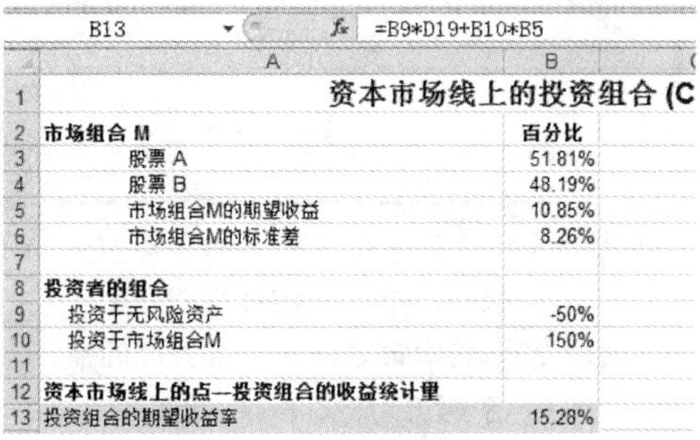

B13 =B9*D19+B10*B5

	A	B
1	资本市场线上的投资组合 (C	
2	市场组合 M	百分比
3	股票 A	51.81%
4	股票 B	48.19%
5	市场组合M的期望收益	10.85%
6	市场组合M的标准差	8.26%
7		
8	投资者的组合	
9	投资于无风险资产	-50%
10	投资于市场组合M	150%
11		
12	资本市场线上的点—投资组合的收益统计量	
13	投资组合的期望收益率	15.28%

图9-17　投资组合二的期望收益率计算结果

第二步：在B14处输入“=B10*B6”，输入过程如图9-18所示。

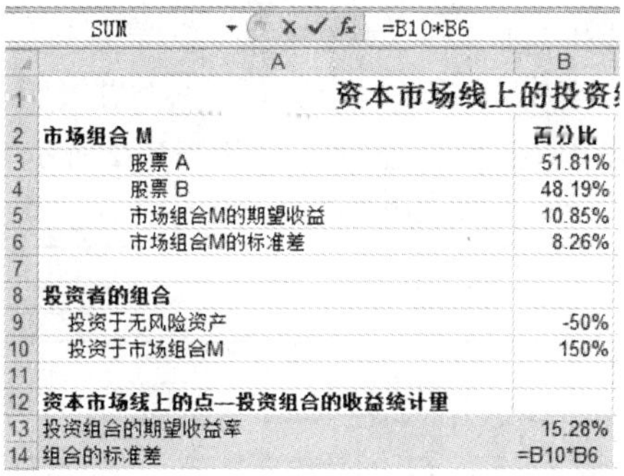

SUM =B10*B6

	A	B
1	资本市场线上的投资	
2	市场组合 M	百分比
3	股票 A	51.81%
4	股票 B	48.19%
5	市场组合M的期望收益	10.85%
6	市场组合M的标准差	8.26%
7		
8	投资者的组合	
9	投资于无风险资产	-50%
10	投资于市场组合M	150%
11		
12	资本市场线上的点—投资组合的收益统计量	
13	投资组合的期望收益率	15.28%
14	组合的标准差	=B10*B6

图9-18　投资组合二的标准差计算过程

结果输出为12.4%，说明组合的标准差为12.40%，如图9-19所示。

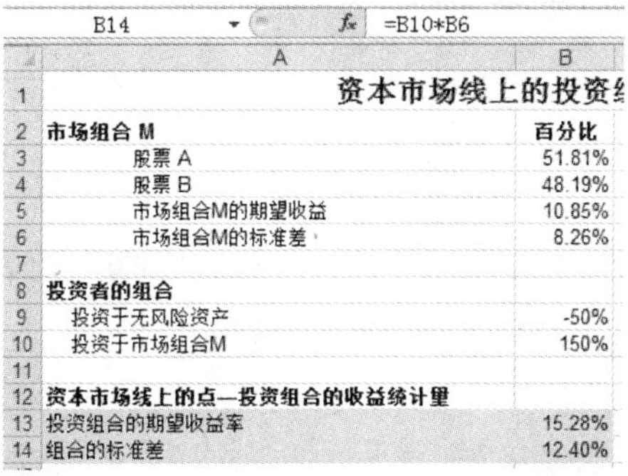

B14 =B10*B6

	A	B
1	资本市场线上的投资	
2	市场组合 M	百分比
3	股票 A	51.81%
4	股票 B	48.19%
5	市场组合M的期望收益	10.85%
6	市场组合M的标准差	8.26%
7		
8	投资者的组合	
9	投资于无风险资产	-50%
10	投资于市场组合M	150%
11		
12	资本市场线上的点—投资组合的收益统计量	
13	投资组合的期望收益率	15.28%
14	组合的标准差	12.40%

图9-19　投资组合二的标准差计算结果

资本市场线上的几种组合如图9-20所示。

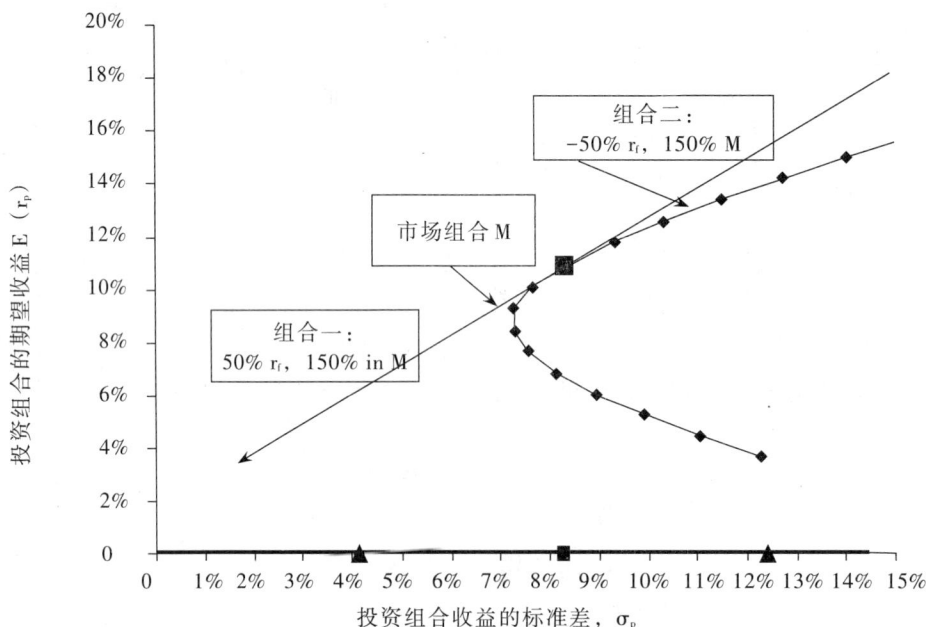

图9-20　资本市场线上组合对应的点

由以上两种投资组合的期望收益率及标准差的对比可以，组合二的标准差为12.40%比组合一的标准差4.13%大，这说明组合二的风险更大。但是，组合二的期望收益率15.28%比组合一的期望收益率6.43%大，这说明组合二的期望收益率相对组合一的期望收益率更高。哪一个组合更好？将它们的收益与标准差相比较，发现没有一个组合更好，收益高的组合需要投资者承担更高的风险。选择哪一个投资组合取决于投资者愿意承担多少风险。两种组合对应的期望收益和收益标准差如表9-2所示。

表9-2　　　　　　　　　　　　　　　　　　**期望收益与收益标准差**

	期望收益 $E(r_p)$	收益的标准差 σ_p
组合一	6.43%	4.13%
组合二	15.28%	12.40%

9.5.3　夏普比率和市场组合

夏普比率是一个"风险-收益"比率，分子是投资者从组合中获得的额外收益（超过无风险利率），而分母是该额外收益的成本，它的标准差。市场组合M被称为具有最高夏普比率的组合。夏普比率的计算过程如下。

在B17处输入"=（B12-D3）/B13"，输入过程如图9-21所示。

夏普比率的计算结果为1.0557，如图9-22所示。

9.5.4　证券市场线

证券市场线给出的是单个资产的风险-收益关系，表明资产和组合的期望收益是由资

	SUM	▼	× ✓ *fx*	=(B12-D3)/B13	

含无风险资产的投资组合收益　　夏普比率

	A	B	C	D	E
1					
2		股票A	股票B	无风险利率 r_f	
3	平均收益率	7.00%	15.00%	2.00%	
4	收益方差	0.64%	1.96%		
5	收益标准差	8.00%	14.00%		
6	协方差	0.0011			
7					
8	投资组合的收益和风险				
9	投资于股票A的比例	40.00%			
10	投资于股票B的比例	60.00%			
11					
12	预期组合收益	11.80%			
13	组合标准差	9.28%			
14					
15	风险溢价	9.80%			
16					
17	夏普比率	=(B12-D3)/B13			
18					

图9-21　夏普比率计算过程

	B18	▼	*fx*		

含无风险资产的投资组合收益　　夏普比率

	A	B	C	D	E
1					
2		股票A	股票B	无风险利率 r_f	
3	平均收益率	7.00%	15.00%	2.00%	
4	收益方差	0.64%	1.96%		
5	收益标准差	8.00%	14.00%		
6	协方差	0.0011			
7					
8	投资组合的收益和风险				
9	投资于股票A的比例	40.00%			
10	投资于股票B的比例	60.00%			
11					
12	预期组合收益	11.80%			
13	组合标准差	9.28%			
14					
15	风险溢价	9.80%			
16					
17	夏普比率	1.0557			

图9-22　夏普比率计算结果

产的系统性风险（简称β）、无风险利率以及具有最大夏普比率的组合决定的。由证券市场线可知：

$$E(r_i) = \underbrace{r\_f}_{无风险利率} + \underbrace{\frac{Cov(r_i, r_M)}{Var(r_M)}}_{\beta_i} \cdot [\underbrace{E(r_M)}_{具有最大夏普比率组合的收益} - r_f]$$

例如，当i仅为股票B时，利用证券市场线计算公式有如下计算过程，表9-3给出了计算中需要用到的相关事实（当组合中不仅仅只有股票B还有股票A时，只需相应的改变股票A和票B的比例即可）。

其相关数据计算过程说明如下。

表9-3 证券市场线的说明

	股票 A	股票 B	无风险利率
平均收益	7.00%	15.00%	2.00%
收益方差	0.0064	0.0196	
收益标准差	8.00%	14.00%	
协方差	0.0011		
市场组合 M——夏普比率最大时的组合			
股票 A 的比例，x_{MA}	51.81%		
股票 B 的比例，x_{MB}	48.19%		
预期市场组合收益，$E(r_M)$	10.85%		
市场组合收益方差，$Var(r_M)$	0.0068		
市场组合标准差	8.26%		
市场超额 收益 $E(r_M)-r_f$	8.85%		

第一步：在B22中输入"=B20*B3+B21*C3"。输入过程如图9-23所示。

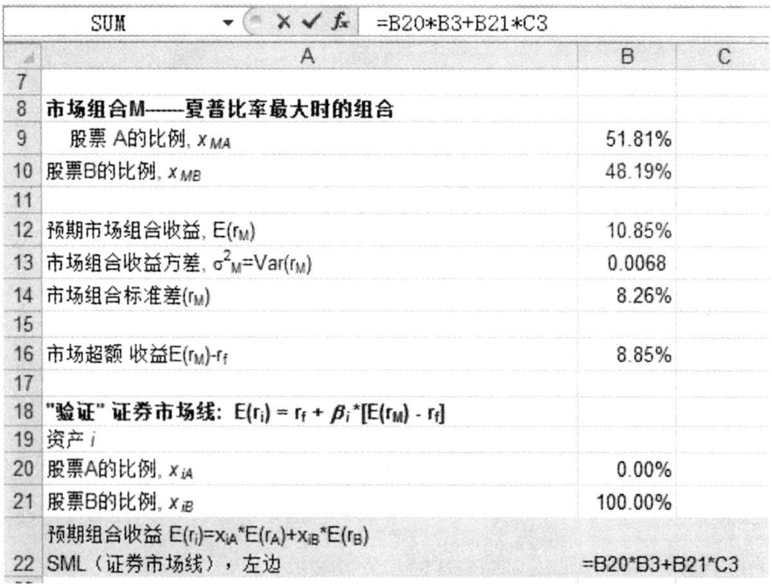

图9-23 按股票比重计算预期组合收益过程

输出结果如图9-24所示。

第二步：在B26中输入"=D3+B25*B16"，输入过程如图9-25所示。

计算结果如图9-26所示。

所以，由证券市场线计算出来的期望收益率为15.00%。

	B23		f_x	
		A		B
7				
8	**市场组合M——夏普比率最大时的组合**			
9	股票A的比例, x_{MA}			51.81%
10	股票B的比例, x_{MB}			48.19%
11				
12	预期市场组合收益, $E(r_M)$			10.85%
13	市场组合收益方差, $\sigma^2_M=Var(r_M)$			0.0068
14	市场组合标准差(r_M)			8.26%
15				
16	市场超额 收益$E(r_M)-r_f$			8.85%
17				
18	"验证" 证券市场线: $E(r_i) = r_f + \beta_i*[E(r_M) - r_f]$			
19	资产 i			
20	股票A的比例, x_{iA}			0.00%
21	股票B的比例, x_{iB}			100.00%
22	预期组合收益 $E(r_i)=x_{iA}*E(r_A)+x_{iB}*E(r_B)$ SML（证券市场线），左边			15.00%

图9-24　按股票比重计算预期组合收益

	SUM		f_x	=D3+B25*B16	
		A		B	C
7					
8	**市场组合M——夏普比率最大时的组合**				
9	股票 A的比例, x_{MA}			51.81%	
10	股票B的比例, x_{MB}			48.19%	
11					
12	预期市场组合收益, $E(r_M)$			10.85%	
13	市场组合收益方差, $\sigma^2_M=Var(r_M)$			0.0068	
14	市场组合标准差(r_M)			8.26%	
15					
16	市场超额 收益$E(r_M)-r_f$			8.85%	
17					
18	"验证" 证券市场线: $E(r_i) = r_f + \beta_i*[E(r_M) - r_f]$				
19	资产 i				
20	股票A的比例, x_{iA}			0.00%	
21	股票B的比例, x_{iB}			100.00%	
22	预期组合收益 $E(r_i)=x_{iA}*E(r_A)+x_{iB}*E(r_B)$ SML（证券市场线），左边			15.00%	
23					
24	$Cov(r_i,r_M)$			0.0100	
25	β_i			1.4681	
26	$r_f+\beta_i*[E(r_M)-r_f]$ SML（证券市场线），右边			=D3+B25*B16	

图9-25　按证券市场线公式计算预期收益过程

	B26		f_x	=D3+B25*B16
		A		B
7				
8	**市场组合M——夏普比率最大时的组合**			
9	股票 A的比例, x_{MA}			51.81%
10	股票B的比例, x_{MB}			48.19%
11				
12	预期市场组合收益, $E(r_M)$			10.85%
13	市场组合收益方差, $\sigma^2_M=Var(r_M)$			0.0068
14	市场组合标准差(r_M)			8.26%
15				
16	市场超额 收益$E(r_M)-r_f$			8.85%
17				
18	"验证" 证券市场线: $E(r_i) = r_f + \beta_i*[E(r_M) - r_f]$			
19	资产 i			
20	股票A的比例, x_{iA}			0.00%
21	股票B的比例, x_{iB}			100.00%
22	预期组合收益 $E(r_i)=x_{iA}*E(r_A)+x_{iB}*E(r_B)$ SML（证券市场线），左边			15.00%
23				
24	$Cov(r_i,r_M)$			0.0100
25	β_i			1.4681
26	$r_f+\beta_i*[E(r_M)-r_f]$ SML（证券市场线），右边			15.00%

图9-26　按证券市场线公式计算预期收益结果

|9.6| 练习题

表9-4为股票X和股票Y以及一种无风险资产的数据。

表9-4	股票X，Y的信息	
	股票X	股票Y
平均收益	19.00%	13.00%
方差	0.09	0.015
协方差	0.01	
无风险利率	3.00%	

（1）求股票X和股票Y的最小方差组合的收益和标准差。

（2）求由30%的最小方差组合和70%的无风险资产构成的组合的收益和标准差。

第 10 章

用证券市场线衡量投资业绩

10.1 实验概述

本章介绍如何求单个证券以及组合的 β 和 α，界定市场风险（不可分散风险）和因素风险（可分散风险）的概念，并且提出了如何构建降低非系统风险的组合。通过用 α 衡量投资业绩，验证了各种共同基金的业绩以及有关基金费用和有效市场假说的重要问题。

10.2 实验目的

（1）通过用证券超额收益和市场组合收益间的回归方程来计算证券的 β；

（2）掌握如何计算证券的 α，α 为衡量经风险调整的证券业绩；

（3）探讨不可分散风险（也称为市场风险）和可分散风险（也称为因素风险）的差异，并阐述股票组合如何降低可分散风险。

10.3 实验工具

微软 Excel 软件。

10.4 理论要点

一种资产、一只股票，或者一个投资组合的业绩表现怎么样？"投资业绩"是形容该问题的金融术语。通常，基本问题是："投资经理（或基金经理）在管理资金方面做得怎么样？"想要了解资产的投资业绩，需要先了解一下资产的风险。因为高风险应该有高回报，以弥补投资者承担的风险，所以衡量真实的投资业绩应该考虑投资者因承担风险而赚取的超额收益。

证券市场线给我们提供了一种标准的衡量投资业绩的方法。用证券市场线衡量基于风险的业绩，可以得出结论如下：一种特定资产的业绩是超过了它的风险（表现突出），还是没有（表现不佳）。

|10.5| 实验举例

10.5.1 衡量富达麦哲伦基金的投资业绩

本节通过用市场证券线衡量富达麦哲伦基金（股票代码FMAGX）的投资业绩，来解释证券市场线在衡量投资业绩中的使用。我们将阐述1998—2008年的10年间，基于风险变化，麦哲伦的表现超越了市场的表现。

首先，我们总结一下证券市场线。证券市场线阐明了资产风险及其期望收益的关系。资产的风险由β衡量，β反映资产收益对市场收益变化的敏感程度。资产的β值越高，投资者的期望越高。证券市场线的方程阐明了资产的期望收益，其期望收益 $E(r_i)$ 由下式给出：

$$E(r_i) = r_f + \beta_i \left[E(r_M) - r_f \right], \text{其中：} \beta_i = \frac{\mathrm{Cov}(r_i, r_M)}{\sigma_M^2}$$

$E(r_i)$ 中的字母"i"表明，证券市场线适用于所有风险资产的风险——收益关系。因此，i能代表任何资产，可以是股票、债券或者投资组合。本章的i要么代表股票，要么代表共同基金（由股票或债券构成的大的多元化组合）。表10-1包含衡量麦哲伦业绩的必要数据：

（1）1999—2008年10年间麦哲伦和标普500指数年收益数据。收益包含股利，假定投资者在t-1年末购买股票，并一直持有至t年末，则计算t年的收益如下：

$$\text{收益}_t = \frac{P_t - P_{t-1} + \text{股利}_t}{P_{t-1}}$$

（2）年无风险利率数据。1年期美国国库券的收益作为无风险利率。

（3）超额收益数据。"超额收益"是同一时期证券（它是麦哲伦或标普500指数）收益和无风险利率的差。例如，1998年某位投资者拥有标普500指数，他的投资将获得30.54%的收益；同一时期，他持有无风险的美国国库券获得的收益为5.66%。因此，这段时期，标普500指数收益超过无风险利率24.88%，是这个时期标普500指数的超额收益。麦哲伦是否有经风险调整的突出业绩？

表10-1　　　　　　　富达麦哲伦基金（FMAGX）和标普500指数

时间	FMAGX的收益率	标普500的收益率	无风险利率
1999-01-04	39.24%	30.54%	5.66%
2000-01-03	12.31%	8.97%	4.61%
2001-01-02	-1.54%	-2.04%	6.34%
2002-01-02	-17.13%	-17.26%	4.78%
2003-01-02	-23.35%	-24.29%	3.17%
2004-01-02	30.00%	32.19%	1.70%
2005-01-03	4.14%	4.43%	1.88%
2006-01-03	13.63%	8.36%	3.18%
2007-01-02	5.49%	12.36%	4.33%
2008-01-02	5.19%	-4.15%	4.76%

第一步：分别计算超额收益。

（1）选中单元格，输入"=B4-D4"可得FMAGX指数的超额收益率。输入过程如图10-1所示。

图10-1　1999年FMAG指数的超额收益率

接以上操作，向下复制公式，可得每年FMAGX指数的超额收益率，如图10-2所示。

图10-2　FMAG指数的超额收益率

（2）选中单元格，输入"=C4-D4"可得标普500指数的超额收益率。输入过程如图10-3所示。

图10-3　1999年标普500指数的超额收益率

向下复制公式，可得结果，如图10-4所示。

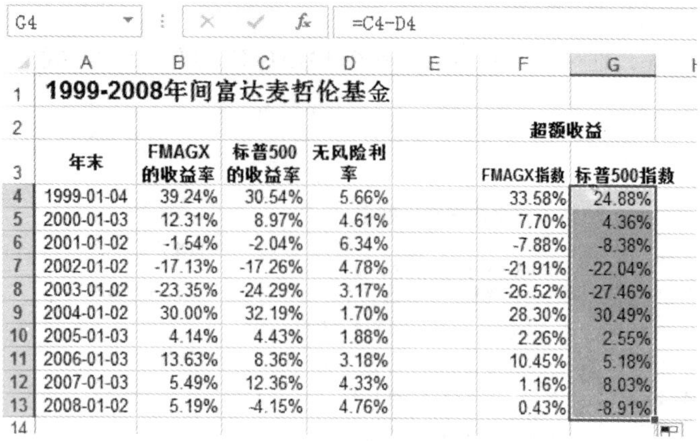

图 10-4　标普 500 指数的超额收益率

第二步：计算平均收益率。选中单元格，输入"=AVERAGE（B4：B13）"可得 FMAGX 的平均收益率，输入过程如图 10-5 所示。

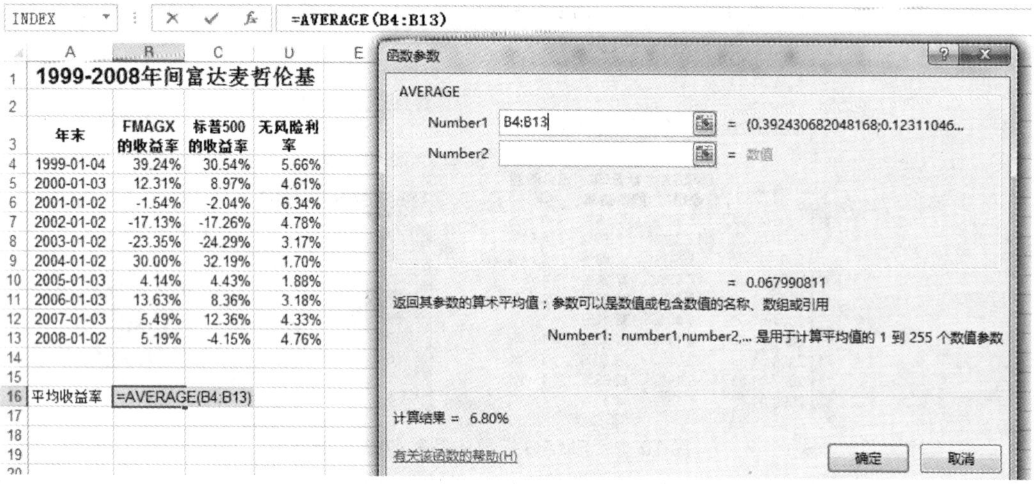

图 10-5　AVERAGE 参数输入（1）

单击"确定"可得结果，如图 10-6 所示。

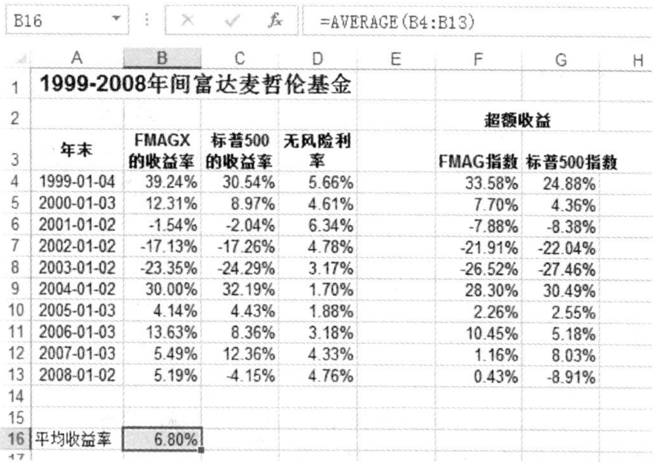

图 10-6　FMAGX 的平均收益率

向右复制公式，可得结果，如图10-7所示。

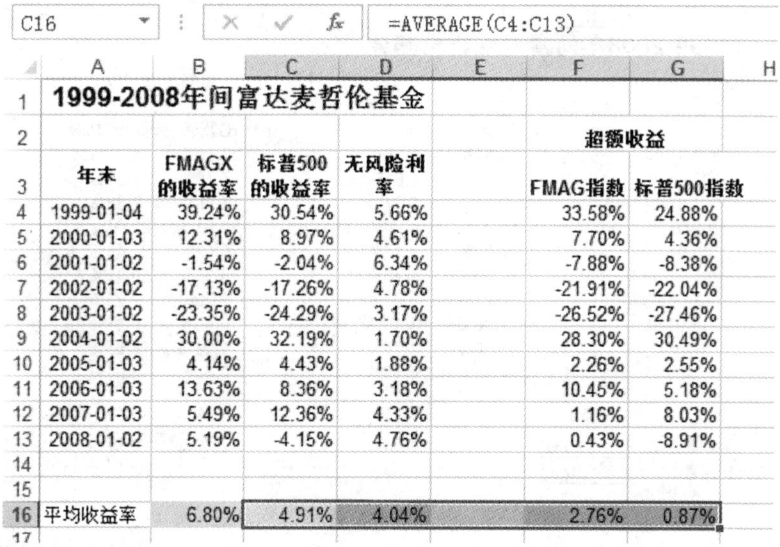

| C16 | : × ✓ fx | =AVERAGE(C4:C13) | | | | | |

	A	B	C	D	E	F	G	H
1	**1999-2008年间富达麦哲伦基金**							
2						**超额收益**		
3	年末	FMAGX 的收益率	标普500 的收益率	无风险利率		FMAG指数	标普500指数	
4	1999-01-04	39.24%	30.54%	5.66%		33.58%	24.88%	
5	2000-01-03	12.31%	8.97%	4.61%		7.70%	4.36%	
6	2001-01-02	-1.54%	-2.04%	6.34%		-7.88%	-8.38%	
7	2002-01-02	-17.13%	-17.26%	4.78%		-21.91%	-22.04%	
8	2003-01-02	-23.35%	-24.29%	3.17%		-26.52%	-27.46%	
9	2004-01-02	30.00%	32.19%	1.70%		28.30%	30.49%	
10	2005-01-03	4.14%	4.43%	1.88%		2.26%	2.55%	
11	2006-01-03	13.63%	8.36%	3.18%		10.45%	5.18%	
12	2007-01-03	5.49%	12.36%	4.33%		1.16%	8.03%	
13	2008-01-02	5.19%	-4.15%	4.76%		0.43%	-8.91%	
14								
15								
16	平均收益率	6.80%	4.91%	4.04%		2.76%	0.87%	
17								

图10-7　平均收益

可以看出，在这段时间，麦哲伦的平均收益率为6.80%，而标普500指数的平均收益率为4.91%。所以，麦哲伦的业绩明显好于标普500指数的业绩。

第三步：求标准差。选中单元格，输入"=STDEV.P（B4：B13）"，输入过程如图10-8所示。

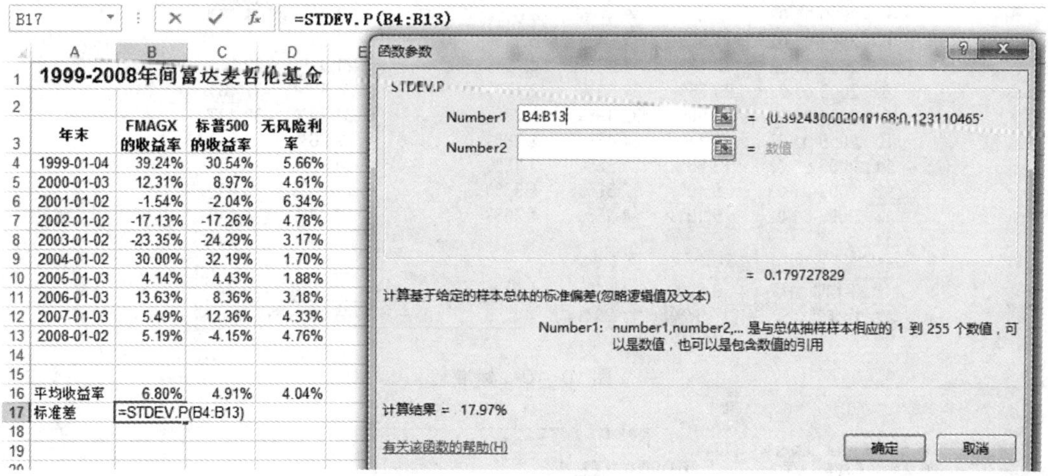

图10-8　STDEV.P参数输入（1）

单击"确定"可得结果，如图10-9所示。

向右复制公式，可得结果，如图10-10所示。

第四步：求α。选中单元格，输入"=INTERCEPT（F4：F13，G4：G13）"，输入过程如图10-11所示。

单击"确定"可得结果，如图10-12所示。

$\alpha_{麦哲伦}$是衡量麦哲伦基金的超额业绩的。$\alpha_{麦哲伦}$=1.89%，表明获得比经风险调整后的超额收益高1.89%的收益。

| B17 | ▼ | : | × | ✓ | fx | =STDEV.P(B4:B13) |

	A	B	C	D	E	F	G	H
1	**1999-2008年间富达麦哲伦基金**							
2							**超额收益**	
3	年末	FMAGX的收益率	标普500的收益率	无风险利率		FMAG指数	标普500指数	
4	1999-01-04	39.24%	30.54%	5.66%		33.58%	24.88%	
5	2000-01-03	12.31%	8.97%	4.61%		7.70%	4.36%	
6	2001-01-02	-1.54%	-2.04%	6.34%		-7.88%	-8.38%	
7	2002-01-02	-17.13%	-17.26%	4.78%		-21.91%	-22.04%	
8	2003-01-02	-23.35%	-24.29%	3.17%		-26.52%	-27.46%	
9	2004-01-02	30.00%	32.19%	1.70%		28.30%	30.49%	
10	2005-01-03	4.14%	4.43%	1.88%		2.26%	2.55%	
11	2006-01-03	13.63%	8.36%	3.18%		10.45%	5.18%	
12	2007-01-03	5.49%	12.36%	4.33%		1.16%	8.03%	
13	2008-01-02	5.19%	-4.15%	4.76%		0.43%	-8.91%	
14								
15								
16	平均收益率	6.80%	4.91%	4.04%		2.76%	0.87%	
17	标准差	17.97%						

图10-9　FMAGX收益率的标准差

| C17 | ▼ | : | × | ✓ | fx | =STDEV.P(C4:C13) |

	A	B	C	D	E	F	G	H
1	**1999-2008年间富达麦哲伦基金**							
2							**超额收益**	
3	年末	FMAGX的收益率	标普500的收益率	无风险利率		FMAG指数	标普500指数	
4	1999-01-04	39.24%	30.54%	5.66%		33.58%	24.88%	
5	2000-01-03	12.31%	8.97%	4.61%		7.70%	4.36%	
6	2001-01-02	-1.54%	-2.04%	6.34%		-7.88%	-8.38%	
7	2002-01-02	-17.13%	-17.26%	4.78%		-21.91%	-22.04%	
8	2003-01-02	-23.35%	-24.29%	3.17%		-26.52%	-27.46%	
9	2004-01-02	30.00%	32.19%	1.70%		28.30%	30.49%	
10	2005-01-03	4.14%	4.43%	1.88%		2.26%	2.55%	
11	2006-01-03	13.63%	8.36%	3.18%		10.45%	5.18%	
12	2007-01-03	5.49%	12.36%	4.33%		1.16%	8.03%	
13	2008-01-02	5.19%	-4.15%	4.76%		0.43%	-8.91%	
14								
15								
16	平均收益率	6.80%	4.91%	4.04%		2.76%	0.87%	
17	标准差	17.97%	17.20%	1.45%		18.09%	17.46%	
18								

图10-10　标准差

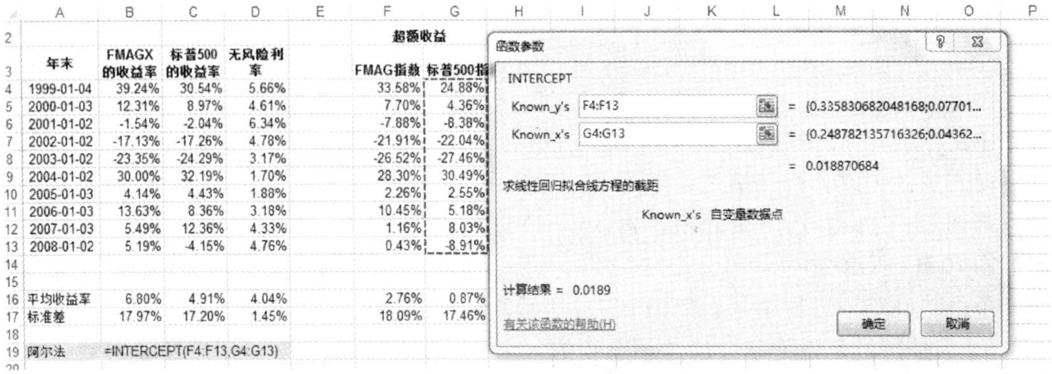

图10-11　INTERCEPT参数输入（1）

	A	B	C	D	E	F	G
2						超额收益	
3	年末	FMAGX的收益率	标普500的收益率	无风险利率		FMAG指数	标普500指数
4	1999-01-04	39.24%	30.54%	5.66%		33.58%	24.88%
5	2000-01-03	12.31%	8.97%	4.61%		7.70%	4.36%
6	2001-01-02	-1.54%	-2.04%	6.34%		-7.88%	-8.38%
7	2002-01-02	-17.13%	-17.26%	4.78%		-21.91%	-22.04%
8	2003-01-02	-23.35%	-24.29%	3.17%		-26.52%	-27.46%
9	2004-01-02	30.00%	32.19%	1.70%		28.30%	30.49%
10	2005-01-03	4.14%	4.43%	1.88%		2.26%	2.55%
11	2006-01-03	13.63%	8.36%	3.18%		10.45%	5.18%
12	2007-01-03	5.49%	12.36%	4.33%		1.16%	8.03%
13	2008-01-02	5.19%	-4.15%	4.76%		0.43%	-8.91%
14							
15							
16	平均收益率	6.80%	4.91%	4.04%		2.76%	0.87%
17	标准差	17.97%	17.20%	1.45%		18.09%	17.46%
18							
19	阿尔法	0.0189					

图 10-12　麦哲伦基金的 α 值

第五步：求 β。选中该单元格，输入"=SLOPE（F4：F13，G4：G13）"，输入过程如图 10-13 所示。

图 10-13　SLOPE 参数输入（1）

单击"确定"可得结果，如图 10-14 所示。

	A	B	C	D	E	F	G	H
2						超额收益		
3	年末	FMAGX的收益率	标普500的收益率	无风险利率		FMAG指数	标普500指数	
4	1999-01-04	39.24%	30.54%	5.66%		33.58%	24.88%	
5	2000-01-03	12.31%	8.97%	4.61%		7.70%	4.36%	
6	2001-01-02	-1.54%	-2.04%	6.34%		-7.88%	-8.38%	
7	2002-01-02	-17.13%	-17.26%	4.78%		-21.91%	-22.04%	
8	2003-01-02	-23.35%	-24.29%	3.17%		-26.52%	-27.46%	
9	2004-01-02	30.00%	32.19%	1.70%		28.30%	30.49%	
10	2005-01-03	4.14%	4.43%	1.88%		2.26%	2.55%	
11	2006-01-03	13.63%	8.36%	3.18%		10.45%	5.18%	
12	2007-01-03	5.49%	12.36%	4.33%		1.16%	8.03%	
13	2008-01-02	5.19%	-4.15%	4.76%		0.43%	-8.91%	
14								
15								
16	平均收益率	6.80%	4.91%	4.04%		2.76%	0.87%	
17	标准差	17.97%	17.20%	1.45%		18.09%	17.46%	
18								
19	阿尔法（α）	0.0189						
20	贝塔（β）	1.0011						

图 10-14　麦哲伦基金的 β 值

$\beta_{麦哲伦}$用来衡量麦哲伦基金的超额收益对标普 500 指数超额收益的敏感性。麦哲伦基

金的 β 值为 1.0011 表明，麦哲伦基金的超额收益大致等于标普 500 指数的超额收益：标普 500 指数的超额收益平均每增加 1%，麦哲伦基金的股票超额收益则增加 1.0011%。依投资分析师的说法，麦哲伦是市场中性的资产；其和标普指数的变动几乎同步。依相同的说法，β<1 的资产为防御性资产，β>1 的资产称为积极的资产。

第六步：求 R^2。选中单元格，输入"=RSQ（F4：F13，G4：G13）"，输入过程如图 10-15 所示。

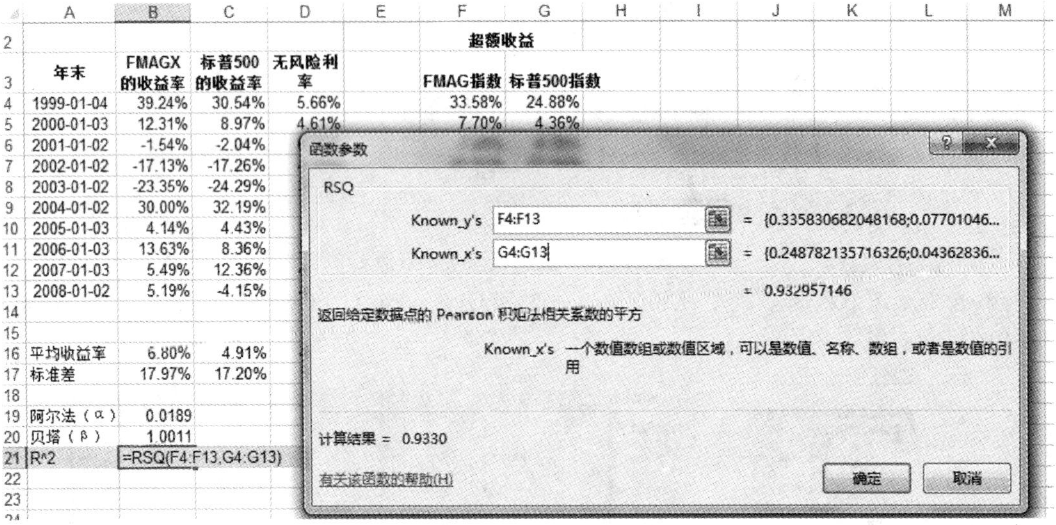

图 10-15　RSQ 参数输入（1）

单击"确定"可得结果，如图 10-16 所示。

年末	FMAGX 的收益率	标普500 的收益率	无风险利率		超额收益	
					FMAG指数	标普500指数
1999-01-04	39.24%	30.54%	5.66%		33.58%	24.88%
2000-01-03	12.31%	8.97%	4.61%		7.70%	4.36%
2001-01-02	-1.54%	-2.04%	6.34%		-7.88%	-8.38%
2002-01-02	-17.13%	-17.26%	4.78%		-21.91%	-22.04%
2003-01-02	-23.35%	-24.29%	3.17%		-26.52%	-27.46%
2004-01-02	30.00%	32.19%	1.70%		28.30%	30.49%
2005-01-03	4.14%	4.43%	1.88%		2.26%	2.55%
2006-01-03	13.63%	8.36%	3.18%		10.45%	5.18%
2007-01-03	5.49%	12.36%	4.33%		1.16%	8.03%
2008-01-02	5.19%	-4.15%	4.76%		0.43%	-8.91%
平均收益率	6.80%	4.91%	4.04%		2.76%	0.87%
标准差	17.97%	17.20%	1.45%		18.09%	17.46%
阿尔法（α）	0.0189					
贝塔（β）	1.0011					
R^2	0.9330					

图 10-16　麦哲伦基金的 R^2 值

由图 10-16 可看出，R^2=93.3%。麦哲伦基金收益变动的 93.3% 由标普 500 指数收益的变动引起，说明麦哲伦基金收益与标普 500 指数的收益具有较强的相关性。

第七步：画出回归曲线，回归曲线如图 10-17 所示。

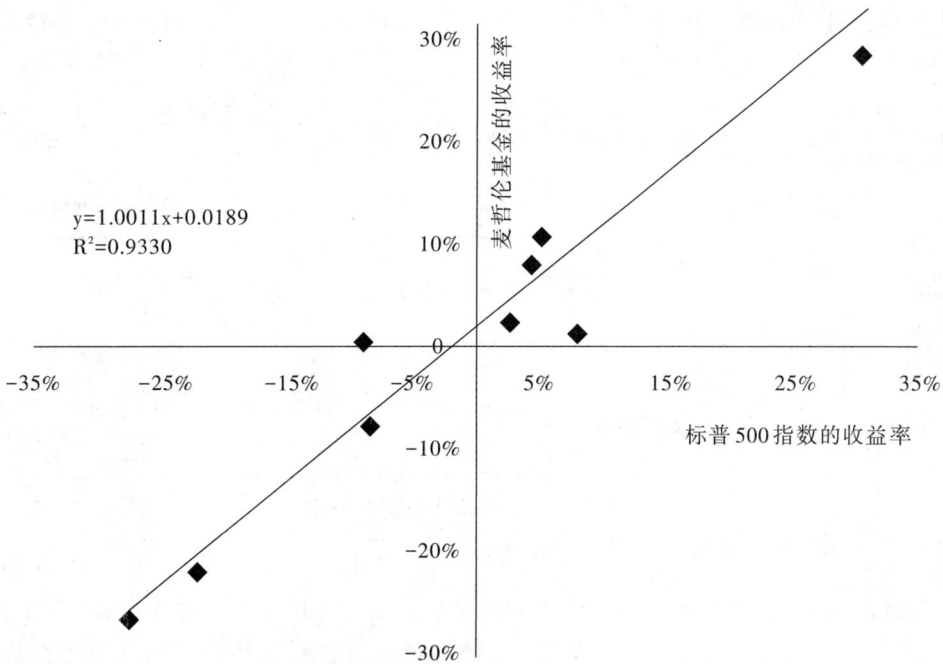

图 10-17　麦哲伦基金的超额收益对标普 500 指数数据的回归

所以，我们得到的实际回归方程是：

y=1.0011x+0.0189，R²=0.9330

可以看出，麦哲伦基金有经风险调整的突出业绩。

10.5.2　积极型股票和防御型股票

股票 1：1998—2007 年的 10 年间，金佰利公司（股票代码 KMB）的基本情况如表 10-2 所示。

表 10-2　　　　　　　　金佰利（KMB）和标普 500 指数

时间	KMB 的收益率	标普 500 的收益率	无风险利率
1999-01-04	−0.41%	30.54%	5.66%
2000-01-03	29.47%	8.97%	4.61%
2001-01-02	6.87%	−2.04%	6.34%
2002-01-02	−5.18%	−17.26%	4.78%
2003-01-02	−21.60%	−24.29%	3.17%
2004-01-02	30.99%	32.19%	1.70%
2005-01-03	15.60%	4.43%	1.88%
2006-01-03	−10.30%	8.36%	3.18%
2007-01-03	25.39%	12.36%	4.33%
2008-01-02	−2.48%	−4.15%	4.76%

第一步：计算α值。选中单元格，输入"=INTERCEPT（B3：B12-D3：D12，C3：C12-D3：D12）"，输入过程如图10-18所示。

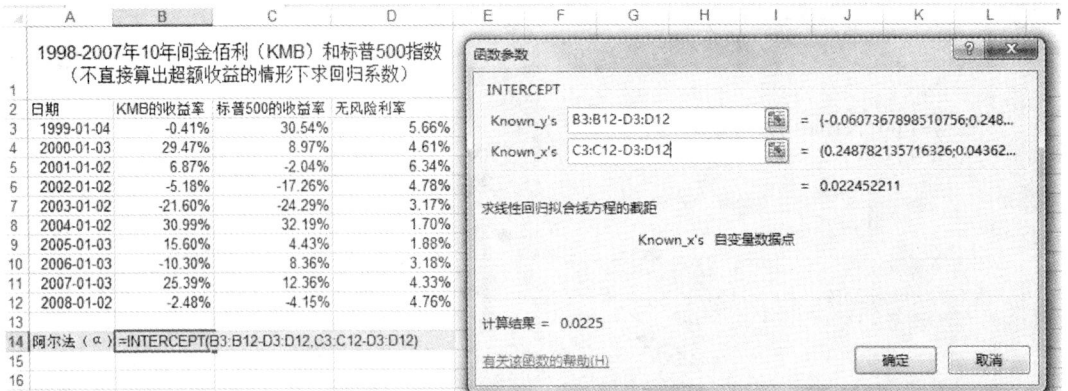

图10-18　INTERCEPT参数输入（2）

单击"确定"可得结果，如图10-19所示。

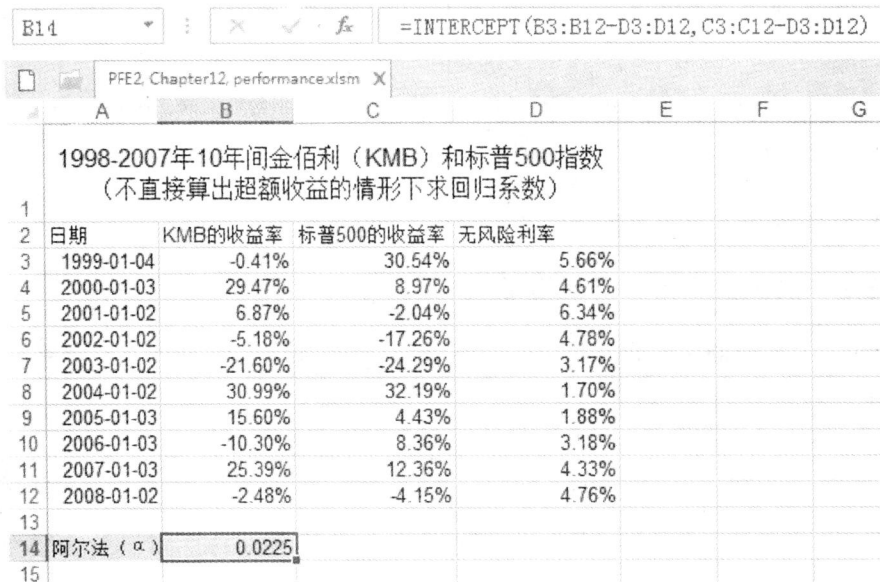

图10-19　金佰利α值

由图10-19可知，KMB的α=2.25%，这表明以年为基础，KMB的收益比经风险调整后的可保证收益高2.25%，能跑赢市场。

第二步：计算β值。选中单元格，输入"=SLOPE（B3：B12-D3：D12，C3：C12-D3：D12）"，输入过程如图10-20所示。

单击"确定"可得结果，如图10-21所示。

由图10-21可知，KMB的β=0.6301，这表明标普500指数每上涨/下跌1%就会导致KMB的收益增加/下降0.63%，属于防御型股票。

第三步：计算R^2。选中单元格，输入"=RSQ（B3：B12-D3：D12，C3：C12-D3：D12）"，输入过程如图10-22所示。

单击"确定"可得结果，如图10-23所示。

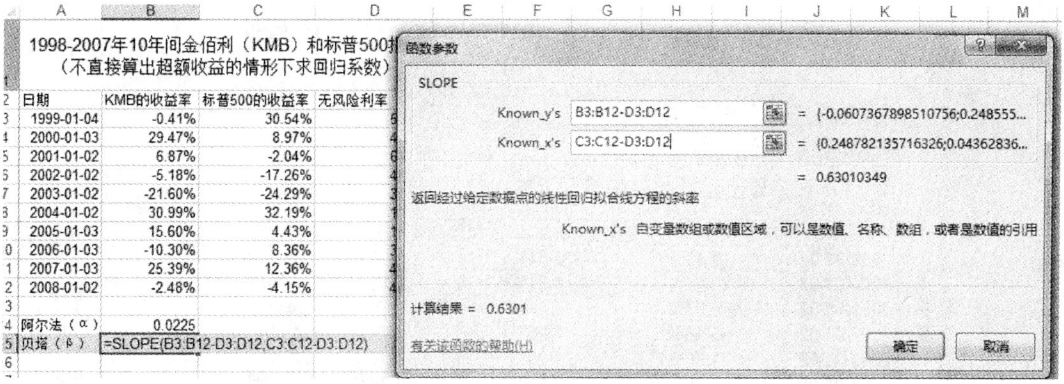

图 10-20　SLOPE 参数输入（2）

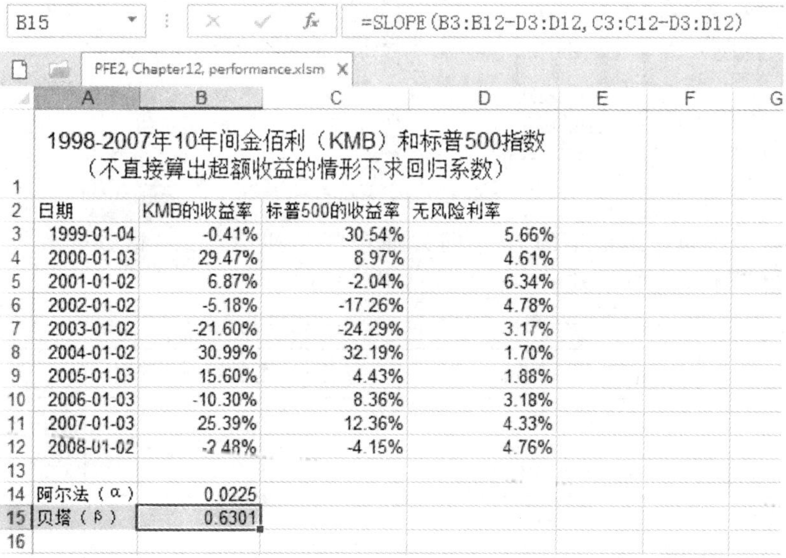

图 10-21　金佰利 β 值

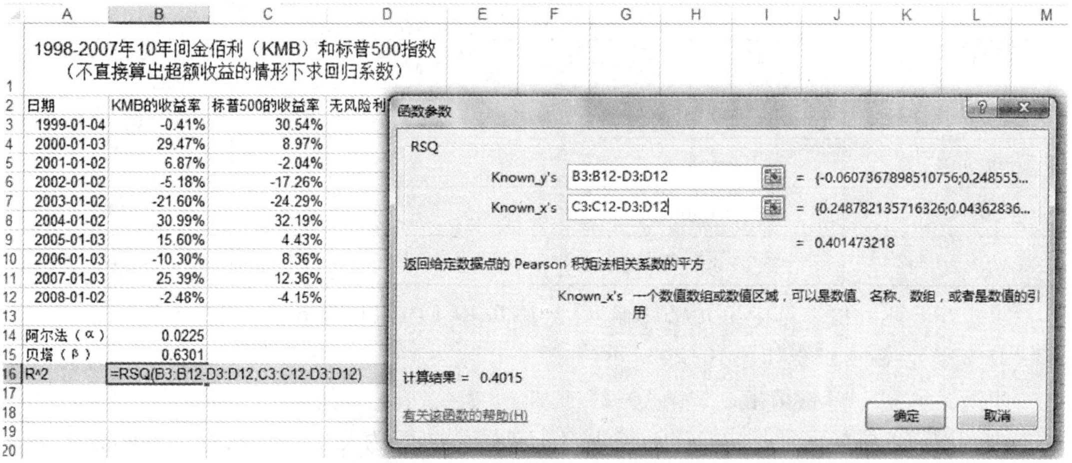

图 10-22　RSQ 参数输入（2）

KMB 的 R^2=40.15%，这表明 KMB 股价变动的 40% 是由市场变动引起的。股价变动的其余 60% 可能是由金佰利的独有变量引起的。

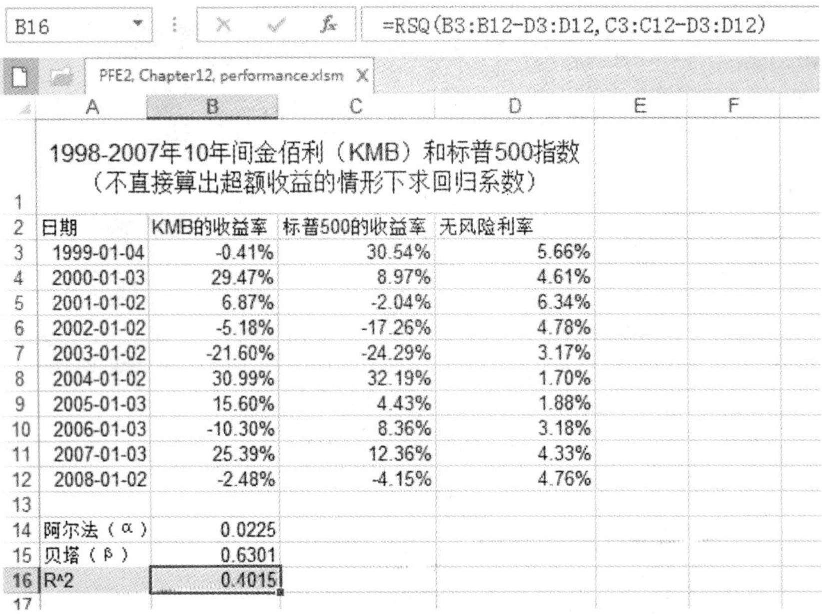

B16 =RSQ(B3:B12-D3:D12,C3:C12-D3:D12)

PFE2, Chapter12, performance.xlsm

1998-2007年10年间金佰利（KMB）和标普500指数（不直接算出超额收益的情形下求回归系数）

日期	KMB的收益率	标普500的收益率	无风险利率
1999-01-04	-0.41%	30.54%	5.66%
2000-01-03	29.47%	8.97%	4.61%
2001-01-02	6.87%	-2.04%	6.34%
2002-01-02	-5.18%	-17.26%	4.78%
2003-01-02	-21.60%	-24.29%	3.17%
2004-01-02	30.99%	32.19%	1.70%
2005-01-03	15.60%	4.43%	1.88%
2006-01-03	-10.30%	8.36%	3.18%
2007-01-03	25.39%	12.36%	4.33%
2008-01-02	-2.48%	-4.15%	4.76%
阿尔法（α）	0.0225		
贝塔（β）	0.6301		
R^2	0.4015		

图 10-23　金佰利 R^2

股票 2：在 1999—2008 年的 10 年间，通用电气和标普 500 指数的收益率情况如表 10-3 所示，试在不直接算出其超额收益的情形下求回归系数。

表 10-3　　通用电气和标普 500 指数的收益率

日期	通用电气的收益率	标普 500 指数的收益率	无风险利率
1999-01-04	37.26%	30.54%	5.66%
2000-01-03	29.35%	8.97%	4.61%
2001-01-02	4.11%	-2.04%	6.34%
2002-01-02	-17.93%	-17.26%	4.78%
2003-01-02	-36.10%	-24.29%	3.17%
2004-01-02	49.35%	32.19%	1.70%
2005-01-03	10.01%	4.43%	1.88%
2006-01-03	-6.94%	8.36%	3.18%
2007-01-03	13.36%	12.36%	4.33%
2008-01-02	1.09%	-4.15%	4.76%

第一步：求 α 值。选中单元格，输入"=INTERCEPT（B3：B12-D3：D12，C3：C12-D3：D12）"，输入过程如图 10-24 所示。

单击"确定"可得结果，如图 10-25 所示。

由图 10-25 可知，通用电气的 α=3.18%，这表明以年为基础，其收益比经风险调整后的可保证收益高 3.18%，能跑赢市场。

第二步：计算 β 值。选中单元格，输入"=SLOPE（B3：B12-D3：D12，C3：C12-D3：D12）"，输入过程如图 10-26 所示。

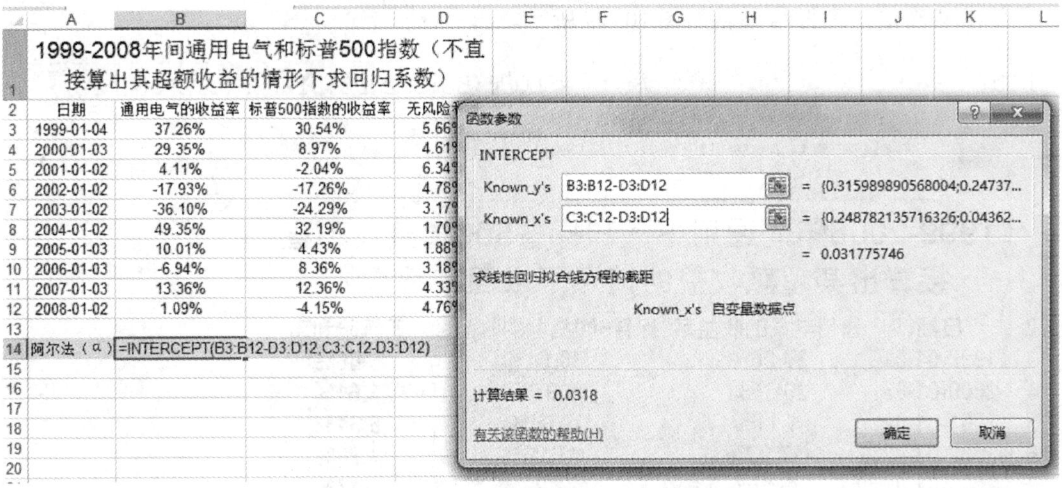

图 10-24　INTERCEPT 参数输入（3）

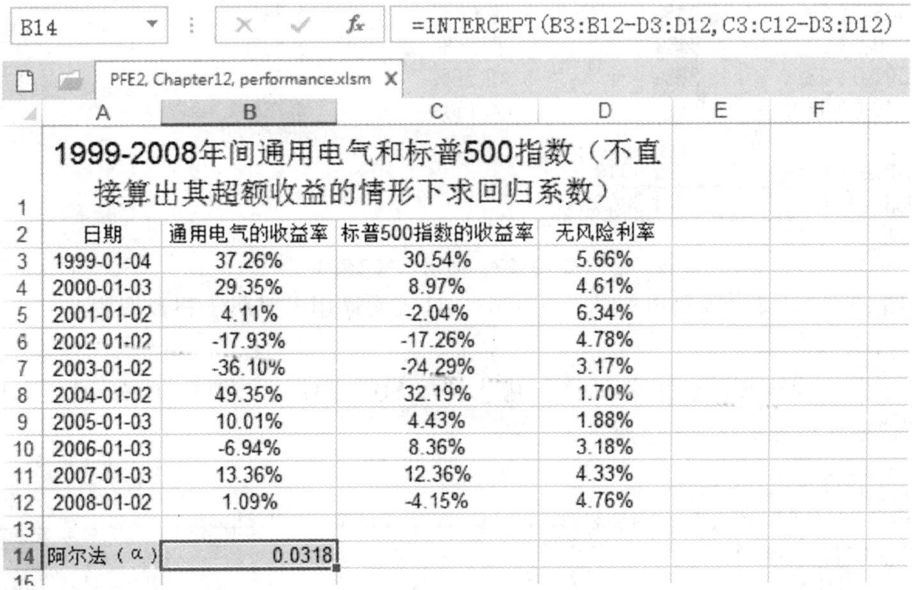

图 10-25　通用电气 α 值

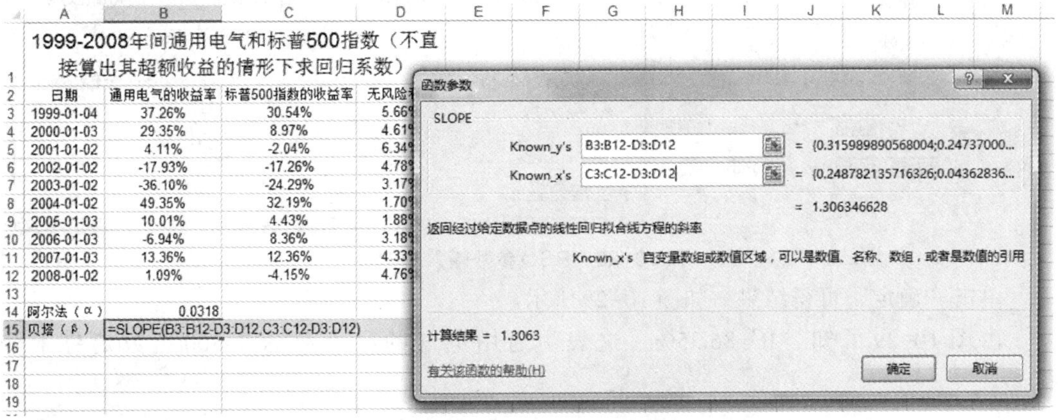

图 10-26　SLOPE 参数输入（3）

单击"确定"可得结果，如图10-27所示。

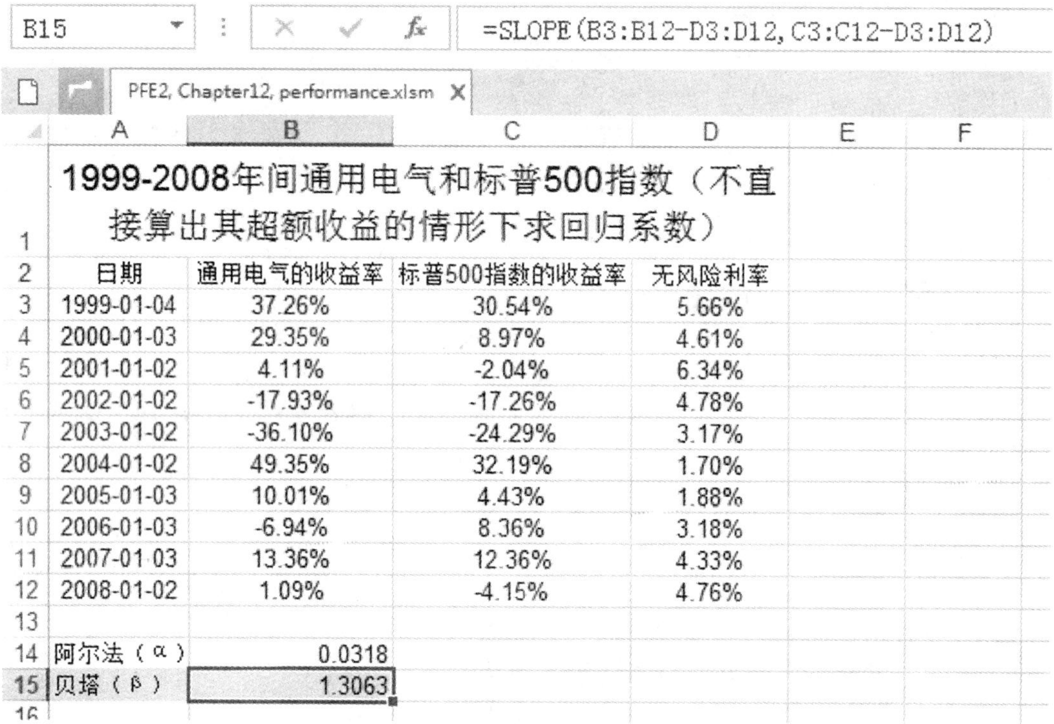

图10-27　通用电气β值

由图10-27可知，通用电气的β=1.3063，这表明通用电气属于积极型股票。它的风险也大。

第三步：计算 R^2。选中单元格，输入"=RSQ（B3：B12-D3：D12，C3：C12-D3：D12）"，输入过程如图10-28所示。

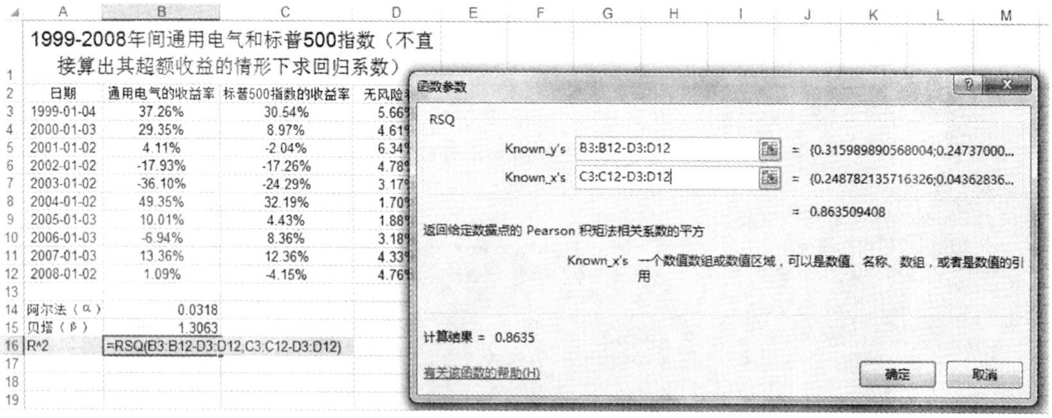

图10-28　RSQ参数输入（3）

单击"确定"可得结果，如图10-29所示。

由图10-29可知，R^2=86.35%，这表明通用电气的股价和标普500指数走势十分接近。

| B16 | | : | × | ✓ | f_x | =RSQ(B3:B12-D3:D12,C3:C12-D3:D12) |

PFE2, Chapter12, performance.xlsm ✕

	A	B	C	D	E	F
1	1999-2008年间通用电气和标普500指数（不直接算出其超额收益的情形下求回归系数）					
2	日期	通用电气的收益率	标普500指数的收益率	无风险利率		
3	1999-01-04	37.26%	30.54%	5.66%		
4	2000-01-03	29.35%	8.97%	4.61%		
5	2001-01-02	4.11%	-2.04%	6.34%		
6	2002-01-02	-17.93%	-17.26%	4.78%		
7	2003-01-02	-36.10%	-24.29%	3.17%		
8	2004-01-02	49.35%	32.19%	1.70%		
9	2005-01-03	10.01%	4.43%	1.88%		
10	2006-01-03	-6.94%	8.36%	3.18%		
11	2007-01-03	13.36%	12.36%	4.33%		
12	2008-01-02	1.09%	-4.15%	4.76%		
13						
14	阿尔法（α）	0.0318				
15	贝塔（β）	1.3063				
16	R^2	0.8635				
17						

图 10-29　通用电气的 R^2

第 11 章

证券市场线和资本成本

|11.1| 实验概述

加权平均资本成本依赖于我们对权益成本（r_E）的估值。本章详细讨论了用证券市场线求权益成本以及相应的加权平均资本成本；说明了如何用权益贝塔值（β_E）求权益成本（r_E）；解释了如何用权益贝塔值（β_E）、负债贝塔值（β_D）和资产贝塔值（$\beta_{资产}$）的组合求加权平均资本成本。

|11.2| 实验目的

（1）用证券市场线求公司权益成本。
（2）计算公司加权平均资本成本。
（3）计算公司负债和权益的市场价值。
（4）资产贝塔值的概念以及其作为替代方法求公司加权平均资本成本。

|11.3| 实验工具

微软 Excel 软件。

|11.4| 理论基础

加权平均资本成本是公司必须获取的最小收益，以满足股东和债券持有人。加权平均资本成本有两大主要功能：一是加权平均资本成本用于资本预算。当评估一个项目时，其项目的风险与公司目前经营活动的风险相当，对于该项目的现金流，加权平均资本成本是一个合适的贴现率。二是加权平均资本成本用于为公司估值。一个公司的价值是基于以加权平均资本成本比率为贴现率对未来现金流贴现后的现值。

|11.5| 实验举例

11.5.1 资本资产定价模型和公司权益成本

Abracadabra公司正在考虑一个新项目，该项目的自由现金流（FCF）见表11-1。请判断是应采纳还是应拒绝该项目。

表 11-1   新项目的自由现金流   单位：美元

年份	FCF
0	-1 000
1	1 323
2	1 569
3	3 288
4	1 029
5	1 425
6	622
7	3 800
8	3 800
9	3 800
10	2 700

相关参数如表11-2所示。

表 11-2   相关参数

项目	数值
权益的市场价值，E	10 000
负债的市场价值，D	15 000
权益+负债的市场价值	25 000
负债成本，r_D	6.00%
公司税率，T_c	40%
Abracadabra公司股票贝塔值	1.4

市场层面因素如表11-3所示。

表 11-3   市场层面因素

项目	数值
E（r_M）	10%
r_f	4%

第一步：计算以证券市场线得到的权益成本r_E。选中单元格，输入"=B24+B21*（B23-B24）"，输入过程如图11-1所示。

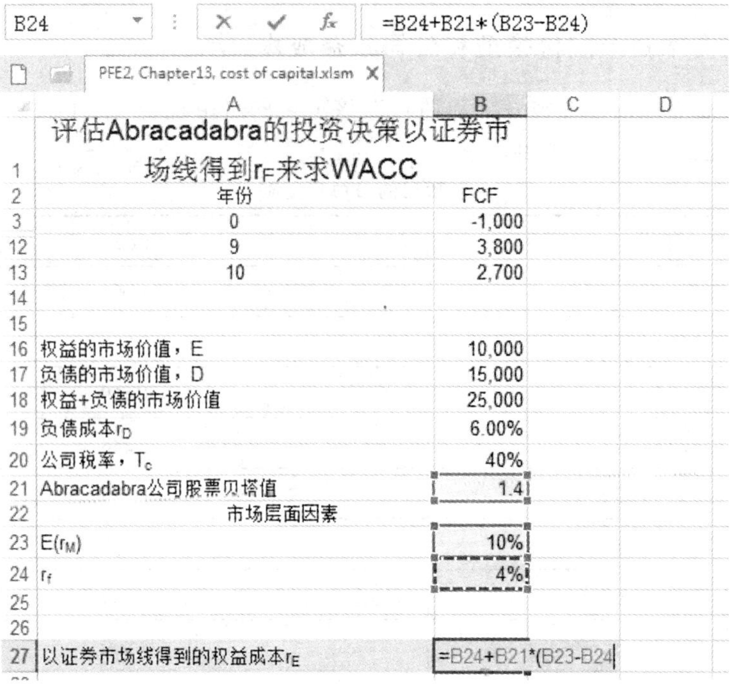

图11-1 计算权益成本的公式输入

单击"确定"可得结果，如图11-2所示。

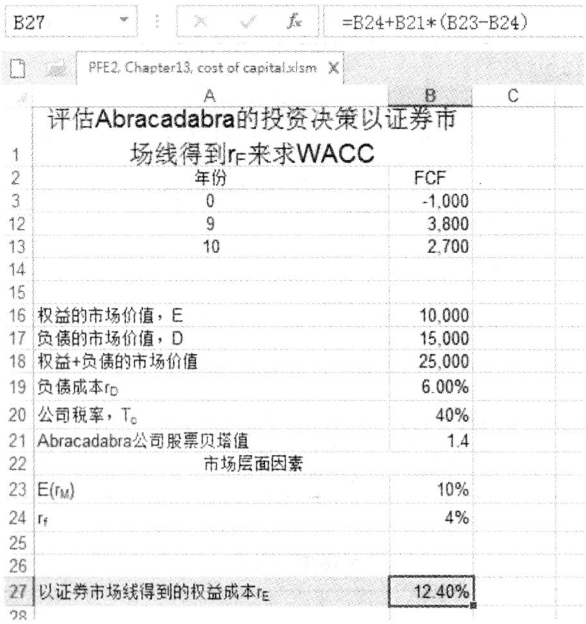

图11-2 权益成本

第二步：计算加权平均资本成本。选中单元格，输入"=B16/B18*B27+B17/B18*B19*（1-B20）"，输入过程如图11-3所示。

| B28 | | × ✓ fx | =B16/B18*B27+B17/B18*B19*(1-B20) | | |

	PFE2, Chapter13, cost of capital.xlsm ×				
	A	B	C	D	E
1	评估Abracadabra的投资决策以证券市场线得到r$_F$来求WACC				
2	年份	FCF			
3	0	-1,000			
12	9	3,800			
13	10	2,700			
14					
15					
16	权益的市场价值, E	10,000			
17	负债的市场价值, D	15,000			
18	权益+负债的市场价值	25,000			
19	负债成本r$_D$	6.00%			
20	公司税率, T$_c$	40%			
21	Abracadabra公司股票贝塔值	1.4			
22	市场层面因素				
23	E(r$_M$)	10%			
24	r$_f$	4%			
25					
26					
27	以证券市场线得到的权益成本r$_E$	12.40%			
28	加权平均资本成本, WACC	B17/B18*B19			
29					

图11-3 计算加权平均资本成本的公式输入

单击"确定"可得结果,如图11-4所示。

| B28 | | × ✓ fx | =B16/B18*B27+B17/B18*B19*(1-B20) | | |

	PFE2, Chapter13, cost of capital.xlsm ×				
	A	B	C	D	E
1	评估Abracadabra的投资决策以证券市场线得到r$_F$来求WACC				
2	年份	FCF			
3	0	-1,000			
12	9	3,800			
13	10	2,700			
14					
15					
16	权益的市场价值, E	10,000			
17	负债的市场价值, D	15,000			
18	权益+负债的市场价值	25,000			
19	负债成本r$_D$	6.00%			
20	公司税率, T$_c$	40%			
21	Abracadabra公司股票贝塔值	1.4			
22	市场层面因素				
23	E(r$_M$)	10%			
24	r$_f$	4%			
25					
26					
27	以证券市场线得到的权益成本r$_E$	12.40%			
28	加权平均资本成本, WACC	7.12%			
29					

图11-4 加权平均资本成本

第三步:计算项目净现值。选中单元格,输入"=B3+NPV(B28,B4: B13)",输入过程如图11-5所示。

单击"确定"可得结果,如图11-6所示。

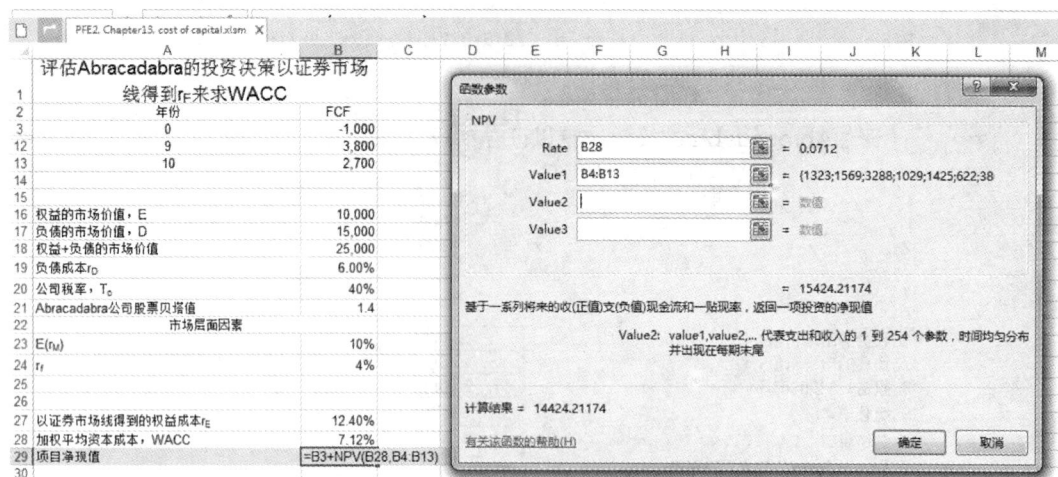

图 11-5 NPV 参数输入（1）

图 11-6 净现值

结论：当以加权平均资本成本为贴现率将项目自由现金流进行贴现时，该项目的净现值为 14 424 美元。因为净现值为正，所以应该采纳该项目。

11.5.2 希尔顿酒店

希尔顿酒店基本信息如表 11-4 所示。希尔顿酒店的债务成本如表 11-5 所示。

表11-4   希尔顿酒店基本信息

项目	数值
权益贝塔值	0.956
流通股（百万）	386.03
每股的市场价值	22.49
每股的账面价值	6.388
负债/权益比	1.518
现金（百万美元）	219

表11-5   希尔顿酒店的债务成本   金额单位：美元

季度	2004-09-30	2004-06-30	2004-03-31
利息费用	53 000	86 000	70 000
长期负债	3 730 000	3 720 000	3 801 000
短期负债和当前长期负债的比例	14 000	338 000	338 000

希尔顿酒店的税率如表11-6所示。

表11-6   希尔顿酒店的税率   金额单位：美元

季度	2004-09-30	2004-06-30	2004-03-31
税前盈利	96 000	118 000	61 000
税收	35 000	40 000	21 000

$E(r_M)$ 参数如表11-7所示。

表11-7 $E(r_M)$ 参数

项目	数值
标普500指数的市盈率	17.25
预计股利增长率（g）	7%
派息率（b）	50%

第一步：计算股票的市场价值。在单元格B5中，输入"=B4*B5"，输入过程如图11-7所示。

可得结果，如图11-8所示。

第二步：计算股票的账面总价值。选中单元格，输入"=B8*B4"，输入过程如图11-9所示。

可得结果，如图11-10所示。

第三步：计算负债的账面价值。选中单元格，输入"=B10*B9"，输入过程如图11-11所示。

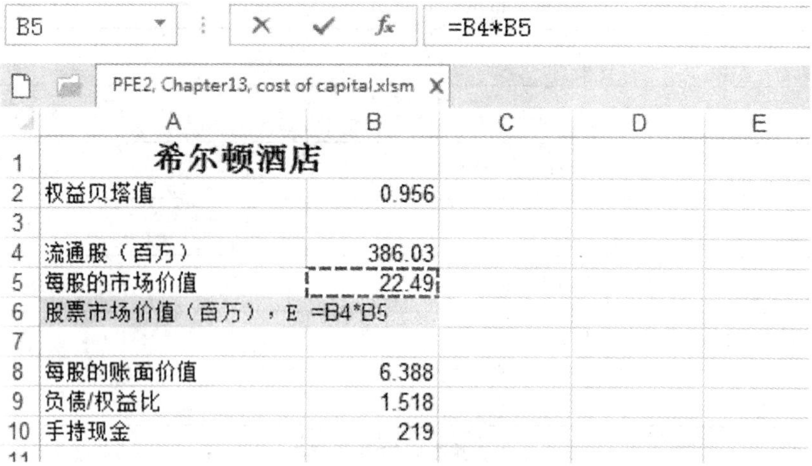

图11-7　计算股票市场价值的公式输入

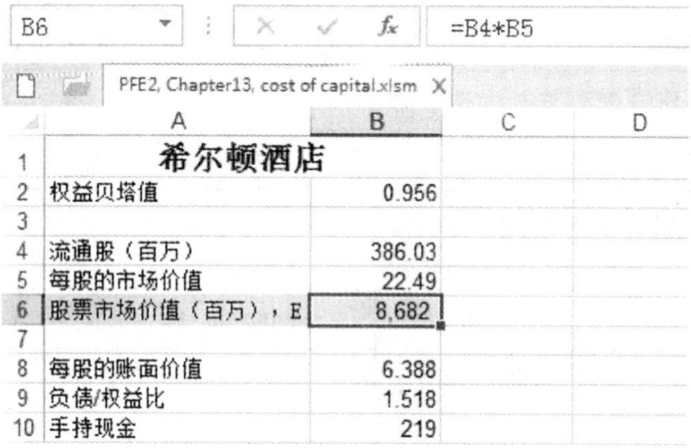

图11-8　股票的市场价值

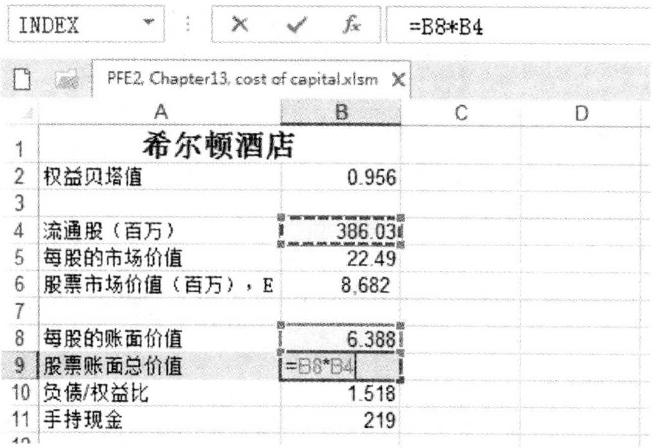

图11-9　计算股票账面总价值的公式输入

可得结果，如图11-12所示。

第四步：计算净负债。选中单元格，输入"=B11-B12"，输入过程如图11-13所示。

可得结果，如图11-14所示。

| B9 | ▼ | : | ✕ | ✓ | fx | =B8*B4 | | |

PFE2, Chapter13, cost of capital.xlsm ✕

	A	B	C	D
1	**希尔顿酒店**			
2	权益贝塔值	0.956		
3				
4	流通股（百万）	386.03		
5	每股的市场价值	22.49		
6	股票市场价值（百万），E	8,682		
7				
8	每股的账面价值	6.388		
9	股票账面总价值	2,466		
10	负债/权益比	1.518		
11	手持现金	219		
12				

图 11-10　股票账面总价值

| INDEX | ▼ | : | ✕ | ✓ | fx | =B10*B9 | | |

PFE2, Chapter13, cost of capital.xlsm ✕

	A	B	C	D	E
1	**希尔顿酒店**				
2	权益贝塔值	0.956			
3					
4	流通股（百万）	386.03			
5	每股的市场价值	22.49			
6	股票市场价值（百万），E	8,682			
7					
8	每股的账面价值	6.388			
9	股票账面总价值	2,466			
10	负债/权益比	1.518			
11	负债的账面价值	=B10*B9			
12	手持现金	219			

图 11-11　计算负债账面价值的公式输入

| B11 | ▼ | : | ✕ | ✓ | fx | =B10*B9 | | |

PFE2, Chapter13, cost of capital.xlsm ✕

	A	B	C	D
1	**希尔顿酒店**			
2	权益贝塔值	0.956		
3				
4	流通股（百万）	386.03		
5	每股的市场价值	22.49		
6	股票市场价值（百万），E	8,682		
7				
8	每股的账面价值	6.388		
9	股票账面总价值	2,466		
10	负债/权益比	1.518		
11	负债的账面价值	3,743		
12	手持现金	219		
13				

图 11-12　负债的账面价值

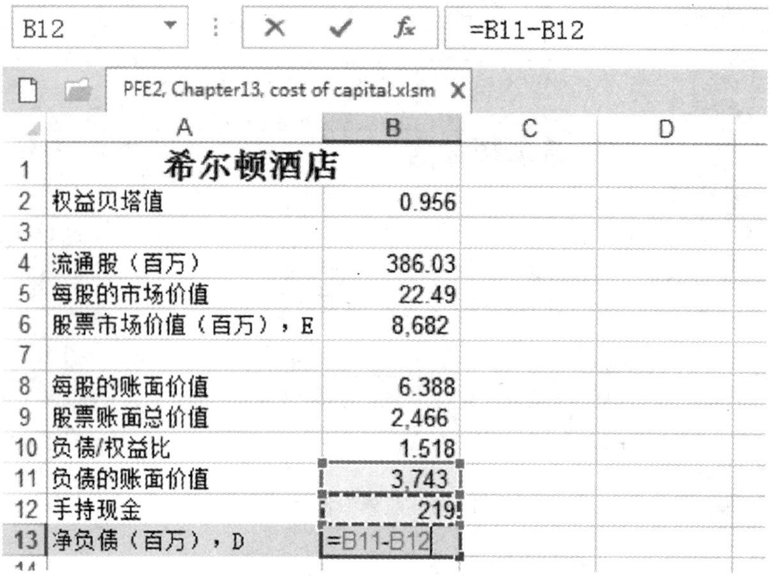

图 11-13　计算净负债的公式输入

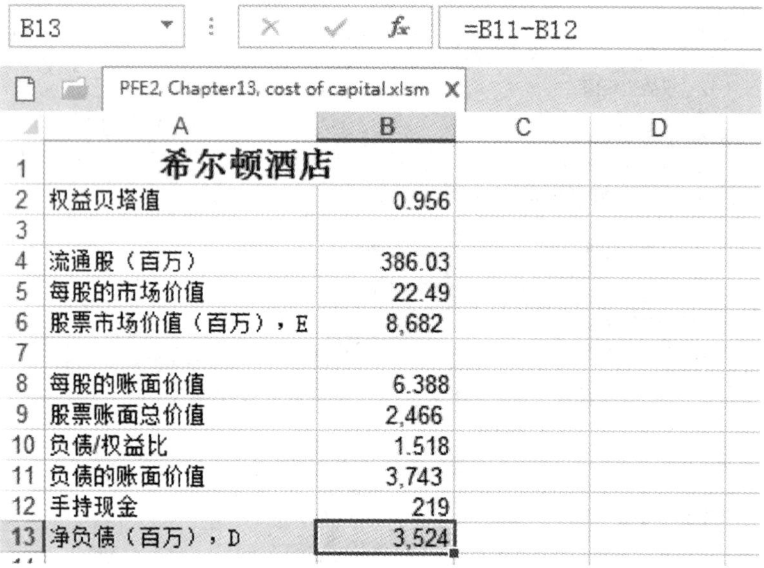

图 11-14　净负债

第五步：计算希尔顿酒店的债务成本（r_D）。

（1）求季度末负债。选中单元格，输入"=B18+B19"，并向右复制公式，输入过程如图 11-15 所示。

可得结果，如图 11-16 所示。

（2）求季度费率，选中单元格，输入"=B17/AVERAGE（B20：C20）"，并向右复制公式，输入过程如图 11-17 所示。

单击"确定"可得结果，如图 11-18 所示。

（3）求年化费率。选中单元格，输入"=（1+B22）^4-1"并向右复制，输入过程如图 11-19 所示。

| INDEX | ▼ | ⋮ | ✕ ✓ ƒx | =B18+B19 |

PFE2, Chapter13, cost of capital.xlsm ✕

	A	B	C	D	E
1	希尔顿酒店				
2	权益贝塔值	0.956			
3					
4	流通股（百万）	386.03			
5	每股的市场价值	22.49			
6	股票市场价值（百万），E	8,682			
7					
8	每股的账面价值	6.388			
9	股票账面总价值	2,466			
10	负债/权益比	1.518			
11	负债的账面价值	3,743			
12	手持现金	219			
13	净负债（百万），D	3,524			
14					
15	求希尔顿的债务成本r$_D$				
16	季度	2004-09-30	2004-06-30	2004-03-31	
17	利息费用	53,000	86,000	70,000	
18	长期负债	3,730,000	3,720,000	3,801,000	
19	短期负债和当前长期负债的比例	14,000	338,000	338,000	
20	季度末负债	=B18+B19			
21					

图 11-15　求季度末负债的公式输入

| B20 | ▼ | ⋮ | ✕ ✓ ƒx | =B18+B19 |

PFE2, Chapter13, cost of capital.xlsm ✕

	A	B	C	D	E	F
1	希尔顿酒店					
2	权益贝塔值	0.956				
3						
4	流通股（百万）	386.03				
5	每股的市场价值	22.49				
6	股票市场价值（百万），E	8,682				
7						
8	每股的账面价值	6.388				
9	股票账面总价值	2,466				
10	负债/权益比	1.518				
11	负债的账面价值	3,743				
12	手持现金	219				
13	净负债（百万），D	3,524				
14						
15	求希尔顿的债务成本r$_D$					
16	季度	2004-09-30	2004-06-30	2004-03-31		
17	利息费用	53,000	86,000	70,000		
18	长期负债	3,730,000	3,720,000	3,801,000		
19	短期负债和当前长期负债的比例	14,000	338,000	338,000		
20	季度末负债	3,744,000	4,058,000	4,139,000		
21						

图 11-16　季度末负债

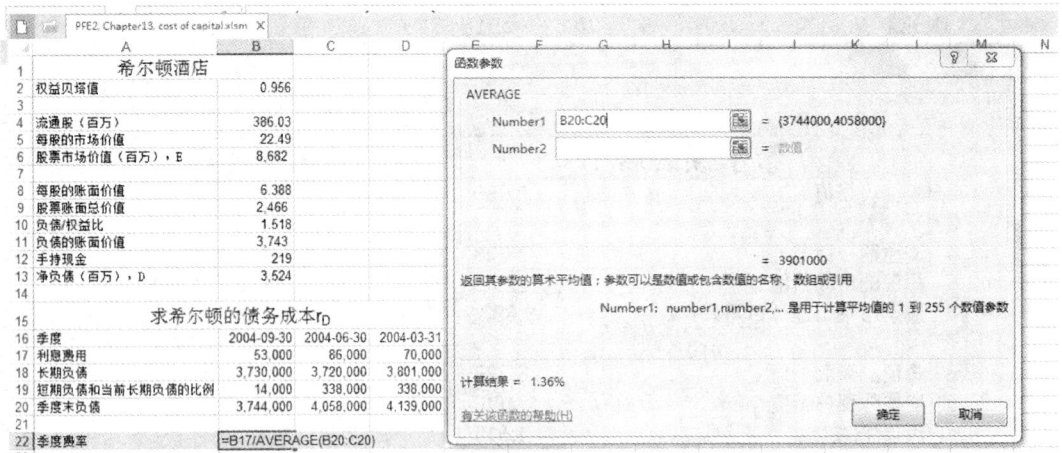

图11-17 求季度费率的公式输入

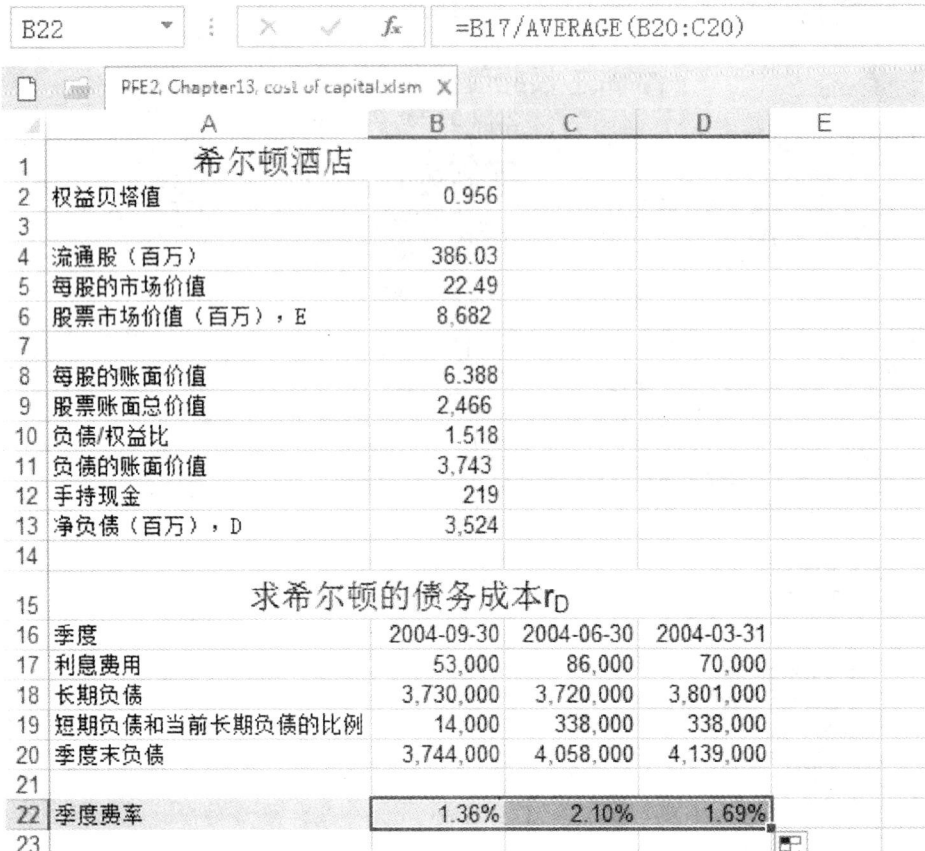

	A	B	C	D	E
1	希尔顿酒店				
2	权益贝塔值	0.956			
3					
4	流通股（百万）	386.03			
5	每股的市场价值	22.49			
6	股票市场价值（百万），E	8,682			
7					
8	每股的账面价值	6.388			
9	股票账面总价值	2,466			
10	负债/权益比	1.518			
11	负债的账面价值	3,743			
12	手持现金	219			
13	净负债（百万），D	3,524			
14					
15	求希尔顿的债务成本r_D				
16	季度	2004-09-30	2004-06-30	2004-03-31	
17	利息费用	53,000	86,000	70,000	
18	长期负债	3,730,000	3,720,000	3,801,000	
19	短期负债和当前长期负债的比例	14,000	338,000	338,000	
20	季度末负债	3,744,000	4,058,000	4,139,000	
21					
22	季度费率	1.36%	2.10%	1.69%	
23					

图11-18 季度费率

可得结果，如图11-20所示。

第六步：计算希尔顿酒店的平均税率（T_c）。

（1）计算每个季度的税率。选中单元格，输入"=B28/B27"，并向右复制公式，输入过程如图11-21所示。

可得结果，如图11-22所示。

INDEX	▼	:	✕	✓	*fx*	=(1+B22)^4-1

PFE2, Chapter13, cost of capital.xlsm ✕

	A	B	C	D	E
1	希尔顿酒店				
2	权益贝塔值	0.956			
3					
4	流通股（百万）	386.03			
5	每股的市场价值	22.49			
6	股票市场价值（百万），E	8,682			
7					
8	每股的账面价值	6.388			
9	股票账面总价值	2,466			
10	负债/权益比	1.518			
11	负债的账面价值	3,743			
12	手持现金	219			
13	净负债（百万），D	3,524			
14					
15	求希尔顿的债务成本r_D				
16	季度	2004-09-30	2004-06-30	2004-03-31	
17	利息费用	53,000	86,000	70,000	
18	长期负债	3,730,000	3,720,000	3,801,000	
19	短期负债和当前长期负债的比例	14,000	338,000	338,000	
20	季度末负债	3,744,000	4,058,000	4,139,000	
21					
22	季度费率	1.36%	2.10%	1.69%	
23	年化费率	=(1+B22)^4-1			

图 11-19　求年化费率的公式输入

B23	▼	:	✕	✓	*fx*	=(1+B22)^4-1

PFE2, Chapter13, cost of capital.xlsm ✕

	A	B	C	D	E
1	希尔顿酒店				
2	权益贝塔值	0.956			
3					
4	流通股（百万）	386.03			
5	每股的市场价值	22.49			
6	股票市场价值（百万），E	8,682			
7					
8	每股的账面价值	6.388			
9	股票账面总价值	2,466			
10	负债/权益比	1.518			
11	负债的账面价值	3,743			
12	手持现金	219			
13	净负债（百万），D	3,524			
14					
15	求希尔顿的债务成本r_D				
16	季度	2004-09-30	2004-06-30	2004-03-31	
17	利息费用	53,000	86,000	70,000	
18	长期负债	3,730,000	3,720,000	3,801,000	
19	短期负债和当前长期负债的比例	14,000	338,000	338,000	
20	季度末负债	3,744,000	4,058,000	4,139,000	
21					
22	季度费率	1.36%	2.10%	1.69%	
23	年化费率	5.55%	8.66%	6.94%	
24					

图 11-20　年化费率

| B27 | ▼ | : | × | ✓ | fx | =B28/B27 |

PFE2, Chapter13, cost of capital.xlsm ✕

	A	B	C	D	E
7					
8	每股的账面价值	6.388			
9	股票账面总价值	2,466			
10	负债/权益比	1.518			
11	负债的账面价值	3,743			
12	手持现金	219			
13	净负债（百万），D	3,524			
14					
15	求希尔顿的债务成本r_D				
16	季度	2004-09-30	2004-06-30	2004-03-31	
17	利息费用	53,000	86,000	70,000	
18	长期负债	3,730,000	3,720,000	3,801,000	
19	短期负债和当前长期负债的比例	14,000	338,000	338,000	
20	季度末负债	3,744,000	4,058,000	4,139,000	
21					
22	季度费率	1.36%	2.10%	1.69%	
23	年化费率	5.55%	8.66%	6.94%	
24					
25	求希尔顿的税率T_c				
26	季度	2004-09-30	2004-06-30	2004-03-31	
27	税前盈利	96,000	118,000	61,000	
28	税收	35,000	40,000	21,000	
29	税率	=B28/B27			
30					

图 11-21　计算每个季度税率的公式输入

| B29 | ▼ | : | × | ✓ | fx | =B28/B27 |

PFE2, Chapter13, cost of capital.xlsm ✕

	A	B	C	D	E	F
7						
8	每股的账面价值	6.388				
9	股票账面总价值	2,466				
10	负债/权益比	1.518				
11	负债的账面价值	3,743				
12	手持现金	219				
13	净负债（百万），D	3,524				
14						
15	求希尔顿的债务成本r_D					
16	季度	2004-09-30	2004-06-30	2004-03-31		
17	利息费用	53,000	86,000	70,000		
18	长期负债	3,730,000	3,720,000	3,801,000		
19	短期负债和当前长期负债的比例	14,000	338,000	338,000		
20	季度末负债	3,744,000	4,058,000	4,139,000		
21						
22	季度费率	1.36%	2.10%	1.69%		
23	年化费率	5.55%	8.66%	6.94%		
24						
25	求希尔顿的税率T_c					
26	季度	2004-09-30	2004-06-30	2004-03-31		
27	税前盈利	96,000	118,000	61,000		
28	税收	35,000	40,000	21,000		
29	税率	36.46%	33.90%	34.43%		
30						

图 11-22　税率

（2）求平均税率，选中单元格，输入"=AVERAGE（B29：D29）"，输入过程如图11-23所示。

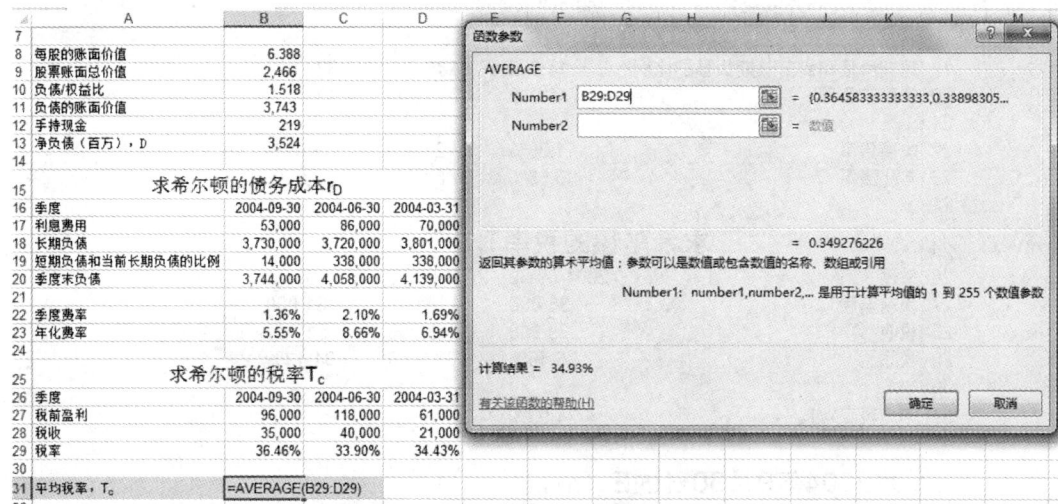

	A	B	C	D
7				
8	每股的账面价值	6.388		
9	股票账面总价值	2,466		
10	负债/权益比	1.518		
11	负债的账面价值	3,743		
12	手持现金	219		
13	净负债（百万），D	3,524		
14				
15	求希尔顿的债务成本r_D			
16	季度	2004-09-30	2004-06-30	2004-03-31
17	利息费用	53,000	86,000	70,000
18	长期负债	3,730,000	3,720,000	3,801,000
19	短期负债和当前长期负债的比例	14,000	338,000	338,000
20	季度末负债	3,744,000	4,058,000	4,139,000
21				
22	季度费率	1.36%	2.10%	1.69%
23	年化费率	5.55%	8.66%	6.94%
24				
25	求希尔顿的税率T_c			
26	季度	2004-09-30	2004-06-30	2004-03-31
27	税前盈利	96,000	118,000	61,000
28	税收	35,000	40,000	21,000
29	税率	36.46%	33.90%	34.43%
30				
31	平均税率，T_c	=AVERAGE(B29:D29)		
32				

图11-23 求平均税率的公式输入

单击"确定"可得结果，如图11-24所示。

B31 f_x =AVERAGE（B29:D29）

PFE2, Chapter13, cost of capital.xlsm

	A	B	C	D	E
13	净负债（百万），D	3,524			
14					
15	求希尔顿的债务成本r_D				
16	季度	2004-09-30	2004-06-30	2004-03-31	
17	利息费用	53,000	86,000	70,000	
18	长期负债	3,730,000	3,720,000	3,801,000	
19	短期负债和当前长期负债的比例	14,000	338,000	338,000	
20	季度末负债	3,744,000	4,058,000	4,139,000	
21					
22	季度费率	1.36%	2.10%	1.69%	
23	年化费率	5.55%	8.66%	6.94%	
24					
25	求希尔顿的税率T_c				
26	季度	2004-09-30	2004-06-30	2004-03-31	
27	税前盈利	96,000	118,000	61,000	
28	税收	35,000	40,000	21,000	
29	税率	36.46%	33.90%	34.43%	
30					
31	平均税率，T_c	34.93%			
32					

图11-24 平均税率

第七步：计算期望收益率（E（r_M））。选中单元格，输入"=B36*（1+B35）/B34+B35"，输入过程如图11-25所示。

可得结果，如图11-26所示。

第八步：求权益占比。选中单元格，输入"=B6/（B6+B13）"，输入过程如图11-27所示。

| INDEX | ▼ | : | × | ✓ | f_x | =B36*(1+B35)/B34+B35 |

PFE2, Chapter13, cost of capital.xlsm ✕

	A	B	C	D	E
19	短期负债和当前长期负债的比例	14,000	338,000	338,000	
20	季度末负债	3,744,000	4,058,000	4,139,000	
21					
22	季度费率	1.36%	2.10%	1.69%	
23	年化费率	5.55%	8.66%	6.94%	
24					
25	求希尔顿的税率T_c				
26	季度	2004-09-30	2004-06-30	2004-03-31	
27	税前盈利	96,000	118,000	61,000	
28	税收	35,000	40,000	21,000	
29	税率	36.46%	33.90%	34.43%	
30					
31	平均税率，T_c	34.93%			
32					
33	求2004年9月30日的E（r_M）				
34	标普500指数的市盈率	17.25			
35	预计股利增长率g	7%			
36	派息率b	50%			
37					
38	E(r_M)	=B36*(1+B35)/B34+B35			
39					

图 11-25　计算 E（r_M）的公式输入

| B38 | ▼ | : | × | ✓ | f_x | =B36*(1+B35)/B34+B35 |

PFE2, Chapter13, cost of capital.xlsm ✕

	A	B	C	D	E
19	短期负债和当前长期负债的比例	14,000	338,000	338,000	
20	季度末负债	3,744,000	4,058,000	4,139,000	
21					
22	季度费率	1.36%	2.10%	1.69%	
23	年化费率	5.55%	8.66%	6.94%	
24					
25	求希尔顿的税率T_c				
26	季度	2004-09-30	2004-06-30	2004-03-31	
27	税前盈利	96,000	118,000	61,000	
28	税收	35,000	40,000	21,000	
29	税率	36.46%	33.90%	34.43%	
30					
31	平均税率，T_c	34.93%			
32					
33	求2004年9月30日的E（r_M）				
34	标普500指数的市盈率	17.25			
35	预计股利增长率g	7%			
36	派息率b	50%			
37					
38	E(r_M)	10.10%			
39					

图 11-26　E（r_M）

| B13 | | ▼ | : | × | ✓ | fx | =B6/（B6+B13） |

PFE2, Chapter13, cost of capital.xlsm X

	A	B	C	D	E
1	希尔顿酒店				
2	权益贝塔值	0.956			
3					
4	流通股（百万）	386.03			
5	每股的市场价值	22.49			
6	股票市场价值（百万），E	8,682			
7					
13	净负债（百万），D	3,524			
14					
25	求希尔顿的税率T_c				
26	季度	2004-09-30	2004-06-30	2004-03-31	
27	税前盈利	96,000	118,000	61,000	
28	税收	35,000	40,000	21,000	
29	税率	36.46%	33.90%	34.43%	
30					
31	平均税率，T_c	34.93%			
32					
33	求2004年9月30日的E（r_M）				
34	标普500指数的市盈率	17.25			
35	预计股利增长率g	7%			
36	派息率b	50%			
37					
38	E(r_M)	10.10%			
39					
40	权益占比	=B6/（B6+B13）			
41					

图11-27　求权益占比的公式输入

可得结果，如图11-28所示。

| B40 | | ▼ | : | × | ✓ | fx | =B6/（B6+B13） |

PFE2, Chapter13, cost of capital.xlsm X

	A	B	C	D	E
1	希尔顿酒店				
2	权益贝塔值	0.956			
3					
4	流通股（百万）	386.03			
5	每股的市场价值	22.49			
6	股票市场价值（百万），E	8,682			
7					
13	净负债（百万），D	3,524			
14					
25	求希尔顿的税率T_c				
26	季度	2004-09-30	2004-06-30	2004-03-31	
27	税前盈利	96,000	118,000	61,000	
28	税收	35,000	40,000	21,000	
29	税率	36.46%	33.90%	34.43%	
30					
31	平均税率，T_c	34.93%			
32					
33	求2004年9月30日的E（r_M）				
34	标普500指数的市盈率	17.25			
35	预计股利增长率g	7%			
36	派息率b	50%			
37					
38	E(r_M)	10.10%			
39					
40	权益占比	0.7113			
41					

图11-28　权益占比

第九步：计算负债占比。选中单元格，输入"=1-B40"，输入过程如图11-29所示。

INDEX	▼	⋮	×	✓	*fx*	=1-B40

PFE2, Chapter13, cost of capital.xlsm ×

	A	B	C	D	E
1	希尔顿酒店				
2	权益贝塔值	0.956			
3					
4	流通股（百万）	386.03			
5	每股的市场价值	22.49			
6	股票市场价值（百万），E	8,682			
7					
13	净负债（百万），D	3,524			
14					
25	求希尔顿的税率T_c				
26	季度	2004-09-30	2004-06-30	2004-03-31	
27	税前盈利	96,000	118,000	61,000	
28	税收	35,000	40,000	21,000	
29	税率	36.46%	33.90%	34.43%	
30					
31	平均税率，T_c	34.93%			
32					
33	求2004年9月30日的$E(r_M)$				
34	标普500指数的市盈率	17.25			
35	预计股利增长率g	7%			
36	派息率b	50%			
37					
38	$E(r_M)$	10.10%			
39					
40	权益占比	0.7113			
41	负债占比	=1-B40			
42					

图11-29　计算负债占比的公式输入

可得结果，如图11-30所示。

第十步：计算权益成本。选中单元格，输入"=B38+B2*（B39-B38）"，输入过程如图11-31所示。

可得结果，如图11-32所示。

第十一步：求WACC。选中单元格，输入"=B39*B41+（1-B30）*B40*B23"，输入过程如图11-33所示。

可得结果，如图11-34所示。

所以，希尔顿酒店的加权平均资本成本为7.98%。

11.5.3　用资产贝塔值求加权平均资本成本

求加权平均资本成本，还有个稍微不一样的方法是用资产贝塔值求。运用这种方法，我们同时需要希尔顿酒店的β_E和β_D。资产贝塔的定义是负债和权益的加权平均，即：

| B41 | ▼ | : | × | ✓ | *fx* | =1-B40 |

PFE2, Chapter13, cost of capital.xlsm ✕

	A	B	C	D	E
1		希尔顿酒店			
2	权益贝塔值	0.956			
3					
4	流通股（百万）	386.03			
5	每股的市场价值	22.49			
6	股票市场价值（百万），E	8,682			
7					
13	净负债（百万），D	3,524			
14					
25		求希尔顿的税率T_c			
26	季度	2004-09-30	2004-06-30	2004-03-31	
27	税前盈利	96,000	118,000	61,000	
28	税收	35,000	40,000	21,000	
29	税率	36.46%	33.90%	34.43%	
30					
31	平均税率，T_c	34.93%			
32					
33	求2004年9月30日的E（r_M）				
34	标普500指数的市盈率	17.25			
35	预计股利增长率g	7%			
36	派息率b	50%			
37					
38	E(r_M)	10.10%			
39					
40	权益占比	0.7113			
41	负债占比	0.2887			
42					

图 11-30　负债占比

| INDEX | ▼ | : | × | ✓ | *fx* | =B38+B2*（B39-B38） |

PFE2, Chapter13, cost of capital.xlsm ✕

	A	B	C	D	E
1		希尔顿酒店			
2	权益贝塔值	0.956			
3					
4	流通股（百万）	386.03			
5	每股的市场价值	22.49			
6	股票市场价值（百万），E	8,682			
7					
8	每股的账面价值	6.388			
9	股票账面总价值	2,466			
10	负债/权益比	1.518			
11	负债的账面价值	3,743			
12	手持现金	219			
13	净负债（百万），D	3,524			
14					
32					
33	求2004年9月30日的E（r_M）				
34	标普500指数的市盈率	17.25			
35	预计股利增长率g	7%			
36	派息率b	50%			
37					
38	无风险利率，rf	2.21%			
39	E(r_M)	10.10%			
40					
41	权益占比	0.7113			
42	负债占比	0.2887			
43	权益成本r_E	=B38+B2*（B39-B38）			
44					

图 11-31　计算权益成本的公式输入

	B43				f_x	=B38+B2*(B39-B38)

PFE2, Chapter13, cost of capital.xlsm

	A	B	C	D	E
1	希尔顿酒店				
2	权益贝塔值	0.956			
3					
4	流通股（百万）	386.03			
5	每股的市场价值	22.49			
6	股票市场价值（百万），E	8,682			
7					
8	每股的账面价值	6.388			
9	股票账面总价值	2,466			
10	负债/权益比	1.518			
11	负债的账面价值	3,743			
12	手持现金	219			
13	净负债（百万），D	3,524			
14					
32					
33	求2004年9月30日的E（r_M）				
34	标普500指数的市盈率	17.25			
35	预计股利增长率g	7%			
36	派息率b	50%			
37					
38	无风险利率，rf	2.21%			
39	E(r_M)	10.10%			
40					
41	权益占比	0.7113			
42	负债占比	0.2887			
43	权益成本r_E	9.75%			
44					

图 11-32　权益成本

	B23				f_x	=B39*B41+（1-B30）*B40*B23

PFE2, Chapter13, cost of capital.xlsm

	A	B	C	D	E	F
1	希尔顿酒店					
2	权益贝塔值	0.956				
3						
4	流通股（百万）	386.03				
5	每股的市场价值	22.49				
6	股票市场价值（百万），E	8,682				
7						
8	每股的账面价值	6.388				
9	股票账面总价值	2,466				
10	负债/权益比	1.518				
11	负债的账面价值	3,743				
12	手持现金	219				
13	净负债（百万），D	3,524				
14						
22	季度费率	1.36%	2.10%	1.69%		
23	年化费率	5.55%	8.66%	6.94%		
30	平均税率，T_c	34.93%				
35						
36	无风险利率，rf	2.21%				
37	E(r_M)	10.10%				
38						
39	权益占比	0.7113				
40	负债占比	0.2887				
41	权益成本r_E	9.75%				
42	WACC	=B39*B41+（1-B30）*B40*B23				
43						

图 11-33　求 WACC 的公式输入

| B42 | ▼ | : | × | ✓ | fx | =B39*B41+(1-B30)*B40*B23 |

PFE2, Chapter13, cost of capital.xlsm ×

	A	B	C	D	E
1		希尔顿酒店			
2	权益贝塔值	0.956			
3					
4	流通股（百万）	386.03			
5	每股的市场价值	22.49			
6	股票市场价值（百万），E	8,682			
7					
8	每股的账面价值	6.388			
9	股票账面总价值	2,466			
10	负债/权益比	1.518			
11	负债的账面价值	3,743			
12	手持现金	219			
13	净负债（百万），D	3,524			
14					
22	季度费率	1.36%	2.10%	1.69%	
23	年化费率	5.55%	8.66%	6.94%	
30	平均税率，T_c	34.93%			
35					
36	无风险利率，rf	2.21%			
37	$E(r_M)$	10.10%			
38					
39	权益占比	0.7113			
40	负债占比	0.2887			
41	权益成本r_E	9.75%			
42	WACC	7.98%			

图11-34　加权平均资本成本

（1）$\beta_D = \dfrac{r_D - r_f}{E(r_M) - r_f}$

（2）$\beta_{资产} = \beta_E \times \dfrac{E}{E + D} + \beta_D \times (1 - T_c) \times \dfrac{D}{E + D}$

$= \left(\begin{matrix}权益\\贝塔值\end{matrix}\right) \times \left(\begin{matrix}权益占公司\\价值的比例\end{matrix}\right) + \left(\begin{matrix}负债\\贝塔值\end{matrix}\right) \times \left(1-\begin{matrix}公司\\税率\end{matrix}\right) \times \left(\begin{matrix}负债占公司\\价值的比例\end{matrix}\right)$

（3）$WACC = r_f + \beta_{资产} \times [E(r_M) - r_f]$

以上计算可在Excel中实现。有关指标如表11-8所示。

表11-8　　　　　　　　　　有关指标

项目	数值
权益贝塔值	0.956
无风险收益率，r_f	2.21%
市场期望收益率，$E(r_M)$	10.10%
负债成本	5.55%
公司税率	34.93%
权益占比	0.7113
负债占比	0.2887

第一步：计算负债贝塔值。选中单元格，输入"=（B6-B4）/（B5-B4）"，输入过程如图11-35所示。

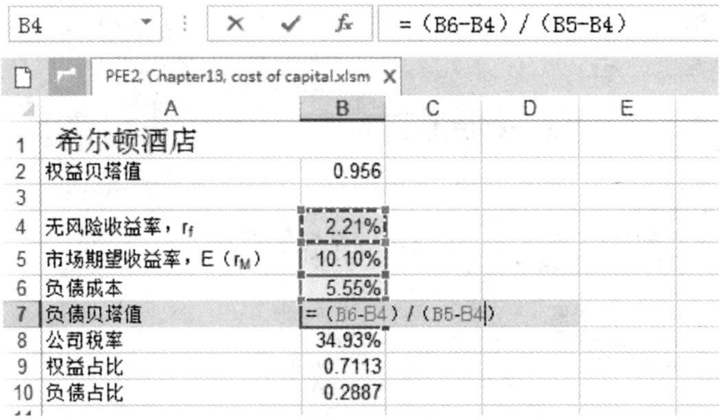

图 11-35　计算负债贝塔值的公式输入

可得结果，如图 11-36 所示。

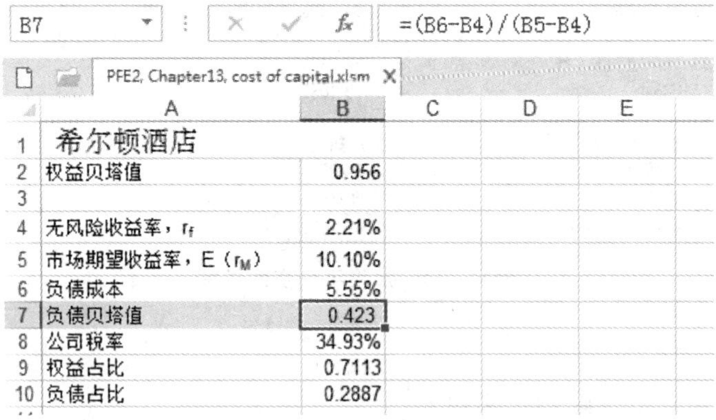

图 11-36　负债贝塔值

第二步：计算资产贝塔值。选中单元格，输入"=B2*B9+（1-B8）*B10*B7"，输入过程如图 11-37 所示。

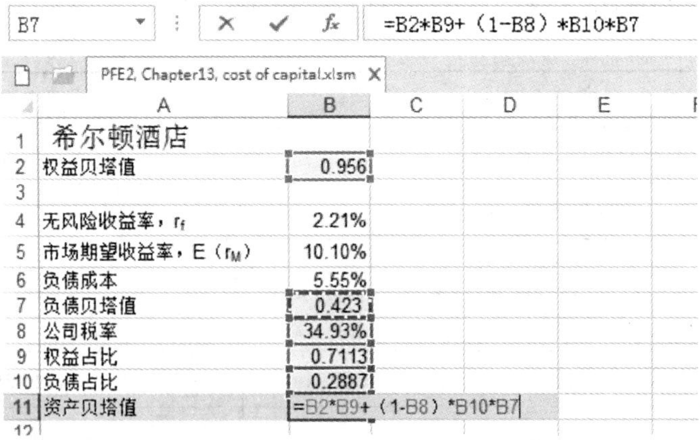

图 11-37　计算资产贝塔值的公式输入

可得结果，如图 11-38 所示。

第三步：求 WACC。选中单元格，输入"=B4+B11*（B5-B4）"，输入过程如图 11-39 所示。

B11 | fx =B2*B9+(1-B8)*B10*B7

PFE2, Chapter13, cost of capital.xlsm ×

	A	B	C	D	E	F
1	希尔顿酒店					
2	权益贝塔值	0.956				
3						
4	无风险收益率，r_f	2.21%				
5	市场期望收益率，E（r_M）	10.10%				
6	负债成本	5.55%				
7	负债贝塔值	0.423				
8	公司税率	34.93%				
9	权益占比	0.7113				
10	负债占比	0.2887				
11	资产贝塔值	0.76				
12						

图 11-38　资产贝塔值

INDEX | fx =B4+B11*（B5-B4）

PFE2, Chapter13, cost of capital.xlsm ×

	A	B	C	D	E
1	希尔顿酒店				
2	权益贝塔值	0.956			
3					
4	无风险收益率，r_f	2.21%			
5	市场期望收益率，E（r_M）	10.10%			
6	负债成本	5.55%			
7	负债贝塔值	0.423			
8	公司税率	34.93%			
9	权益占比	0.7113			
10	负债占比	0.2887			
11	资产贝塔值	0.76			
12					
13	WACC	=B4+B11*（B5-B4）			
14					

图 11-39　求 WACC 的公式输入（2）

可得结果，如图 11-40 所示。

B13 | fx =B4+B11*(B5-B4)

PFE2, Chapter13, cost of capital.xlsm ×

	A	B	C	D	E
1	希尔顿酒店				
2	权益贝塔值	0.956			
3					
4	无风险收益率，r_f	2.21%			
5	市场期望收益率，E（r_M）	10.10%			
6	负债成本	5.55%			
7	负债贝塔值	0.423			
8	公司税率	34.93%			
9	权益占比	0.7113			
10	负债占比	0.2887			
11	资产贝塔值	0.76			
12					
13	WACC	8.20%			
14					

图 11-40　加权平均资产成本

所以，希尔顿酒店的加权平均资本成本为 8.20%。

第 12 章

证券估值

12.1 实验概述

经济学家使用"有效市场"的术语来形容有关金融资产定价的各种规则，这显然是正确的。本章我们提出了资产定价的各种原理：同种资产只有单一的价格、资产组合的价格具有累加性、信息对价格有影响、交易有成本。

12.2 实验目的

（1）了解有效市场的 4 个原理。

（2）了解相关金融概念。

12.3 实验工具

微软 Excel 软件。

12.4 理论基础

有效市场原理一：一种商品只有一个价格。在金融市场上相同的资产具有相同的价格。有效市场原理二：价格有累加性。资产组合的价格应当等同于其中被组合的各个资产的价格总和。有效市场原理三：信息是重要的。找到不为人知的信息会带来巨大收益。反过来，想从人尽皆知的事情里赚到利润是很困难的。信息传播越广，挖掘利润越难。这一原理可以分为三部分：弱式有效的原理、半强式有效的原理、强式有效的原理。有效市场原理四：交易成本是重要的，这是关于市场的重要真理。交易成本不仅是买卖证券的成本，还包含深挖信息的成本，使交易更难以进行。交易金融资产，比如股票和债券的购买和出售，使得市场价格反映了资产的真正价值。

|12.5| 实验举例

12.5.1 有效市场原理1

IBM的股票同时在纽约证券交易所（NYSE）和太平洋证券交易所（PSE）交易。当两个交易所同时开放时，IBM的股票价格在两个市场基本上是相同的。如果IBM的股票在纽约证券交易所的价格是120美元，在太平洋证券交易所的价格是118美元，显然经纪人会尝试套利，即利用价格的差异来赚钱，在太平洋证券交易所购买IBM股票，然后在纽约证券交易所出售。由于交易成本非常低，而且股票交易是在瞬间发生的，这将推动价格趋于一致。

12.5.2 有效市场原理2

组合定价原理经常被应用到债券的定价上。债券给予了一系列随着时间推移的支付款，每份款项都是一个独立的组合资产。如果可以给这些资产组合定价，那么就可以为债券定价。下面是一个例子。假设在金融市场上有两种债券：债券A和债券B。根据累加性原则，为债券C（债券C是1年后和2年后都有支付的债券）定价，基本情况如表12-1所示。

表12-1   债券价格的累加   金额单位：元

债券A：1年后到期		
当前价格	100	
1年后支付	110	

债券B：2年后到期		
当前价格	100	
1年后支付	0	
2年后支付	125	

债券C：1年后和2年后都有支付的债券		
日期	现金流	现金流现值
1	23	
2	1 023	

第一步：计算债券A的IRR。选中单元格，输入"=B4/B3-1"，输入过程如图12-1所示。

可得结果，如图12-2所示。

第二步：计算债券B的IRR。选中单元格，输入"=（B10/B8）^（1/2）-1"，输入过程如图12-3所示。

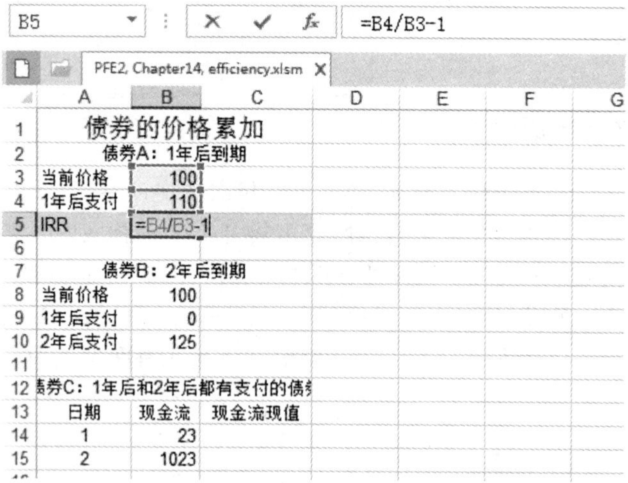

图 12-1 计算债券 A 的 IRR 的公式输入

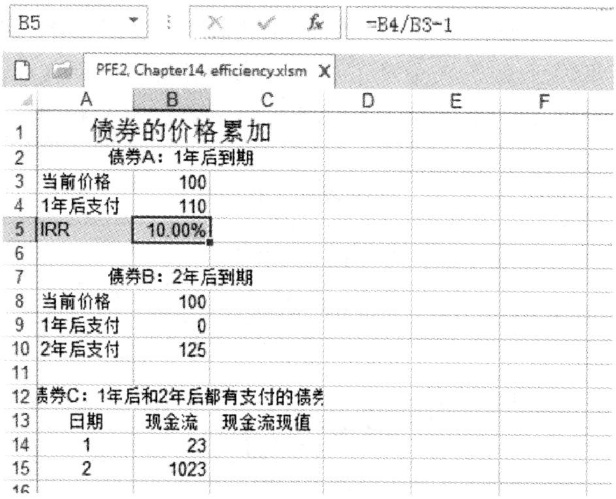

图 12-2 债券 A 的 IRR

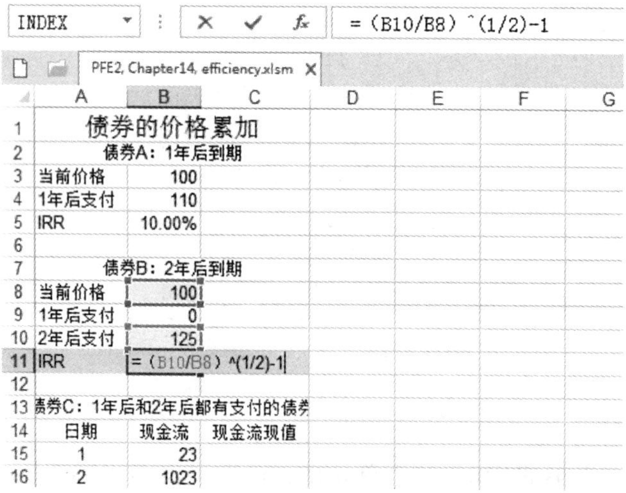

图 12-3 计算债券 B 的 IRR 的公式输入

可得结果，如图12-4所示。

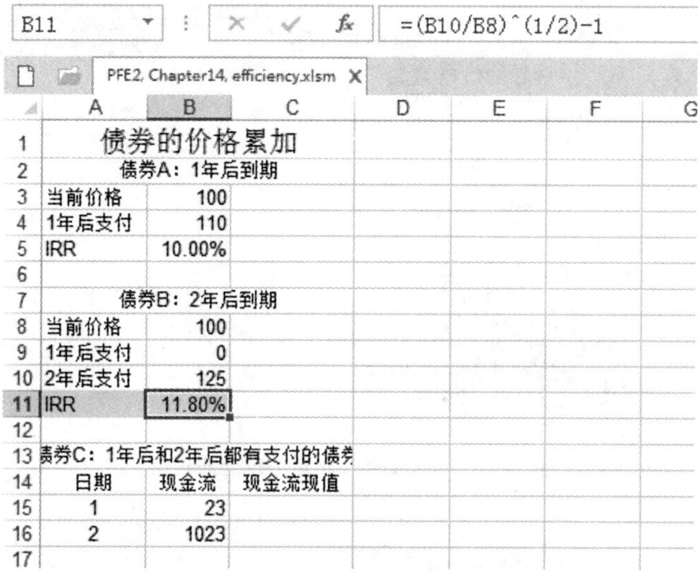

图12-4 债券B的IRR

第三步：计算债券C第1年的现金流现值。选中单元格，输入"=B15/（1+B5）"，输入过程如图12-5所示。

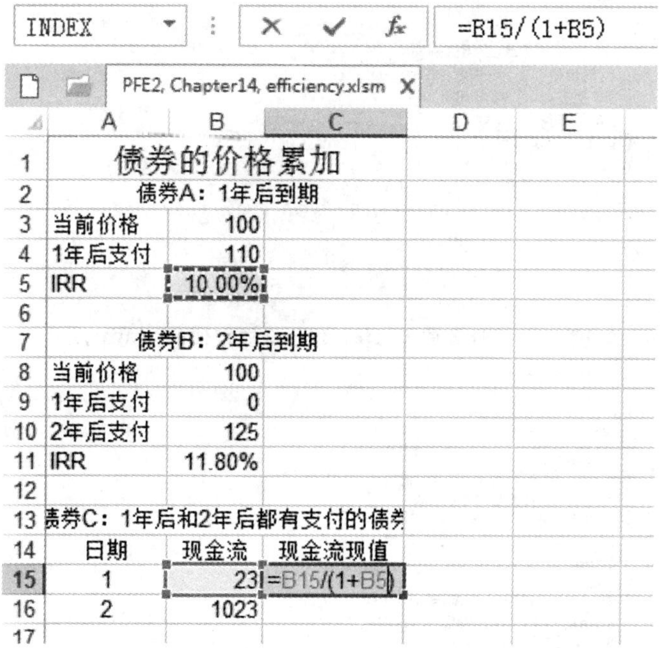

图12-5 计算债券C第1年现金流现值的公式输入

可得结果，如图12-6所示。

第四步：计算债券C第2年现金流现值。选中单元格，输入"=B16/（1+B11）^2"，输入过程如图12-7所示。

可得结果，如图12-8所示。

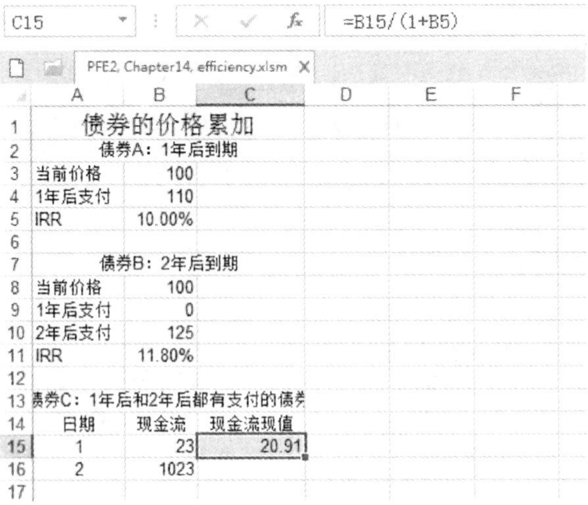

图12-6　债券C的1年后的现金流现值

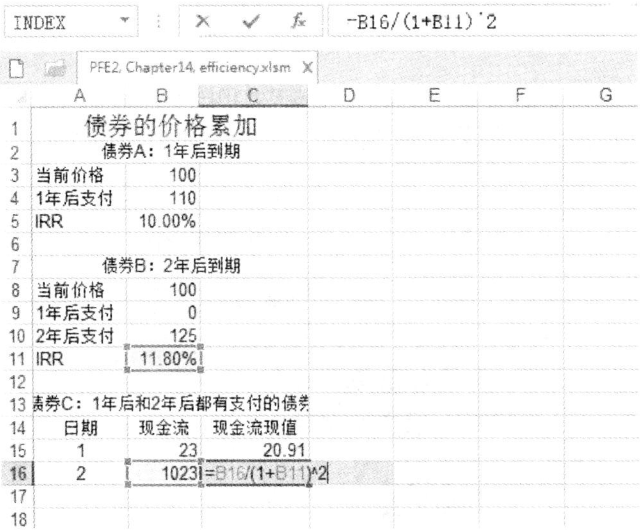

图12-7　计算债券C第2年现金流现值的公式输入

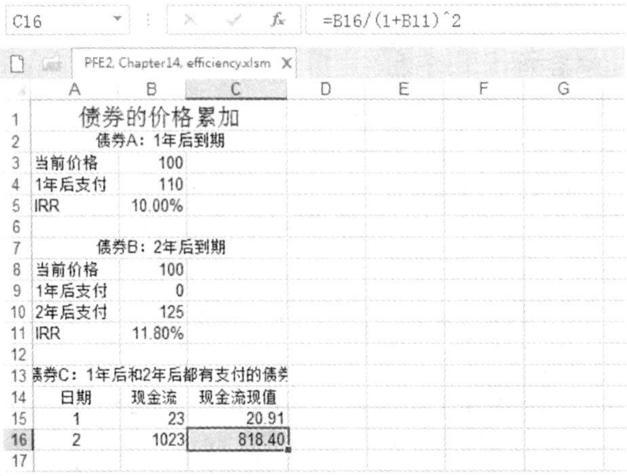

图12-8　债券C的2年后的现金流现值

第五步：计算债券C的价格。选中单元格，输入"=SUM（C15：C16）"，输入过程如图12-9所示。

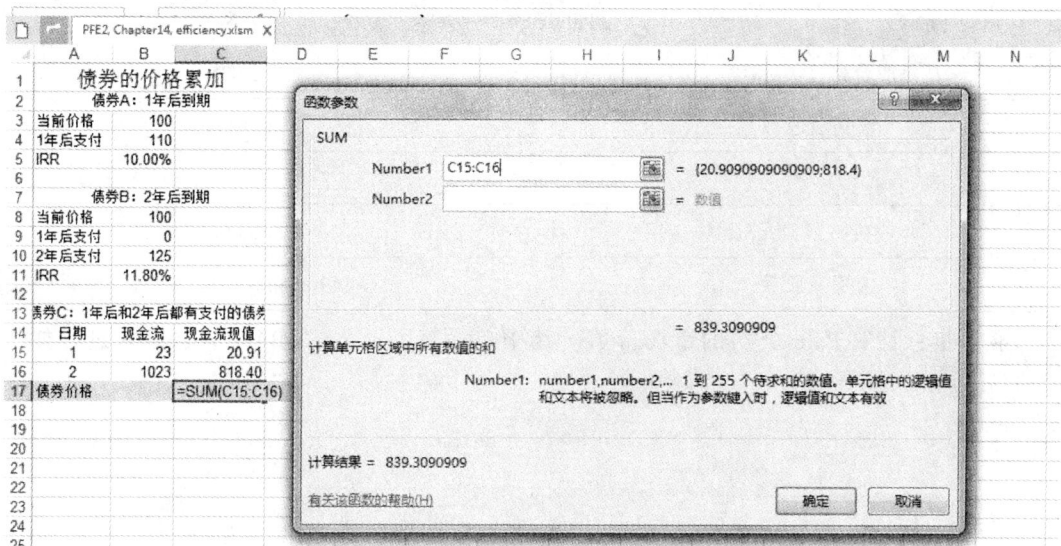

图12-9 计算债券C价格的公式输入

单击"确定"可得结果，如图12-10所示。

图12-10 债券价格

所以，债券价格为839.31元。

12.5.3 累加性并非瞬间出现

在20世纪90年代，3Com公司开发了手持式处理个人信息的掌上电脑，这是一次巨大的成功。在2000年3月，3Com公司对外出售了其子公司Palm公司5.7%的股份。在此之后Palm单独上市（3Com公司仍有94.3%的权益）。2000年3月3日Palm公司收盘价为每股

80.25美元，而3Com公司的股票收盘价为每股83.06美元。基本情况如表12-2所示。

表12-2   Palm公司和3Com公司基本情况

Palm公司	
每股价格（美元/股）	80.25
流通股股数	562 258 065
3Com公司	
每股价格（美元/股）	83.06
流通股股数	349 354 000

第一步：计算Palm公司的市场价值。选中单元格，输入"=B4*B3"，输入过程如图12-11所示。

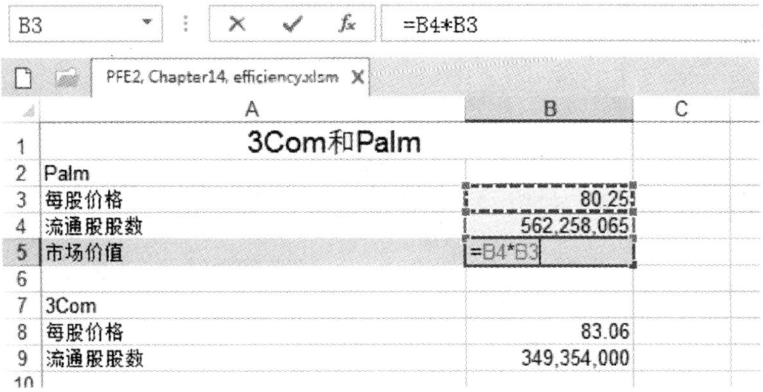

图12-11   计算Palm公司市场价值的公式输入

可得结果，如图12-12所示。

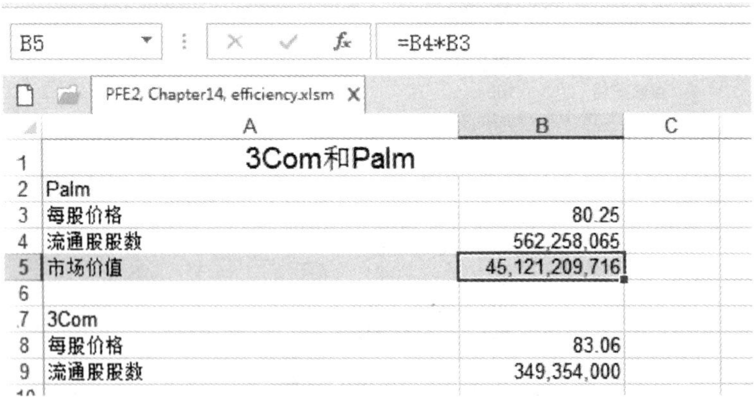

图12-12   Palm公司市场价格

第二步：计算3Com公司的市场价值，选中单元格，输入"=B9*B8"，输入过程如图12-13所示。

可得结果，如图12-14所示。

第三步：计算3Com持有（94.3%）Palm公司股份的价值。选中单元格，输入"=94.3%*B5"，输入过程如图12-15所示。

| B8 | ▼ | : | ✕ | ✓ | *fx* | =B9*B8 |

			PFE2, Chapter14, efficiency.xlsm ✕		
			A	B	C
1			**3Com和Palm**		
2		Palm		
3		每股价格		80.25
4		流通股股数		562,258,065
5		市场价值		45,121,209,716
6				
7		3Com		
8		每股价格		83.06
9		流通股股数		349,354,000
10		市场价值		=B9*B8
11				

图 12-13　计算 3Com 公司市场价值的公式输入

| B10 | ▼ | : | ✕ | ✓ | *fx* | =B9*B8 |

			PFE2, Chapter14, efficiency.xlsm ✕		
			A	B	C
1			**3Com和Palm**		
2		Palm		
3		每股价格		80.25
4		流通股股数		562,258,065
5		市场价值		45,121,209,716
6				
7		3Com		
8		每股价格		83.06
9		流通股股数		349,354,000
10		市场价值		29,017,343,240

图 12-14　3Com 公司市场价格

| B5 | ▼ | : | ✕ | ✓ | *fx* | =94.3%*B5 |

			PFE2, Chapter14, efficiency.xlsm ✕		
			A	B	C
1			**3Com和Palm**		
2		Palm		
3		每股价格		80.25
4		流通股股数		562,258,065
5		市场价值		45,121,209,716
6				
7		3Com		
8		每股价格		83.06
9		流通股股数		349,354,000
10		市场价值		29,017,343,240
11				
12		3Com持有（94.3%）Palm公司股份的价值		=94.3%*B5

图 12-15　计算 3Com 持有（94.3%）Palm 公司股份价值的公式输入

可得结果，如图 12-16 所示。

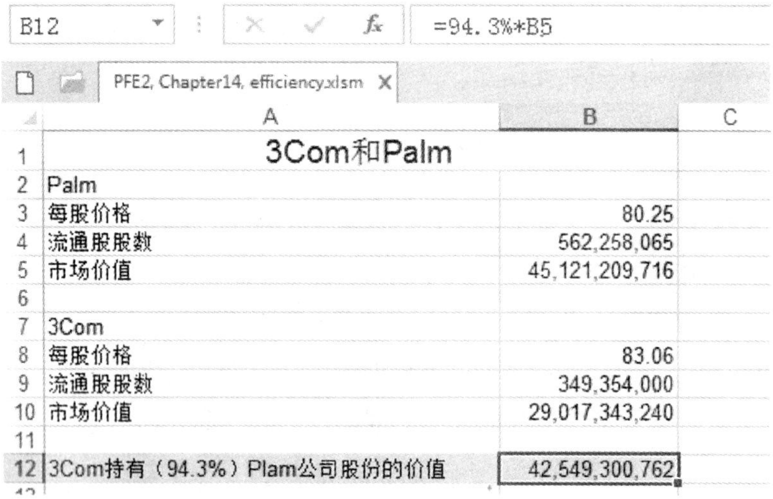

图 12-16 3Com 持有（94.3%）Palm 公司股份的价值

第四步：计算不含 Plam 股份时 3Com 公司的价值。选中单元格，输入 "=B10-B12"，输入过程如图 12-17 所示。

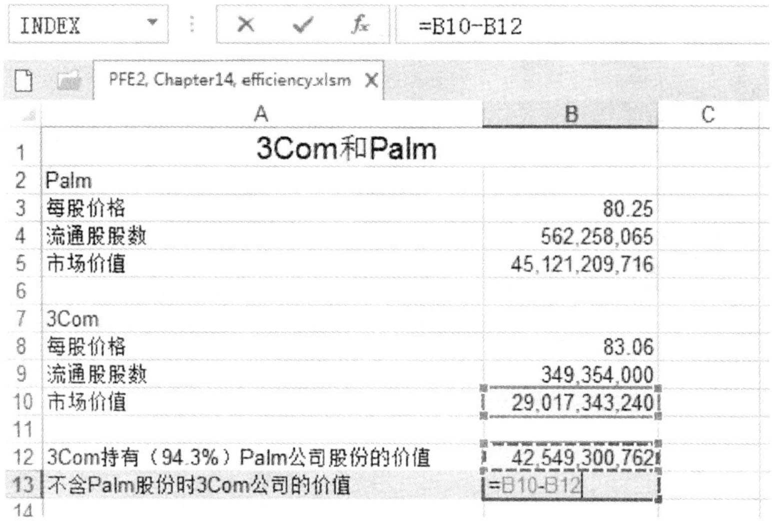

图 12-17 计算不含 Palm 股份时 3Com 公司价值的公式输入

可得结果，如图 12-18 所示。

这些数据给人一种感觉：累加性失效了。3Com 公司是 Palm 公司的最大股东，但 Palm 比 3Com 的价值更大！更准确地说：3Com 拥有 Palm94.3% 的股票，该价值为 425 亿美元，但 3Com 价值只有 290 亿美元。这些数字似乎表明除了 Palm 公司的领域，3Com 公司在其他领域的经营价值是负 135 亿美元！这唯一可能的原因是，这些经营是赔本的（事实并非如此）。

这里，为什么累加性失效了？为什么没有市场参与者利用二者的股价差异进行套利，从而使累加性变得有效？其中一个可能原因是市场（暂时）变得比较愚钝：Palm 在 2000 年 3 月开始首次公开发行，由于公众对此十分热情，所以绝大多数投资者（暂时）忘记了 3Com 公司仍然拥有大部分的 Palm 权益，因此，错误地为二者定价，从而产生了上述奇怪的现象。

B13		✕ ✓ fx	=B10-B12	
📄 📁	PFE2, Chapter14, efficiency.xlsm ✕			

▲	A	B	C
1	3Com和Palm		
2	Palm		
3	每股价格	80.25	
4	流通股股数	562,258,065	
5	市场价值	45,121,209,716	
6			
7	3Com		
8	每股价格	83.06	
9	流通股股数	349,354,000	
10	市场价值	29,017,343,240	
11			
12	3Com持有（94.3%）Palm公司股份的价值	42,549,300,762	
13	不含Palm股份时3Com公司的价值	-13,531,957,522	
14			

图 12-18　不含 Palm 股份时 3Com 公司的价值

12.5.4　有效市场原理 3

弱式有效假说认为，无法通过仔细检查资产的过去价格和目前价格来预测未来价格。因此每个人都可以方便和廉价地看到 IBM 股票过去的价格，基本上不会从中获得什么有用的信息。目前价格已经包含了所有可能的信息。这里有一个简单的例子：

基于 ABC 的历史股价分析，结论是：它在 25 ~ 35 元之间波动。当价格接近 25 元时，它一定会上升；接近 35 元时，股价一定会下跌。这会使你有如下策略：

（1）当 ABC 股价降到 25.50 元时买入，因为这非常接近 25 元。这时股价很可能上升。无论如何，你不会有多少损失，股价不会跌到 25 元以下。

（2）当 ABC 股价上升到 34.5 元时卖出，因为这非常接近 35 元，这时股价很可能下跌，继续持股不会获得更多的收益。

这好像是一个赚钱的策略，但另一方面是自相矛盾的。如果所有的投资者都试图实施这一策略（因为你的分析是基于公开可用的信息，所以他们也会这样做），然后这样的"价格区间"会变窄——因为没有人在 34.50 元买进或在 25.50 元卖出股票。然后每个人又会试图根据新的价格区间来运用自己的买卖策略。然后再反复下去。结论是：没有这种价格区间！即只要在一个市场中交易人群数量足够庞大，那么以过去和目前的价格为基础的战略都是无法盈利的。

半强式有效假说认为，不只是过去的价格，还有所有公开可用的信息，都包含在当前的股票价格中。这意味着有关公司财务报表分析不会帮助你做出更好的投资决定。半强式有效有时是正确的。通常知道信息的存在，但其实并没有反映在股价中。3Com 和 Palm 便是一个很好的例子。只有严格地研究了 3Com 公司的现金储备以及 3Com 和 Palm 之间的关系，才可以得出结论：相对 3Com 的股票价格，Palm 的股票价格过高。

强式有效市场假说认为，所有信息都被纳入到证券的价格中。几乎没有人相信这是真的。事实上，这可能会违法，因为所有信息包括专业信息和内幕消息，法律禁止业内人士利用尚未向公众披露的信息进行交易。

12.5.5 有效市场原理4

交易成本是股票买卖的所有费用以及了解它的成本。当你花50元买一只股票时，你需要交付佣金。假设佣金是0.50%。基本情况如表12-3所示。

表12-3 交易成本

项目	数值
买入成本	0.50%
卖出成本	0.50%
股价（元/股）	50.00

第一步：计算买入价格。选中单元格，输入"=B4*（1+B2）"，输入过程如图12-19所示。

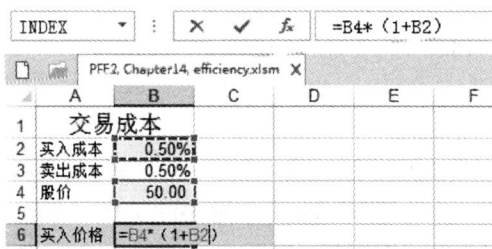

图12-19 计算买入价格的公式输入

可得结果，如图12-20所示。

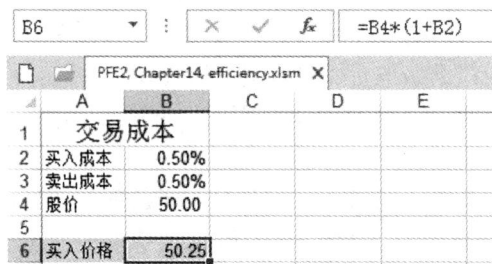

图12-20 买入价格

第二步：计算卖出价格。选中单元格，输入"=B4*（1-B3）"，输入过程如图12-21所示。

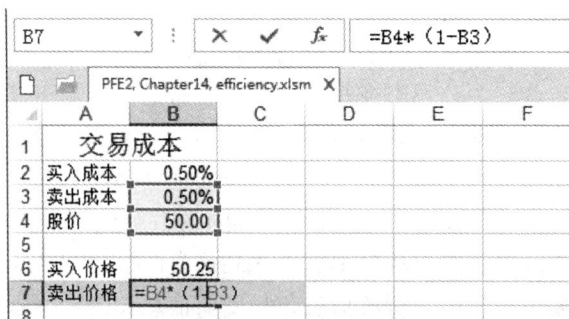

图12-21 计算卖出价格的公式输入

可得结果，如图 12-22 所示。

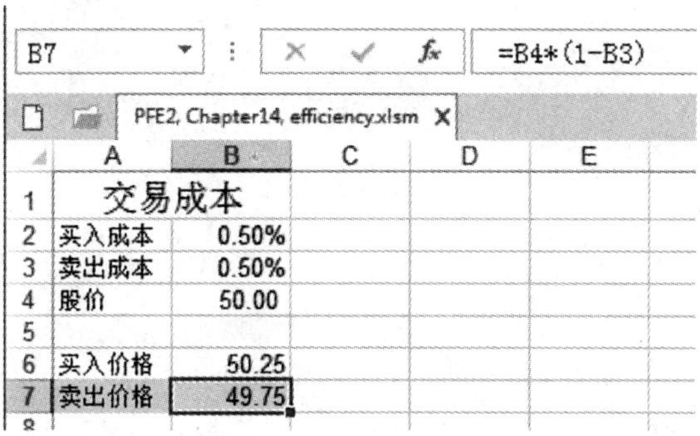

图 12-22　卖出价格

所以买这只股票的成本是 50.15 元，出售的价格是 49.75 元。如果你认为股票价值是 50.15 元，那么它不值得购买，即使股票今天的价格是 50 元，比你认为的价值还低，但交易成本最终会使其价格高过 50.15 元。

第 13 章

债券估值

13.1 实验概述

当企业、政府或者市政机构需要筹资时，它们可以通过向公众发行债券来实现。债券和其他证券，如股票、优先股期权最根本的区别在于借款者可以得到承诺的确定的支付金额，所有的债券都会规定准确日期和归还的金额。

13.2 实验目的

（1）理解基本定义，如债券价值、到期收益等。
（2）了解不同种类的债券和收益条款。
（3）了解美国国债收益曲线。
（4）分析 Giant Industries 的案例。

13.3 实验工具

微软 Excel 软件。

13.4 理论基础

下面通过实例了解一些术语。XYZ 公司债券有给定的面值和利率。XYZ 公司发行了 1 000 万元的债券，面值 1 000 元，息票率是 7%。定期支付的利息是基于债券的票面利率和面值。XYZ 债券每年付息一次；因为票面利率为 7%，面值为 1 000 元，所以每年付息 70 元（1 000×7%）。

XYZ 公司发行 10 000 000 元债券的基本情况为：

发行日：2009 年 12 月 15 日。

售价：1 000 元。

面值：1 000 元。

到期日：2016年12月15日。

票面利率：7%，每年12月15日支付利息。

本金偿还日：2016年12月15日。

XYZ公司在公司债券最后一天（即债券到期日）支付本金。2016年12月15日，公司向债券持有者就每张1 000元面值的债券支付本金1 000元，另外还支付2016年的利息70元。

13.5 实验举例

13.5.1 债券到期收益率

假设现在是2009年12月15日，你被要求为债券估值，并判断XYZ的债券是否值得买。基本情况如表13-1所示（债券市场价格为1 000.00元）。

表13-1	债券现金流	单位：元
日期		现金流
2009-12-15		−1 000.00
2010-12-15		70.00
2011-12-15		70.00
2012-12-15		70.00
2013-12-15		70.00
2014 12-15		70.00
2015-12-15		70.00
2016-12-15		1 070.00

第一步：计算债券的到期收益率。选中单元格，输入"=IRR（B5：B12）"，输入过程如图13-1所示。

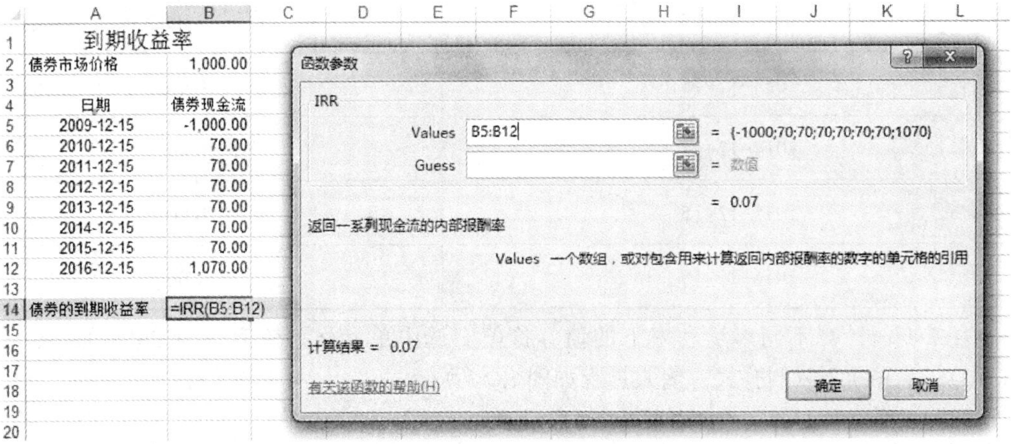

图13-1　IRR参数输入（1）

单击“确定”可得结果，如图13-2所示。

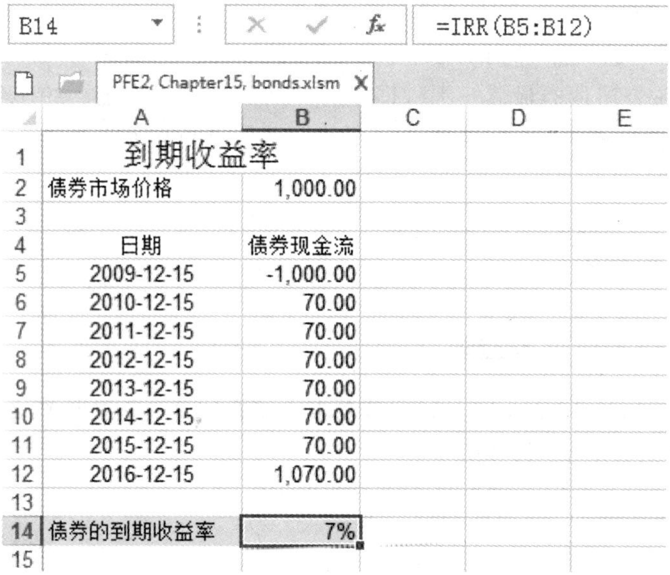

B14 =IRR(B5:B12)

PFE2, Chapter15, bonds.xlsm

	A	B	C	D	E
1	到期收益率				
2	债券市场价格	1,000.00			
3					
4	日期	债券现金流			
5	2009-12-15	-1,000.00			
6	2010-12-15	70.00			
7	2011-12-15	70.00			
8	2012-12-15	70.00			
9	2013-12-15	70.00			
10	2014-12-15	70.00			
11	2015-12-15	70.00			
12	2016-12-15	1,070.00			
13					
14	债券的到期收益率	7%			
15					

图13-2　债券的到期收益率

由图13-2可知，该债券的到期收益率是7%。

那么XYZ的债券值得购买吗？这一点要取决于具有相同风险的债券的市场利率是大于还是小于7%，如果市场利率大于7%，说明有风险，即这只债券不值得购买。市场利率为6.50%时的债券现金流如表13-2所示。

表13-2　债券现金流　单位：元

日期	现金流
2009-12-15	70.00
2010-12-15	70.00
2011-12-15	70.00
2012-12-15	70.00
2013-12-15	70.00
2014-12-15	70.00
2015-12-15	70.00
2016-12-15	1 070.00

第二步：计算不同市场利率下的债券价值。选中单元格，输入“=NPV（D5，$B$5:$B$12）”，并向下复制公式，输入过程如图13-3所示。

单击“确定”可得结果，如图13-4所示。

将公式向下复制即可得结果，如图13-5所示。

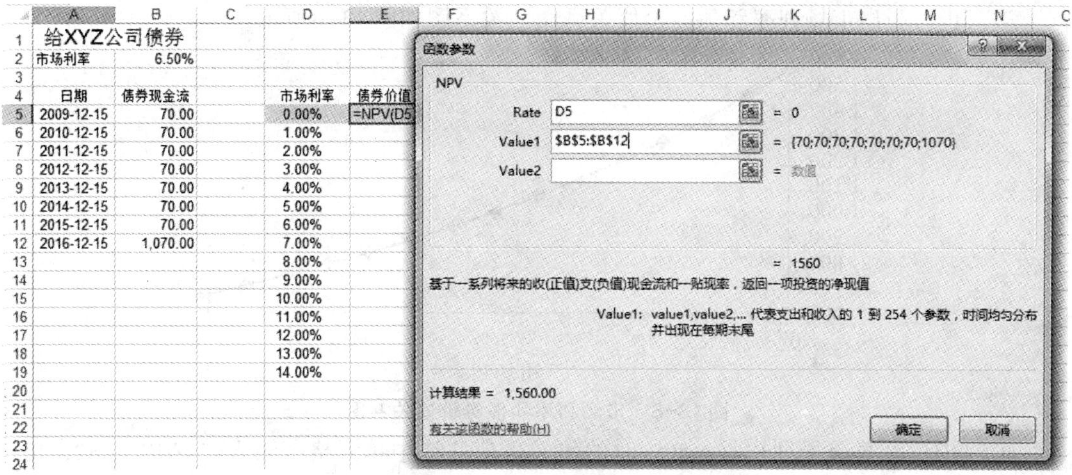

	A	B	C	D	E
1	给XYZ公司债券				
2	市场利率	6.50%			
3					
4	日期	债券现金流		市场利率	债券价值
5	2009-12-15	70.00		0.00%	=NPV(D5
6	2010-12-15	70.00		1.00%	
7	2011-12-15	70.00		2.00%	
8	2012-12-15	70.00		3.00%	
9	2013-12-15	70.00		4.00%	
10	2014-12-15	70.00		5.00%	
11	2015-12-15	70.00		6.00%	
12	2016-12-15	1,070.00		7.00%	
13				8.00%	
14				9.00%	
15				10.00%	
16				11.00%	
17				12.00%	
18				13.00%	
19				14.00%	

图13-3 NPV参数输入（1）

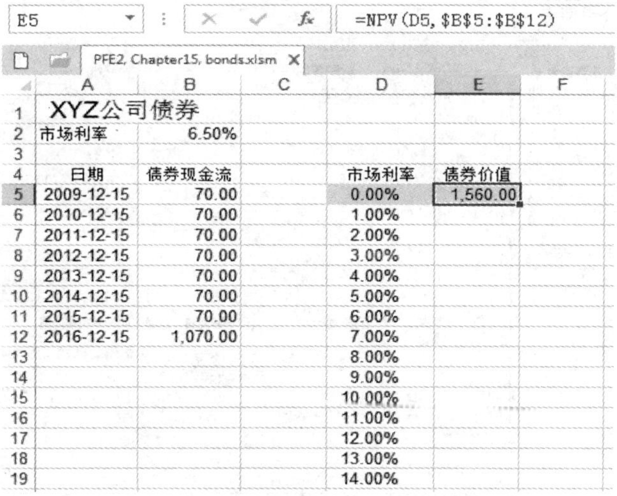

E5 =NPV(D5, $B$5:$B$12)

PFE2, Chapter15, bonds.xlsm

	A	B	C	D	E
1	XYZ公司债券				
2	市场利率	6.50%			
3					
4	日期	债券现金流		市场利率	债券价值
5	2009-12-15	70.00		0.00%	1,560.00
6	2010-12-15	70.00		1.00%	
7	2011-12-15	70.00		2.00%	
8	2012-12-15	70.00		3.00%	
9	2013-12-15	70.00		4.00%	
10	2014-12-15	70.00		5.00%	
11	2015-12-15	70.00		6.00%	
12	2016-12-15	1,070.00		7.00%	
13				8.00%	
14				9.00%	
15				10.00%	
16				11.00%	
17				12.00%	
18				13.00%	
19				14.00%	

图13-4 市场利率为0时的债券估值

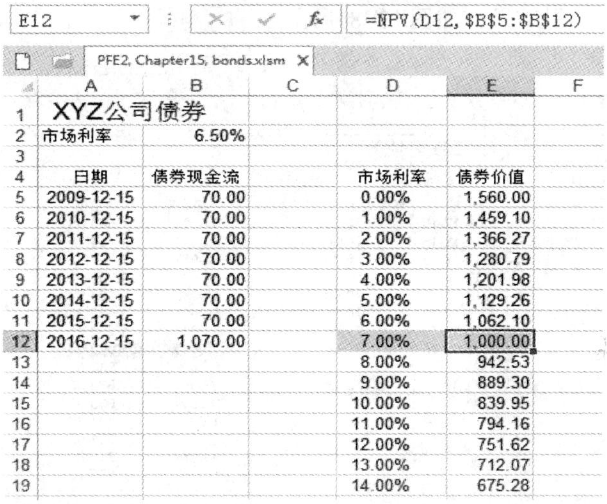

E12 =NPV(D12, $B$5:$B$12)

PFE2, Chapter15, bonds.xlsm

	A	B	C	D	E
1	XYZ公司债券				
2	市场利率	6.50%			
3					
4	日期	债券现金流		市场利率	债券价值
5	2009-12-15	70.00		0.00%	1,560.00
6	2010-12-15	70.00		1.00%	1,459.10
7	2011-12-15	70.00		2.00%	1,366.27
8	2012-12-15	70.00		3.00%	1,280.79
9	2013-12-15	70.00		4.00%	1,201.98
10	2014-12-15	70.00		5.00%	1,129.26
11	2015-12-15	70.00		6.00%	1,062.10
12	2016-12-15	1,070.00		7.00%	1,000.00
13				8.00%	942.53
14				9.00%	889.30
15				10.00%	839.95
16				11.00%	794.16
17				12.00%	751.62
18				13.00%	712.07
19				14.00%	675.28

图13-5 各个市场利率下的债券价值

第三步：画出市场利率和债券价值关系图。关系图如图13-6所示。

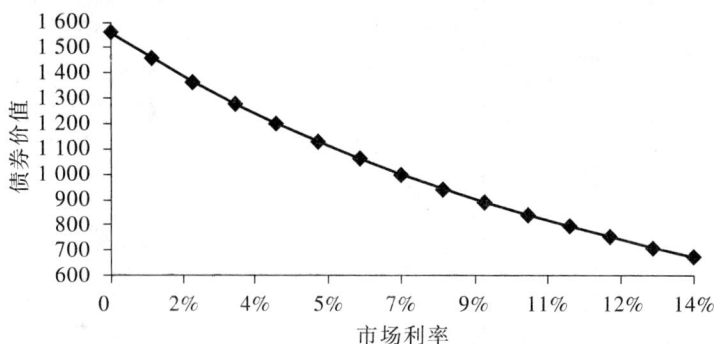

图13-6 市场利率和债券价值关系图

第四步：计算市场利率是6.50%时的债券价值。选中单元格，输入"=NPV（B2，B5：B12）"，输入过程如图13-7所示。

图13-7 NPV参数输入（2）

单击"确定"可得结果，如图13-8所示。

图13-8 债券价值

从图13-8可以看出，如果市场利率是6.50%，那么该债券价值是1 030.4元，而如果可以用1 000元来购买的话，那这是个不错的交易。即当市场利率小于7%时，该债券的价值就大于1 000元。

13.5.2　美国国库券

假设要以9 750美元购买面值为10 000美元的国库券，26周（182天）后收回10 000美元的投资。计算该国库券的年化利率。基本情况如表13-3所示。

表13-3　　　　　　　　　　　国库券的到期收益率（YTM）　　　　　　　　　金额单位：美元

项目	数值
购买价格	9 750.00
面值	10 000.00
到期日（天数）	182
到期日（年数）	0.49863

1.方法一：日复利收益率

第一步：计算日利率。选中单元格，输入"=（B3/B2）^（1/B4）-1"，输入过程如图13-9所示。

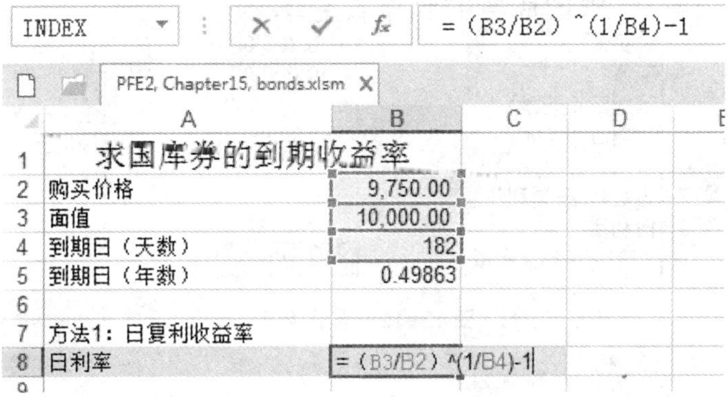

图13-9　计算日利率的公式输入

可得结果，如图13-10所示。

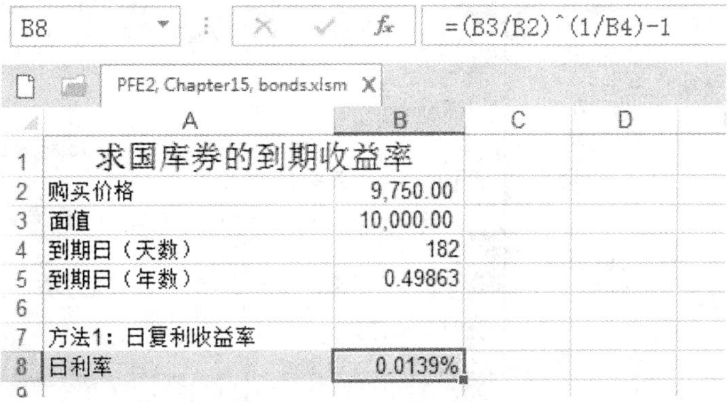

图13-10　日利率

第二步：计算年化利率，选中单元格，输入"=（1+B8）^365-1"，输入过程如图 13-11 所示。

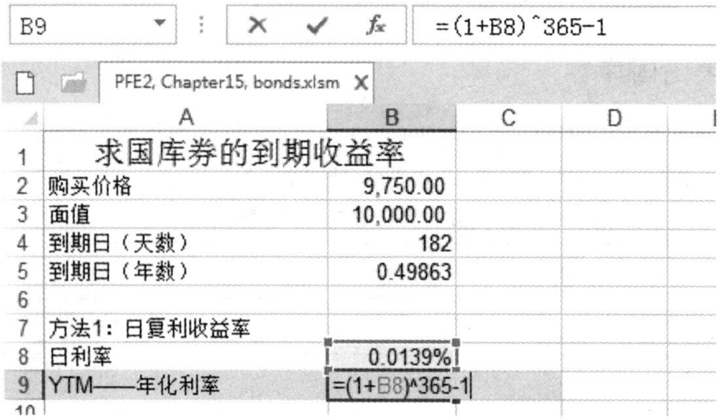

图 13-11 计算年化利率的公式输入

可得结果，如图 13-2 所示。

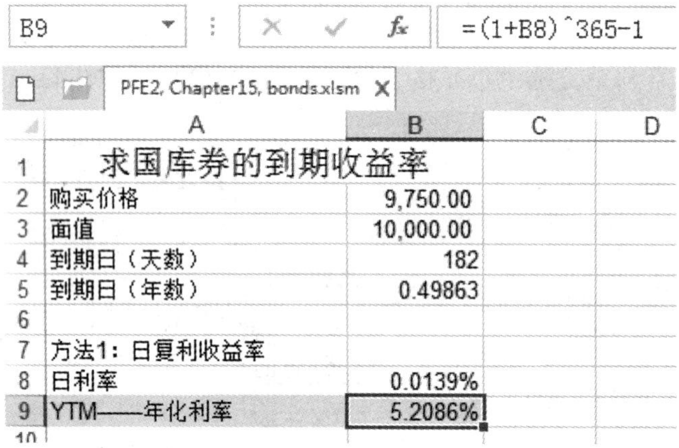

图 13-12 年化利率

2.方法二：求连续复利

选中单元格，输入"=1/B5*LN（B3/B2）"，输入过程如图 13-13 所示。

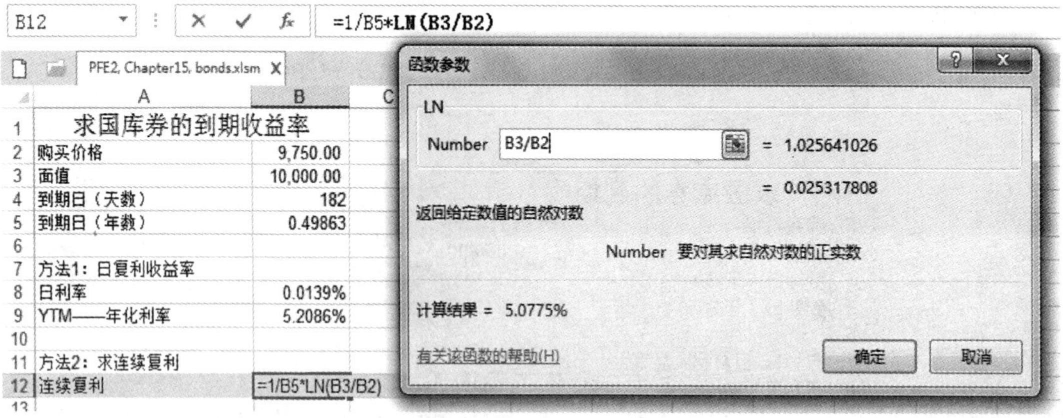

图 13-13 LN 参数输入

单击“确定”可得结果，如图13-14所示。

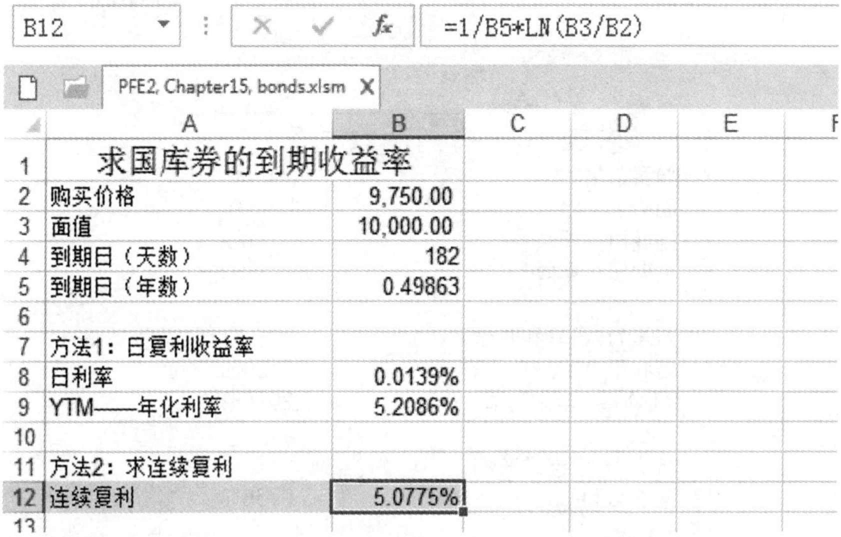

B12 =1/B5*LN(B3/B2)

PFE2, Chapter15, bonds.xlsm

	A	B
1	求国库券的到期收益率	
2	购买价格	9,750.00
3	面值	10,000.00
4	到期日（天数）	182
5	到期日（年数）	0.49863
6		
7	方法1：日复利收益率	
8	日利率	0.0139%
9	YTM——年化利率	5.2086%
10		
11	方法2：求连续复利	
12	连续复利	5.0775%

图13-14 连续复利

最后，分别求两种方法的1年后的终值。

方法一：1年后的终值。选中单元格，输入“=B2*（1+B9）”，输入过程如图13-15所示。

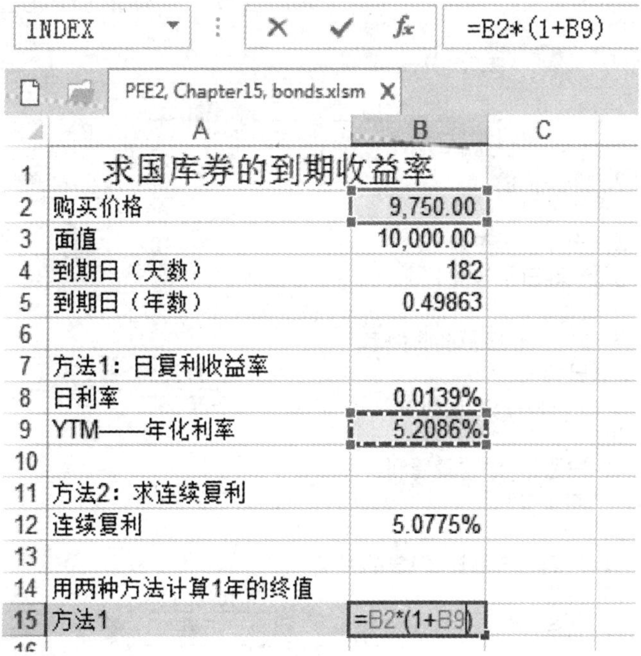

INDEX =B2*(1+B9)

PFE2, Chapter15, bonds.xlsm

	A	B
1	求国库券的到期收益率	
2	购买价格	9,750.00
3	面值	10,000.00
4	到期日（天数）	182
5	到期日（年数）	0.49863
6		
7	方法1：日复利收益率	
8	日利率	0.0139%
9	YTM——年化利率	5.2086%
10		
11	方法2：求连续复利	
12	连续复利	5.0775%
13		
14	用两种方法计算1年的终值	
15	方法1	=B2*(1+B9)

图13-15 计算终值的公式输入（1）

可得结果，如图13-16所示。

方法二：1年后的终值。选中单元格，输入“=B2*EXP（B12）”，输入过程如图13-17所示。

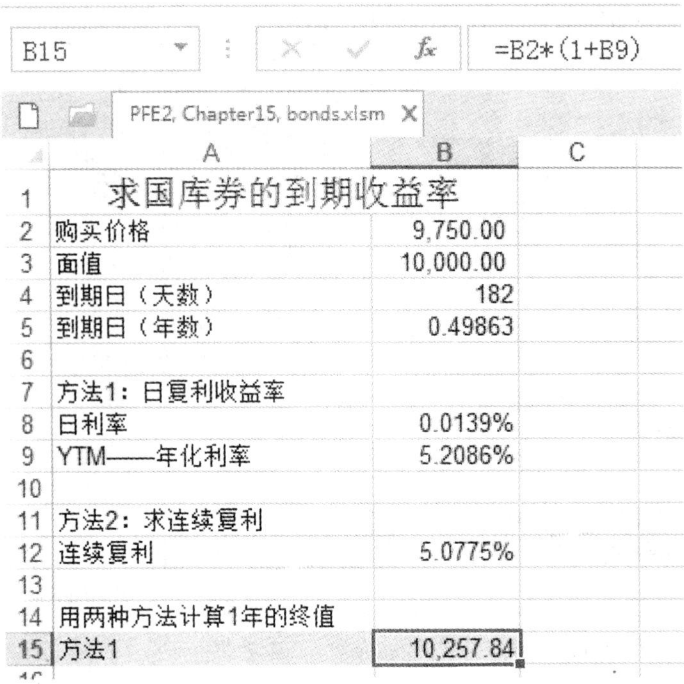

图 13-16　方法一1年后的终值

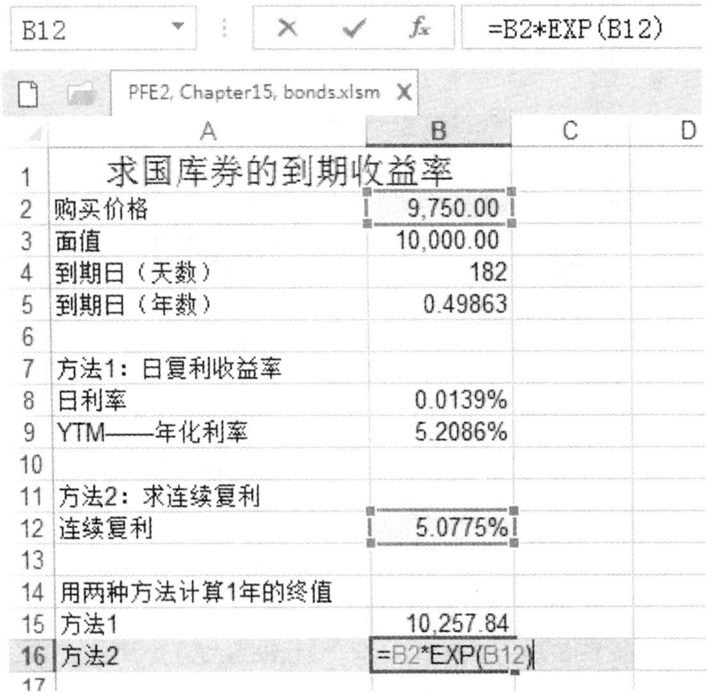

图 13-17　计算终值的公式输入（2）

可得结果，如图13-18所示。

所以，债券的价值为10 257.84美元。

| B16 | ▼ | : | × | ✓ | fx | =B2*EXP(B12) | |

PFE2, Chapter15, bonds.xlsm ✕

	A	B	C	D
1	求国库券的到期收益率			
2	购买价格	9,750.00		
3	面值	10,000.00		
4	到期日（天数）	182		
5	到期日（年数）	0.49863		
6				
7	方法1：日复利收益率			
8	日利率	0.0139%		
9	YTM——年化利率	5.2086%		
10				
11	方法2：求连续复利			
12	连续复利	5.0775%		
13				
14	用两种方法计算1年的终值			
15	方法1	10,257.84		
16	方法2	10,257.84		
17				

图 13-18　方法二1年后的终值

13.5.3　中期国债和长期国债

首先计算2008年8月15日，美国政府发行了10年期、利率4%的国债。100美元国债的价格是99.389美元。如果想购买价值1 000美元的债券，那么将支付993.89美元。决定在发行日购买这种债券，并持有至到期日。分析这种债券的基本情况。基本情况如表13-4所示。

表 13-4　　　　　　　　　　　　　　　　美国国债　　　　　　　　　　　　金额单位：美元

项目	数值
所购买债券的价值	1 000.00
价格	993.89
息票率	4.000%
发行日	2008-08-15
到期日	2018-08-15
债券发行时的现金流	
日期	现金流
2008-08-15	
2009-02-15	
2009-08-15	
2010-02-15	

日期	现金流
2010-08-15	
2011-02-15	
2011-08-15	
2012-02-15	
2012-08-15	
2013-02-15	
2013-08-15	
2014-02-15	
2014-08-15	
2015-02-15	
2015-08-15	
2016-02-15	
2016-08-15	
2017-02-15	
2017-08-15	
2018-02-15	
2018-08-15	

第一步：计算现金流。

首先计算2008年8月15日的现金流。选中单元格，输入"=-B3"，输入过程如图13-19所示。

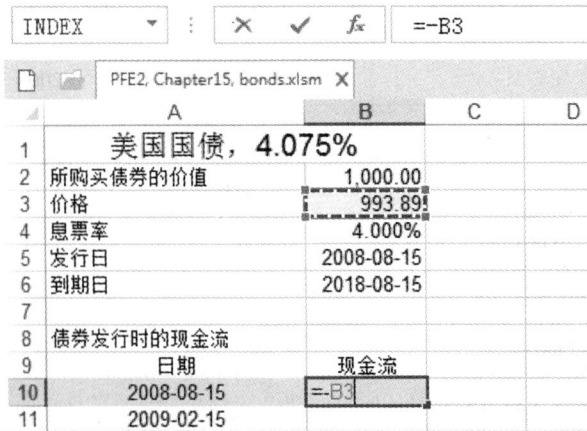

图13-19 计算2008年8月15日现金流的公式输入

可得结果，如图13-20所示。

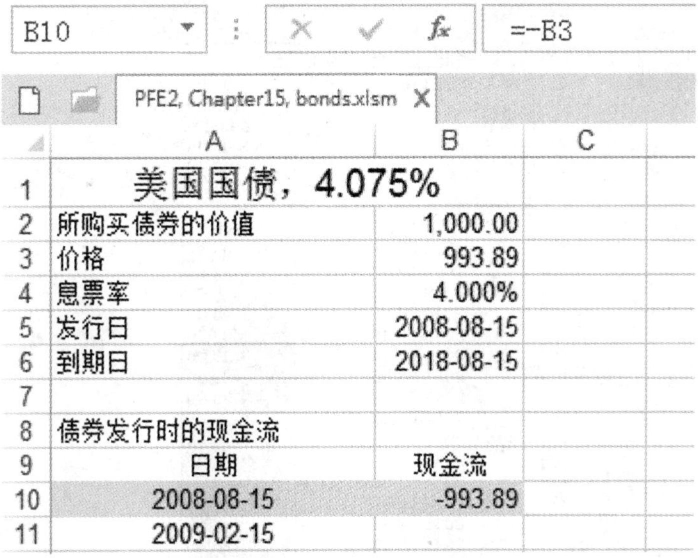

图 13-20　2008 年 8 月 15 日的现金流

然后计算2009年2月15日到2018年2月15日的现金流。选中单元格，输入"=$B$4*$B$2/2"并向下复制，输入过程如图13-21所示。

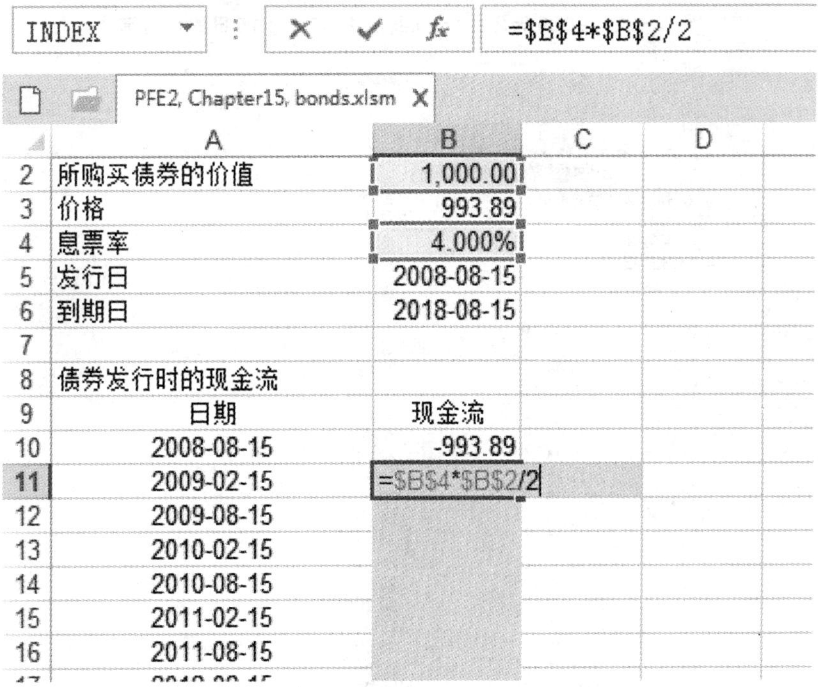

图 13-21　计算各期现金流的公式输入

可得结果，如图13-22所示。

最后计算2018年8月15日的现金流。选中单元格，输入"=$B$4*$B$2/2+B2"，输入过程如图13-23所示。

B11		:	×	✓	f_x	=$B$4*$

PFE2, Chapter15, bonds.xlsm ✕

	A	B	C
1	**美国国债, 4.075%**		
2	所购买债券的价值	1,000.00	
3	价格	993.89	
4	息票率	4.000%	
5	发行日	2008-08-15	
6	到期日	2018-08-15	
7			
8	债券发行时的现金流		
9	日期	现金流	
10	2008-08-15	-993.89	
11	2009-02-15	20.00	
12	2009-08-15	20.00	
13	2010-02-15	20.00	
14	2010-08-15	20.00	
15	2011-02-15	20.00	
16	2011-08-15	20.00	
17	2012-02-15	20.00	
18	2012-08-15	20.00	
19	2013-02-15	20.00	
20	2013-08-15	20.00	
21	2014-02-15	20.00	
22	2014-08-15	20.00	
23	2015-02-15	20.00	
24	2015-08-15	20.00	
25	2016-02-15	20.00	
26	2016-08-15	20.00	
27	2017-02-15	20.00	
28	2017-08-15	20.00	
29	2018-02-15	20.00	
30	2018-08-15		
31			

图 13-22　2009 年 2 月 15 日到 2018 年 2 月 15 日的现金流

B30		:	×	✓	f_x	=$B$4*$B$2/2+B2

PFE2, Chapter15, bonds.xlsm ✕

	A	B	C	D	E
1	**美国国债, 4.075%**				
2	所购买债券的价值	1,000.00			
3	价格	993.89			
4	息票率	4.000%			
5	发行日	2008-08-15			
6	到期日	2018-08-15			
7					
8	债券发行时的现金流				
9	日期	现金流			
10	2008-08-15	-993.89			
11	2009-02-15	20.00			
12	2009-08-15	20.00			
13	2010-02-15	20.00			
14	2010-08-15	20.00			
15	2011-02-15	20.00			
16	2011-08-15	20.00			
17	2012-02-15	20.00			
18	2012-08-15	20.00			
19	2013-02-15	20.00			
20	2013-08-15	20.00			
21	2014-02-15	20.00			
22	2014-08-15	20.00			
23	2015-02-15	20.00			
24	2015-08-15	20.00			
25	2016-02-15	20.00			
26	2016-08-15	20.00			
27	2017-02-15	20.00			
28	2017-08-15	20.00			
29	2018-02-15	20.00			
30	2018-08-15	=$B$4*$B$2/2+B2			
31					

图 13-23　计算到期日现金流的公式输入

可得结果，如图13-24所示。

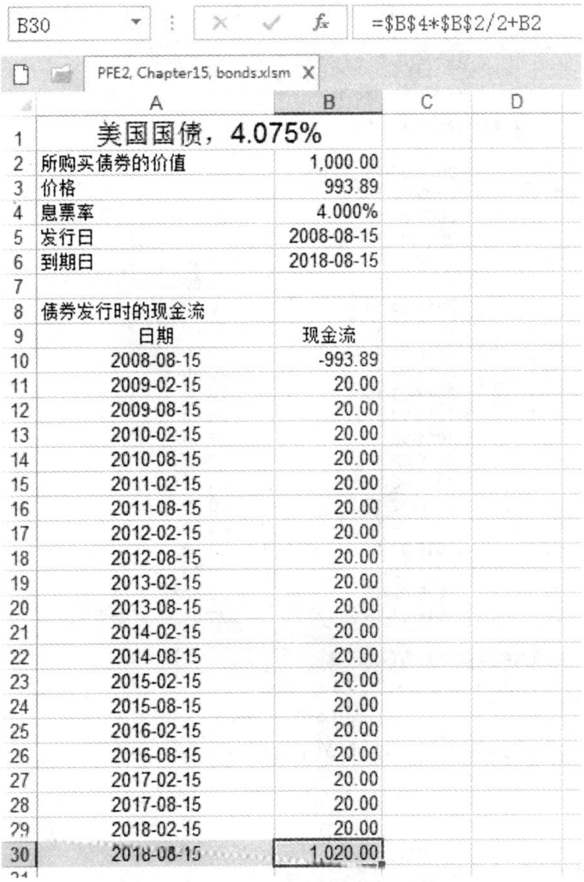

B30		⁝	×	✓	fx	=$B$4*$B$2/2+B2	

PFE2, Chapter15, bonds.xlsm ✕

	A	B	C	D
1	**美国国债，4.075%**			
2	所购买债券的价值	1,000.00		
3	价格	993.89		
4	息票率	4.000%		
5	发行日	2008-08-15		
6	到期日	2018-08-15		
7				
8	债券发行时的现金流			
9	日期	现金流		
10	2008-08-15	-993.89		
11	2009-02-15	20.00		
12	2009-08-15	20.00		
13	2010-02-15	20.00		
14	2010-08-15	20.00		
15	2011-02-15	20.00		
16	2011-08-15	20.00		
17	2012-02-15	20.00		
18	2012-08-15	20.00		
19	2013-02-15	20.00		
20	2013-08-15	20.00		
21	2014-02-15	20.00		
22	2014-08-15	20.00		
23	2015-02-15	20.00		
24	2015-08-15	20.00		
25	2016-02-15	20.00		
26	2016-08-15	20.00		
27	2017-02-15	20.00		
28	2017-08-15	20.00		
29	2018-02-15	20.00		
30	2018-08-15	1,020.00		

图13-24　2018年8月15日现金流

第二步：计算IRR。选中单元格，输入"=IRR（B10：B30）"，输入过程如图13-25所示。

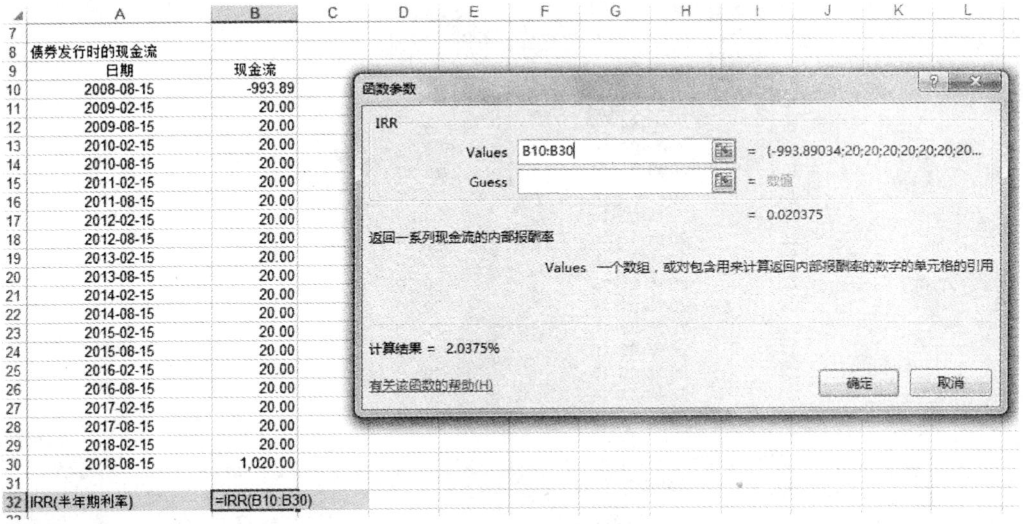

图13-25　IRR参数输入（2）

单击"确定"可得结果，如图13-26所示。

B32	fx	=IRR(B10:B30)

	A	B	C	D
7				
8	债券发行时的现金流			
9	日期	现金流		
10	2008-08-15	-993.89		
11	2009-02-15	20.00		
12	2009-08-15	20.00		
13	2010-02-15	20.00		
14	2010-08-15	20.00		
15	2011-02-15	20.00		
16	2011-08-15	20.00		
17	2012-02-15	20.00		
18	2012-08-15	20.00		
19	2013-02-15	20.00		
20	2013-08-15	20.00		
21	2014-02-15	20.00		
22	2014-08-15	20.00		
23	2015-02-15	20.00		
24	2015-08-15	20.00		
25	2016-02-15	20.00		
26	2016-08-15	20.00		
27	2017-02-15	20.00		
28	2017-08-15	20.00		
29	2018-02-15	20.00		
30	2018-08-15	1,020.00		
31				
32	IRR(半年期利率)	2.0375%		
33				

图13-26　IRR

第三步：计算年化半年期IRR。选中单元格，输入"=（1+B32）^2-1"，输入过程如图13-27所示。

INDEX	fx	=(1+B32)^2-1

	A	B	C	D
1	美国国债，4.075%			
2	所购买债券的价值	1,000.00		
3	价格	993.89		
4	息票率	4.000%		
5	发行日	2008-08-15		
6	到期日	2018-08-15		
7				
8	债券发行时的现金流			
9	日期	现金流		
10	2008-08-15	-993.89		
11	2009-02-15	20.00		
20	2013-08-15	20.00		
21	2014-02-15	20.00		
22	2014-08-15	20.00		
23	2015-02-15	20.00		
24	2015-08-15	20.00		
25	2016-02-15	20.00		
26	2016-08-15	20.00		
27	2017-02-15	20.00		
28	2017-08-15	20.00		
29	2018-02-15	20.00		
30	2018-08-15	1,020.00		
31				
32	IRR(半年期利率)	2.0375%		
33	年化半年期IRR	=(1+B32)^2-1		

图13-27　计算年化半年期IRR的公式输入

可得结果，如图13-28所示。

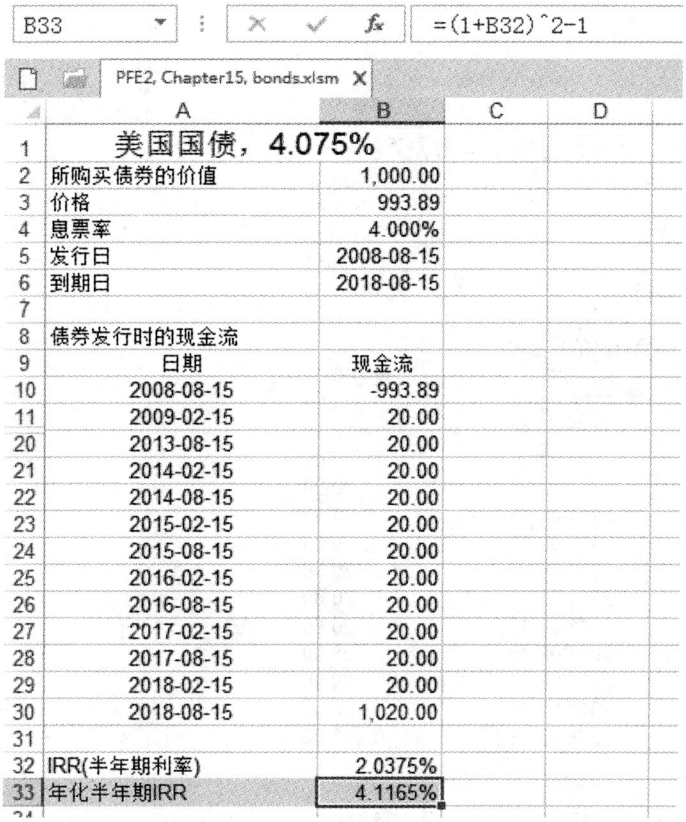

图 13-28　年化半年期IRR

第四步：用 XIRR 函数计算 YTM。选中单元格，输入"=XIRR（D10：B30，A10：A30）"，输入过程如图13-29所示。

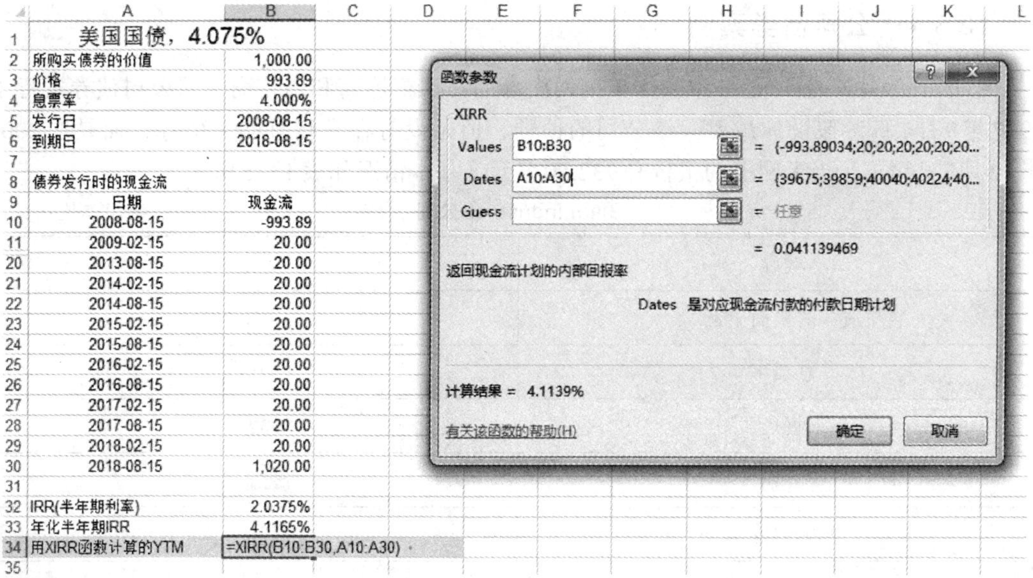

图 13-29　XIRR 参数输入（1）

单击"确定"可得结果，如图 13-30 所示。

B34	▼	:	× ✓ fx	=XIRR(B10:B30,A10:A30)	

PFE2, Chapter15, bonds.xlsm ✕

	A	B	C	D	E
1	美国国债，4.075%				
2	所购买债券的价值	1,000.00			
3	价格	993.89			
4	息票率	4.000%			
5	发行日	2008-08-15			
6	到期日	2018-08-15			
7					
8	债券发行时的现金流				
9	日期	现金流			
10	2008-08-15	-993.89			
11	2009-02-15	20.00			
20	2013-08-15	20.00			
21	2014-02-15	20.00			
22	2014-08-15	20.00			
23	2015-02-15	20.00			
24	2015-08-15	20.00			
25	2016-02-15	20.00			
26	2016-08-15	20.00			
27	2017-02-15	20.00			
28	2017-08-15	20.00			
29	2018-02-15	20.00			
30	2018-08-15	1,020.00			
31					
32	IRR(半年期利率)	2.0375%			
33	年化半年期IRR	4.1165%			
34	用XIRR函数计算的YTM	4.1139%			
35					

图 13-30　XIRR 函数计算 YTM 的结果

13.5.4　公司债券案例

Giant Industries 公司是一家位于美国西南部的石油精炼商和销售商。该公司债券发行于 1997 年 9 月 1 日。假设你想要买该公司的债券，但是没有在发行日购买债券，而是在 2000 年 12 月 7 日购买。当天网上的报价是 932.50 美元。基本情况如表 13-5 所示。

表 13-5　　　　　　　　　　　　Giant Industries 公司　　　　　　　　　金额单位：美元

项目	数值
债券的票面金额	1 000.00
息票率	9.00%
报价	932.50
日期	现金流
2000-12-07	
2001-03-01	

日期	现金流
2001-09-01	
2002-03-01	
2002-09-01	
2003-03-01	
2003-09-01	
2004-03-01	
2004-09-01	
2005-03-01	
2005-09-01	
2006-03-01	
2006-09-01	
2007-03-01	
2007-09-01	

第一步：计算应计利息。

（1）设定今日日期。选中单元格，输入"=A8"，输入过程如图13-31所示。

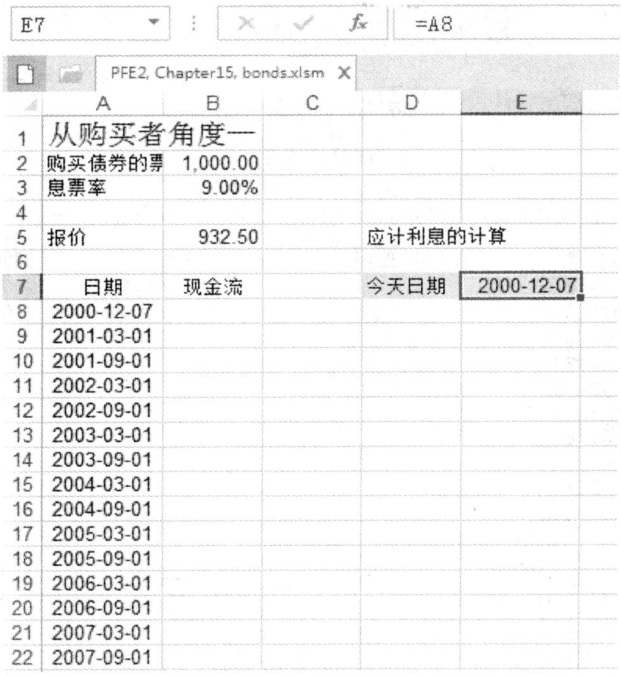

图13-31　日期输入

（2）设定上一个付息日。选中单元格，输入"2000-09-01"，输入过程如图 13-32 所示。

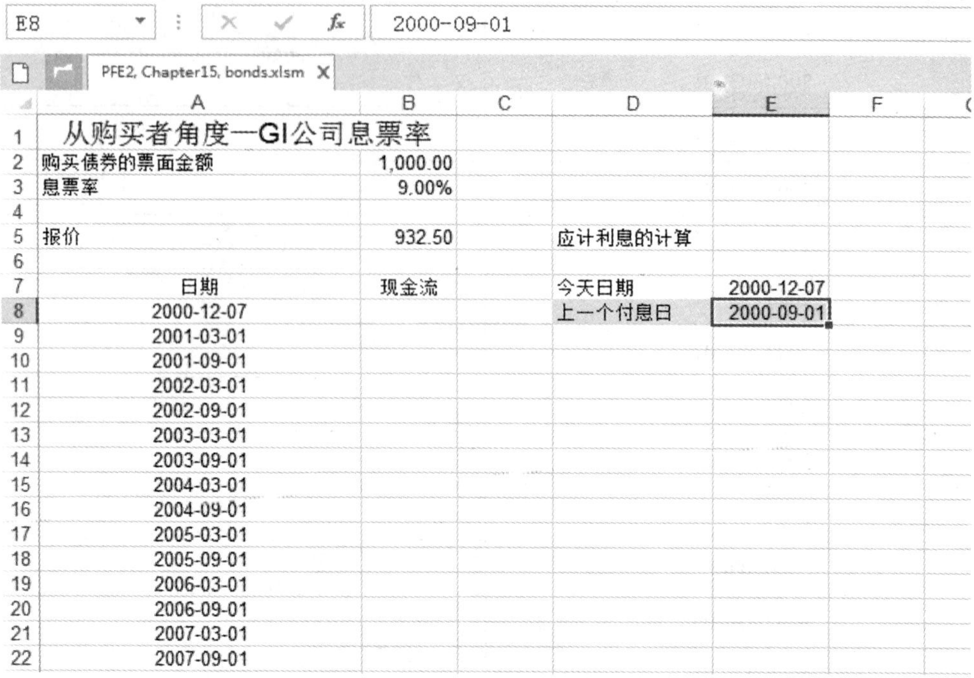

图 13-32　上一个付息日

（3）设定下一个付息日。选中单元格，输入"=A9"，输入过程如图 13-33 所示。

图 13-33　下一个付息日

（4）计算上一个付息日到今天的间隔天数。选中单元格，输入"=E7-E8"，输入过程如图 13-34 所示。

INDEX	▼	:	×	✓	f_x	=E7-E8	

PFE2, Chapter15, bonds.xlsm ✕

▲	A	B	C	D	E	F	G
1	从购买者角度—GI公司息票率						
2	购买债券的票面金额	1,000.00					
3	息票率	9.00%					
4							
5	报价	932.50		应计利息的计算			
6							
7	日期	现金流		今天日期	2000-12-07		
8	2000-12-07			上一个付息日	2000-09-01		
9	2001-03-01			下一个付息日	2001-03-01		
10	2001-09-01			上一个付息日到今天的间隔天数	=E7-E8		
11	2002-03-01						
12	2002-09-01						
13	2003-03-01						
14	2003-09-01						
15	2004-03-01						
16	2004-09-01						
17	2005-03-01						
18	2005-09-01						
19	2006-03-01						
20	2006-09-01						
21	2007-03-01						
22	2007-09-01						

图 13-34　计算间隔天数的公式输入

可得上一个付息日到今天的间隔天数，如图 13-35 所示。

E10	▼	:	×	✓	f_x	=E7-E8	

PFE2, Chapter15, bonds.xlsm ✕

▲	A	B	C	D	E
1	从购买者角度—GI公司息票率				
2	购买债券的票面金额	1,000.00			
3	息票率	9.00%			
4					
5	报价	932.50		应计利息的计算	
6					
7	日期	现金流		今天日期	2000-12-07
8	2000-12-07			上一个付息日	2000-09-01
9	2001-03-01			下一个付息日	2001-03-01
10	2001-09-01			上一个付息日到今天的间隔天数	97
11	2002-03-01				
12	2002-09-01				
13	2003-03-01				
14	2003-09-01				
15	2004-03-01				
16	2004-09-01				
17	2005-03-01				
18	2005-09-01				
19	2006-03-01				
20	2006-09-01				
21	2007-03-01				
22	2007-09-01				

图 13-35　上一个付息日到今天的间隔天数

（5）计算两次付息日之间的间隔。选中单元格，输入"=E9-E8"，输入过程如图13-36所示。

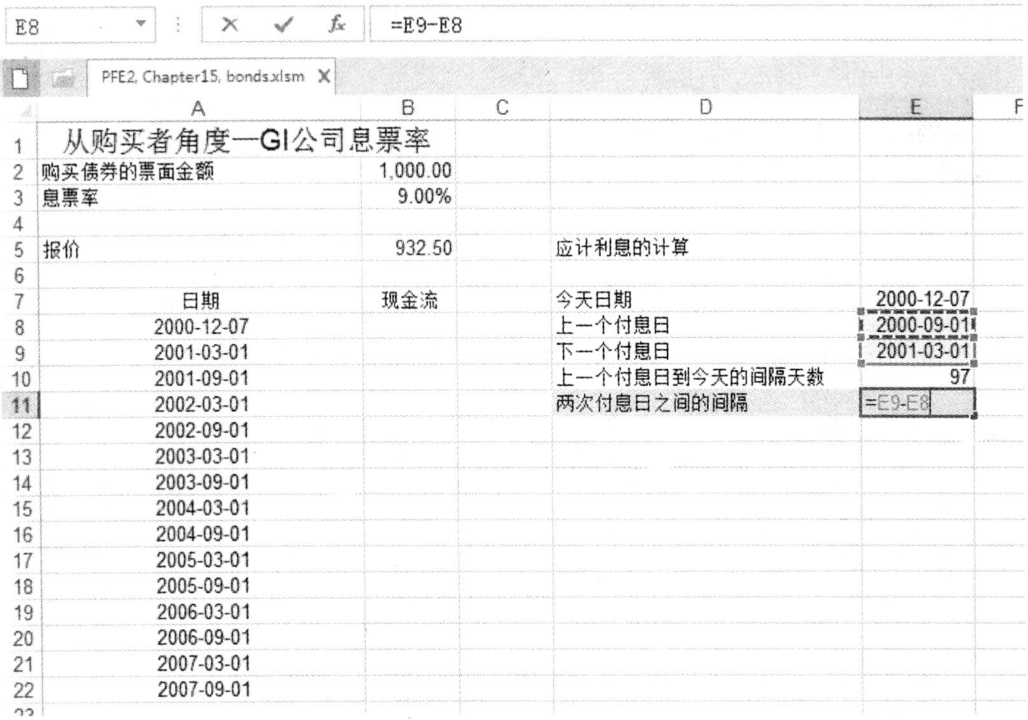

图13-36　计算两次付息日之间间隔的公式输入

可得两次付息日之间的间隔，如图13-37所示。

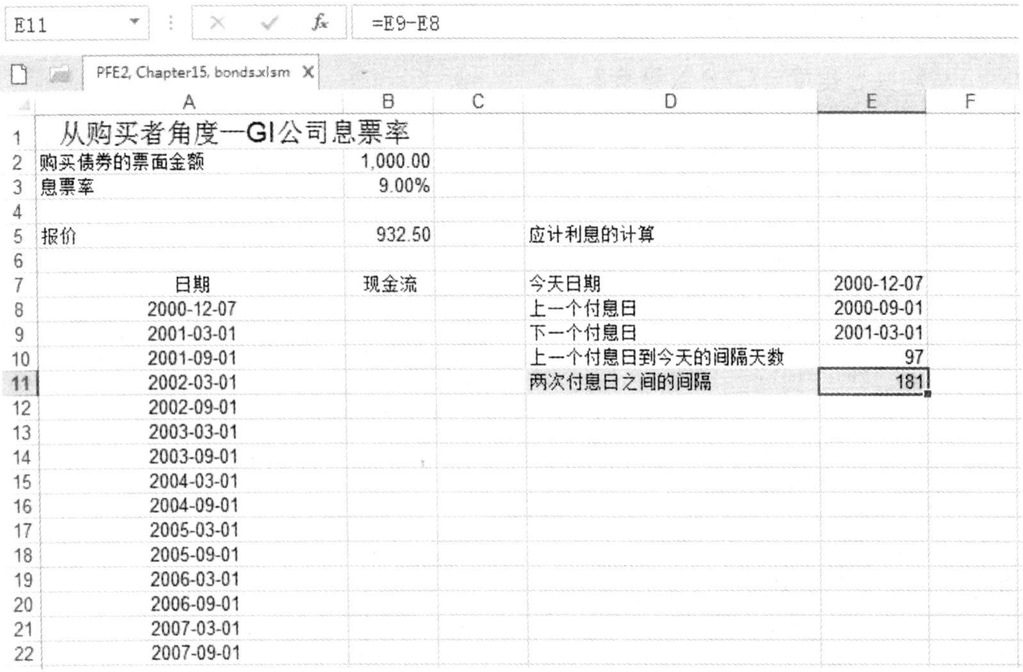

图13-37　两次付息日之间的间隔

（6）计算半年利息。选中单元格，输入"=B3/2*B2"，输入过程如图13-38所示。

| INDEX | ▼ | ⋮ | ✕ | ✓ | fx | =B3/2*B2 |

PFE2, Chapter15, bonds.xlsm ✕

	A	B	C		D	E
1	从购买者角度—GI公司息票率					
2	购买债券的票面金额	1,000.00				
3	息票率	9.00%				
4						
5	报价	932.50		应计利息的计算		
6						
7	日期	现金流		今天日期		2000-12-07
8	2000-12-07			上一个付息日		2000-09-01
9	2001-03-01			下一个付息日		2001-03-01
10	2001-09-01			上一个付息日到今天的间隔天数		97
11	2002-03-01			两次付息日之间的间隔		181
12	2002-09-01					
13	2003-03-01			半年期利息		=B3/2*B2
14	2003-09-01					
15	2004-03-01					
16	2004-09-01					
17	2005-03-01					
18	2005-09-01					
19	2006-03-01					
20	2006-09-01					
21	2007-03-01					
22	2007-09-01					

图13-38　计算半年利息的公式输入

可得半年利息，如图13-39所示。

| E13 | ▼ | ⋮ | ✕ | ✓ | fx | =B3/2*B2 |

PFE2, Chapter15, bonds.xlsm ✕

	A	B	C		D	E	F
1	从购买者角度—GI公司息票率						
2	购买债券的票面金额	1,000.00					
3	息票率	9.00%					
4							
5	报价	932.50		应计利息的计算			
6							
7	日期	现金流		今天日期		2000-12-07	
8	2000-12-07			上一个付息日		2000-09-01	
9	2001-03-01			下一个付息日		2001-03-01	
10	2001-09-01			上一个付息日到今天的间隔天数		97	
11	2002-03-01			两次付息日之间的间隔		181	
12	2002-09-01						
13	2003-03-01			半年期利息		45.00	
14	2003-09-01						
15	2004-03-01						
16	2004-09-01						
17	2005-03-01						
18	2005-09-01						
19	2006-03-01						
20	2006-09-01						
21	2007-03-01						
22	2007-09-01						

图13-39　半年利息

（7）计算应计利息。选中单元格，输入"=E10/E11*E13"，输入过程如图13-40所示。

图13-40 计算应计利息的公式输入

可得应计利息，如图13-41所示。

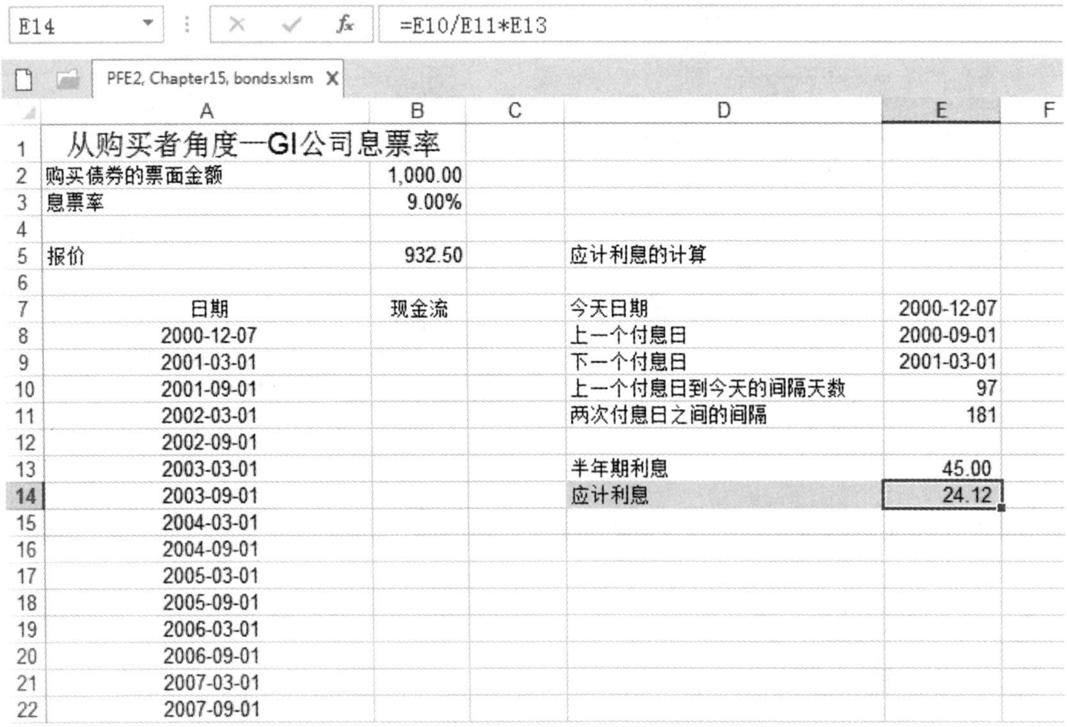

图13-41 应计利息

第二步：计算实际支付价格。选中单元格，输入"=B5+E15"，输入过程如图 13-42 所示。

图 13-42 计算实际支付价格的公式输入

可得实际支付价格，如图 13-43 所示。

图 13-43 实际支付价格

第三步：计算各个日期对应的现金流，如图 13-44 所示。

之后的现金流如图 13-45 所示。

B9		▼	:	×	✓	fx	=-B6		

	PFE2, Chapter15, bonds.xlsm ×				
▲	A	B	C	D	E
1	从购买者角度—GI公司息票率				
2	购买债券的票面金额	1,000.00			
3	息票率	9.00%			
4					
5	报价	932.50		应计利息的计算	
6	实际支付价格	956.62			
7					
8	日期	现金流		今天日期	2000-12-07
9	2000-12-07	-956.62		上一个付息日	2000-09-01
10	2001-03-01			下一个付息日	2001-03-01
11	2001-09-01			上一个付息日到今天的间隔天数	97
12	2002-03-01			两次付息日之间的间隔	181
13	2002-09-01				
14	2003-03-01			半年期利息	45.00
15	2003-09-01			应计利息	24.12
16	2004-03-01				
17	2004-09-01				
18	2005-03-01				
19	2005-09-01				
20	2006-03-01				
21	2006-09-01				
22	2007-03-01				
23	2007-09-01				

图 13-44　2000 年 12 月 7 日现金流

B10		▼	:	×	✓	fx	=$B$3*$B$2/2		

	PFE2, Chapter15, bonds.xlsm ×				
▲	A	B	C	D	E
1	从购买者角度—GI公司息票率				
2	购买债券的票面金额	1,000.00			
3	息票率	9.00%			
4					
5	报价	932.50		应计利息的计算	
6	实际支付价格	956.62			
7					
8	日期	现金流		今天日期	2000-12-07
9	2000-12-07	-956.62		上一个付息日	2000-09-01
10	2001-03-01	45.00		下一个付息日	2001-03-01
11	2001-09-01	45.00		上一个付息日到今天的间隔天数	97
12	2002-03-01	45.00		两次付息日之间的间隔	181
13	2002-09-01	45.00			
14	2003-03-01	45.00		半年期利息	45.00
15	2003-09-01	45.00		应计利息	24.12
16	2004-03-01	45.00			
17	2004-09-01	45.00			
18	2005-03-01	45.00			
19	2005-09-01	45.00			
20	2006-03-01	45.00			
21	2006-09-01	45.00			
22	2007-03-01	45.00			
23	2007-09-01				

图 13-45　2001 年 3 月 1 日到 2007 年 3 月 1 日现金流

2007年9月1日现金流如图13-46所示。

| B23 | ▼ | : | × | ✓ | fx | =$B$3*$B$2/2+B2 |

PFE2, Chapter15, bonds.xlsm ✕

	A	B	C	D	E	F
1	从购买者角度—GI公司息票率					
2	购买债券的票面金额	1,000.00				
3	息票率	9.00%				
4						
5	报价	932.50		应计利息的计算		
6	实际支付价格	956.62				
7						
8	日期	现金流		今天日期	2000-12-07	
9	2000-12-07	-956.62		上一个付息日	2000-09-01	
10	2001-03-01	45.00		下一个付息日	2001-03-01	
11	2001-09-01	45.00		上一个付息日到今天的间隔天数	97	
12	2002-03-01	45.00		两次付息日之间的间隔	181	
13	2002-09-01	45.00				
14	2003-03-01	45.00		半年期利息	45.00	
15	2003-09-01	45.00		应计利息	24.12	
16	2004-03-01	45.00				
17	2004-09-01	45.00				
18	2005-03-01	45.00				
19	2005-09-01	45.00				
20	2006-03-01	45.00				
21	2006-09-01	45.00				
22	2007-03-01	45.00				
23	2007-09-01	1,045.00				

图13-46 2007年9月1日现金流

第四步：用XIRR函数计算YTM。选中单元格，输入"=XIRR（B9：B23，A9：A23）"，输入过程如图13-47所示。

	A	B	C	D	E	F	G	H	I
1	从购买者角度—GI公司息票率								
2	购买债券的票面金额	1,000.00							
3	息票率	9.00%							
4									
5	报价	932.50							
6	实际支付价格	956.62							
7									
8	日期	现金流		今					
9	2000-12-07	-956.62		上					
10	2001-03-01	45.00		下					
11	2001-09-01	45.00		上					
12	2002-03-01	45.00		两					
13	2002-09-01	45.00							
14	2003-03-01	45.00		半					
15	2003-09-01	45.00		应					
16	2004-03-01	45.00							
17	2004-09-01	45.00							
18	2005-03-01	45.00							
19	2005-09-01	45.00							
20	2006-03-01	45.00							
21	2006-09-01	45.00							
22	2007-03-01	45.00							
23	2007-09-01	1,045.00							
24									
25	用XIRR函数计算的YTM	=XIRR(B9:B23,A9:A23)							

函数参数

XIRR

Values B9:B23 = {-956.616022099447;45;45;45;...
Dates A9:A23 = {36867;36951;37135;37316;37...
Guess = 任意

= 0.106775194

返回现金流计划的内部回报率

Dates 是对应现金流付款的付款日期计划

计算结果 = 10.68%

有关该函数的帮助(H)   确定   取消

图13-47 XIRR参数输入（2）

单击"确定"可得结果，如图13-48所示。

B25	▼ : × ✓ fx	=XIRR(B9:B23,A9:A23)		

PFE2, Chapter15, bonds.xlsm ✕

	A	B	C	D	E
1	从购买者角度—GI公司息票率				
2	购买债券的票面金额	1,000.00			
3	息票率	9.00%			
4					
5	报价	932.50		应计利息的计算	
6	实际支付价格	956.62			
7					
8	日期	现金流		今天日期	2000-12-07
9	2000-12-07	-956.62		上一个付息日	2000-09-01
10	2001-03-01	45.00		下一个付息日	2001-03-01
11	2001-09-01	45.00		上一个付息日到今天的间隔天数	97
12	2002-03-01	45.00		两次付息日之间的间隔	181
13	2002-09-01	45.00			
14	2003-03-01	45.00		半年期利息	45.00
15	2003-09-01	45.00		应计利息	24.12
16	2004-03-01	45.00			
17	2004-09-01	45.00			
18	2005-03-01	45.00			
19	2005-09-01	45.00			
20	2006-03-01	45.00			
21	2006-09-01	45.00			
22	2007-03-01	45.00			
23	2007-09-01	1,045.00			
24					
25	用XIRR函数计算的YTM	10.68%			

图 13-48 XIRR 函数计算 YTM

第五步：用 YIELD 函数计算的 YTM。选中单元格，输入"=YIELD（A9，A23，B3，B5/10，100，2，3）"，输入过程如图 13-49 所示。

B26	▼ : × ✓ fx	=YIELD(A9,A23,B3,B5/10,100,2,3)

PFE2, Chapter15, bonds.xlsm ✕

	A	B	C
4			
5	报价	932.50	应计利息的计算
6	实际支付价格	956.62	
7			
8	日期	现金流	今天日期
9	2000-12-07	-956.62	上一个付息日
10	2001-03-01	45.00	下一个付息日
11	2001-09-01	45.00	上一个付息日到今
12	2002-03-01	45.00	两次付息日之间
13	2002-09-01	45.00	
14	2003-03-01	45.00	半年期利息
15	2003-09-01	45.00	应计利息
16	2004-03-01	45.00	
17	2004-09-01	45.00	
18	2005-03-01	45.00	
19	2005-09-01	45.00	
20	2006-03-01	45.00	
21	2006-09-01	45.00	
22	2007-03-01	45.00	
23	2007-09-01	1,045.00	
24			
25	用XIRR函数计算的YTM	10.68%	
26	用Yield计算的YTM	=YIELD(A9,A23,B3,B5/10,100,2,3)	
27			

函数参数

YIELD

Rate	B3	= 0.09
Pr	B5/10	= 93.25
Redemption	100	= 100
Frequency	2	= 2
Basis	3	= 3

= 0.10413418

返回定期支付利息的债券的收益

Basis 是所采用的日算类型

计算结果 = 10.41%

有关该函数的帮助(H)   确定   取消

图 13-49 YIELD 参数输入（1）

单击"确定"可得结果，如图 13-50 所示。

| B26 | : | × ✓ fx | =YIELD(A9,A23,B3,B5/10,100,2,3) |

PFE2, Chapter15, bonds.xlsm

	A	B	C	D	E	F
4						
5	报价	932.50		应计利息的计算		
6	实际支付价格	956.62				
7						
8	日期	现金流		今天日期	2000-12-07	
9	2000-12-07	-956.62		上一个付息日	2000-09-01	
10	2001-03-01	45.00		下一个付息日	2001-03-01	
11	2001-09-01	45.00		上一个付息日到今天的间隔天数	97	
12	2002-03-01	45.00		两次付息日之间的间隔	181	
13	2002-09-01	45.00				
14	2003-03-01	45.00		半年期利息	45.00	
15	2003-09-01	45.00		应计利息	24.12	
16	2004-03-01	45.00				
17	2004-09-01	45.00				
18	2005-03-01	45.00				
19	2005-09-01	45.00				
20	2006-03-01	45.00				
21	2006-09-01	45.00				
22	2007-03-01	45.00				
23	2007-09-01	1,045.00				
24						
25	用XIRR函数计算的YTM	10.68%				
26	用Yield计算的YTM	10.41%				
27						

图 13-50　YTM

第六步：计算年化收益率。选中单元格，输入"=（1+B26/2）^2-1"，输入过程如图 13-51 所示。

| INDEX | : | × ✓ fx | =(1+B26/2)^2-1 |

PFE2, Chapter15, bonds.xlsm

	A	B	C	D	E
4					
5	报价	932.50		应计利息的计算	
6	实际支付价格	956.62			
7					
8	日期	现金流		今天日期	2000-12-07
9	2000-12-07	-956.62		上一个付息日	2000-09-01
10	2001-03-01	45.00		下一个付息日	2001-03-01
11	2001-09-01	45.00		上一个付息日到今天的间隔天数	97
12	2002-03-01	45.00		两次付息日之间的间隔	181
13	2002-09-01	45.00			
14	2003-03-01	45.00		半年期利息	45.00
15	2003-09-01	45.00		应计利息	24.12
16	2004-03-01	45.00			
17	2004-09-01	45.00			
18	2005-03-01	45.00			
19	2005-09-01	45.00			
20	2006-03-01	45.00			
21	2006-09-01	45.00			
22	2007-03-01	45.00			
23	2007-09-01	1,045.00			
24					
25	用XIRR函数计算的YTM	10.68%			
26	用Yield计算的YTM	10.41%			
27	Excel的年化收益率	=(1+B26/2)^2-1			
28					

图 13-51　计算年化收益率的公式输入

可得结果，如图13-52所示。

B27			✕ ✓ fx	=(1+B26/2)^2-1	

PFE2, Chapter15, bonds.xlsm ✕

	A	B	C	D	E
4					
5	报价	932.50		应计利息的计算	
6	实际支付价格	956.62			
7					
8	日期	现金流		今天日期	2000-12-07
9	2000-12-07	-956.62		上一个付息日	2000-09-01
10	2001-03-01	45.00		下一个付息日	2001-03-01
11	2001-09-01	45.00		上一个付息日到今天的间隔天数	97
12	2002-03-01	45.00		两次付息日之间的间隔	181
13	2002-09-01	45.00			
14	2003-03-01	45.00		半年期利息	45.00
15	2003-09-01	45.00		应计利息	24.12
16	2004-03-01	45.00			
17	2004-09-01	45.00			
18	2005-03-01	45.00			
19	2005-09-01	45.00			
20	2006-03-01	45.00			
21	2006-09-01	45.00			
22	2007-03-01	45.00			
23	2007-09-01	1,045.00			
24					
25	用XIRR函数计算的YTM	10.68%			
26	用Yield计算的YTM	10.41%			
27	Excel的年化收益率	10.68%			

图13-52　年化收益率

得到的年化收益率与用XIRR函数得出的到期收益率一致。

13.5.5　可赎回债券

许多债券是可赎回的，这意味着发行债券的公司在一个给定日期之后有权赎回债券。下面我们以通用电气（GE）发行的可赎回债券为例进行说明。假设2003年8月18日卖价是27美元。我们计算赎回收益率YTC。基本信息如表13-6所示。

表13-6　　　　　　　　　　　　　　通用电气可赎回债券　　　　　　　　　　　　金额单位：美元

项目	数值
面值	25.00
息票率	5.875%
到期日	2033-02-18
当前日期	2003-08-18
首次赎回归	2008-02-20
当前债券价格	27.00
日期	现金流
2003-08-18	
2003-11-18	

续表

日期	现金流
2004-02-18	
2004-05-18	
2004-08-18	
2004-11-18	
2005-02-18	
2005-05-18	
2031-08-18	
2031-11-18	
2032-02-18	
2032-05-18	
2032-08-18	
2032-11-18	
2033-02-18	

第一步：计算2003年8月18日的现金流，如图13-53所示。

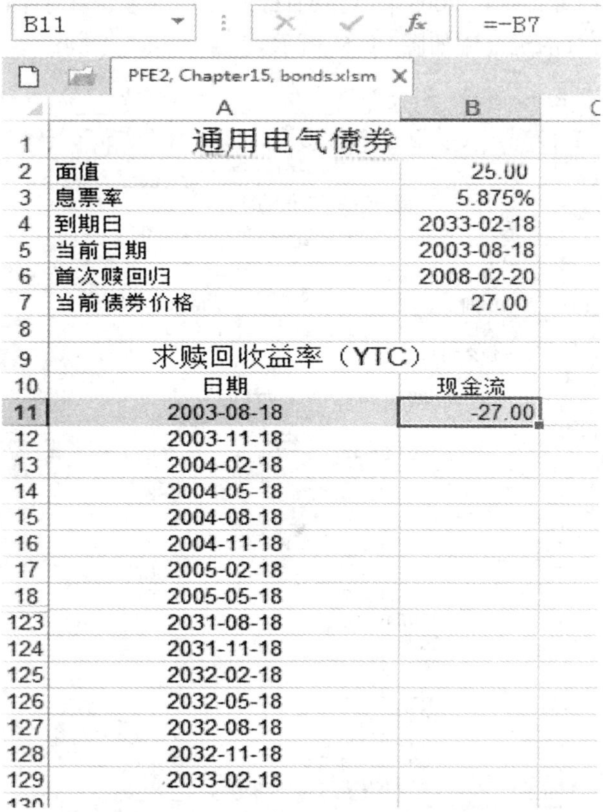

图 13-53 2003 年 8 月 18 日的现金流

2003年11月8日到2032年11月18日的现金流如图13-54所示。

图13-54　2003年11月8日到2032年11月18日的现金流

2033年2月18日的现金流如图13-55所示。

图13-55　2033年2月18日的现金流

第二步：用 IRR 函数计算收益率。选中单元格，输入"=XIRR（B11：B129，A11：A129）"，输入过程如图13-56所示。

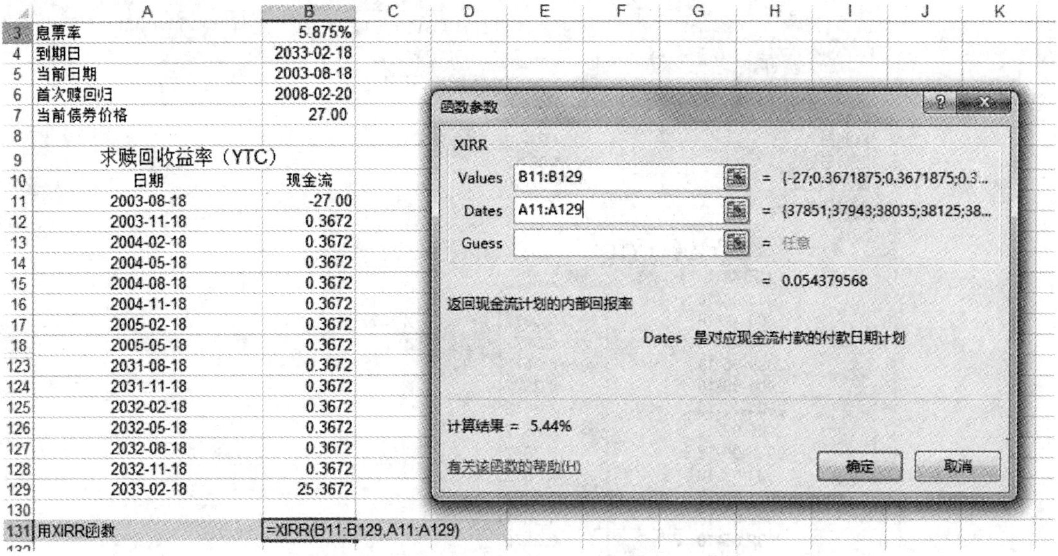

	A	B
3	息票率	5.875%
4	到期日	2033-02-18
5	当前日期	2003-08-18
6	首次赎回归	2008-02-20
7	当前债券价格	27.00
8		
9	求赎回收益率（YTC）	
10	日期	现金流
11	2003-08-18	-27.00
12	2003-11-18	0.3672
13	2004-02-18	0.3672
14	2004-05-18	0.3672
15	2004-08-18	0.3672
16	2004-11-18	0.3672
17	2005-02-18	0.3672
18	2005-05-18	0.3672
123	2031-08-18	0.3672
124	2031-11-18	0.3672
125	2032-02-18	0.3672
126	2032-05-18	0.3672
127	2032-08-18	0.3672
128	2032-11-18	0.3672
129	2033-02-18	25.3672
130		
131	用XIRR函数	=XIRR(B11:B129,A11:A129)

函数参数

XIRR
Values B11:B129 = {-27;0.3671875;0.3671875;0.3...
Dates A11:A129 = {37851;37943;38035;38125;38...
Guess = 任意

= 0.054379568

返回现金流计划的内部回报率

Dates 是对应现金流付款的付款日期计划

计算结果 = 5.44%

有关该函数的帮助(H) 确定 取消

图13-56 XIRR参数输入（3）

单击"确定"可得结果，如图13-57所示。

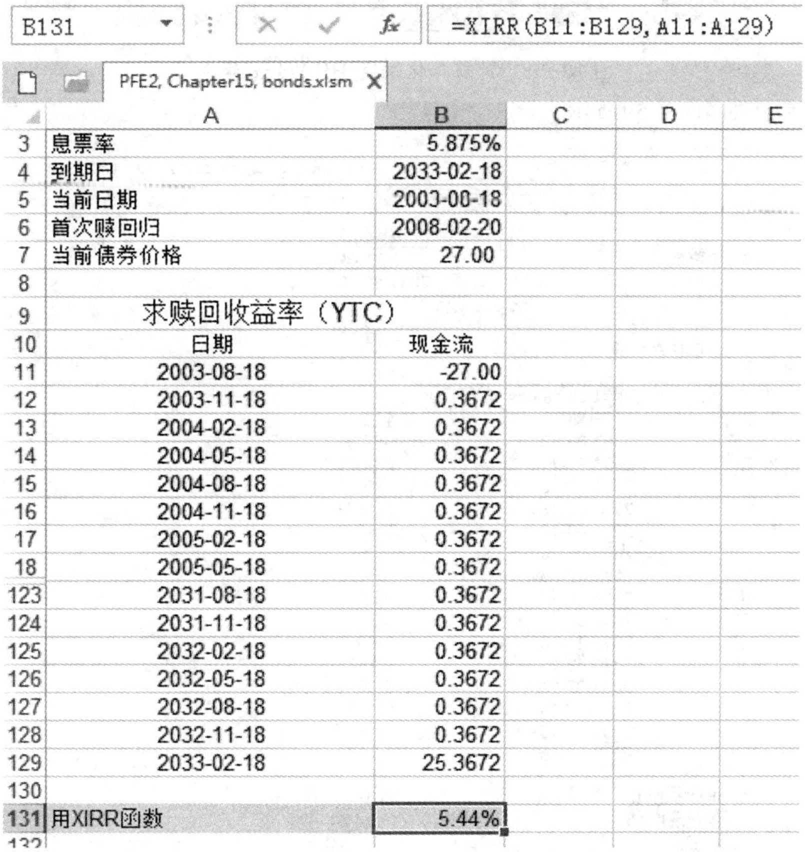

B131 fx =XIRR(B11:B129, A11:A129)

PFE2, Chapter15, bonds.xlsm

	A	B
3	息票率	5.875%
4	到期日	2033-02-18
5	当前日期	2003-00-18
6	首次赎回归	2008-02-20
7	当前债券价格	27.00
8		
9	求赎回收益率（YTC）	
10	日期	现金流
11	2003-08-18	-27.00
12	2003-11-18	0.3672
13	2004-02-18	0.3672
14	2004-05-18	0.3672
15	2004-08-18	0.3672
16	2004-11-18	0.3672
17	2005-02-18	0.3672
18	2005-05-18	0.3672
123	2031-08-18	0.3672
124	2031-11-18	0.3672
125	2032-02-18	0.3672
126	2032-05-18	0.3672
127	2032-08-18	0.3672
128	2032-11-18	0.3672
129	2033-02-18	25.3672
130		
131	用XIRR函数	5.44%

图13-57 IRR函数计算收益率

第三步：计算年化季度IRR。选中单元格，输入"=（1+IRR（B11：B129，3%））^4-1"，输入过程如图13-58所示。

INDEX		✕ ✓ fx	=（1+IRR（B11：B129，3%））^4-1			
PFE2, Chapter15, bonds.xlsm						
	A	B	C	D	E	F
3	息票率	5.875%				
4	到期日	2033-02-18				
5	当前日期	2003-08-18				
6	首次赎回归	2008-02-20				
7	当前债券价格	27.00				
8						
9	求赎回收益率（YTC）					
10	日期	现金流				
11	2003-08-18	-27.00				
12	2003-11-18	0.3672				
13	2004-02-18	0.3672				
14	2004-05-18	0.3672				
15	2004-08-18	0.3672				
16	2004-11-18	0.3672				
17	2005-02-18	0.3672				
18	2005-05-18	0.3672				
123	2031-08-18	0.3672				
124	2031-11-18	0.3672				
125	2032-02-18	0.3672				
126	2032-05-18	0.3672				
127	2032-08-18	0.3672				
128	2032-11-18	0.3672				
129	2033-02-18	25.3672				
130						
131	用XIRR函数	5.44%				
132	年化季度IRR	=（1+IRR（B11：B129，3%））^4-1				
133						

图13-58　计算年化季度IRR的公式输入

可得结果，如图13-59所示。

B132		✕ ✓ fx	=(1+IRR(B11:B129,3%))^4-1		
PFE2, Chapter15, bonds.xlsm					
	A	B	C	D	E
3	息票率	5.875%			
4	到期日	2033-02-18			
5	当前日期	2003-08-18			
6	首次赎回归	2008-02-20			
7	当前债券价格	27.00			
8					
9	求赎回收益率（YTC）				
10	日期	现金流			
11	2003-08-18	-27.00			
12	2003-11-18	0.3672			
13	2004-02-18	0.3672			
14	2004-05-18	0.3672			
15	2004-08-18	0.3672			
16	2004-11-18	0.3672			
17	2005-02-18	0.3672			
18	2005-05-18	0.3672			
123	2031-08-18	0.3672			
124	2031-11-18	0.3672			
125	2032-02-18	0.3672			
126	2032-05-18	0.3672			
127	2032-08-18	0.3672			
128	2032-11-18	0.3672			
129	2033-02-18	25.3672			
130					
131	用XIRR函数	5.44%			
132	年化季度IRR	5.44%			
133					

图13-59　年化季度IRR

第四步：用YIELD函数计算收益率。选中单元格，输入"=YIELD（B5，B4，B3，B7*4，B2*4，4，3）"，输入过程如图13-60所示。

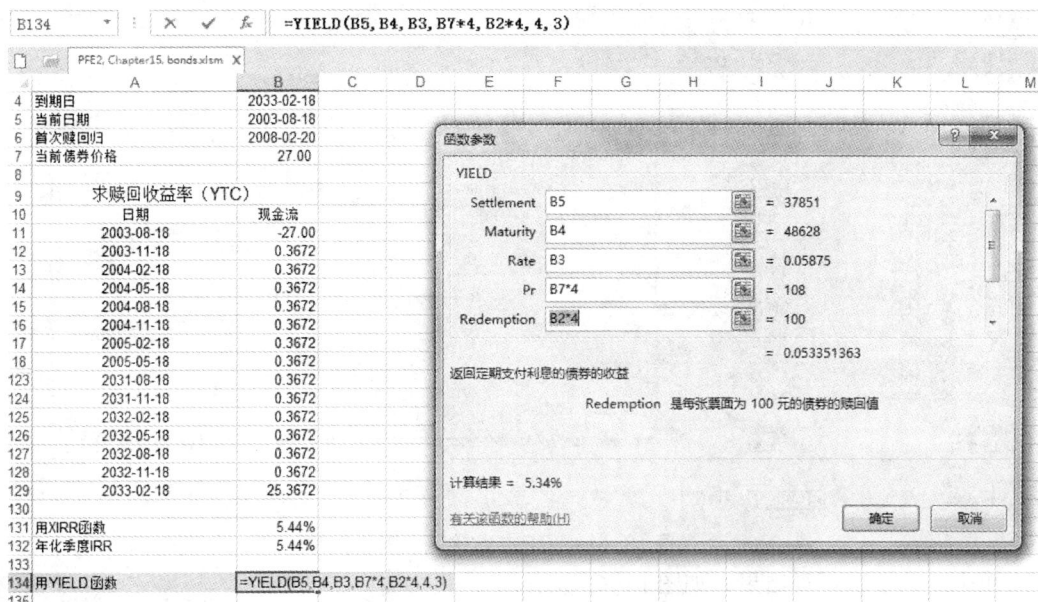

图13-60　YIELD参数输入（2）

单击"确定"可得结果，如图13-61所示。

图13-61　用YIELD函数计算收益率

第五步：计算4倍到期收益率。选中单元格，输入"=4*IRR（B11：B129，3%）"，输入过程如图13-62所示。

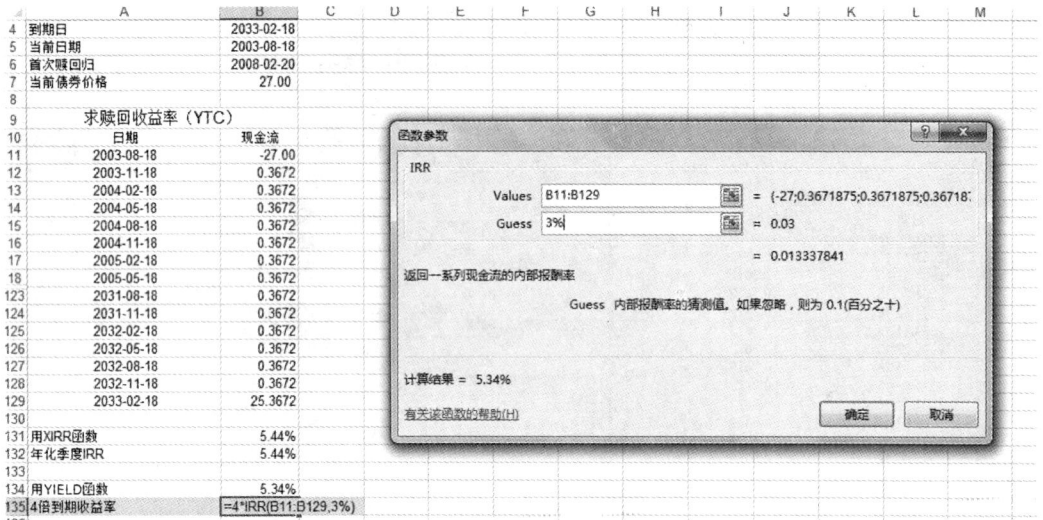

	A	B
4	到期日	2033-02-18
5	当前日期	2003-08-18
6	首次赎回归	2008-02-20
7	当前债券价格	27.00
8		
9	求赎回收益率（YTC）	
10	日期	现金流
11	2003-08-18	-27.00
12	2003-11-18	0.3672
13	2004-02-18	0.3672
14	2004-05-18	0.3672
15	2004-08-18	0.3672
16	2004-11-18	0.3672
17	2005-02-18	0.3672
18	2005-05-18	0.3672
123	2031-08-18	0.3672
124	2031-11-18	0.3672
125	2032-02-18	0.3672
126	2032-05-18	0.3672
127	2032-08-18	0.3672
128	2032-11-18	0.3672
129	2033-02-18	25.3672
130		
131	用XIRR函数	5.44%
132	年化季度IRR	5.44%
133		
134	用YIELD函数	5.34%
135	4倍到期收益率	=4*IRR(B11:B129,3%)

函数参数

IRR

Values B11:B129 = (-27;0.3671875;0.3671875;0.36718...)

Guess 3% = 0.03

= 0.013337841

返回一系列现金流的内部报酬率

Guess 内部报酬率的猜测值。如果忽略，则为 0.1(百分之十)

计算结果 = 5.34%

有关该函数的帮助(H)   确定   取消

图13-62　IRR参数输入（3）

单击"确定"可得结果，如图13-63所示。

B135 fx =4*IRR(B11:B129,3%)

PFE2, Chapter15, bonds.xlsm

	A	B	C	D	E
4	到期日	2033-02-18			
5	当前日期	2003-08-18			
6	首次赎回归	2008-02-20			
7	当前债券价格	27.00			
8					
9	求赎回收益率（YTC）				
10	日期	现金流			
11	2003-08-18	-27.00			
12	2003-11-18	0.3672			
13	2004-02-18	0.3672			
14	2004-05-18	0.3672			
15	2004-08-18	0.3672			
16	2004-11-18	0.3672			
17	2005-02-18	0.3672			
18	2005-05-18	0.3672			
123	2031-08-18	0.3672			
124	2031-11-18	0.3672			
125	2032-02-18	0.3672			
126	2032-05-18	0.3672			
127	2032-08-18	0.3672			
128	2032-11-18	0.3672			
129	2033-02-18	25.3672			
130					
131	用XIRR函数	5.44%			
132	年化季度IRR	5.44%			
133					
134	用YIELD函数	5.34%			
135	4倍到期收益率	5.34%			
136					

图13-63　4倍到期收益率

13.5.6 优先股

除了普通股和债券，公司还会发行优先股。优先股是给客户保证固定收益的一种股票。尽管被称为股票，但其特征很像利息固定的债券，支付方式也像债券。在本节，我们分析 AP公司的优先股，发行的 5.20% 的优先股特征如下：面值是 25 美元；利息率是 5.2%，一年付息 1.3 美元，由于每季分红，因此每次分红 0.325 美元，分别是在 1 月、4 月、7 月、10 月的 1 日派息；该股在纽交所上市，股价随着市场利率及市场对公司支付优先股股利能力的信用情况的预期而变动。在 2003 年 8 月 1 日，该股票的市场价格是 26.1 美元。求该股的收益率。AP公司优先股的基本情况如表 13-7 所示。

表 13-7　　　　　　　　　　　　　AP公司优先股　　　　　　　　　　单位：美元/股

项目	数值
年度股利	1.30
季度股利	0.325
2003年7月1日的市场价格	26.10

第一步：计算季度收益率。选中单元格，输入"=B3/B4"，输入过程如图 13-64 所示。

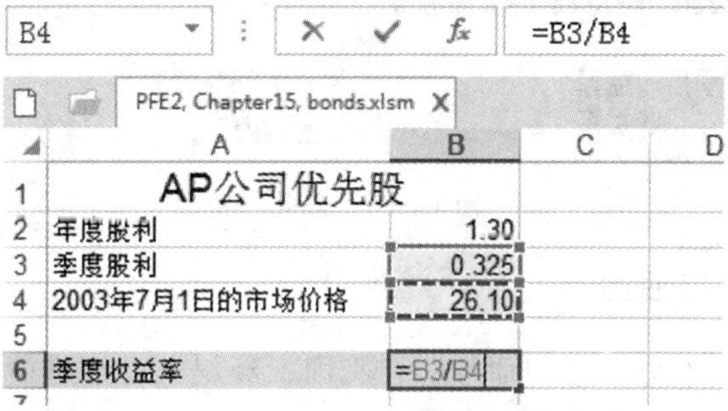

图 13-64　计算季度收益率的公式输入

可得结果，如图 13-65 所示。

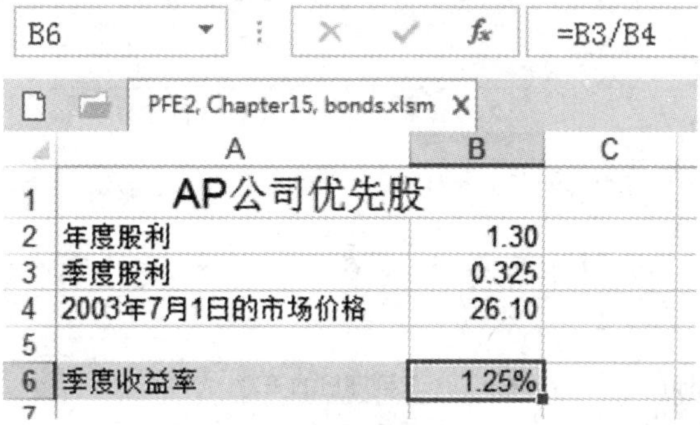

图 13-65　季度收益率

第二步：计算年化收益率。选中单元格，输入"=（1+B6）^4-1"，输入过程如图 13-66 所示。

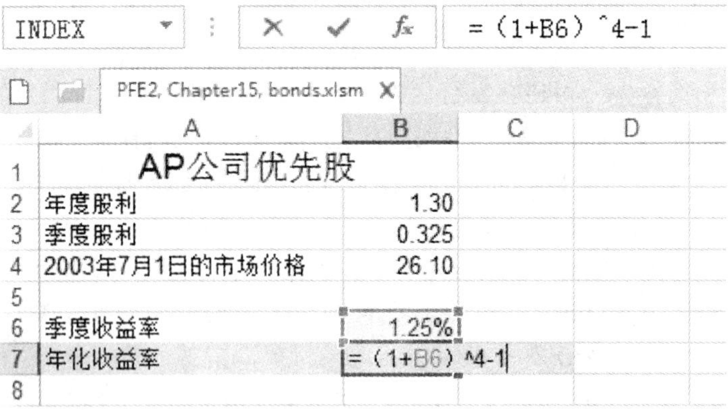

图 13-66　计算年化收益率的公式输入

可得结果，如图 13-67 所示。

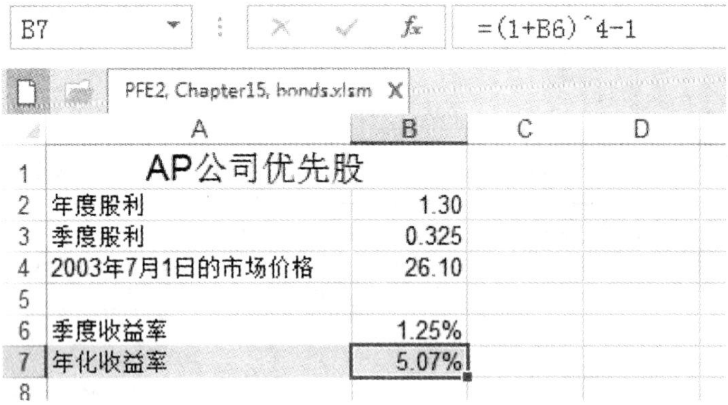

图 13-67　年化收益率

13.5.7　收益率曲线

零息票债券就是不分利息的债券。在美国，经纪人可以将债券的支付拆分后再出售，在此情况下债券被转化为零息票债券。可以运用本息分离国债的价格来做出收益率曲线。现在介绍如何画该债券的收益率曲线。

第一步：计算至到期日的天数。选中单元格，输入"=A5-$B$2"，输入过程如图13-68所示。

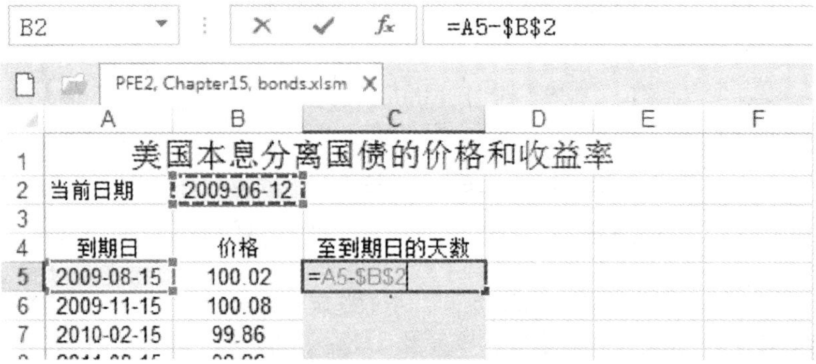

图 13-68　计算至到期日天数的公式输入

可得结果，如图13-39所示。

C5 =A5-$B$2

PFE2, Chapter15, bonds.xlsm

	A	B	C	D
1	美国本息分离国债的价格和收益率			
2	当前日期	2009-06-12		
3				
4	到期日	价格	至到期日的天数	
5	2009-08-15	100.02	64	
6	2009-11-15	100.08		
7	2010-02-15	99.86		
8	2011-08-15	98.26		
9	2012-05-15	96.72		

图13-69　2009年6月12日到8月15日的天数

向下复制公式可得结果，如图13-70所示。

C5 =A5-$B$2

PFE2, Chapter15, bonds.xlsm

	A	B	C	D	E	F
1	美国本息分离国债的价格和收益率					
2	当前日期	2009-06-12				
3						
4	到期日	价格	至到期日的天数			
5	2009-08-15	100.02	64			
6	2009-11-15	100.08	156			
7	2010-02-15	99.86	248			
8	2011-08-15	98.26	794			
9	2012-05-15	96.72	1068			
10	2012-08-15	95.69	1160			
11	2012-08-15	94.87	1160			
12	2013-02-15	94.38	1344			
13	2013-02-15	93.77	1344			
14	2013-08-15	92.95	1525			
15	2013-11-15	92.27	1617			
16	2013-11-15	91.02	1617			
17	2014-02-15	90.65	1709			
18	2014-02-15	90.85	1709			
19	2014-05-15	89.73	1798			
20	2014-08-15	88.53	1890			
21	2015-11-15	83.55	2347			
22	2016-02-15	82.13	2439			
23	2016-11-15	78.69	2713			
24	2017-05-15	76.28	2894			
25	2018-02-15	72.80	3170			
26	2018-08-15	71.27	3351			
27	2018-11-15	70.28	3443			
28	2019-08-15	67.09	3716			
29	2020-02-15	64.90	3900			
30	2020-05-15	63.91	3990			
31	2020-08-15	62.83	4082			
32	2020-08-15	62.87	4082			

图13-70　当天日期至各个到期日的天数

第二步：计算年收益率。选中单元格，输入“=（100/B5）^（365/C5）-1”，输入过程如图13-71所示。

INDEX　= (100/B5) ^(365/C5)-1

PFE2, Chapter15, bonds.xlsm

	A	B	C	D
1	美国本息分离国债的价格和收益率			
2	当前日期	2009-06-12		
3				
4	到期日	价格	至到期日的天数	年收益率
5	2009-08-15	100.02	64	= (100/B5) ^(365/C5)-1
6	2009-11-15	100.08	156	
7	2010-02-15	99.86	248	
8	2011-08-15	98.26	794	
9	2012-05-15	96.72	1068	

图 13-71　计算年收益率的公式输入

可得结果，如图 13-72 所示。

D5　=(100/B5)^(365/C5)-1

PFE2, Chapter15, bonds.xlsm

	A	B	C	D
1	美国本息分离国债的价格和收益率			
2	当前日期	2009-06-12		
3				
4	到期日	价格	至到期日的天数	年收益率
5	2009-08-15	100.02	64	-0.1140%
6	2009-11-15	100.08	156	
7	2010-02-15	99.86	248	
8	2011-08-15	98.26	794	

图 13-72　2009 年 8 月 15 日的收益率

向下复制公式可得结果，如图 13-73 所示。

D5　=(100/B5)^(365/C5)-1

PFE2, Chapter15, bonds.xlsm

	A	B	C	D
1	美国本息分离国债的价格和收益率			
2	当前日期	2009-06-12		
3				
4	到期日	价格	至到期日的天数	年收益率
5	2009-08-15	100.02	64	-0.1140%
6	2009-11-15	100.08	156	-0.1869%
7	2010-02-15	99.86	248	0.2064%
8	2011-08-15	98.26	794	0.8102%
9	2012-05-15	96.72	1068	1.1463%
10	2012-08-15	95.69	1160	1.3959%
11	2012-08-15	94.87	1160	1.6709%
12	2013-02-15	94.38	1344	1.5832%
13	2013-02-15	93.77	1344	1.7623%
14	2013-08-15	92.95	1525	1.7652%
15	2013-11-15	92.27	1617	1.8326%
16	2013-11-15	91.02	1617	2.1466%
17	2014-02-15	90.65	1709	2.1187%
18	2014-02-15	90.85	1709	2.0706%
19	2014-05-15	89.73	1798	2.2242%
20	2014-08-15	88.53	1890	2.3807%
21	2015-11-15	83.55	2347	2.8345%
22	2016-02-15	82.13	2439	2.9900%
23	2016-11-15	78.69	2713	3.2768%
24	2017-05-15	76.28	2894	3.4739%
25	2018-02-15	72.80	3170	3.7229%
26	2018-08-15	71.27	3351	3.7580%
27	2018-11-15	70.28	3443	3.8096%
28	2019-08-15	67.09	3716	3.9983%
29	2020-02-15	64.90	3900	4.1291%
30	2020-05-15	63.91	3990	4.1805%
31	2020-08-15	62.83	4082	4.2431%

图 13-73　各年收益率

第三步：画出曲线图。根据以上数值，可画出该债券的年收益率曲线图，如图 13-74
所示。

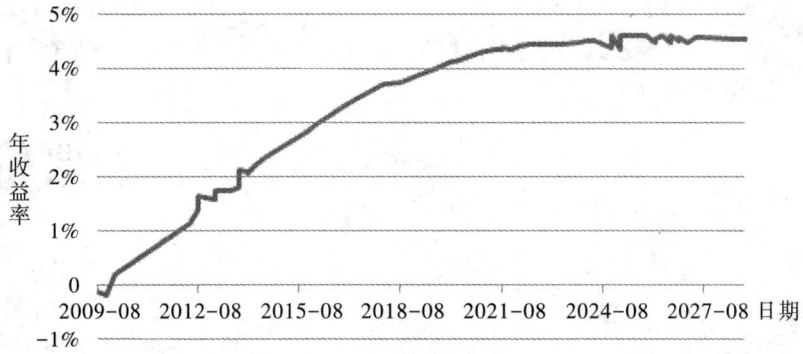

图 13-74　年收益率曲线图

第 14 章

股票价值

14.1 实验概述

本章讨论了一些股票估值方法。其中前3个方法被称为"基本的估价法"。估值方法1是最简单的基本估价方法，该方法是基于市场有效的假设，认为公司的股票价格体现了目前的市场评价。估值方法2是大多数金融学者和许多金融从业人员首选的方法。估值方法3虽然看起来简单，且比未来现金流估值更为直接，但是该方法没有被广泛使用。估值方法4被广泛使用，这种估值方法通过比较一组可比公司有关数据来判断目标公司的价值。如果能正确使用，该方法是功能强大的工具，但是想要找到"类似"的可比公司并不容易。

14.2 实验目的

（1）了解4种股票估值方法并学会在Excel中使用。
（2）了解相关的金融概念。
（3）学会用SML方法和戈登模型法计算加权平均资本成本。

14.3 实验工具

微软Excel软件。

14.4 理论要点

估值方法1：有效市场法。有效市场法是最简单的形式，指出当前的股票价格是正确的。该方法较复杂的方面是股票的价值是其组成部分的价值总和。

估值方法2：自由现金流贴现。这种方法将公司的债务和权益一起作为该公司的未来自由现金流的现值，然后贴现加权平均资本成本。

估值方法3：预期权益支付的贴现。一个公司的价值也可以用预期权益支付的贴现来估计。

估值方法4：乘数。通过多个公司的乘数来估计该公司的价值。常见的包括市盈率、息税折旧以及其他特定行业的乘数。

|14.5| 实验举例

14.5.1 估值方法1

ABC控股公司，一个公开上市交易的公司，拥有其他两家上市公司的股份。除此之外，ABC公司几乎不涉及其他业务。

ABC控股公司架构如图14-1所示。

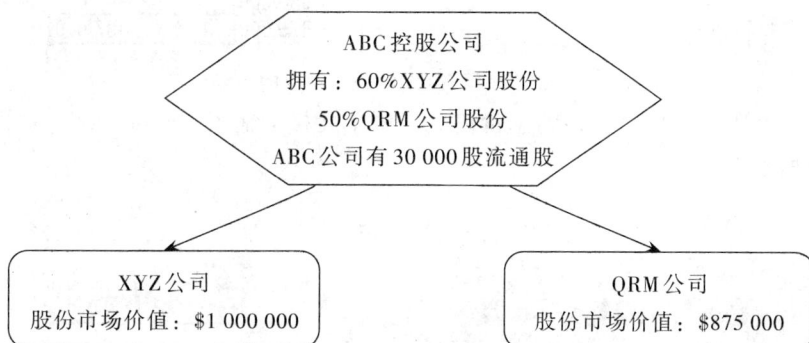

```
        ABC控股公司
  拥有：60%XYZ公司股份
    50%QRM公司股份
 ABC公司有30 000股流通股
```

```
      XYZ公司                      QRM公司
股份市场价值：$1 000 000      股份市场价值：$875 000
```

图14-1 ABC控股公司架构

ABC股价应该是多少？基本情况如表14-1所示。

表14-1　　　　　　　　　　　ABC控股公司

项目	数值	
ABC公司股份数	30 000	
ABC公司占有的股份	ABC公司占有的股份比例	市场价值
XYZ	60%	1 000 000（美元）
QRM	50%	875 000

第一步：计算ABC公司占XYZ公司股份的市场价值。选中单元格，输入"=B5*C5"，输入过程及结果如图14-2所示。

| D5 | | ✕ | ✓ | fx | =B5*C5 |

PFE2, Chapter16, equity valuation.xlsm ✕

▲	A	B	C	D
1	ABC控股公司			
2	ABC公司股份数	30,000		
3				
4	ABC占有的股份	ABC公司占有的股份比例	市场价值	ABC公司占有股份的市场价值
5	XYZ	60%	1,000,000	600,000
6	QRM	50%	875,000	

图14-2 ABC公司占XYZ公司股份的市场价值

第二步：计算 ABC 公司占 QRM 公司股份的市场价值。选中单元格，输入"=B6*C6"，输入过程及结果如图 14-3 所示。

图 14-3　ABC 公司占 QRM 公司股份的市场价值

第三步：计算 ABC 控股公司的总价值。选中单元格，输入"=D5+D6"，输入过程及结果如图 14-4 所示。

图 14-4　ABC 控股公司的总价值

第四步：计算 ABC 控股公司的每股价格。选中单元格，输入"=D7/B2"，输入过程及结果如图 14-5 所示。

图 14-5　ABC 控股公司的每股价格

经过上述分析，如果 XYZ 公司和 QRM 公司的市场价值是准确的，那么 ABC 公司的市场价值是 1 037 500 美元，每股价格为 34.58 美元。这种估值方法只说明股价是比较准确，但不是绝对准确的。

14.5.2　估值方法 2

这个方法用公司未来自由现金流的贴现值估值股票价格。2010 年 12 月 31 日，Arnold 公司拥有 200 万美元的自由现金流 FCF。公司拥有 1 000 万美元的债务和 100 万美元的现金额，表 14-2 为公司的财务参数：未来的自由现金流增长率为 8%，WACC 是 15%，该公司有 100 万股流通股。试估计 Arnold 的价值。

表 14-2　Arnold 公司的财务参数　金额单位：美元

项目	数值
2010 年的 FCF（基年）	2 000 000
未来 FCF 增长率	8%
WACC	15%
2010 年末的负债	10 000 000
2010 年末的现金	1 000 000
流通股股数	1 000 000

第一步：计算企业价值。选中单元格，输入 "=B2*（1+B3）/（B4-B3）*（1+B4）^0.5"，输入过程如图 14-6 所示。

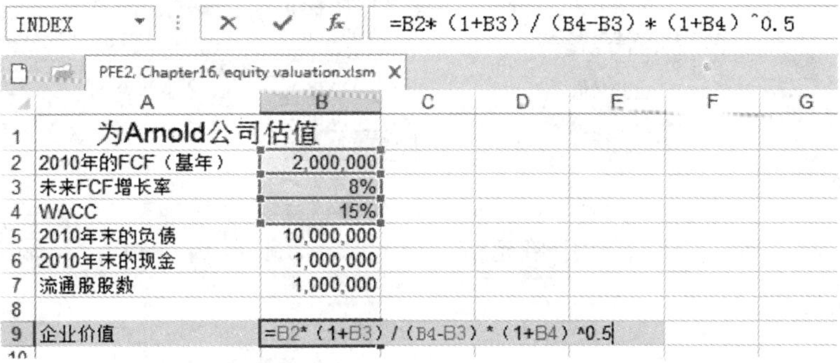

图 14-6　计算企业价值的公式输入

可得结果，如图 14-7 所示。

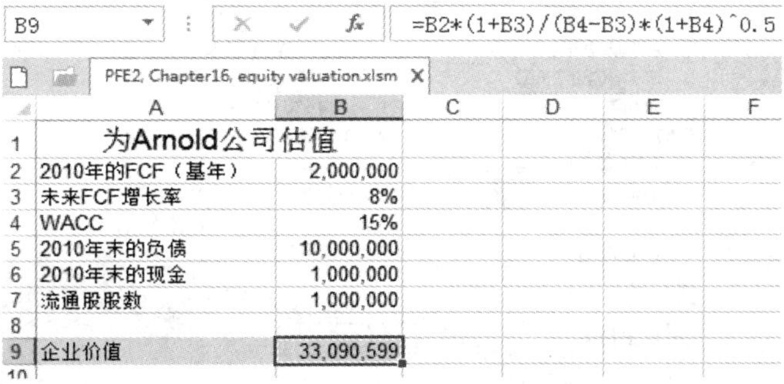

图 14-7　企业价值

第二步：计算现金。选中单元格，输入"=B6"，输入过程及结果如图14-8所示。

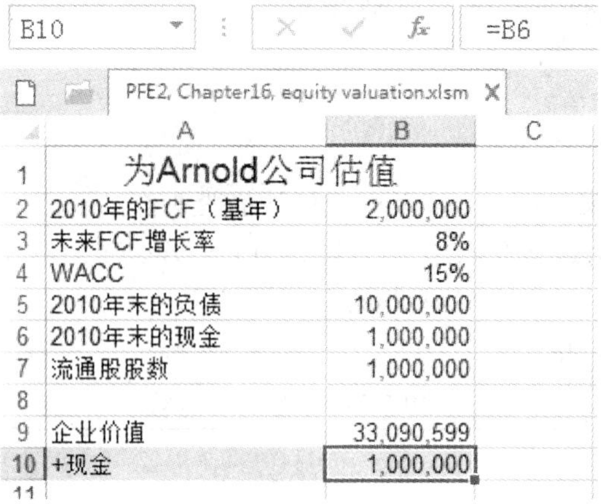

图14-8 现金

第三步：计算负债。选中单元格，输入"=-B5"，输入过程及结果如图14-9所示。

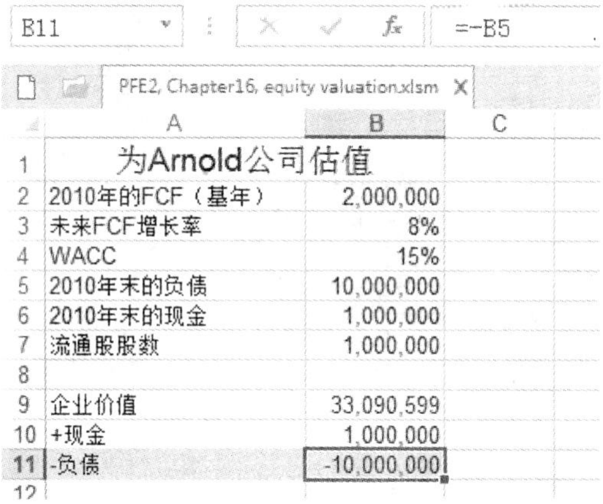

图14-9 负债

第四步：计算股本价值。选中单元格，输入"=SUM（B9：B11）"，输入过程及结果如图14-10所示。

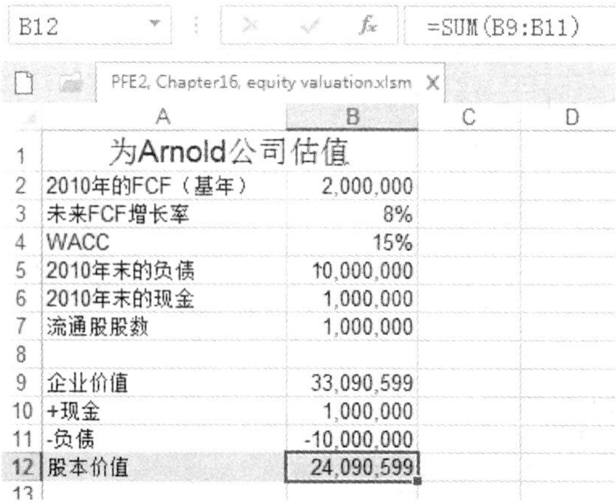

图14-10 股本价值

第五步：计算股票价格。选中单元格，输入"=B12/B7"，输入过程及结果如图14-11所示。

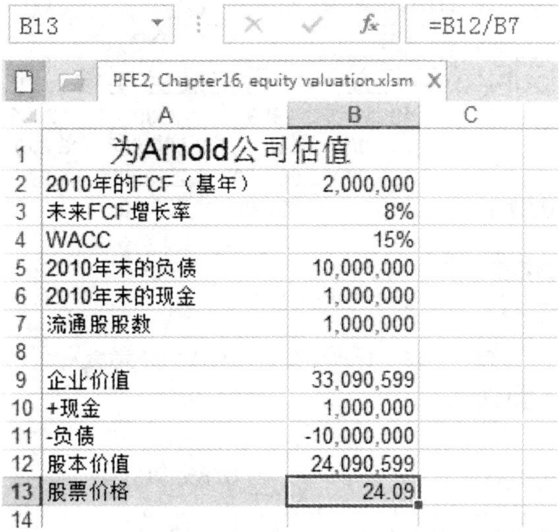

图14-11　股票价格

用Excel计算求得该公司的价值为33 090 599美元，每股价格为24.09美元。

14.5.3　估值方法3

这个方法用未来权益现金流以权益成本贴现的现值估计股票价格。以Haul-It公司为例，它的股利和回购一直稳定连续。公司拥有1 000万股流通股。表14-3是用表格表示的估值模型。

表14-3　　　　　　　　　Haul-It公司权益支付历史及当期股份价值　　　　　　　　单位：美元

年份	1998	1999	2000	2001	2002
回购	1 440 000	2 410 000	3 500 000	6 820 000	4 830 000
股利	3 950 000	3 997 000	4 238 000	4 875 000	5 100 000

第一步：计算支付给股东的总现金。选中单元格，输入"=B4+B3"并向右复制公式，输入过程及结果如图14-12所示。

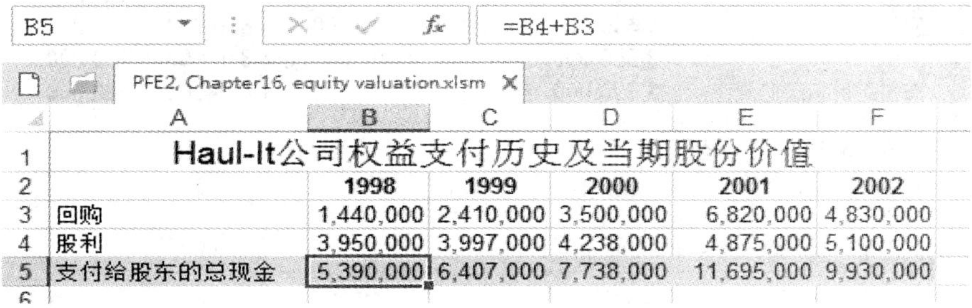

图14-12　支付给股东的总现金

第二步：计算1998—2002年的年复合增长率。选中单元格，输入"=（F5/B5）^(1/4)-1"，输入过程如图14-13所示。

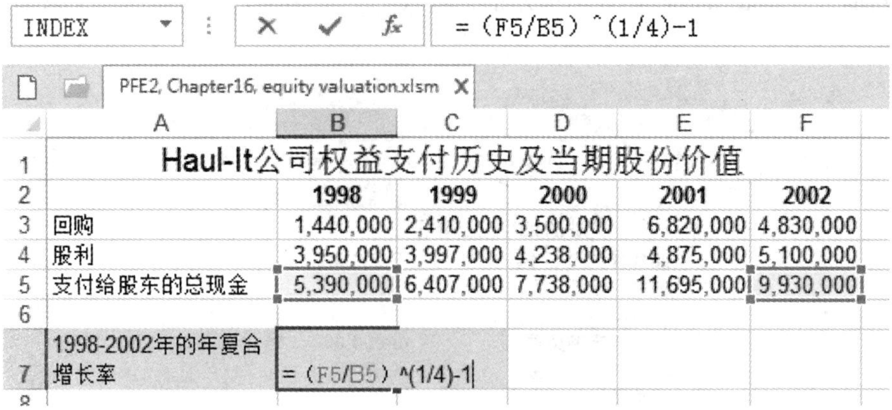

图 14-13　计算年复合增长率的公式输入

可得结果，如图 14-14 所示。

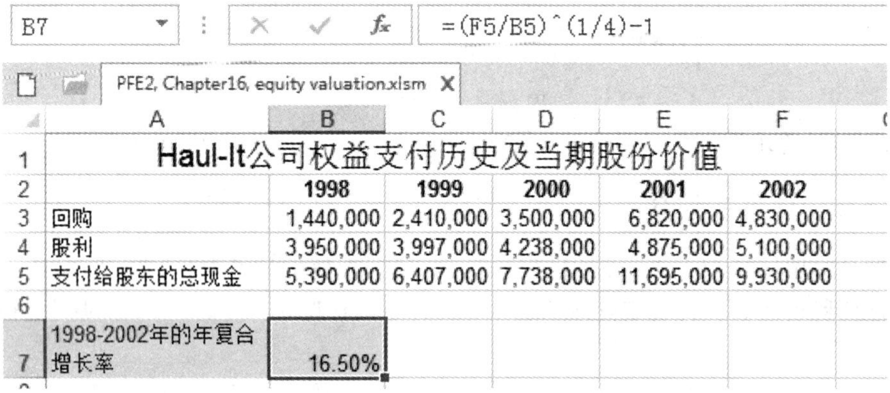

图 14-14　1998—2002 年的年复合增长率

第三步：计算 Haul-It 公司的权益成本，如图 14-15 所示。

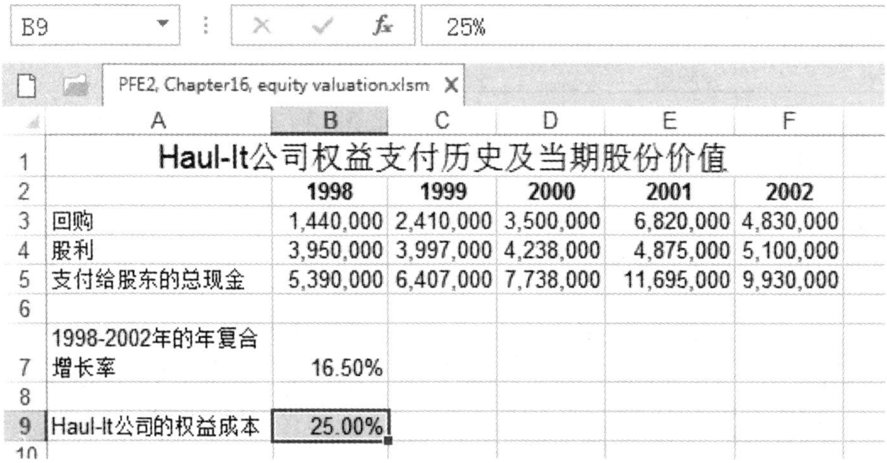

图 14-15　Haul-It 公司的权益成本

第四步：估值。

（1）当前权益支付。选中单元格，输入"=F5"，输入过程及结果如图 14-16 所示。

图14-16　当前权益支付

（2）预期未来增长率。选中单元格，输入"=B7"，输入过程及结果如图14-17所示。

图14-17　预期未来增长率

第五步：计算总权益价值。选中单元格，输入"=B12*（1+B13）/（B9-B13）"，输入过程如图14-18所示。

图14-18　计算总权益价值的公式输入

可得结果，如图14-19所示。

| B15 | ▼ | ⋮ | ✕ | ✓ | ƒx | =B12*(1+B13)/(B9-B13) |

	A	B	C	D	E	F
1		Haul-It公司权益支付历史及当期股份价值				
2		**1998**	**1999**	**2000**	**2001**	**2002**
3	回购	1,440,000	2,410,000	3,500,000	6,820,000	4,830,000
4	股利	3,950,000	3,997,000	4,238,000	4,875,000	5,100,000
5	支付给股东的总现金	5,390,000	6,407,000	7,738,000	11,695,000	9,930,000
6						
7	1998-2002年的年复合增长率	16.50%				
8						
9	Haul-It的权益成本	25.00%				
10						
11	估值					
12	当前权益支付	$9,930,000.00				
13	预期未来增长率	16.50%				
14						
15	总权益价值	136,164,862				

图14-19　总权益价值

第六步：流通股股数如图14-20所示。

| B16 | ▼ | ⋮ | ✕ | ✓ | ƒx | 10000000 |

	A	B	C	D	E	F
1		Haul-It公司权益支付历史及当期股份价值				
2		**1998**	**1999**	**2000**	**2001**	**2002**
3	回购	1,440,000	2,410,000	3,500,000	6,820,000	4,830,000
4	股利	3,950,000	3,997,000	4,238,000	4,875,000	5,100,000
5	支付给股东的总现金	5,390,000	6,407,000	7,738,000	11,695,000	9,930,000
6						
7	1998-2002年的年复合增长率	16.50%				
8						
9	Haul-It的权益成本	25.00%				
10						
11	估值					
12	当前权益支付	$9,930,000.00				
13	预期未来增长率	16.50%				
14						
15	总权益价值	136,164,862				
16	流通股股数	10,000,000				

图14-20　流通股股数

第七步：计算每股价格。选中单元格，输入"=B15/B16"，输入过程如图14-21所示。

| INDEX | ▼ | : | ✕ | ✓ | fx | =B15/B16 |

PFE2, Chapter16, equity valuation.xlsm ✕

	A	B	C	D	E	F
1		Haul-It公司权益支付历史及当期股份价值				
2		1998	1999	2000	2001	2002
3	回购	1,440,000	2,410,000	3,500,000	6,820,000	4,830,000
4	股利	3,950,000	3,997,000	4,238,000	4,875,000	5,100,000
5	支付给股东的总现金	5,390,000	6,407,000	7,738,000	11,695,000	9,930,000
6						
7	1998-2002年的年复合增长率	16.50%				
8						
9	Haul-It的权益成本	25.00%				
10						
11	估值					
12	当前权益支付	$9,930,000.00				
13	预期未来增长率	16.50%				
14						
15	总权益价值	136,164,862				
16	流通股股数	10,000,000				
17	每股价格	=B15/B16				
18						

图14-21　计算每股价格的公式输入

可得结果，如图14-22所示。

| B17 | ▼ | : | ✕ | ✓ | fx | =B15/B16 |

PFE2, Chapter16, equity valuation.xlsm ✕

	A	B	C	D	E	F
1		Haul-It公司权益支付历史及当期股份价值				
2		1998	1999	2000	2001	2002
3	回购	1,440,000	2,410,000	3,500,000	6,820,000	4,830,000
4	股利	3,950,000	3,997,000	4,238,000	4,875,000	5,100,000
5	支付给股东的总现金	5,390,000	6,407,000	7,738,000	11,695,000	9,930,000
6						
7	1998-2002年的年复合增长率	16.50%				
8						
9	Haul-It的权益成本	25.00%				
10						
11	估值					
12	当前权益支付	$9,930,000.00				
13	预期未来增长率	16.50%				
14						
15	总权益价值	136,164,862				
16	流通股股数	10,000,000				
17	每股价格	13.62				
18						

图14-22　每股价格

第八步：画出曲线图。回购、股利和支付总现金曲线图如图14-23所示。

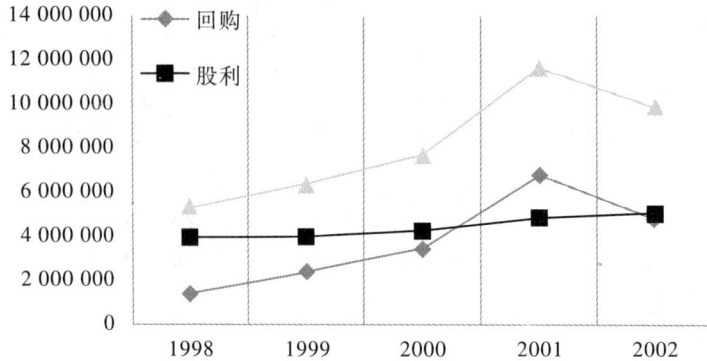

图14-23　回购、股利和支付总现金曲线图

14.5.4　估值方法4

这个方法用乘数估计股票价格。一个简单的例子是，使用市盈率（P/E）来估值。市盈率是一个公司的股价与每股收益之比：

$$P/E = \frac{公司股价}{每股收益}$$

SFL和LS都是鞋店。尽管在销售和利润方面，SFL的是LS的两倍，但是二者的管理和财务结构是类似的。SFL和LS的市盈率比较如表14-4所示。

表14-4　　　　　　　　　　　　　　SFL和LS的市盈率比较　　　　　　　　　　金额单位：美元

	SFL	LS
销售额	30 000	15 000
利润	3 000	1 500
股份数	1 000	1 000
股价（美元/股）	24	18

第一步：计算权益价值。

（1）SFL公司。选中单元格，输入"=B6*B5"，输入过程及结果如图14-24所示。

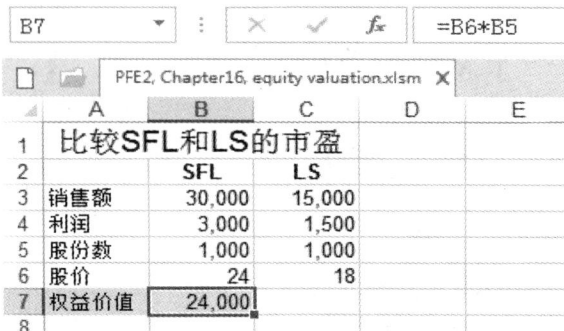

图14-24　SFL公司权益价值

（2）LS公司。选中单元格，输入“=C6*C5”，输入过程及结果如图14-25所示。

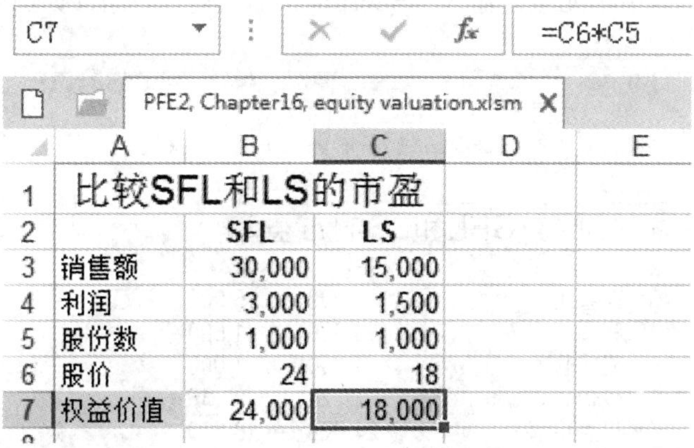

	A	B	C	D	E
1	比较SFL和LS的市盈				
2		SFL	LS		
3	销售额	30,000	15,000		
4	利润	3,000	1,500		
5	股份数	1,000	1,000		
6	股价	24	18		
7	权益价值	24,000	18,000		

图14-25　LS公司权益价值

第二步：计算每股盈利（EPS）。

（1）SFL公司。选中单元格，输入“=B4/B5”，输入过程及结果如图14-26所示。

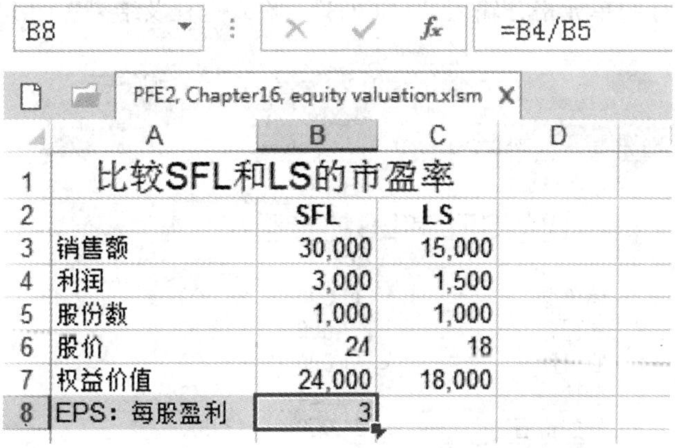

	A	B	C	D
1	比较SFL和LS的市盈率			
2		SFL	LS	
3	销售额	30,000	15,000	
4	利润	3,000	1,500	
5	股份数	1,000	1,000	
6	股价	24	18	
7	权益价值	24,000	18,000	
8	EPS：每股盈利	3		

图14-26　SFL公司每股盈利

（2）LS公司。选中单元格，输入“=C4/C5”，输入过程及结果如图14-27所示。

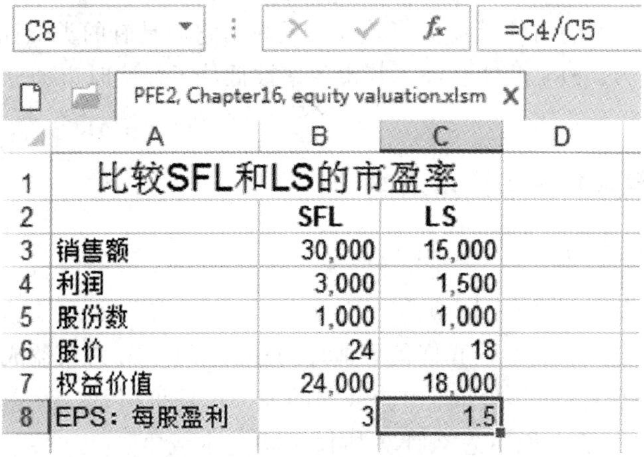

	A	B	C	D
1	比较SFL和LS的市盈率			
2		SFL	LS	
3	销售额	30,000	15,000	
4	利润	3,000	1,500	
5	股份数	1,000	1,000	
6	股价	24	18	
7	权益价值	24,000	18,000	
8	EPS：每股盈利	3	1.5	

图14-27　LS公司每股盈利

第三步：计算市盈率（P/E）。

（1）SFL公司。选中单元格，输入“=B6/B8”，输入过程及结果如图14-28所示。

B9 =B6/B8

PFE2, Chapter16, equity valuation.xlsm

	A	B	C	D
1	比较SFL和LS的市盈率			
2		SFL	LS	
3	销售额	30,000	15,000	
4	利润	3,000	1,500	
5	股份数	1,000	1,000	
6	股价	24	18	
7	权益价值	24,000	18,000	
8	EPS：每股盈利	3	1.5	
9	P/E：市盈率	8.00		
10				

图14-28　SFL公司市盈率

（2）LS公司。选中单元格，输入“=C6/C8”，输入过程及结果如图14-29所示。

C9 =C6/C8

PFE2, Chapter16, equity valuation.xlsm

	A	B	C	D
1	比较SFL和LS的市盈率			
2		SFL	LS	
3	销售额	30,000	15,000	
4	利润	3,000	1,500	
5	股份数	1,000	1,000	
6	股价	24	18	
7	权益价值	24,000	18,000	
8	EPS：每股盈利	3	1.5	
9	P/E：市盈率	8.00	12.00	
10				

图14-29　LS公司市盈率

可以看出，这两家公司的市场估值并没有反映出它们具有的类似性：SFL的市盈率比LS低得多。可以认为，SFL相对于LS，其市盈率被低估了，这时市场分析师都会建议投资SFL而非LS。

14.5.5　计算加权平均资本成本

加权平均资本成本的基本公式是：

$$WACC = \frac{E}{E+D} r_E + \frac{D}{D+E} r_E (1 - T_c)$$

要计算加权平均资本成本，我们需要估计的参数如下：r_E为权益成本，r_D为公司债务成本，E为公司的权益的市场价值，D为公司的债务市场价值，T_c为公司的边际税率。我们用塔吉特公司的例子来说明怎么计算加权平均资本成本，表14-5是给出的相关财务信息。

表 14-5　　塔吉特公司　　金额单位：美元

项目	数值	
股份数（百万股）	908	
2002年2月1日市场价格	28.21	
	2001	2002
当前长期负债和应付票据	905	975
2001年和2002年的长期负债	8 088	10 186
2002年支付的利息		588
2002年的平均负债		10 077
2002年税前利润		2 676
所得税		1 022
权益贝塔值		1.16
无风险利率		2%
预期市场收益率		9.68%

第一步：计算2002年2月1日的权益市场价值。选中单元格，输入“=B2*B3”，输入过程及结果如图14-30所示。

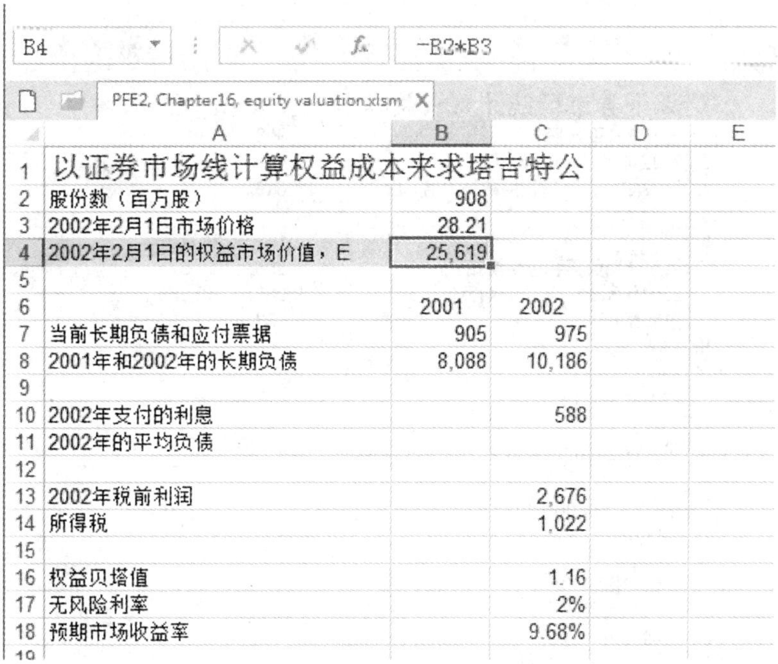

	A	B	C	D	E
1	以证券市场线计算权益成本来求塔吉特公				
2	股份数（百万股）	908			
3	2002年2月1日市场价格	28.21			
4	2002年2月1日的权益市场价值，E	25,619			
5					
6		2001	2002		
7	当前长期负债和应付票据	905	975		
8	2001年和2002年的长期负债	8,088	10,186		
9					
10	2002年支付的利息		588		
11	2002年的平均负债				
12					
13	2002年税前利润		2,676		
14	所得税		1,022		
15					
16	权益贝塔值		1.16		
17	无风险利率		2%		
18	预期市场收益率		9.68%		

图 14-30　2002 年 2 月 1 日的权益市场价值

第二步：计算总负债。选中单元格，输入“=B7+B8”并向右复制公式，输入过程及结果如图14-31所示。

图14-31 总负债

第三步：计算塔吉特公司的市场价值。选中单元格，输入"=C9+B4"，输入过程及结果如图14-32所示。

图14-32 塔吉特公司的市场价值

第四步：计算利息成本。选中单元格，输入"=C13/C14"，输入过程及结果如图

14-33所示。

图14-33　利息成本

　　第五步：计算公司税率。选中单元格，输入"=C18/C17"，输入过程及结果如图14-34所示。

图14-34　公司税率

第六步：计算权益成本。选中单元格，输入“=C22+C21*（C23-C22）”，输入过程及结果如图14-35所示。

C24　=C22+C21*(C23-C22)

PFE2, Chapter16, equity valuation.xlsm

	A	B	C	D
1	以证券市场线计算权益成本来求塔吉特公			
2	股份数（百万股）	908		
3	2002年2月1日市场价值	28.21		
4	2002年2月1日的权益市场价值，E	25,619		
5				
6		2001	2002	
7	当前长期负债和应付票据	905	975	
8	2001年和2002年的长期负债	8,088	10,186	
9	总负债，D	8,993	11,161	
10				
11	塔吉特公司的市场价值		36,780	
12				
13	2002年支付的利息		588	
14	2002年的平均负债		10,077	
15	利息成本		5.84%	
16				
17	2002年税前利润		2,676	
18	所得税		1,022	
19	公司税率		38.19%	
20				
21	权益贝塔值		1.16	
22	无风险利率		2%	
23	预期市场收益率		9.68%	
24	权益成本		10.91%	
25				

图14-35　权益成本

第七步：计算WACC。选中单元格，输入“=B4/C11*C24+（1-C19）*C9/C11*C15”，输入过程及结果如图14-36所示。

C26　=B4/C11*C24+(1-C19)*C9/C11*C15

PFE2, Chapter16, equity valuation.xlsm

	A	B	C	D	E
1	以证券市场线计算权益成本来求塔吉特				
2	股份数（百万股）	908			
3	2002年2月1日市场价值	28.21			
4	2002年2月1日的权益市场价值，E	25,619			
5					
6		2001	2002		
7	当前长期负债和应付票据	905	975		
8	2001年和2002年的长期负债	8,088	10,186		
9	总负债，D	8,993	11,161		
10					
11	塔吉特公司的市场价值		36,780		
12					
13	2002年支付的利息		588		
14	2002年的平均负债		10,077		
15	利息成本		5.84%		
16					
17	2002年税前利润		2,676		
18	所得税		1,022		
19	公司税率		38.19%		
20					
21	权益贝塔值		1.16		
22	无风险利率		2%		
23	预期市场收益率		9.68%		
24	权益成本		10.91%		
25					
26	WACC		8.69%		

图14-36　WACC

14.5.6 用戈登模型计算权益成本

戈登模型说明权益成本是对未来预期股利的贴现值。戈登模型的标准计算公式是：

$$r_E = \frac{Div_0(1+g)}{P_0} + g$$

其中，Div_0为公司目前的权益支付，P_0为股票的当前市场价值，g为预期股利支付增长率。

表 14-6 是用戈登模型计算的塔吉特公司的加权平均资本成本。

表 14-6　以戈登模型计算的权益成本来求塔吉特公司的 WACC　金额单位：美元

项目	数值	
股份数量（百万）	908	
2002 年 2 月 1 日的每股市场价值	28.21	
年份	2001	2002
当前长期负债和应付票据	905	975
长期负债	7 054	7 523
2002 年支付的利息		588
2002 年的平均负债		8 229
2002 年税前利润		2 676
所得税		1 022
当前权益价值		232
当前权益支付		232
派息增长率		8.89%

第一步：计算 2002 年 2 月 1 日的权益市场价值。选中单元格，输入“=C3*C2”，输入过程及结果如图 14-37 所示。

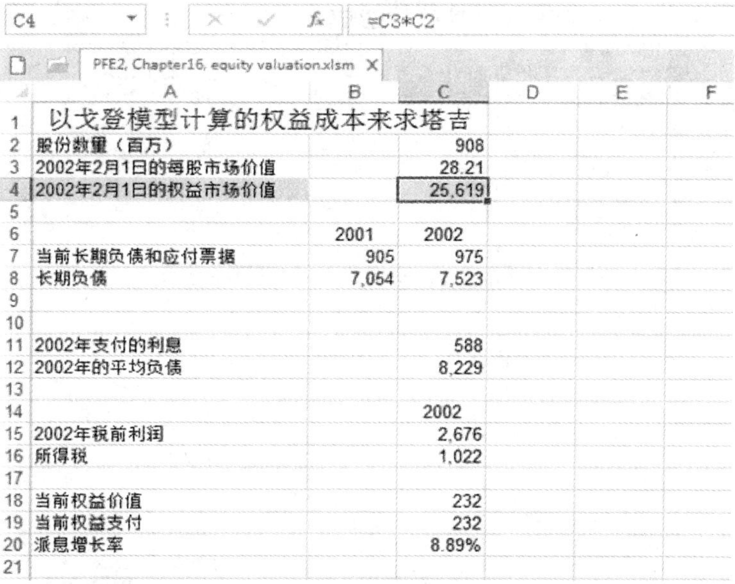
C4　=C3*C2

PFE2, Chapter16, equity valuation.xlsm

	A	B	C
1	以戈登模型计算的权益成本来求塔吉		
2	股份数量（百万）		908
3	2002年2月1日的每股市场价值		28.21
4	2002年2月1日的权益市场价值		25,619
5			
6		2001	2002
7	当前长期负债和应付票据	905	975
8	长期负债	7,054	7,523
9			
10			
11	2002年支付的利息		588
12	2002年的平均负债		8,229
13			
14			2002
15	2002年税前利润		2,676
16	所得税		1,022
17			
18	当前权益价值		232
19	当前权益支付		232
20	派息增长率		8.89%
21			

图 14-37　2002 年 2 月 1 日的权益市场价值

第二步：计算总负债。选中单元格，输入"=B8+B7"并向右复制，输入过程及结果如图14-38所示。

图 14-38 总负债

第三步：计算塔吉特公司的市场价值。选中单元格，输入"=C9+C4"，输入过程及结果如图14-39所示。

图14-39 塔吉特公司的市场价值

第四步：计算利息成本。选中单元格，输入"=C13/C14"，输入过程及结果如图14-40所示。

C15		:	×	✓	fx	=C13/C14	

	A	B	C	D
	PFE2, Chapter16, equity valuation.xlsm ✕			
1	以戈登模型计算的权益成本来求塔吉			
2	股份数量（百万）		908	
3	2002年2月1日的每股市场价值		28.21	
4	2002年2月1日的权益市场价值		25,619	
5				
6		2001	2002	
7	当前长期负债和应付票据	905	975	
8	长期负债	7,054	7,523	
9	总负债	7,959	8,498	
10				
11	塔吉特公司的市场价值		34,117	
12				
13	2002年支付的利息		588	
14	2002年的平均负债		8,229	
15	利息成本		7.15%	
16			2002	
17	2002年税前利润		2,676	
18	所得税		1,022	
19				
20	当前权益价值		232	
21	当前权益支付		232	
22	派息增长率		8.89%	

图14-40　利息成本

第五步：计算公司税率，选中单元格，输入"=C18/C17"，输入过程及结果如图14-41所示。

C19		:	×	✓	fx	=C18/C17	

	A	B	C
	PFE2, Chapter16, equity valuation.xlsm ✕		
1	以戈登模型计算的权益成本来求塔吉		
2	股份数量（百万）		908
3	2002年2月1日的每股市场价值		28.21
4	2002年2月1日的权益市场价值		25,619
5			
6		2001	2002
7	当前长期负债和应付票据	905	975
8	长期负债	7,054	7,523
9	总负债	7,959	8,498
10			
11	塔吉特公司的市场价值		34,117
12			
13	2002年支付的利息		588
14	2002年的平均负债		8,229
15	利息成本		7.15%
16			2002
17	2002年税前利润		2,676
18	所得税		1,022
19	公司税率		38.19%
20			
21	当前权益价值		232
22	当前权益支付		232
23	派息增长率		8.89%

图14-41　公司税率

第六步：用戈登模型计算权益成本。选中单元格，输入"=C22*（1+C23）/C21+C23"，输入过程及结果如图14-42所示。

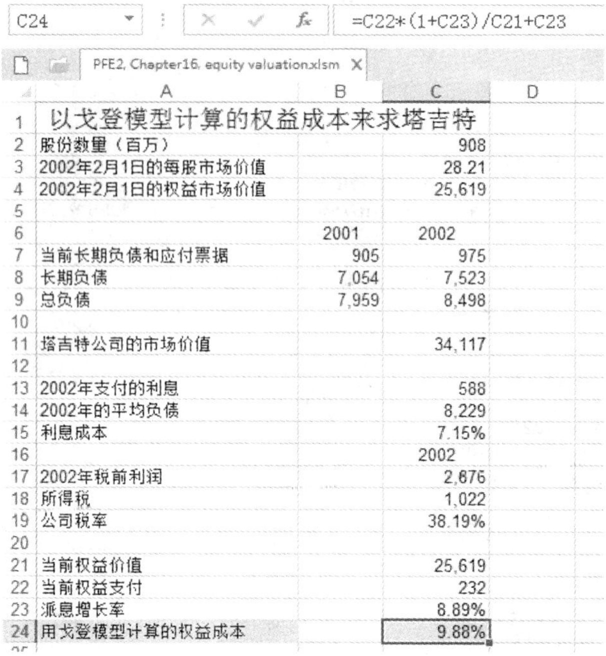

图14-42 用戈登模型计算权益成本

第七步：计算WACC。选中单元格，输入"=C4/C11*C24+（1-C19）*C9/C11*C15"，输入过程如图14-43所示。

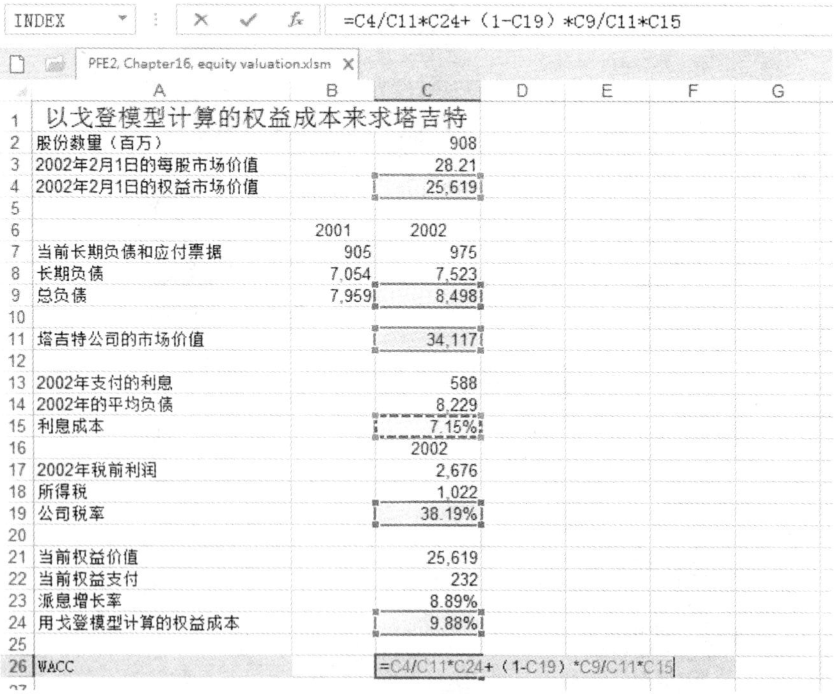

图14-43 计算WACC的公式输入

可得结果，如图14-44所示。

| C26 | | | × ✓ *fx* | =C4/C11*C24+(1-C19)*C9/C11*C15 |

PFE2, Chapter16, equity valuation.xlsm ✕

	A	B	C	D	E
1	以戈登模型计算的权益成本来求塔吉特				
2	股份数量（百万）		908		
3	2002年2月1日的每股市场价值		28.21		
4	2002年2月1日的权益市场价值		25,619		
5					
6		2001	2002		
7	当前长期负债和应付票据	905	975		
8	长期负债	7,054	7,523		
9	总负债	7,959	8,498		
10					
11	塔吉特公司的市场价值		34,117		
12					
13	2002年支付的利息		588		
14	2002年的平均负债		8,229		
15	利息成本		7.15%		
16			2002		
17	2002年税前利润		2,676		
18	所得税		1,022		
19	公司税率		38.19%		
20					
21	当前权益价值		25,619		
22	当前权益支付		232		
23	派息增长率		8.89%		
24	用戈登模型计算的权益成本		9.08%		
25					
26	WACC		8.52%		
27					

图14-44 WACC

由以上可得，用戈登模型估计权益成本，目标WACC是8.52%。

第 15 章

资本结构和公司价值

15.1 实验概述

不同的融资方式是否会影响公司可以提供的现金总额？融资方式是否会影响公司评估项目的贴现率？这些问题都与税收有关。本章将详细阐述基于税收制度的资本结构和公司价值。

15.2 实验目的

（1）了解债务与权益融资的相关概念。
（2）理解杠杆的估值效应。
（3）掌握莫迪利亚尼-米勒模型。

15.3 实验工具

微软 Excel 软件。

15.4 理论要点

如果存在企业所得税和个人所得税，而且后者存在权益和非权益区别，那么使用杠杆（借贷）可能会增加或减少公司的价值。

15.5 实验举例

15.5.1 存在公司税时的资本结构

用 ABC 公司的例子来看资本结构效应。该公司只支付企业所得税。Arthur 是美国一位投资者，现在分析他是否应该购买 ABC 公司？如果要买，如何筹集资金？解决方法有两种：

第一，只使用权益融资购买。ABC 公司每年的自由现金流为 1 000 美元。计算出购买的资本成本（r_U）为 20%，r_U 是在不借贷而只有权益的情况下购买 ABC 公司合适的贴现率。在这里，r_U 反映了 ABC 公司的业务风险，该值是 20%。如果只以权益购买，该公司价值是 5 000 美元（1 000÷20%）。我们将使用符号 V_U 代表"无杠杆公司的价值"，该值为：

$$V_U = \sum_{t=1}^{\infty} \frac{FCF_t}{(1+r_U)^t} = \sum_{t=1}^{\infty} \frac{1\,000}{(1+20\%)^t} = 5\,000（美元）$$

第二，使用债务购买 ABC 公司。Arthur 可以借钱，贷款是长期的，只需每年支付利息，不需要归还本金。其贷款利率用 r_D 表示，该值为 8%。有两种可供选择的融资方案，如图 15-1 所示。

方案 A：公司从 Arthur 母亲处借钱　　　　　方案 B：Arthur 向母亲借钱

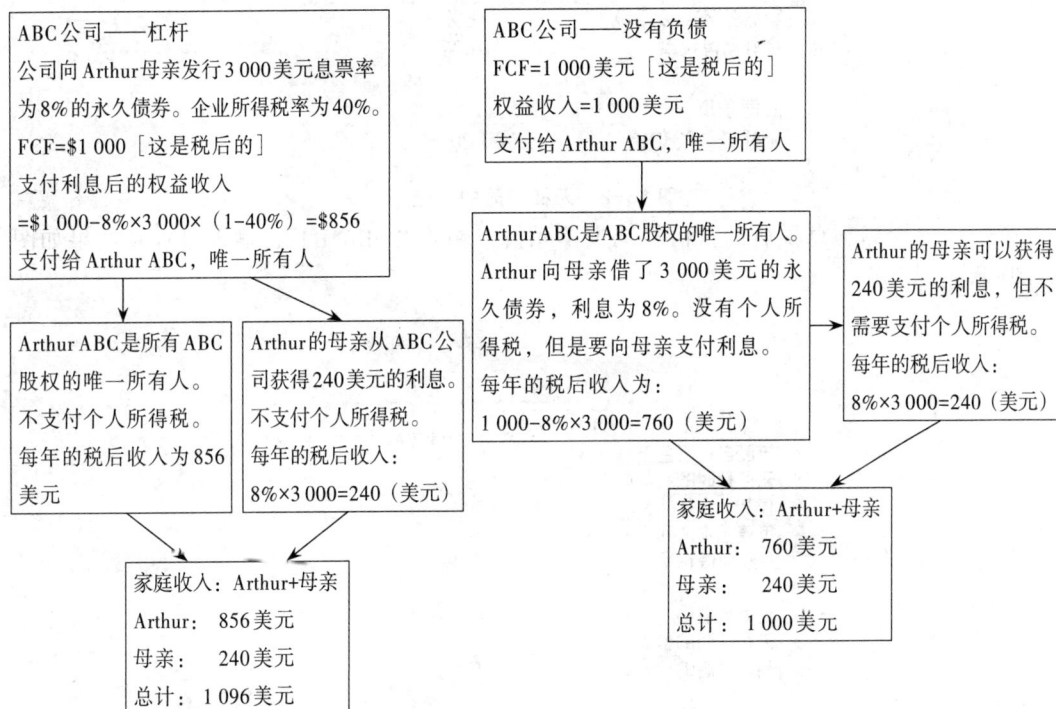

ABC 公司——杠杆
公司向 Arthur 母亲发行 3 000 美元息票率为 8% 的永久债券。企业所得税率为 40%。
FCF=$1 000 ［这是税后的］
支付利息后的权益收入
=$1 000-8%×3 000×（1-40%）=$856
支付给 Arthur ABC，唯一所有人

ABC 公司——没有负债
FCF=1 000 美元 ［这是税后的］
权益收入=1 000 美元
支付给 Arthur ABC，唯一所有人

Arthur ABC 是所有 ABC 股权的唯一所有人。
不支付个人所得税。
每年的税后收入为 856 美元

Arthur 的母亲从 ABC 公司获得 240 美元的利息。
不支付个人所得税。
每年的税后收入：
8%×3 000=240（美元）

Arthur ABC 是 ABC 股权的唯一所有人。
Arthur 向母亲借了 3 000 美元的永久债券，利息为 8%。没有个人所得税，但是要向母亲支付利息。
每年的税后收入为：
1 000-8%×3 000=760（美元）

Arthur 的母亲可以获得 240 美元的利息，但不需要支付个人所得税。
每年的税后收入：
8%×3 000=240（美元）

家庭收入：Arthur+母亲
Arthur：　856 美元
母亲：　　240 美元
总计：　1 096 美元

家庭收入：Arthur+母亲
Arthur：　760 美元
母亲：　　240 美元
总计：　1 000 美元

图 15-1　两种方案比较

从图 15-1 中可以看到，方案 A 所产生的家庭总收入大于方案 B。

15.5.2　存在企业所得税时的杠杆效应

对 ABC 公司进行估值。表 15-1 是相关参数的设定，注意，该表格为只有企业所得税的条件之下应用"莫迪利亚尼-米勒模型"（简写作 MM 模型）。

表 15-1　　　　　　　　　　　　　　ABC 公司基本情况　　　　　　　　　　金额单位：元

项目	数值
年度自由现金流	1 000
无杠杆时的资本成本	20%
债务（永久的）	3 000
负债成本（利率）	8%
企业所得税率	40%

第一步：计算无杠杆时的价值。选中单元格，输入"=B2/B3"，输入过程及结果如图15-2所示。

图15-2　无杠杆时的价值

第二步：计算利息税盾的价值。选中单元格，输入"-B6*B4"，输入过程及结果如图15-3所示。

图15-3　利息税盾的价值

第三步：计算有杠杆时的公司价值。选中单元格，输入"=B10+B9"，输入过程及结果如图15-4所示。

图15-4　有杠杆时的公司价值

第四步：计算权益价值。选中单元格，输入"=B11-B4"，输入过程及结果如图15-5所示。

图15-5 权益价值

第五步：计算权益现金流。选中单元格，输入"=B2-（1-B6）*B5*B4"，输入过程如图15-6所示。

图15-6 计算权益现金流的公式输入

可得结果，如图15-7所示。

图15-7 权益现金流

第六步：计算权益成本。选中单元格，输入"=B15/B13"，输入过程及结果如图15-8所示。

B16	:	×	✓	fx	=B15/B13	

	A	B	C	D
1	当只有企业所得税时，			
2	年度自由现金流	1,000		
3	无杠杆时的资本成本	20%		
4	债务（永久的）	3,000		
5	负债成本（利率）	8%		
6	企业所得税率	40%		
7				
8	公司价值			
9	无杠杆时的价值	5,000.00		
10	利息税盾的价值	1,200.00		
11	有杠杆时的公司价值	6,200.00		
12				
13	权益价值	3,200.00		
14				
15	权益现金流	856.00		
16	权益成本	26.75%		
17				

图15-8　权益成本

第七步：计算WACC。选中单元格，输入"=B16*B13/B11+（1-B6）*B5*B4/B11"，输入过程如图15-9所示。

INDEX	:	×	✓	fx	=B16*B13/B11+（1-B6）*B5*B4/

	A	B	C	D	E	F
1	当只有企业所得税时，					
2	年度自由现金流	1,000				
3	无杠杆时的资本成本	20%				
4	债务（永久的）	3,000				
5	负债成本（利率）	8%				
6	企业所得税率	40%				
7						
8	公司价值					
9	无杠杆时的价值	5,000.00				
10	利息税盾的价值	1,200.00				
11	有杠杆时的公司价值	6,200.00				
12						
13	权益价值	3,200.00				
14						
15	权益现金流	856.00				
16	权益成本	26.75%				
17						
18	WACC	=B16*B13/B11+（1-B6）*B5*B4/B11				
19						

图15-9　计算WACC的公式输入（1）

可得结果，如图 15-10 所示。

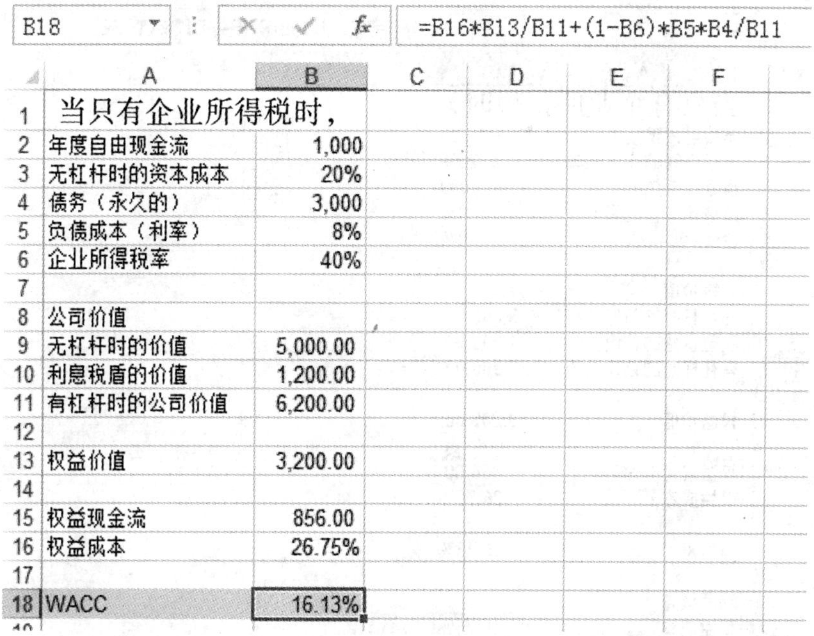

图 15-10　WACC

第八步：两项核查。

（1）计算权益成本。选中单元格，输入"=B3+（B3-B5）*B4/B13*（1-B6）"，输入过程如图 15-11 所示。

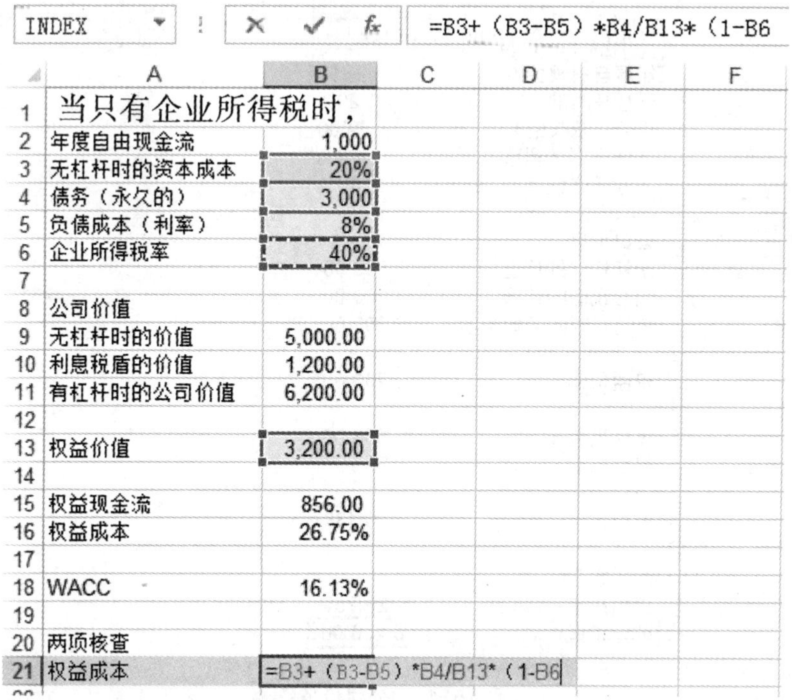

图 15-11　计算权益成本的公式输入

可得结果，如图15-12所示。

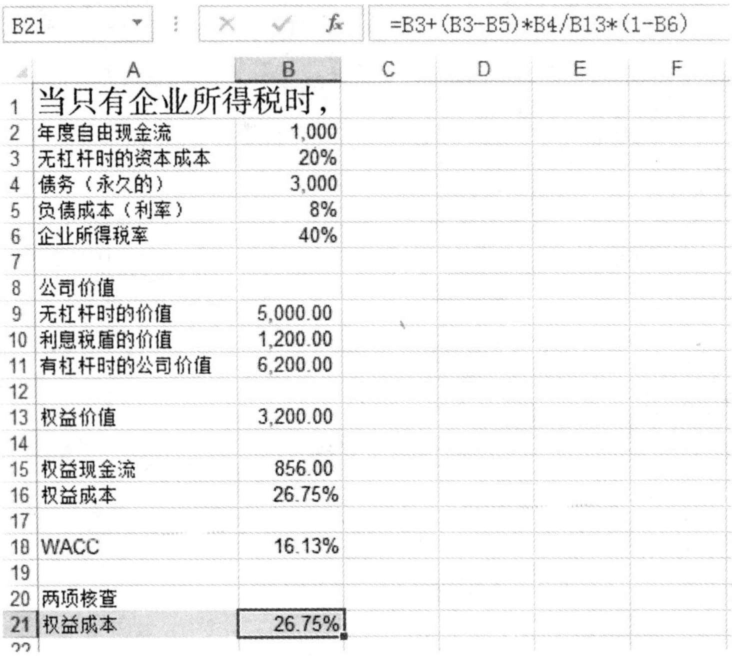

图15-12　权益成本

（2）计算公司价值。选中单元格，输入"=B2/B18"，输入过程及结果如图15-13所示。

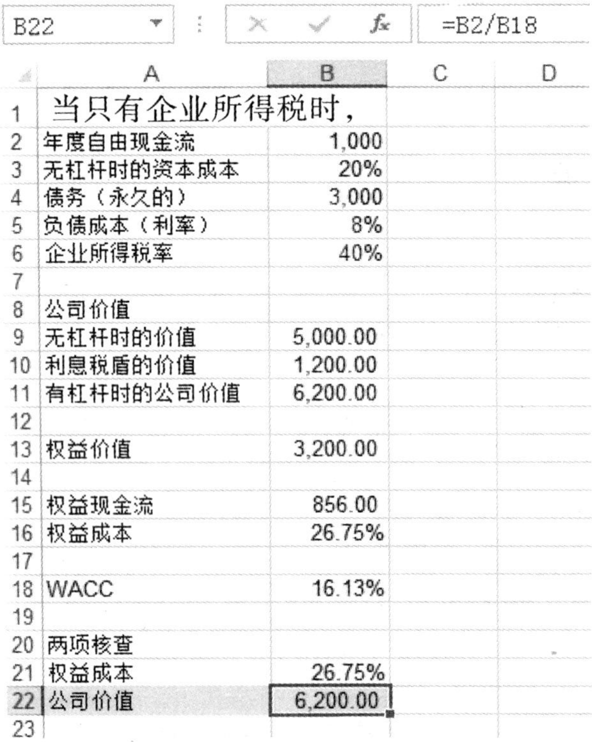

图15-13　公司价值

综上分析，如果只存在企业所得税，那么拥有杠杆（负债）会增加公司的价值。这种由于债务税盾所引起的价值的增加，增加了该公司的权益价值，降低了加权平均资本成本。

15.5.3　案例1

LF地区的Wonderturf公司正在考虑购买一个新的植草机。植草机价值10万美元，寿命10年，在此期间按照直线折旧法折旧，残值为零。该机器每年会带来4万美元收益，成本为1.5万美元。基本情况如表15-2所示。

表15-2　　　　　　　　　　　Wonderturf公司的植草机　　　　　　　　　金额单位：美元

项目	数值
企业所得税率	40%
机器成本，第0年	100 000
年销售收入	40 000
年收入成本	15 000
机器自由现金流的贴现率	15%

第一步：计算年折旧额。选中单元格，输入"=B4/10"，输入过程及结果如图15-14所示。

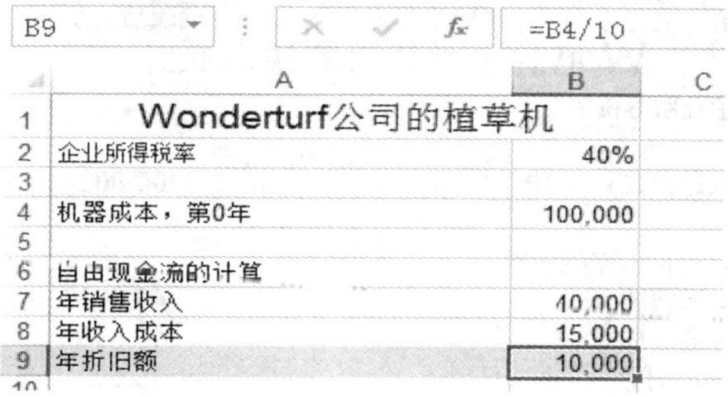

图15-14　年折旧额

第二步：计算年自由现金流。选中单元格，输入"=（1-B2）*（B7-B8-B9）+B9"，输入过程如图15-15所示。

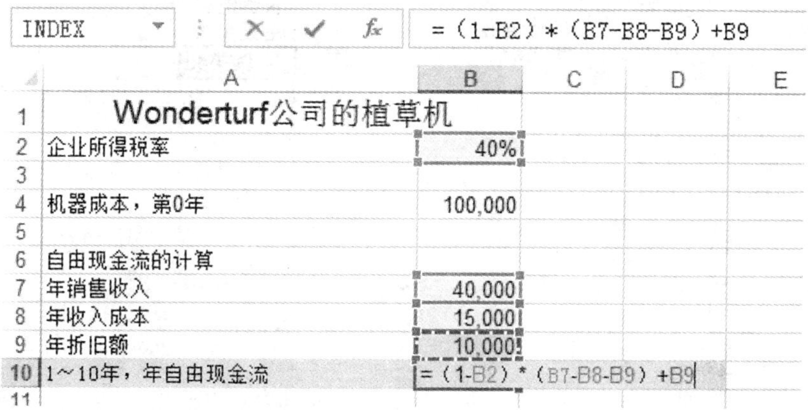

图15-15　计算年自由现金流的公式输入

可得结果，如图15-16所示。

图15-16　年自由现金流

第三步：计算机器的自由现金流。

（1）第0年的自由现金流。选中单元格，输入"=-B4"，输入过程及结果如图15-17所示。

图15-17　第0年的自由现金流

（2）第1到第10年的自由现金流。选中单元格，输入"=$B$10"，输入过程及结果如图

15-18所示。

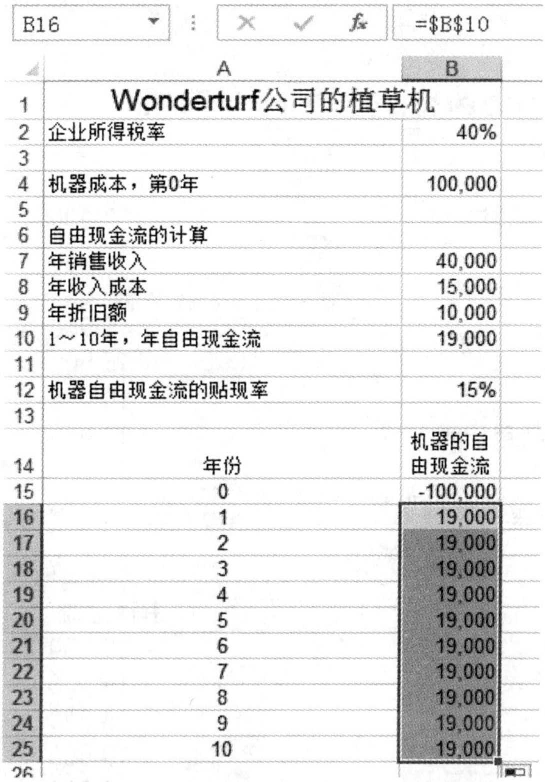

| B16 | ▼ | : | ✕ | ✓ | *fx* | =$B$10 |

	A	B
1	**Wonderturf公司的植草机**	
2	企业所得税率	40%
3		
4	机器成本，第0年	100,000
5		
6	自由现金流的计算	
7	年销售收入	40,000
8	年收入成本	15,000
9	年折旧额	10,000
10	1～10年，年自由现金流	19,000
11		
12	机器自由现金流的贴现率	15%
13		
14	年份	机器的自由现金流
15	0	-100,000
16	1	19,000
17	2	19,000
18	3	19,000
19	4	19,000
20	5	19,000
21	6	19,000
22	7	19,000
23	8	19,000
24	9	19,000
25	10	19,000
26		

图 15-18　第 1 到第 10 年的自由现金流

第四步：计算机器的NPV。选中单元格，输入"=B15+NPV（B12，B16：B25）"，输入过程如图15-19所示。

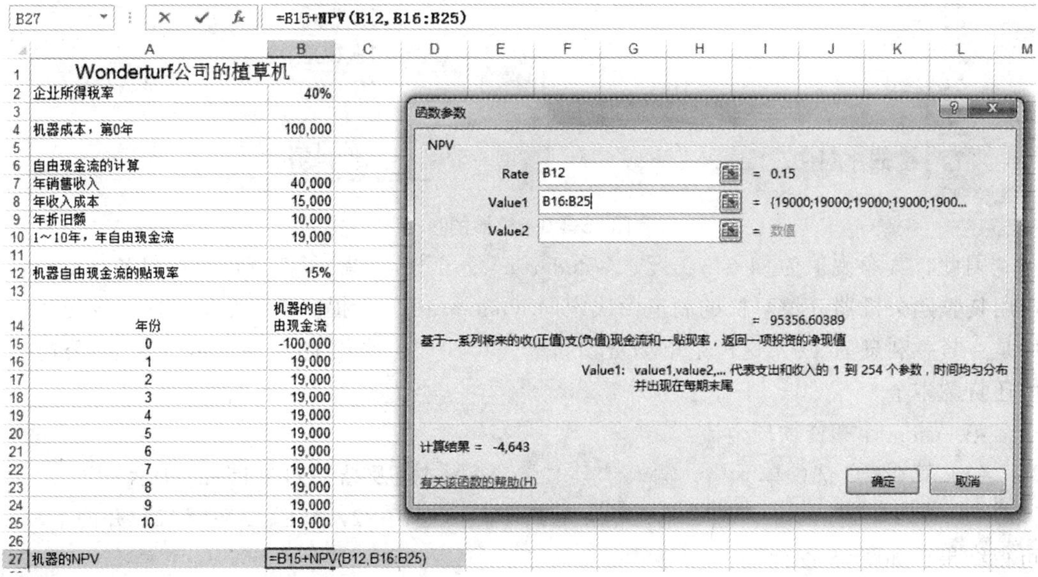

图 15-19　NPV 参数输入

单击"确定"可得结果，如图15-20所示。

| B27 | | | ✕ | ✓ | fx | =B15+NPV(B12,B16:B25) |

▲	A	B	C	D
1	Wonderturf公司的植草机			
2	企业所得税率	40%		
3				
4	机器成本，第0年	100,000		
5				
6	自由现金流的计算			
7	年销售收入	40,000		
8	年收入成本	15,000		
9	年折旧额	10,000		
10	1～10年，年自由现金流	19,000		
11				
12	机器自由现金流的贴现率	15%		
13				
14	年份	机器的自由现金流		
15	0	-100,000		
16	1	19,000		
17	2	19,000		
18	3	19,000		
19	4	19,000		
20	5	19,000		
21	6	19,000		
22	7	19,000		
23	8	19,000		
24	9	19,000		
25	10	19,000		
26				
27	机器的NPV	-4,643		
28				

图 15-20　机器的 NPV

因此，其净现值为-4 643美元，Wonderturf公司不应该购买植草机。如果Wonderturf公司用贷款购买机器。植草机的制造商决定向Wonderturf公司提供5万美元贷款。该贷款的条件是：贷款利息为8%，这也是市场贷款利率；共10年，在第10年末，Wonderturf公司必须偿还贷款本金。

第一步：计算贷款现金流。

（1）第0年。选中单元格，输入"=E12"，输入过程及结果如图15-21所示。

（2）第1年到第9年。选中单元格，输入"=-（1-$B$2）*$E$13*$E$12"并向下复制，可得结果，如图15-22所示。

E15	▼	⁞	✕ ✓	*fx*	=E12	

◢	A	B	C	D	E	F
1	Wonderturf公司的植草机					
2	企业所得税率	40%				
3						
4	机器成本, 第0年	100,000				
5						
6	自由现金流的计算					
7	年销售收入	40,000				
8	年收入成本	15,000				
9	年折旧额	10,000				
10	1~10年, 年自由现金流	19,000				
11						
12	机器自由现金流的贴现率	15%		贷款购买机器	50,000	
13				贷款利率	8%	
14	年份	机器的自由现金流			贷款现金流	
15	0	-100,000			50,000	
16	1	19,000				
17	2	19,000				
18	3	19,000				
19	4	19,000				
20	5	19,000				
21	6	19,000				
22	7	19,000				
23	8	19,000				
24	9	19,000				
25	10	19,000				

图 15-21　第0年的贷款现金流

E16	▼	⁞	✕ ✓	*fx*	=-(1-$B$2)*$E$13*$E$12	

◢	A	B	C	D	E	F
1	Wonderturf公司的植草机					
2	企业所得税率	40%				
3						
4	机器成本, 第0年	100,000				
5						
6	自由现金流的计算					
7	年销售收入	40,000				
8	年收入成本	15,000				
9	年折旧额	10,000				
10	1~10年, 年自由现金流	19,000				
11						
12	机器自由现金流的贴现率	15%		贷款购买机器	50,000	
13				贷款利率	8%	
14	年份	机器的自由现金流			贷款现金流	
15	0	-100,000			50,000	
16	1	19,000			-2,400	
17	2	19,000			-2,400	
18	3	19,000			-2,400	
19	4	19,000			-2,400	
20	5	19,000			-2,400	
21	6	19,000			-2,400	
22	7	19,000			-2,400	
23	8	19,000			-2,400	
24	9	19,000			-2,400	
25	10	19,000				
26						

图 15-22　第1到第9年的贷款现金流

（3）第10年。选中单元格，输入"=-（1-$B$2）*$E$13*$E$12-E12"，输入过程及结果如图15-23所示。

图15-23　第10年的贷款现金流

第二步：计算贷款的NPV。选中单元格，输入"=E15+NPV（E13，E16：E25）"，输入过程如图15-24所示。

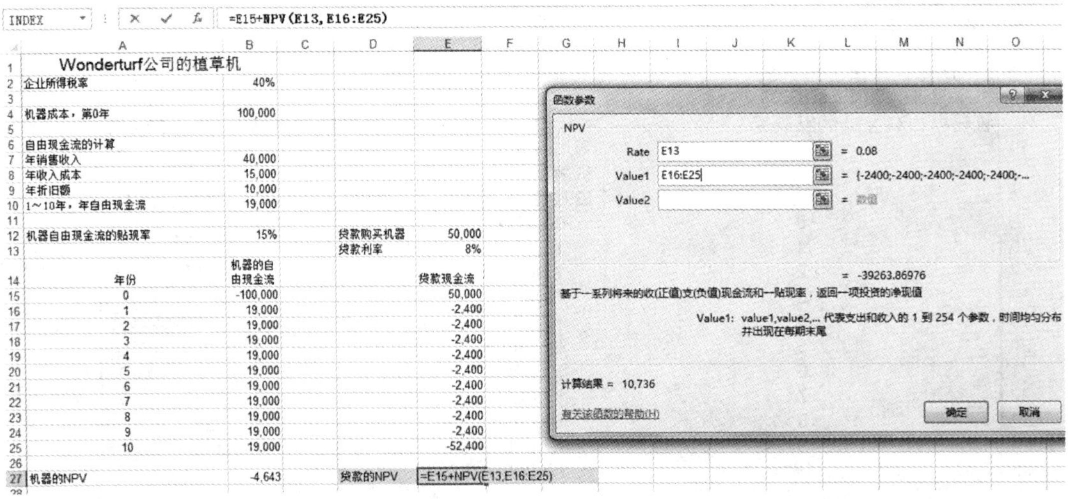

图15-24　NPV参数输入

单击"确定"可得结果，如图15-25所示。

E27	▼ : × ✓ fx	=E15+NPV(E13,E16:E25)			
	A	B	C	D	E	F

	A	B	C	D	E
1	Wonderturf公司的植草机				
2	企业所得税率	40%			
3					
4	机器成本，第0年	100,000			
5					
6	自由现金流的计算				
7	年销售收入	40,000			
8	年收入成本	15,000			
9	年折旧额	10,000			
10	1~10年，年自由现金流	19,000			
11					
12	机器自由现金流的贴现率	15%		贷款购买机器	50,000
13				贷款利率	8%
14	年份	机器的自由现金流			贷款现金流
15	0	-100,000			50,000
16	1	19,000			-2,400
17	2	19,000			-2,400
18	3	19,000			-2,400
19	4	19,000			-2,400
20	5	19,000			-2,400
21	6	19,000			-2,400
22	7	19,000			-2,400
23	8	19,000			-2,400
24	9	19,000			-2,400
25	10	19,000			-52,400
26					
27	机器的NPV	-4,643		贷款的NPV	10,736

图15-25　贷款的NPV

现在可得出结论：在贷款的情况下，可以购买植草机。

15.5.4　案例2

Potfooler公司在LF地区是一家知名企业。Potfooler预计在每年年底有200万美元的自由现金流，该现金流是永久的。这里的FCF是公司经营活动产生的税后现金流。Potfooler目前有10万流通股，每股100美元。Potfooler目前没有债务。不过一名金融分析师建议它发行300万美元永久债券，以此来回购股票，原因在于该债券是永久债券。每年支付利息而无需偿还本金。他认为这样做是值得的，因为 $V_L = V_U + T_C D$。目前债务利率是8%，且是每年支付。考虑下列问题。

问题1：当前Potfooler的市场价值是多少？

第一步：计算总权益价值。选中单元格，输入"=B5*B4"，输入过程及结果如图15-26所示。

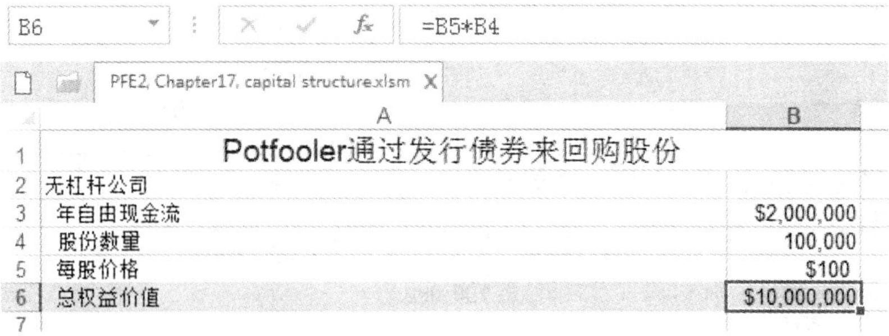

图 15-26　总权益价值

第二步：Potfooler无杠杆时的价值。选中单元格，输入"=B6"，输入过程及结果如图15-27所示。

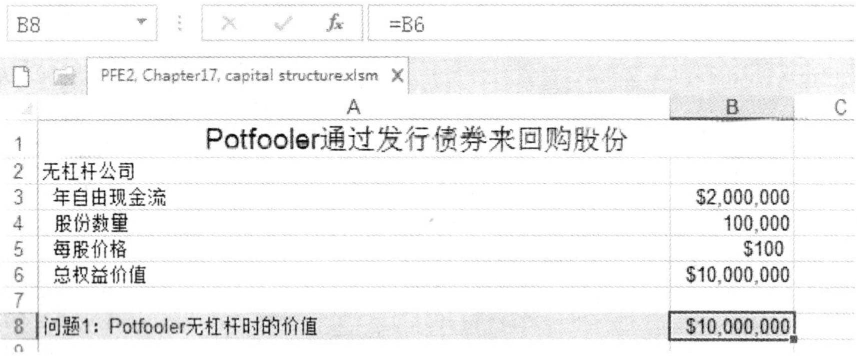

图 15-27　Potfooler无杠杆时的价值

因此，该公司的权益价值为10 000 000美元，由于没有债务，该值也是其市场价值，即 V_U 是10 000 000美元。

问题2：发行了3 000 000美元的债券后，其市场价值是多少？

选中单元格，输入"=B8+B13*B11"，输入过程如图15-28所示。

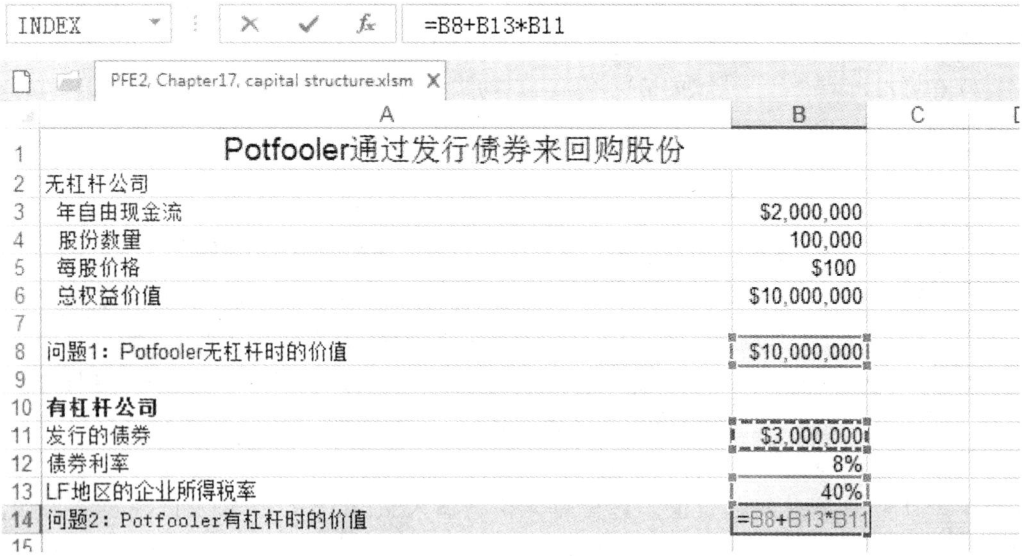

图 15-28　计算市场价值的公式输入

可得结果，如图 15-29 所示。

B14	▼	:	×	✓	f_x	=B8+B13*B11

PFE2, Chapter17, capital structure.xlsm ✕

	A	B▪	C
1	**Potfooler通过发行债券来回购股份**		
2	无杠杆公司		
3	年自由现金流	$2,000,000	
4	股份数量	100,000	
5	每股价格	$100	
6	总权益价值	$10,000,000	
7			
8	问题1：Potfooler无杠杆时的价值	$10,000,000	
9			
10	**有杠杆公司**		
11	发行的债券	$3,000,000	
12	债券利率	8%	
13	LF地区的企业所得税率	40%	
14	问题2：Potfooler有杠杆时的价值	$11,200,000	

图 15-29　有杠杆时的价值

由于在 LF 地区只有企业所得税，所以公式 $V_L = V_U + T_C D$ 是成立的。这意味着该公司发行债券后的市场价值为 11 200 000 美元。

问题 3：若用发行的 300 万美元债券所得去回购股份，公司的总权益价值是多少？

选中单元格，输入"=B14-B11"，输入过程及结果如图 15-30 所示。

B15	▼	:	×	✓	f_x	=B14-B11

PFE2, Chapter17, capital structure.xlsm ✕

	A	B
1	**Potfooler通过发行债券来回购股份**	
2	无杠杆公司	
3	年自由现金流	$2,000,000
4	股份数量	100,000
5	每股价格	$100
6	总权益价值	$10,000,000
7		
8	问题1：Potfooler无杠杆时的价值	$10,000,000
9		
10	**有杠杆公司**	
11	发行的债券	$3,000,000
12	债券利率	8%
13	LF地区的企业所得税率	40%
14	问题2：Potfooler有杠杆时的价值	$11,200,000
15	问题3：股份回购后的权益价值	$8,200,000

图 15-30　股份回购后的权益价值

在公司发行了债券并回购股份后，该公司市值应等于权益价值加上其债务价值，即 8 200 000 美元。

问题 4：Potfooler 在什么样的价格时会回购其股份？

第一步：计算债券换股份后公司的价值增量。选中单元格，输入"=B13*B11"，输入过程及结果如图 15-31 所示。

B16		✕ ✓	*fx*	=B13*B11	

	PFE2, Chapter17, capital structure.xlsm ✕		
	A	B	C
1	**Potfooler通过发行债券来回购股份**		
2	无杠杆公司		
3	年自由现金流	$2,000,000	
4	股份数量	100,000	
5	每股价格	$100	
6	总权益价值	$10,000,000	
7			
8	问题1：Potfooler无杠杆时的价值	$10,000,000	
9			
10	有杠杆公司		
11	发行的债券	$3,000,000	
12	债券利率	8%	
13	LF地区的企业所得税率	40%	
14	问题2：Potfooler有杠杆时的价值	$11,200,000	
15	问题3：股份回购后的权益价值	$8,200,000	
16	债券换股份后公司价值增量	$1,200,000	
17			

图 15-31　债券换股份后公司价值增量

第二步：计算每股公司价值增量。选中单元格，输入"=B16/B4"，输入过程及结果如图 15-32 所示。

B17		✕ ✓	*fx*	=B16/B4	

	PFE2, Chapter17, capital structure.xlsm ✕	
	A	B
1	**Potfooler通过发行债券来回购股份**	
2	无杠杆公司	
3	年自由现金流	$2,000,000
4	股份数量	100,000
5	每股价格	$100
6	总权益价值	$10,000,000
7		
8	问题1：Potfooler无杠杆时的价值	$10,000,000
9		
10	有杠杆公司	
11	发行的债券	$3,000,000
12	债券利率	8%
13	LF地区的企业所得税率	40%
14	问题2：Potfooler有杠杆时的价值	$11,200,000
15	问题3：股份回购后的权益价值	$8,200,000
16	债券换股份后公司价值增量	$1,200,000
17	每股公司价值增量	$12
18		

图 15-32　每股公司价值增量

第三步：计算股份回购后的新股份价值。选中单元格，输入"=B5+B17"，输入过程及结果如图 15-33 所示。

B18		=B5+B17

PFE2, Chapter17, capital structure.xlsm

	A	B
1	**Potfooler通过发行债券来回购股份**	
2	无杠杆公司	
3	年自由现金流	$2,000,000
4	股份数量	100,000
5	每股价格	$100
6	总权益价值	$10,000,000
7		
8	问题1：Potfooler无杠杆时的价值	$10,000,000
9		
10	有杠杆公司	
11	发行的债券	$3,000,000
12	债券利率	8%
13	LF地区的企业所得税率	40%
14	问题2：Potfooler有杠杆时的价值	$11,200,000
15	问题3：股份回购后的权益价值	$8,200,000
16	债券换股份后公司价值增量	$1,200,000
17	每股公司价值增量	$12
18	问题4：股份回购后的新股份价值	$112
19		

图15-33 股份回购后的新股份价值

可以看到，通过发行价值300万美元的债务，Potfooler的总市值增加了120万美元（从1 000万美元增至1 120万美元），这些都属于股东。这是因为回购前有10万股流通股。这意味着每股的价格提高了12美元。因此，回购股份的价格为112美元，其中100美元是回购前的股价，12美元是由于发债而导致的股价上涨。

问题5：Potfooler将回购多少股份？

选中单元格，输入"=B11/B18"，输入过程及结果如图15-34所示。

B20		=B11/B18

PFE2, Chapter17, capital structure.xlsm

	A	B
1	**Potfooler通过发行债券来回购股份**	
2	无杠杆公司	
3	年自由现金流	$2,000,000
4	股份数量	100,000
5	每股价格	$100
6	总权益价值	$10,000,000
7		
8	问题1：Potfooler无杠杆时的价值	$10,000,000
9		
10	有杠杆公司	
11	发行的债券	$3,000,000
12	债券利率	8%
13	LF地区的企业所得税率	40%
14	问题2：Potfooler有杠杆时的价值	$11,200,000
15	问题3：股份回购后的权益价值	$8,200,000
16	债券换股份后公司价值增量	$1,200,000
17	每股公司价值增量	$12
18	问题4：股份回购后的新股份价值	$112
19		
20	问题5：回购股份数量	26,785.71

图15-34 Potfooler将回购股份数量

从图15-34可知，应回购26 785.71股。

问题6：Potfooler在回购股份前的权益成本是多少？

选中单元格，输入"=B3/B6"，输入过程及结果如图15-35所示。

| B24 | | ✕ ✓ fx | =B3/B6 |

	PFE2, Chapter17, capital structure.xlsm ✕	
	A	B
1	**Potfooler通过发行债券来回购股份**	
2	无杠杆公司	
3	年自由现金流	$2,000,000
4	股份数量	100,000
5	每股价格	$100
6	总权益价值	$10,000,000
7		
8	问题1：Potfooler无杠杆时的价值	$10,000,000
9		
10	有杠杆公司	
11	发行的债券	$3,000,000
12	债券利率	8%
13	LF地区的企业所得税率	40%
14	问题2：Potfooler有杠杆时的价值	$11,200,000
15	问题3：股份回购后的权益价值	$8,200,000
16	债券换股份后公司价值增量	$1,200,000
17	每股公司价值增量	$12
18	问题4：股份回购后的新股价值	$112
19		
20	问题5：回购股份数量	26,785.71
21	股份回购后剩余股份的数量	73,214.29
22	验证：剩余股份的市场价值	$8,200,000
23		
24	问题6：无杠杆时Petfooler的权益成本	20.00%
25		

图15-35　无杠杆时的权益成本

因此，它的非杠杆成本为20%。

问题7：在公开市场上，Potfooler在回购股份后的权益成本是多少？

第一步：计算税前年利息成本。选中单元格，输入"=B11*B12"，输入过程及结果如图15-36所示。

| B26 | | ✕ ✓ fx | =B11*B12 |

	PFE2, Chapter17, capital structure.xlsm ✕		
	A	B	C
1	**Potfooler通过发行债券来回购股份**		
2	无杠杆公司		
3	年自由现金流	$2,000,000	
4	股份数量	100,000	
5	每股价格	$100	
6	总权益价值	$10,000,000	
7			
8	问题1：Potfooler无杠杆时的价值	$10,000,000	
9			
10	有杠杆公司		
11	发行的债券	$3,000,000	
12	债券利率	8%	
13	LF地区的企业所得税率	40%	
14	问题2：Potfooler有杠杆时的价值	$11,200,000	
15	问题3：股份回购后的权益价值	$8,200,000	
16	债券换股份后公司价值增量	$1,200,000	
17	每股公司价值增量	$12	
18	问题4：股份回购后的新股价值	$112	
19			
20	问题5：回购股份数量	26,785.71	
21	股份回购后剩余股份的数量	73,214.29	
22	验证：剩余股份的市场价值	$8,200,000	
23			
24	问题6：无杠杆时Petfooler的权益成本	20.00%	
25			
26	税前年利息成本	$240,000	

图15-36　税前利息成本

　　第二步：计算税后年股权现金流。选中单元格，输入"=B3-（1-B13）*B26"，输入过程及结果如图15-37所示。

B27	▼	:	✕	✓	ﬁ	=B3-(1-B13)*B26

PFE2, Chapter17, capital structure.xlsm

	A	B	C
1	**Potfooler通过发行债券来回购股份**		
2	无杠杆公司		
3	年自由现金流	$2,000,000	
4	股份数量	100,000	
5	每股价格	$100	
6	总权益价值	$10,000,000	
7			
8	问题1：Potfooler无杠杆时的价值	$10,000,000	
9			
10	有杠杆公司		
11	发行的债券	$3,000,000	
12	债券利率	8%	
13	LF地区的企业所得税率	40%	
14	问题2：Potfooler有杠杆时的价值	$11,200,000	
15	问题3：股份回购后的权益价值	$8,200,000	
16	债券换股份后公司价值增量	$1,200,000	
17	每股公司价值增量	$12	
18	问题4：股份回购后的新股份价值	$112	
19			
20	问题5：回购股份数量	26,785.71	
21	股份回购后剩余股份的数量	73,214.29	
22	验证：剩余股份的市场价值	$8,200,000	
23			
24	问题6：无杠杆时Petfooler的权益成本	20.00%	
25			
26	税前年利息成本	$240,000	
27	税后年股权现金流	$1,856,000	

图15-37　税后年股权现金流

　　第三步：计算有杠杆时Potfooler的权益成本。选中单元格，输入"=B27/B22"，输入过程及结果如图15-38所示。

B28	▼	:	✕	✓	ﬁ	=B27/B22

PFE2, Chapter17, capital structure.xlsm

	A	B
1	**Potfooler通过发行债券来回购股份**	
2	无杠杆公司	
3	年自由现金流	$2,000,000
4	股份数量	100,000
5	每股价格	$100
6	总权益价值	$10,000,000
7		
8	问题1：Potfooler无杠杆时的价值	$10,000,000
9		
10	有杠杆公司	
11	发行的债券	$3,000,000
12	债券利率	8%
13	LF地区的企业所得税率	40%
14	问题2：Potfooler有杠杆时的价值	$11,200,000
15	问题3：股份回购后的权益价值	$8,200,000
16	债券换股份后公司价值增量	$1,200,000
17	每股公司价值增量	$12
18	问题4：股份回购后的新股份价值	$112
19		
20	问题5：回购股份数量	26,785.71
21	股份回购后剩余股份的数量	73,214.29
22	验证：剩余股份的市场价值	$8,200,000
23		
24	问题6：无杠杆时Petfooler的权益成本	20.00%
25		
26	税前年利息成本	$240,000
27	税后年股权现金流	$1,856,000
28	问题7：有杠杆时Potfooler的权益成本	22.63%

图15-38　有杠杆时Potfooler的权益成本

从图15-38可看出，Potfooler债券每年付息24万美元。因为利息是税前支出，所以公司股东的每年预期现金流量为1 856 000美元；回购后的权益价值为820万美元，因此杠杆公司的权益成本为22.63%。

问题8：Potfooler回购前的加权平均资本成本是多少？

选中单元格，输入"=B24"，输入过程及结果如图15-39所示。

B30	f_x	=B24	

PFE2, Chapter17, capital structure.xlsm

	A	B
1	**Potfooler通过发行债券来回购股份**	
2	无杠杆公司	
3	年自由现金流	$2,000,000
4	股份数量	100,000
5	每股价格	$100
6	总权益价值	$10,000,000
7		
8	问题1：Potfooler无杠杆时的价值	$10,000,000
9		
10	有杠杆公司	
11	发行的债券	$3,000,000
12	债券利率	8%
13	LF地区的企业所得税率	40%
14	问题2：Potfooler有杠杆时的价值	$11,200,000
15	问题3：股份回购后的权益价值	$8,200,000
16	债券换股份后公司价值增量	$1,200,000
17	每股公司价值增量	$12
18	问题4：股份回购后的新股份价值	$112
19		
20	问题5：回购股份数量	26,785.71
21	股份回购后剩余股份的数量	73,214.29
22	验证：剩余股份的市场价值	$8,200,000
23		
24	问题6：无杠杆时Petfooler的权益成本	20.00%
25		
26	税前年利息成本	$240,000
27	税后年股权现金流	$1,856,000
28	问题7：有杠杆时Potfooler的权益成本	22.63%
29		
30	问题8：债券发行前Potfooler的WACC	20.00%
31		

图15-39　Potfooler回购前的加权平均资本成本

在回购前，Potfooler只有权益，所以其WACC为20%。

问题9：Potfooler回购后的加权平均资本成本是多少？

第一步：计算Potfooler资本结构的权益比重。选中单元格，输入"=B22/B14"，输入过程及结果如图15-40所示。

第二步：计算Potfooler资本结构的负债比重。选中单元格，输入"=B11/B14"，输入过程及结果如图15-41所示。

	B32	⋮ × ✓ fx	=B22/B14	

PFE2, Chapter17, capital structure.xlsm ✕

	A	B
4	股份数量	100,000
5	每股价格	$100
6	总权益价值	$10,000,000
7		
8	问题1：Potfooler无杠杆时的价值	$10,000,000
9		
10	有杠杆公司	
11	发行的债券	$3,000,000
12	债券利率	8%
13	LF地区的企业所得税率	40%
14	问题2：Potfooler有杠杆时的价值	$11,200,000
15	问题3：股份回购后的权益价值	$8,200,000
16	债券换股份后公司价值增量	$1,200,000
17	每股公司价值增量	$12
18	问题4：股份回购后的新股份价值	$112
19		
20	问题5：回购股份数量	26,785.71
21	股份回购后剩余股份的数量	73,214.29
22	验证：剩余股份的市场价值	$8,200,000
23		
24	问题6：无杠杆时Petfooler的权益成本	20.00%
25		
26	税前年利息成本	$240,000
27	税后年股权现金流	$1,856,000
28	问题7：有杠杆时Potfooler的权益成本	22.63%
29		
30	问题8：债券发行前Potfooler的WACC	20.00%
31		
32	Potfooler资本结构的权益比重	73.21%

图 15-40   Potfooler 资本结构的权益比重

	B33	⋮ × ✓ fx	=B11/B14	

PFE2, Chapter17, capital structure.xlsm ✕

	A	B
4	股份数量	100,000
5	每股价格	$100
6	总权益价值	$10,000,000
7		
8	问题1：Potfooler无杠杆时的价值	$10,000,000
9		
10	有杠杆公司	
11	发行的债券	$3,000,000
12	债券利率	8%
13	LF地区的企业所得税率	40%
14	问题2：Potfooler有杠杆时的价值	$11,200,000
15	问题3：股份回购后的权益价值	$8,200,000
16	债券换股份后公司价值增量	$1,200,000
17	每股公司价值增量	$12
18	问题4：股份回购后的新股份价值	$112
19		
20	问题5：回购股份数量	26,785.71
21	股份回购后剩余股份的数量	73,214.29
22	验证：剩余股份的市场价值	$8,200,000
23		
24	问题6：无杠杆时Petfooler的权益成本	20.00%
25		
26	税前年利息成本	$240,000
27	税后年股权现金流	$1,856,000
28	问题7：有杠杆时Potfooler的权益成本	22.63%
29		
30	问题8：债券发行前Potfooler的WACC	20.00%
31		
32	Potfooler资本结构的权益比重	73.21%
33	Potfooler资本结构的负债比重	26.79%

图 15-41   Potfooler 资本结构的负债比重

第三步：计算债券发行后Potfooler的WACC。选中单元格，输入"=B28*B32+B12*（1-B13）*B33"，输入过程如图15-42所示。

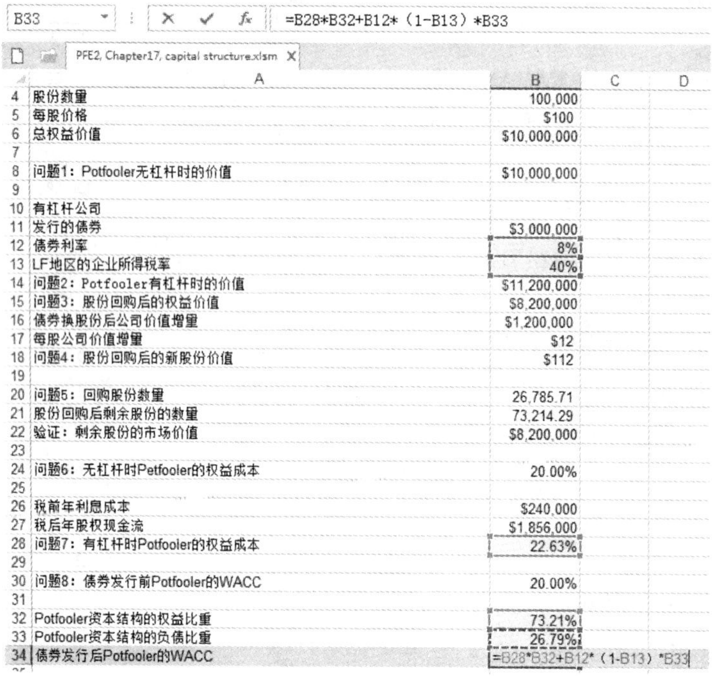

图15-42 计算WACC的公式输入（2）

可得结果，如图15-43所示。

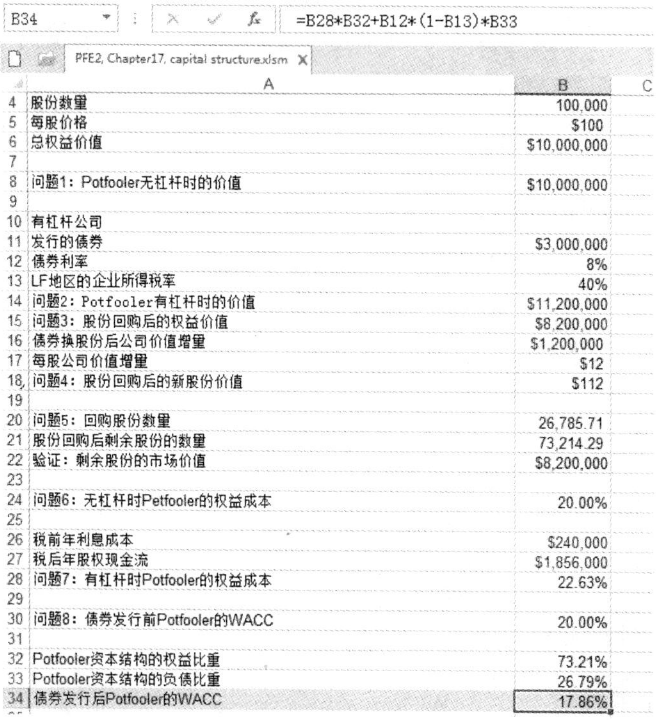

图15-43 债券发行后Potfooler的WACC

所以，回购后的加权平均资本成本为17.86%。

15.5.5 所得税

下面讨论UF地区的公司问题。该地区与LF地区十分相似，但税制有所不同。UF地区有3种税：企业所得税，税率为40%，用T_C表示；个人权益收入（即股利和资本利得，也称“权益所得”）所得税，税率为10%，用T_E表示；所有一般收入（包括债券上获得的收入，但是不包括权益所得）税，税率为30%，用T_D表示。假设Arthur考虑如何购买XYZ公司融资。他的妈妈总可以借钱给他。那么提出和以前一样的问题：是否应该举债购买？如果需要借债，那么是公司还是Arthur作为债务人？基本信息如表15-3所示。

表15-3　Arthur为购买XYZ融资　金额单位：美元

项目	数值	
企业所得税率	40%	
个人所得税率	10%	
普通收入的个人负债所得税率	30%	
利率	8%	
负债	3 000	
自由现金流（缴纳公司所得税后）	1 000	
	公司借款	Arthur借款
个人所得税后的FCF	1 000.00	1 000.00
公司负债	3 000.00	0.00

第一步：计算税前公司支付利息金额。选中单元格，输入“=$B$6*B12”并向右复制公式，可得结果，如图15-44所示。

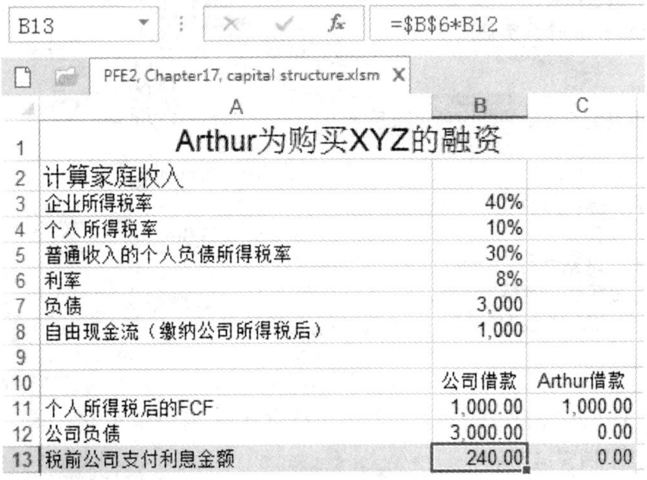

	A	B	C
1	Arthur为购买XYZ的融资		
2	计算家庭收入		
3	企业所得税率	40%	
4	个人所得税率	10%	
5	普通收入的个人负债所得税率	30%	
6	利率	8%	
7	负债	3,000	
8	自由现金流（缴纳公司所得税后）	1,000	
9			
10		公司借款	Arthur借款
11	个人所得税后的FCF	1,000.00	1,000.00
12	公司负债	3,000.00	0.00
13	税前公司支付利息金额	240.00	0.00

图15-44　税前公司支付利息金额

第二步：计算税后公司支付利息金额。选中单元格，输入"=B13*（1-$B$3）"并向右复制公式，可得结果，如图15-45所示。

| B14 | | ▾ | ⋮ | ✕ | ✓ | *fx* | =B13*(1-$B$3) |

PFE2, Chapter17, capital structure.xlsm ✕

	A	B	C
1	**Arthur为购买XYZ的融资**		
2	计算家庭收入		
3	企业所得税率	40%	
4	个人所得税率	10%	
5	普通收入的个人负债所得税率	30%	
6	利率	8%	
7	负债	3,000	
8	自由现金流（缴纳公司所得税后）	1,000	
9			
10		公司借款	Arthur借款
11	个人所得税后的FCF	1,000.00	1,000.00
12	公司负债	3,000.00	0.00
13	税前公司支付利息金额	240.00	0.00
14	税后公司利息金额	144.00	0.00

图15-45　税后公司支付利息金额

第三步：计算支付给股东的金额。选中单元格，输入"=B11-B14"并向右复制公式，可得结果，如图15-46所示。

| B15 | | ▾ | ⋮ | ✕ | ✓ | *fx* | =B11-B14 |

PFE2, Chapter17, capital structure.xlsm ✕

	A	B	C	D
1	**Arthur为购买XYZ的融资**			
2	计算家庭收入			
3	企业所得税率	40%		
4	个人所得税率	10%		
5	普通收入的个人负债所得税率	30%		
6	利率	8%		
7	负债	3,000		
8	自由现金流（缴纳公司所得税后）	1,000		
9				
10		公司借款	Arthur借款	
11	个人所得税后的FCF	1,000.00	1,000.00	
12	公司负债	3,000.00	0.00	
13	税前公司支付利息金额	240.00	0.00	
14	税后公司利息金额	144.00	0.00	
15	支付给股东的金额	856.00	1,000.00	

图15-46　支付给股东的金额

第四步：计算Arthur从XYZ获得的税前权益收入。选中单元格，输入"=B15"并向右复制，可得结果，如图15-47所示。

| B18 | ▼ | : | × | ✓ | *fx* | =B15 |

图 15-47　Arthur 从 XYZ 获得的税前权益收入

第五步：计算 Arthur 从 XYZ 获得的税后权益收入。选中单元格，输入"=B18*（1-$B$4）"并向右复制公式，可得结果，如图 15-48 所示。

| B19 | ▼ | : | × | ✓ | *fx* | =B18*(1-$B$4) |

图 15-48　Arthur 从 XYZ 获得的税后权益收入

第六步：计算 Arthur 的负债。

（1）公司借款数额如图15-49所示。

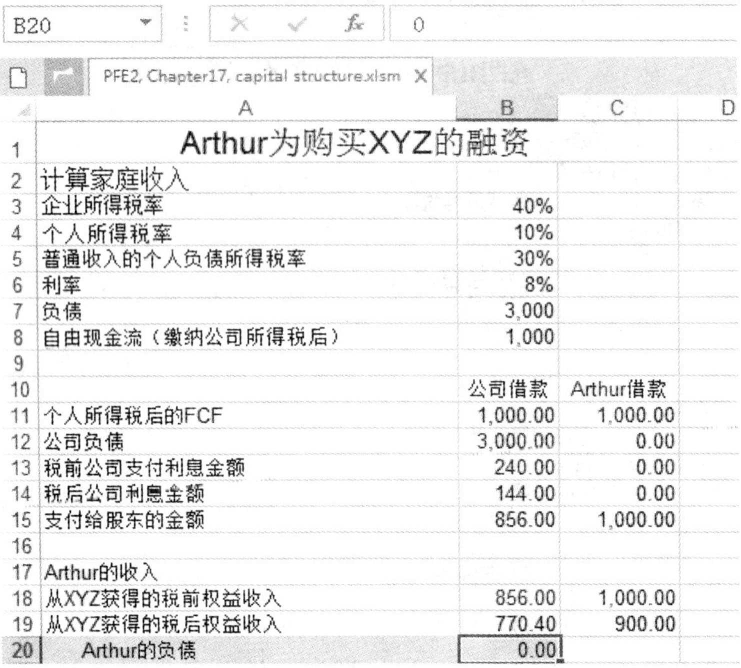

图 15-49　公司借款时 Arthur 的负债

（2）Arthur借款。选中单元格，输入"=B7"，输入过程及结果如图15-50所示。

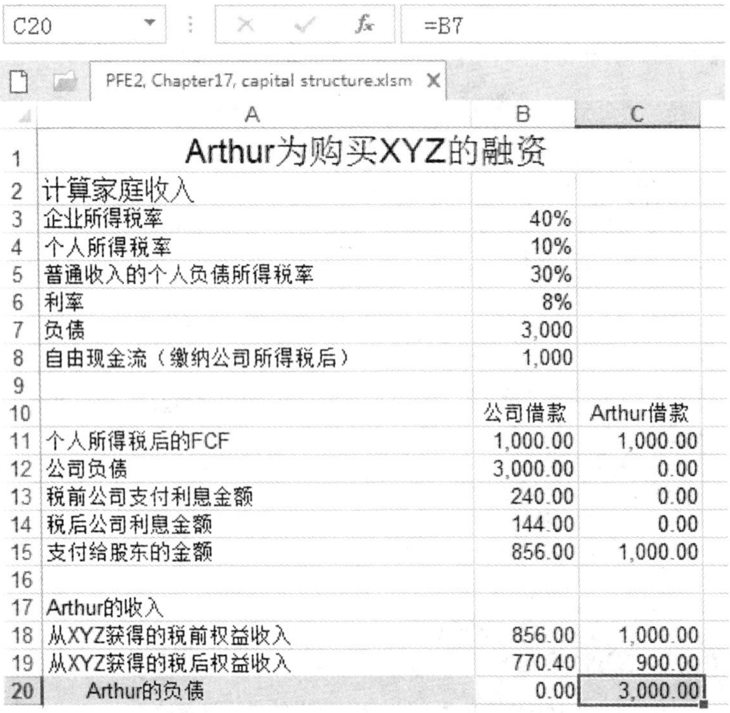

图 15-50　Arthur借款时 Arthur 的负债

第七步：计算税前 Arthur 支付的利息。

（1）公司借款。选中单元格，输入"=$B$6*B20*（1–B5）"，输入过程及结果如图15–51所示。

B21	▼ : × ✓ fx	=$B$6*B20*(1-B5)

PFE2, Chapter17, capital structure.xlsm ×

	A	B	C	D
1	**Arthur为购买XYZ的融资**			
2	计算家庭收入			
3	企业所得税率	40%		
4	个人所得税率	10%		
5	普通收入的个人负债所得税率	30%		
6	利率	8%		
7	负债	3,000		
8	自由现金流（缴纳公司所得税后）	1,000		
9				
10		公司借款	Arthur借款	
11	个人所得税后的FCF	1,000.00	1,000.00	
12	公司负债	3,000.00	0.00	
13	税前公司支付利息金额	240.00	0.00	
14	税后公司利息金额	144.00	0.00	
15	支付给股东的金额	856.00	1,000.00	
16				
17	Arthur的收入			
18	从XYZ获得的税前权益收入	856.00	1,000.00	
19	从XYZ获得的税后权益收入	770.40	900.00	
20	Arthur的负债	0.00	3,000.00	
21	税前Arthur的支付利息	0.00		

图 15–51 公司借款时税前 Arthur 支付的利息

（2）Arthur 借款。选中单元格，输入"=$B$6*C20"，输入过程及结果如图15–52所示。

C21	▼ : × ✓ fx	=$B$6*C20

PFE2, Chapter17, capital structure.xlsm ×

	A	B	C
1	**Arthur为购买XYZ的融资**		
2	计算家庭收入		
3	企业所得税率	40%	
4	个人所得税率	10%	
5	普通收入的个人负债所得税率	30%	
6	利率	8%	
7	负债	3,000	
8	自由现金流（缴纳公司所得税后）	1,000	
9			
10		公司借款	Arthur借款
11	个人所得税后的FCF	1,000.00	1,000.00
12	公司负债	3,000.00	0.00
13	税前公司支付利息金额	240.00	0.00
14	税后公司利息金额	144.00	0.00
15	支付给股东的金额	856.00	1,000.00
16			
17	Arthur的收入		
18	从XYZ获得的税前权益收入	856.00	1,000.00
19	从XYZ获得的税后权益收入	770.40	900.00
20	Arthur的负债	0.00	3,000.00
21	税前Arthur的支付利息	0.00	240.00

图 15–52 Arthur 借款时税前 Arthur 支付的利息

第八步：计算税后 Arthur 支付的利息。选中单元格，输入"=B21*（1-$B$5）"并向右复制，可得结果，如图 15-53 所示。

	fx	=B21*(1-$B$5)	
B22			

PFE2, Chapter17, capital structure.xlsm

	A	B	C
1	**Arthur为购买XYZ的融资**		
2	计算家庭收入		
3	企业所得税率	40%	
4	个人所得税率	10%	
5	普通收入的个人负债所得税率	30%	
6	利率	8%	
7	负债	3,000	
8	自由现金流（缴纳公司所得税后）	1,000	
9			
10		公司借款	Arthur借款
11	个人所得税后的FCF	1,000.00	1,000.00
12	公司负债	3,000.00	0.00
13	税前公司支付利息金额	240.00	0.00
14	税后公司利息金额	144.00	0.00
15	支付给股东的金额	856.00	1,000.00
16			
17	Arthur的收入		
18	从XYZ获得的税前权益收入	856.00	1,000.00
19	从XYZ获得的税后权益收入	770.40	900.00
20	Arthur的负债	0.00	3,000.00
21	税前Arthur的支付利息	0.00	240.00
22	税后Arthur的支付利息	0.00	168.00

图 15-53　税后 Arthur 支付的利息

第九步：计算 Arthur 的税后收入。选中单元格，输入"=B19-B22"并向右复制公式，可得结果，如图 15-54 所示。

	fx	=B19-B22	
B23			

PFE2, Chapter17, capital structure.xlsm

	A	B	C	D
1	**Arthur为购买XYZ的融资**			
2	计算家庭收入			
3	企业所得税率	40%		
4	个人所得税率	10%		
5	普通收入的个人负债所得税率	30%		
6	利率	8%		
7	负债	3,000		
8	自由现金流（缴纳公司所得税后）	1,000		
9				
10		公司借款	Arthur借款	
11	个人所得税后的FCF	1,000.00	1,000.00	
12	公司负债	3,000.00	0.00	
13	税前公司支付利息金额	240.00	0.00	
14	税后公司利息金额	144.00	0.00	
15	支付给股东的金额	856.00	1,000.00	
16				
17	Arthur的收入			
18	从XYZ获得的税前权益收入	856.00	1,000.00	
19	从XYZ获得的税后权益收入	770.40	900.00	
20	Arthur的负债	0.00	3,000.00	
21	税前Arthur的支付利息	0.00	240.00	
22	税后Arthur的支付利息	0.00	168.00	
23	Arthur的税后收入	770.40	732.00	

图 15-54　Arthur 的税后收入

第十步：计算 Arthur 母亲的税前收入。

（1）公司借款。选中单元格，输入"=B13"，输入过程及结果如图 15-55 所示。

图 15-55　公司借款时母亲的税前收入

（2）Arthur 借款。选中单元格，输入"=C20*B6"，输入过程及结果如图 15-56 所示。

图 15-56　Arthur 借款时母亲的税前收入

第十一步：计算 Arthur 母亲的税后收入。选中单元格，输入"=B25*（1-$B$5）"并向右复制公式，可得结果，如图 15-57 所示。

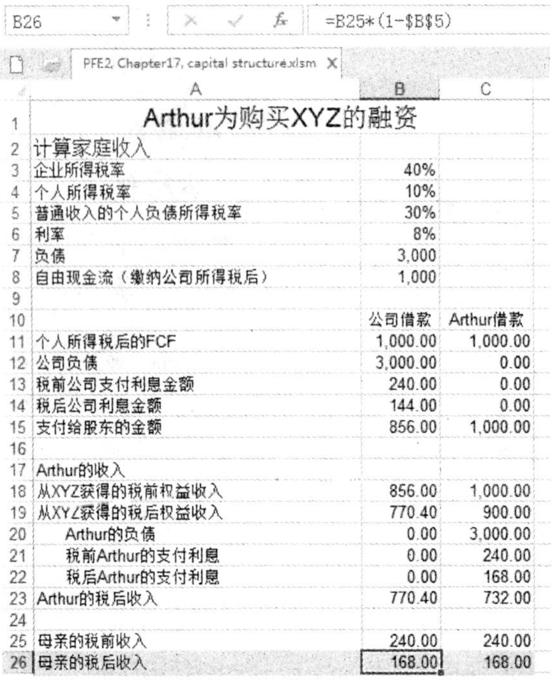

图 15-57　Arthur母亲的税后收入

第十二步：计算家庭总收入。选中单元格，输入"=B23+B26"并向右复制公式，可得结果，如图 15-58 所示。

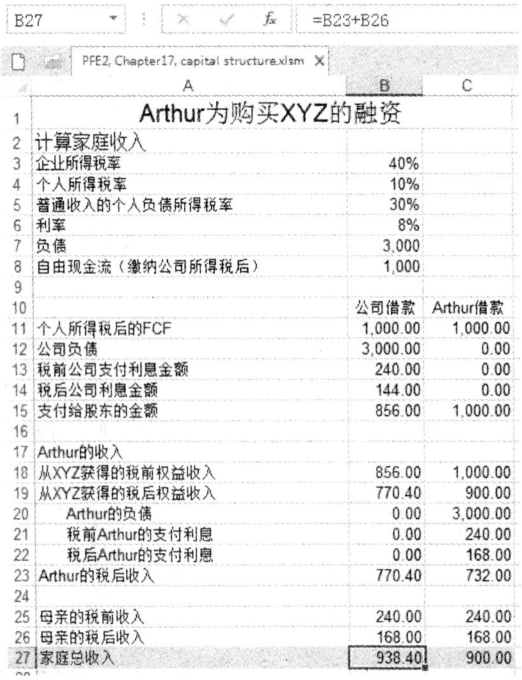

图 15-58　家庭总收入

第十三步：判断应该由谁借钱。选中单元格，输入“=IF（B27>C27，“公司”，IF（B27<C27，“Arthur”，“无差别”）））”，输入过程如图15-59所示。

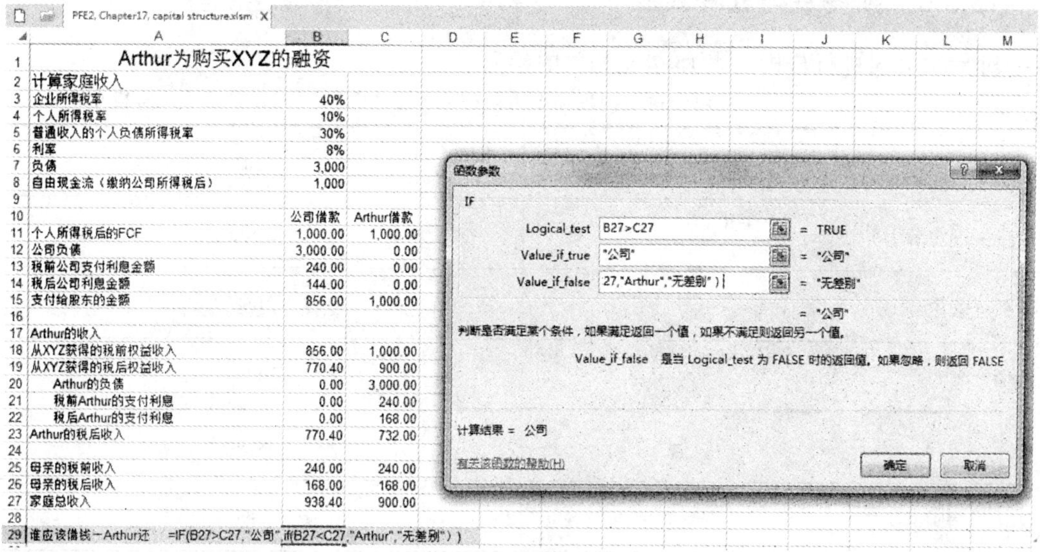

图15-59　IF参数输入

单击“确定”可得结果，如图15-60所示。

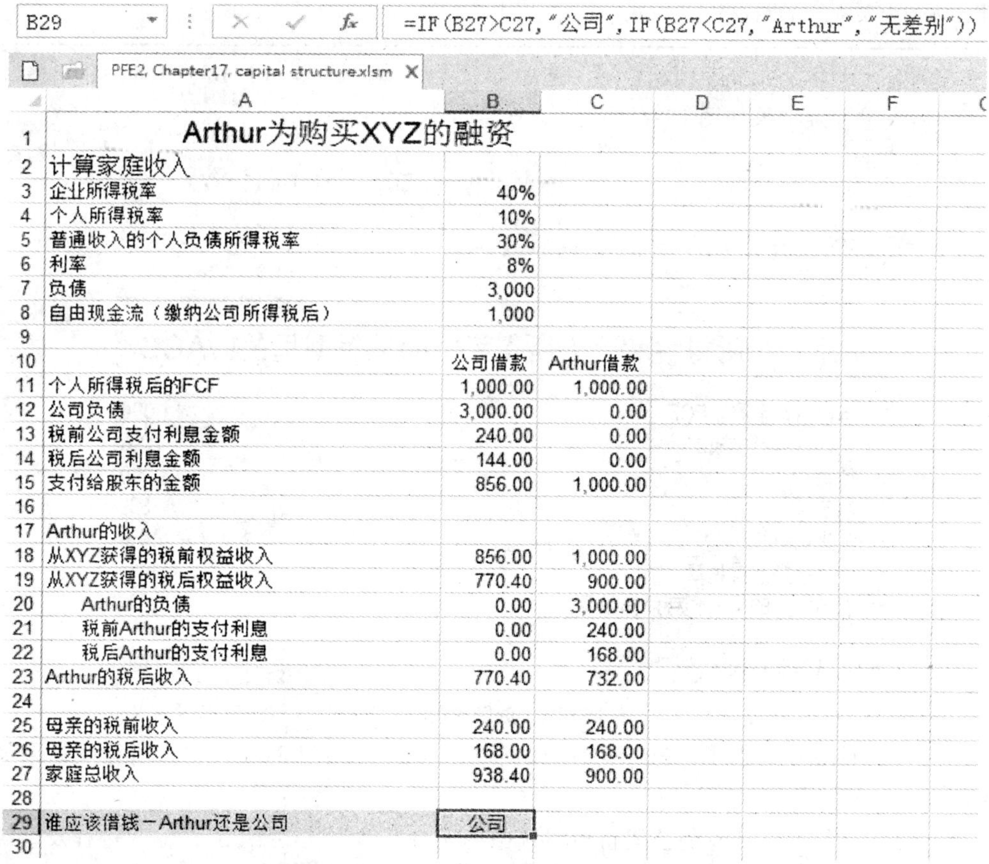
B29 =IF(B27>C27,"公司",IF(B27<C27,"Arthur","无差别"))

PFE2, Chapter17, capital structure.xlsm

	A	B	C
1	Arthur为购买XYZ的融资		
2	计算家庭收入		
3	企业所得税率	40%	
4	个人所得税率	10%	
5	普通收入的个人负债所得税率	30%	
6	利率	8%	
7	负债	3,000	
8	自由现金流（缴纳公司所得税后）	1,000	
9			
10		公司借款	Arthur借款
11	个人所得税后的FCF	1,000.00	1,000.00
12	公司负债	3,000.00	0.00
13	税前公司支付利息金额	240.00	0.00
14	税后公司利息金额	144.00	0.00
15	支付给股东的金额	856.00	1,000.00
16			
17	Arthur的收入		
18	从XYZ获得的税前权益收入	856.00	1,000.00
19	从XYZ获得的税后权益收入	770.40	900.00
20	Arthur的负债	0.00	3,000.00
21	税前Arthur的支付利息	0.00	240.00
22	税后Arthur的支付利息	0.00	168.00
23	Arthur的税后收入	770.40	732.00
24			
25	母亲的税前收入	240.00	240.00
26	母亲的税后收入	168.00	168.00
27	家庭总收入	938.40	900.00
28			
29	谁应该借钱－Arthur还是公司	公司	
30			

图15-60　判断应该由谁借钱

所以应当是公司向母亲借钱，这样更合适。

15.5.6 所得税与杠杆效应

对 XYZ 公司进行分析，表 15-4 是相关的参数。

表 15-4　　　　　　　　　　用公司所得税和个人所得税求 WACC　　　　　　　金额单位：美元

项目	数值
年自由现金流，FCF	1 000
无杠杆的资本成本	20%
负债	3 000
利率	8%
公司税率	40%
个人权益所得税率	10%
普通收入的个人债券所得税率	30%

第一步：计算负债的税收优势。选中单元格，输入"=（1-B8）-（1-B6）*（1-B7）"，输入过程及结果如图 15-61 所示。

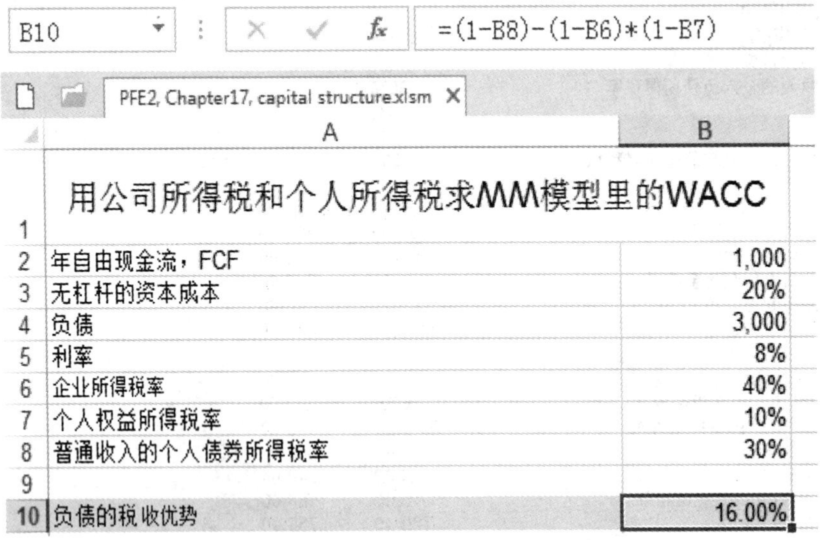

| B10 | : | × | ✓ | f_x | =(1-B8)-(1-B6)*(1-B7) |

PFE2, Chapter17, capital structure.xlsm

	A	B
1	用公司所得税和个人所得税求MM模型里的WACC	
2	年自由现金流，FCF	1,000
3	无杠杆的资本成本	20%
4	负债	3,000
5	利率	8%
6	企业所得税率	40%
7	个人权益所得税率	10%
8	普通收入的个人债券所得税率	30%
9		
10	负债的税收优势	16.00%

图 15-61　负债的税收优势

第二步：计算税收因子。选中单元格，输入"=B10/（1-B8）"，输入过程及结果如图 15-62 所示。

第三步：计算无杠杆时的公司价值。选中单元格，输入"=B2/B3"，输入过程及结果如图 15-63 所示。

B11	:	×	✓	fx	=B10/(1-B8)

PFE2, Chapter17, capital structure.xlsm

	A	B
1	用公司所得税和个人所得税求MM模型里的WACC	
2	年自由现金流，FCF	1,000
3	无杠杆的资本成本	20%
4	负债	3,000
5	利率	8%
6	企业所得税率	40%
7	个人权益所得税率	10%
8	普通收入的个人债券所得税率	30%
9		
10	负债的税率优势	16.00%
11	税收因子	22.86%

图 15-62　税收因子

B14	:	×	✓	fx	=B2/B3

PFE2, Chapter17, capital structure.xlsm

	A	B	C
1	用公司所得税和个人所得税求MM模型里的WACC		
2	年自由现金流，FCF	1,000	
3	无杠杆的资本成本	20%	
4	负债	3,000	
5	利率	8%	
6	企业所得税率	40%	
7	个人权益所得税率	10%	
8	普通收入的个人债券所得税率	30%	
9			
10	负债的税率优势	16.00%	
11	税收因子	22.86%	
12			
13	公司价值		
14	无杠杆时的价值	5,000.00	

图 15-63　无杠杆时的公司价值

第四步：计算利息税盾的价值。选中单元格，输入"=B10*B5*B4/（（1-B8）*B5）"，输入过程及结果如图15-64所示。

B15	:	×	✓	fx	=B10*B5*B4/((1-B8)*B5)

PFE2, Chapter17, capital structure.xlsm

	A	B	C
1	用公司所得税和个人所得税求MM模型里的WACC		
2	年自由现金流，FCF	1,000	
3	无杠杆的资本成本	20%	
4	负债	3,000	
5	利率	8%	
6	企业所得税率	40%	
7	个人权益所得税率	10%	
8	普通收入的个人债券所得税率	30%	
9			
10	负债的税率优势	16.00%	
11	税收因子	22.86%	
12			
13	公司价值		
14	无杠杆时的价值	5,000.00	
15	利息税盾的价值	685.71	

图 15-64　无杠杆时的公司价值

第五步：计算有杠杆的公司价值，选中单元格，输入"=B15+B14"，输入过程及结果如图15-65所示。

| B16 | : | × | ✓ | f_x | =B15+B14 |

	PFE2, Chapter17, capital structure.xlsm ×

	A	B
1	用公司所得税和个人所得税求MM模型里的WACC	
2	年自由现金流，FCF	1,000
3	无杠杆的资本成本	20%
4	负债	3,000
5	利率	8%
6	企业所得税率	40%
7	个人权益所得税率	10%
8	普通收入的个人债券所得税率	30%
9		
10	负债的税率优势	16.00%
11	税收因子	22.86%
12		
13	**公司价值**	
14	无杠杆时的价值	5,000.00
15	利息税盾的价值	685.71
16	有杠杆的公司价值	5,685.71

图15-65 有杠杆的公司价值

第六步：计算权益价值。选中单元格，输入"=B16-B4"，输入过程及结果如图15-66所示。

| B18 | : | × | ✓ | f_x | =B16-B4 |

	PFE2, Chapter17, capital structure.xlsm ×

	A	B
1	用公司所得税和个人所得税求MM模型里的WACC	
2	年自由现金流，FCF	1,000
3	无杠杆的资本成本	20%
4	负债	3,000
5	利率	8%
6	企业所得税率	40%
7	个人权益所得税率	10%
8	普通收入的个人债券所得税率	30%
9		
10	负债的税率优势	16.00%
11	税收因子	22.86%
12		
13	**公司价值**	
14	无杠杆时的价值	5,000.00
15	利息税盾的价值	685.71
16	有杠杆的公司价值	5,685.71
17		
18	权益价值	2,685.71
19		

图15-66 权益价值

第七步：计算权益现金流。选中单元格，输入"=B2-（1-B6）*B5*B4"，输入过程及结果如图15-67所示。

B20	▼ : × ✓ fx	=B2-（1-B6）*B5*B4

	A	B
1	用公司所得税和个人所得税求MM模型里的WACC	
2	年自由现金流，FCF	1,000
3	无杠杆的资本成本	20%
4	负债	3,000
5	利率	8%
6	企业所得税率	40%
7	个人权益所得税率	10%
8	普通收入的个人债券所得税率	30%
9		
10	负债的税率优势	16.00%
11	税收因子	22.86%
12		
13	**公司价值**	
14	无杠杆时的价值	5,000.00
15	利息税盾的价值	685.71
16	有杠杆的公司价值	5,685.71
17		
18	权益价值	2,685.71
19		
20	权益现金流	856.00

图15-67 权益价值

第八步：计算权益成本。选中单元格，输入"=B20/B18"，输入过程及结果如图15-68所示。

B21	▼ : × ✓ fx	=B20/B18

	A	B
1	用公司所得税和个人所得税求MM模型里的WACC	
2	年自由现金流，FCF	1,000
3	无杠杆的资本成本	20%
4	负债	3,000
5	利率	8%
6	企业所得税率	40%
7	个人权益所得税率	10%
8	普通收入的个人债券所得税率	30%
9		
10	负债的税率优势	16.00%
11	税收因子	22.86%
12		
13	**公司价值**	
14	无杠杆时的价值	5,000.00
15	利息税盾的价值	685.71
16	有杠杆的公司价值	5,685.71
17		
18	权益价值	2,685.71
19		
20	权益现金流	856.00
21	权益成本	31.87%

图15-68 权益成本

第九步：计算 WACC。选中单元格，输入"=B21*B18/B16+（1-B6）*B5*B4/B16"，输入过程及结果如图 15-69 所示。

| B23 | ▼ | : | × | ✓ | ƒx | =B21*B18/B16+(1-B6)*B5*B4/B16 |

PFE2, Chapter17, capital structure.xlsm ×

	A	B	C
1	用公司所得税和个人所得税求MM模型里的WACC		
2	年自由现金流，FCF	1,000	
3	无杠杆的资本成本	20%	
4	负债	3,000	
5	利率	8%	
6	企业所得税率	40%	
7	个人权益所得税率	10%	
8	普通收入的个人债券所得税率	30%	
9			
10	负债的税率优势	16.00%	
11	税收因子	22.86%	
12			
13	**公司价值**		
14	无杠杆时的价值	5,000.00	
15	利息税盾的价值	685.71	
16	有杠杆的公司价值	5,685.71	
17			
18	权益价值	2,685.71	
19			
20	权益现金流	856.00	
21	权益成本	31.87%	
22			
23	WACC	17.59%	
24			

图 15-69　WACC

所以，考虑个人以及企业所得税时，用 MM 模型求得 XYZ 公司的加权平均资本成本为 17.59%。

第 16 章

对资本结构的实证研究

16.1 实验概述

本章我们将讨论公司资本结构（权益和负债的比例）是否会影响公司加权平均资本成本。上一章我们讨论资本结构理论，它主要是关于融资对资产估值的影响。该理论向人们抛出了这样一个问题：在其他条件完全相同的情况下，是否负债高的企业比负债低的企业价值更高？我们将探寻诸如股价、资本成本、市场风险等因素对杠杆变化的反应。

16.2 实验目的

（1）了解公司怎样进行资本化。
（2）明白资本结构是否影响公司价值和资本成本。
（3）掌握如何计算行业的 WACC。

16.3 实验工具

微软 Excel 软件。

16.4 理论要点

资本结构的理论表明了资本结构的决策在很大程度上取决于负债和权益的差别税收，而资本结构的实证研究表明了这在决定公司价值方面并不重要。假定加权平均资本成本不受资本结构变化的影响，这意味着你可以通过行业的 WACC 来估算公司的 WACC。它也意味着，公司行业的资产 β 值体现着行业的总体风险，但不是行业资本结构的代表。对公司估值的最好方法是将公司预期未来的自由现金流以 WACC 来贴现。

|16.5| 实验举例

16.5.1 公司资本如何资本化

表16-1表示了2009年11月美国主要医药公司的账面价值和市场价值的负债/权益比。

表 16-1　　　　　　　　　　美国主要医药公司的负债/权益比

医药公司	D/E账面价值	D/E市场价值
Abbott	0.3258	0.0853
Astra-Zeneca	0.1773	0.0526
Bristol-Myers Squibb	−0.0049	−0.0015
Eli Lilly	0.3494	0.0839
Endo Pharmaceuticals	−0.1180	−0.0606
GlaxoSmithKline	1.1357	0.1637
Johnson & Johnson	−0.0544	−0.0160
Merck	−0.6040	−0.1852
Pfizer	−0.1982	−0.0898
Teva	0.2060	0.0858
均值	0.1215	0.0118
标准差	0.4553	0.1034

主要超市医药公司的曲线图如图16-1所示。

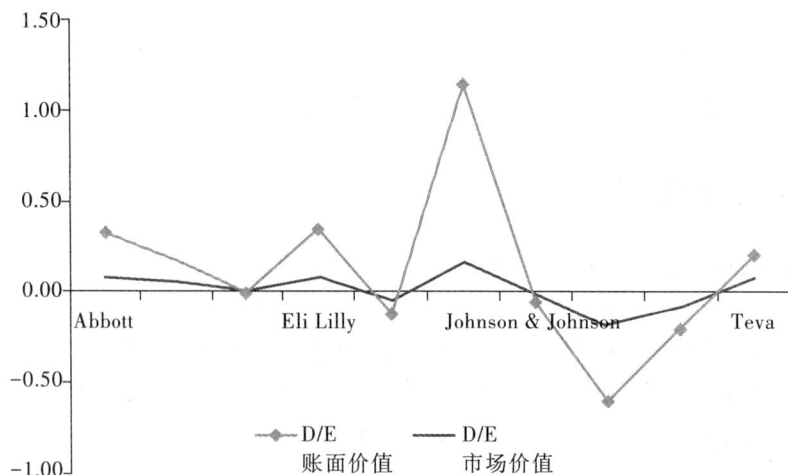

图 16-1　主要超市医药公司账面价值和市场价值曲线图

由这些数据可知：这些公司的平均市场价值的负债/权益比大致是0。若负债与权益相比有价值优势，医药公司似乎没有意识到这一优势；制药行业的账面价值的负债/权益比的波动率很大。似乎医药公司不试图追求一个共同的账面负债/权益比；医药行业的负债/权益比与MM理论的假设一致，因此，净税收效益不影响公司的负债/权益比。

其他行业的负债/权益比，表16-2是2009年11月美国超市零售企业的负债/权益数据。

表16-2　　　　　　　　　　　　　超市零售企业的负债和权益比

超市零售企业	D/E 账面价值	D/E 市场价值
Kroger	1.2377	0.4759
Safeway	0.7171	0.5430
Whole Foods	0.1942	0.0835
Supervalu	3.0435	2.6028
Casey's	0.0144	0.0070
Winn-Dixie	−0.1419	−0.2023
A&P	6.0131	1.4723
Ingles	2.1653	2.1291
Pantry	2.3696	3.1391
Ruddick	0.4126	0.2617
均值	1.6026	1.0512
标准差	1.8949	1.1980

表16-3是2009年11月美国钢铁制造企业的负债和权益比数据。

表16-3　　　　　　　　　　　　　钢铁制造企业负债和权益比

钢铁制造企业	D/E 账面价值	D/E 市场价值
Gerdau Ameristeel	0.6533	0.5278
Nucor	−0.3266	−0.3266
Arcelor Mittal	0.3575	0.3778
A.K. Steel	0.0742	0.1309
U.S. Steel	0.3861	0.3091
均值	0.2289	0.2038
标准差	0.3721	0.3290

超市零售企业的曲线图如图16-2所示。

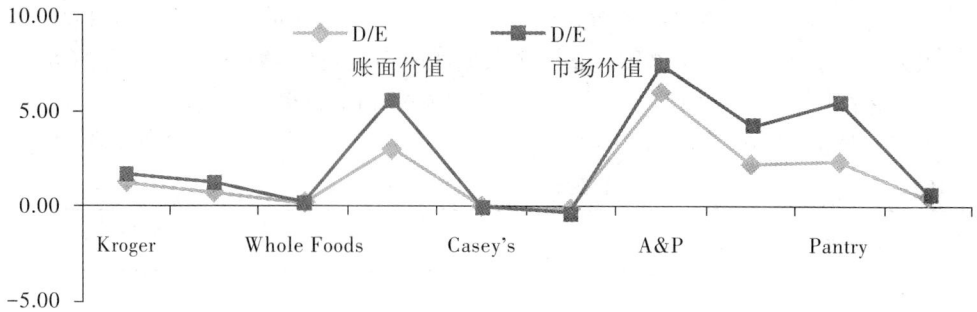

图16-2　超市零售企业账面价值和市场价值曲线图

钢铁制造企业的曲线图如图16-3所示。

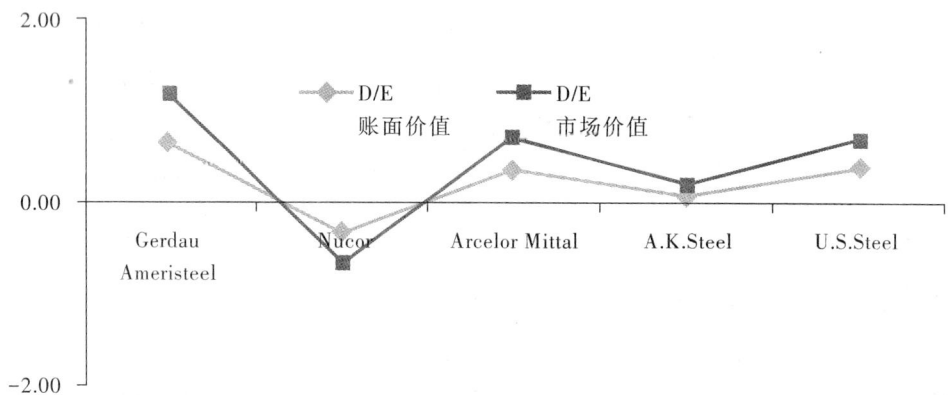

图16-3　钢铁制造企业账面价值和市场价值曲线图

将零售企业和制造企业相比，可以看到前者的负债/权益比更高。因此，零售企业的负债/权益比的波动很大。不过二者都没有显示出明显的趋势。从这些数据可以看出，基本上没有哪个行业有一个清晰确定的负债/权益比，无论是账面价值还是市场价值。这些证据支持了关于负债/权益比政策中性说，并反对负债融资能提升公司价值理论。

16.5.2　衡量公司资产的 β 值

在2009年第三季度末，福特公司报告了如下的现金、负债以及净利息费用数据，请计算该公司的负债 β、税率和资产 β。福特公司的资产情况如表16-4所示。

表16-4　　　　　　　　　　　　　　　福特公司的资产　　　　　　　　　　　　金额单位：万美元

项目	数值
现金及等价物	48.37
短期负债	15.21
长期负债	132.02
季度净利率	1.62
隐含年利率	6.39%
无风险利率	0.25%

续表

项目	数值
市场风险溢价	-0.25%
税前收入	1.22
税收	0.14
权益的市场值	29.86
权益贝塔值	2.77

第一步：计算负债贝塔值。选中单元格，输入"=（B8-B9）/B10"，输入过程及结果如图16-4所示。

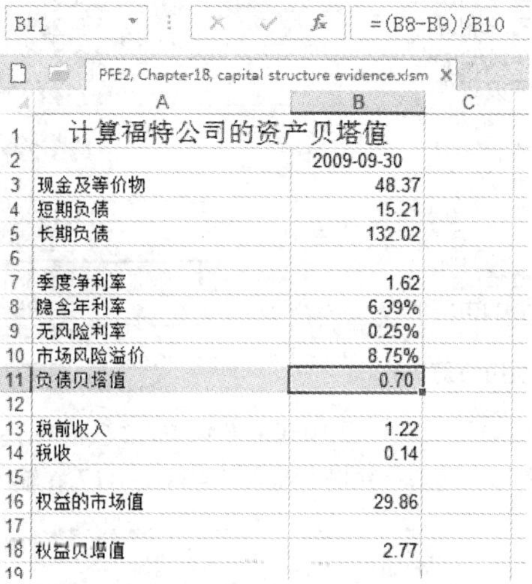

图 16-4 负债贝塔值

第二步：计算税率。选中单元格，输入"=B14/B13"，输入过程及结果如图16-5所示。

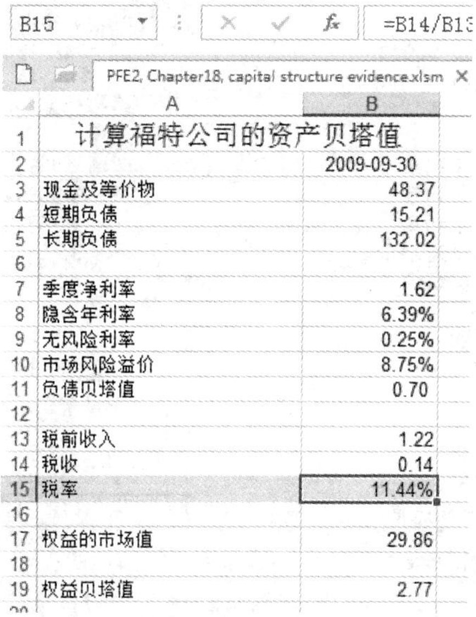

图 16-5 税率

第三步：计算资产贝塔值。

（1）计算净负债。选中单元格，输入"=B5-B3"，输入过程及结果如图16-6所示。

图16-6　净负债

（2）计算权益和净负债之和。选中单元格，输入"=B18+B17"，输入过程及结果如图16-7所示。

图16-7　权益+净负债

（3）计算资产贝塔值。选中单元格，输入"=B21*B18/B19+B11*（1-B15）*B17/B19"，输入过程如图16-8所示。

B19			×	✓	*fx*	=B21*B18/B19+B11*（1-B15）*B17/B19	

PFE2, Chapter18, capital structure evidence.xlsm ×

	A	B	C	D	E	F
1	计算福特公司的资产贝塔值					
2		2009-09-30				
3	现金及等价物	48.37				
4	短期负债	15.21				
5	长期负债	132.02				
6						
7	季度净利率	1.62				
8	隐含年利率	6.39%				
9	无风险利率	0.25%				
10	市场风险溢价	8.75%				
11	负债贝塔值	0.70				
12						
13	税前收入	1.22				
14	税收	0.14				
15	税率	11.44%				
16						
17	净负债	83.65				
18	权益的市场值	29.86				
19	权益+净负债	113.51				
20						
21	权益贝塔值	2.77				
22	资产贝塔值	=B21*B18/B19+B11*（1-B15）*B17/B19				
23						

图16-8　计算资产贝塔值的公式输入

可得结果，如图16-9所示。

B22			×	✓	*fx*	=B21*B18/B19+B11*(1-B15)*B17/B19

PFE2, Chapter18, capital structure evidence.xlsm ×

	A	B	C	D	E
1	计算福特公司的资产贝塔值				
2		2009-09-30			
3	现金及等价物	48.37			
4	短期负债	15.21			
5	长期负债	132.02			
6					
7	季度净利率	1.62			
8	隐含年利率	6.39%			
9	无风险利率	0.25%			
10	市场风险溢价	8.75%			
11	负债贝塔值	0.70			
12					
13	税前收入	1.22			
14	税收	0.14			
15	税率	11.44%			
16					
17	净负债	83.65			
18	权益的市场值	29.86			
19	权益+净负债	113.51			
20					
21	权益贝塔值	2.77			
22	资产贝塔值	1.19			
23					

图16-9　资产贝塔值

16.5.3 零售企业资产的β值

表16-5是关于零售企业资产和贝塔值的结果。

表16-5   零售企业的资产贝塔值和杠杆

零售企业	E/（E+D）	D/（E+D）	权益贝塔值	负债贝塔值	税率	资产的贝塔值
Kroger	67.76%	32.24%	0.35	0.79	34.64%	0.40
Safeway	64.81%	35.19%	0.65	0.69	36.07%	0.58
Whole Foods	92.29%	7.71%	1.17	1.39	35.09%	1.15
Supervalu	27.76%	72.24%	1.06	0.74	−2.16%	0.84
Casey's	99.30%	0.70%	0.48	0.76	34.12%	0.48
Winn-Dixie	125.36%	−25.36%	0.98	−0.03	7.80%	1.24
Ingles	40.45%	59.55%	0.94	0.96	34.18%	0.76
A&P	40.45%	59.55%	2.15	2.77	0.00%	2.52
Pantry	24.16%	75.84%	0.33	1.31	0.00%	1.07
Ruddick	79.26%	20.74%	0.67	0.51	38.46%	0.60
均值						0.9630
标准差						0.6170

对应的带趋势线的散点图如图16-10所示。

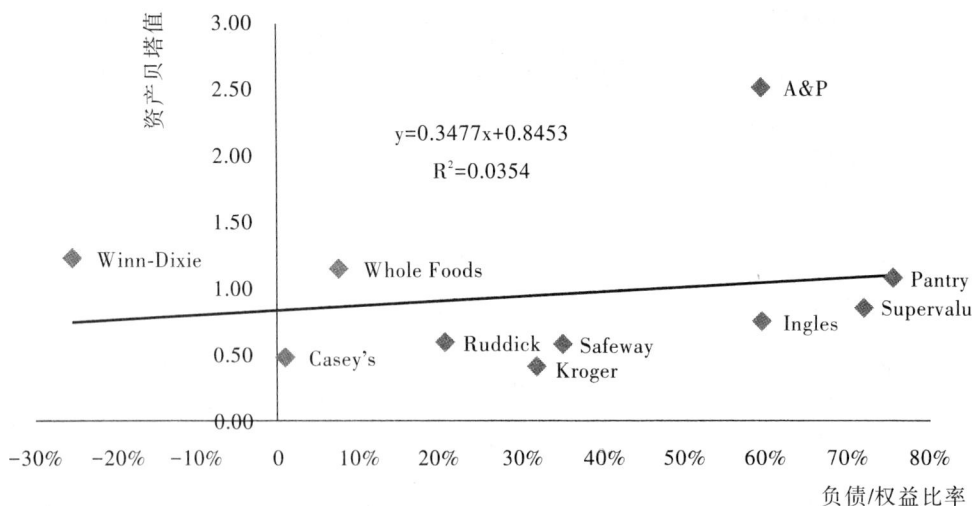

图16-10 零售企业资产贝塔值及D/（D+E）散点图

可以看出，该行业的平均资产的β值大约为1，且资产的β值和公司杠杆之间没有显著的联系。

第 17 章

股利政策

17.1 实验概述

股票回报由两部分组成：股利和资本利得（买卖价差）。价值投资者认为，稳步上升的现金股利是公司财务健康的体现，所以本章将对股利政策进行详细的阐述。

17.2 实验目的

（1）理解股利的相关概念。
（2）了解留存收益、资本利得和普通收入等金融概念。
（3）学会用 Excel 对股利政策进行分析。

17.3 实验工具

微软 Excel 软件。

17.4 理论要点

为了帮助理解股利的理论，我们给出 John 的例子。John 拥有自己的出租车公司，表 17-1 是公司资产负债表。

表 17-1　　　　　　　　　　　　John 的出租车公司　　　　　　　　　金额单位：美元

资产		负债和股东权益	
现金	5 000	负债	10 000
出租车	20 000	股东权益	
		股本	5 000
		存留收益	10 000
总资产	25 000	负债和股东权益总和	25 000

假设John决定给自己派息，宣布支付股利3 000美元。于是资产负债表如表17-2所示。

表17-2　　　　　　　　　　**John的出租车公司——发放股利后**　　　　　　　　金额单位：美元

资产		负债和股东权益	
现金	2 000	负债	10 000
出租车	20 000	股东权益	
		股本	5 000
		留存收益	7 000
总资产	22 000	负债和股东权益总和	22 000

可以看出，John的资产负债表有两处变化了：

● 现金余额由于派息从5 000美元减少至2 000美元。
● 累计未分配利润由10 000美元减少至7 000美元。

|17.5| 实验举例

17.5.1 股利与企业价值

John和Mary都拥有自己的出租车公司，这两个出租车公司各方面都相同，拥有相同的汽车数量，相同的收入和支出，唯一不同的是股利政策不同。假设他们想卖掉出租车公司。假设出租车公司的价值是40 000美元（不包括账面余额），那么John和Mary对于如何卖出公司会有不同的策略：John打算先支付股利给自己，然后再卖，而Mary打算直接出售。两人的出租车公司的资产情况如表17-3和17-4所示。

表17-3　**Mary出售出租车公司**　金额单位：美元

Mary以40 000美元出售她的出租车公司	
售价	40 000
偿还债务净额	5 000
净资产	35 000
权益的账面价值	15 000
应课税的收益	20 000
税收	0
Mary的净销售收入	35 000
加上股利	0
股利所征的税	0
总计	35 000

表17-4　**John出售出租车公司**　金额单位：美元

John以40 000美元出售他的出租车公司	
售价	40 000
偿还债务净额	8 000
净资产	32 000
权益的账面价值	12 000
应课税的收益	20 000
税收	0
John的净销售收入	32 000
加上股利	3 000
股利所征的税	0
总计	35 000

这两种方式的底线相同——John 和 Mary 都以 35 000 美元出售，因此他们是否向自己支付股利无关紧要。Mary 需要支付的净负债更少（John 向自己支付了 3 000 美元的股利，因此他的手持现金更少。Mary 权益的账面价值更大。当我们增大资本利得时，这意味着 Mary 的应纳税收益更少。但税率为 0，就没有区别了。

17.5.2　税收的影响

上一节中，我们探讨了不存在税收时的股利政策。以 John 和 Mary 的出租车业务为例，我们提出以下两点：出租车部分的企业价值不受出租车业务的股利政策影响。二者的股票收益，所得股利加上卖出股票的利得是一样的，与其股利政策影响无关。这时我们引入税收。假定股利征税按"一般收入"30% 的税率计算，卖掉股票按照"资本利得"的 15% 的税率征税。表 17-5 是对 John 和 Mary 公司做出的比较。

表 17-5　　　　　　　　　　　　Mary 的出租车公司　　　　　　　　金额单位：美元

资产	金额	负债和股东权益	金额
		净负债=负债−现金	5 000
出租车	20 000	股东权益	
		股本	5 000
		留存收益	10 000
总资产	20 000	负债和股东权益总计	20 000
资本利得税	15%		
般所得税	30%		
Mary 以 40 000 美元出售她的出租车公司			
售价	40 000		

先看 Mary 公司，卖掉出租车公司股票获得 40 000 美元。如下计算：

第一步：计算偿还债务净额。选中单元格，输入"=D3"，输入过程及结果如图 17-1 所示。

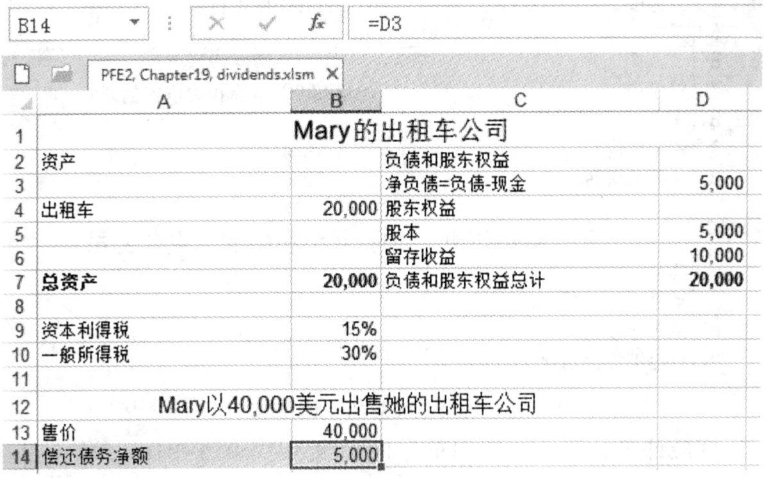

图 17-1　偿还债务净额

第二步：计算股东净收入。选中单元格，输入"=B13-B14"，输入过程及结果如图17-2所示。

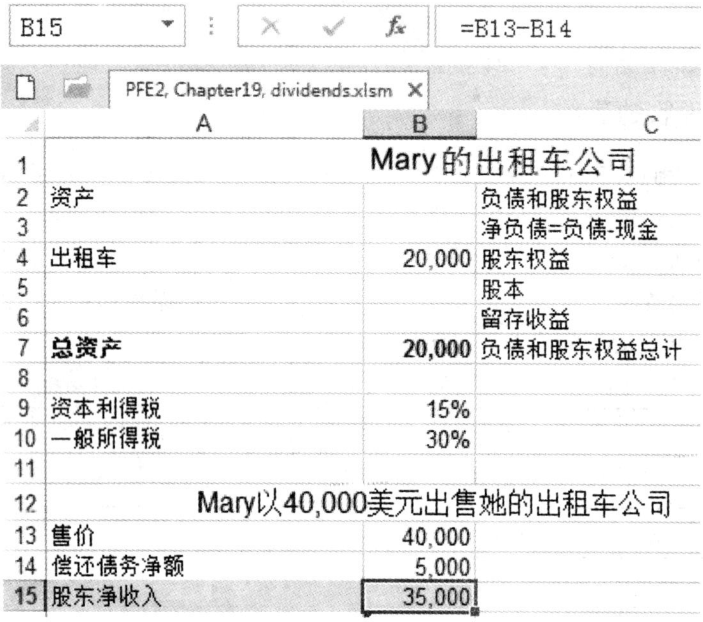

图 17-2　股东净收入

第三步：计算权益的账面价值。选中单元格，输入"=SUM（D5：D6）"，输入过程及结果如图17-3所示。

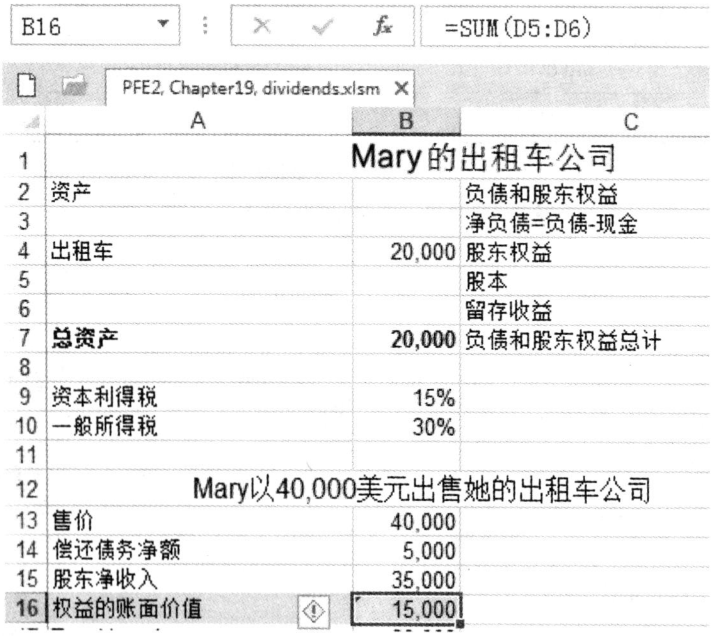

图 17-3　权益的账面价值

第四步：计算应课税的收益。选中单元格，输入"=B15-B16"，输入过程及结果如图17-4所示。

| | B17 | : | × ✓ fx | =B15-B16 |

图17-4 应课税的收益

第五步：计算资本利得税。选中单元格，输入"=$B$9*B17"，输入过程及结果如图17-5所示。

图17-5 资本利得税

第六步：计算Mary销售的净收入。选中单元格，输入"=B15-B18"，输入过程及结果如图17-6所示。

B19		× ✓ fx	=B15-B18	

PFE2, Chapter19, dividends.xlsm ×

	A	B	C	D
1		**Mary**的出租车公司		
2	资产		负债和股东权益	
3			净负债=负债-现金	5,000
4	出租车	20,000	股东权益	
5			股本	5,000
6			留存收益	10,000
7	**总资产**	**20,000**	负债和股东权益总计	**20,000**
8				
9	资本利得税	15%		
10	一般所得税	30%		
11				
12		Mary以40,000美元出售她的出租车公司		
13	售价	40,000		
14	偿还债务净额	5,000		
15	股东净收入	35,000		
16	权益的账面价值	15,000		
17	应课税的收益	20,000		
18	资本利得税	3,000		
19	Mary的销售净收入	32,000		

图 17-6　Mary 销售的净收入

第七步：计算股利所得税。选中单元格，输入"=B19+B21-B22"，输入过程及结果如图 17-7 所示。

B23		× ✓ fx	=B19+B21-B22	

PFE2, Chapter19, dividends.xlsm ×

	A	B	C	D
1		**Mary**的出租车公司		
2	资产		负债和股东权益	
3			净负债=负债-现金	5,000
4	出租车	20,000	股东权益	
5			股本	5,000
6			留存收益	10,000
7	**总资产**	**20,000**	负债和股东权益总计	**20,000**
8				
9	资本利得税	15%		
10	一般所得税	30%		
11				
12		Mary以40,000美元出售她的出租车公司		
13	售价	40,000		
14	偿还债务净额	5,000		
15	股东净收入	35,000		
16	权益的账面价值	15,000		
17	应课税的收益	20,000		
18	资本利得税	3,000		
19	Mary的销售净收入	32,000		
20				
21	加上股利	0		
22	股利所得税	0		
23	总计	32,000		

图 17-7　总计

计算可得，净收益为32 000美元。

再看John公司。他也卖出股份，但先向自己支付利息。因为计算过程和方法与Mary的公司一样，所以在此不再重复具体过程，表17-6给出最后结果。

表17-6　　　　　　　　　　John的出租车公司　　　　　　金额单位：美元

资产	金额	负债和股东权益	金额
		净负债＝负债−现金	8 000
出租车	20 000	股东权益	
		股本	5 000
		留存收益	7 000
总资产	20 000	负债和股东权益总计	20 000
资本利得税	15%		
一般所得税	30%		
John以40 000美元出售他的出租车公司			
售价	40 000		
偿还债务净额	8 000		
股东净收入	32 000		
权益的账面价值	12 000		
应课税的收益	20 000		
资本利得税	3 000		
Mary的销售净收入	29 000		
加上股利	3 000		
股利所得税	900		
总计	31 100		

可以看出，Mary和John净收益的差异在于股利的税率要比资本利得的高。由于不支付给自己股利，Mary为自己节省了900美元的股利税。这个分析表明，如果既存在股利税又存在资本利得，派息会有影响：如果股利税大于资本利得税，那么公司不应该分红。